扬州市社科联重大课题资助出版项目

扬州三把刀文化传承与发展研究

储德发 著

东南大学出版社
SOUTHEAST UNIVERSITY PRESS
·南京·

图书在版编目(CIP)数据

扬州三把刀文化传承与发展研究 / 储德发著. —南京：东南大学出版社,2019.12
 ISBN 978-7-5641-8705-7

Ⅰ.①扬… Ⅱ.①储… Ⅲ.①饮食业－产业发展－研究－扬州 ②理发－服务业－产业发展－研究－扬州 ③足－保健－服务业－产业发展－研究－扬州 Ⅳ.①F726.9

中国版本图书馆 CIP 数据核字(2019)第 292791 号

扬州三把刀文化传承与发展研究 YangZhou SanBaDao WenHua ChuanCheng Yü FaZhan YanJiu

著　者	储德发
出版发行	东南大学出版社
出 版 人	江建中
社　　址	南京市四牌楼2号
邮　编	210096
网　　址	http://www.seupress.com
电子邮箱	press@seupress.com
经　销	全国各地新华书店
印　刷	兴化印刷有限责任公司
开　本	787 mm×1092 mm　1/16
印　张	18
字　数	401 千字
版　次	2019 年 12 月第 1 版
印　次	2019 年 12 月第 1 次印刷
书　号	ISBN 978-7-5641-8705-7
定　价	52.00 元

(本社图书若有印装质量问题，请直接与营销部联系。电话:025-83791830)

序

扬州有2 500余年的建城史,在漫长的历史长河中,人文荟萃,积淀了丰厚的文化遗产。扬州三把刀是扬州民俗文化的杰出代表。

扬州三把刀是扬州厨刀、扬州理发刀和扬州修脚刀的简称,"三把刀"代指扬州的三个传统行业——淮扬菜、美发美容和沐浴休闲。从诞生至今,已有一千余年历史,历经风雨,至今仍活跃在市民生活中间。2007年扬州三把刀被评为江苏省首批非物质文化遗产,但理论研究仍然薄弱。

储德发同志的研究丰富了扬州地域文化的内容,弥补了"三把刀"研究上的不足。他敏锐地将视角集中于扬州三把刀文化,通过深入挖掘扬州三把刀的历史文化、技艺文化、民俗文化,丰富了扬州三把刀的文化内涵,彰显了扬州三把刀深远的历史价值和发展的现实意义。

我受其委托写序。拜读之余,深感其书内容翔实、逻辑严密、理念创新。他的研究方向"准",契合时代要求——扬州三把刀文化的传承与发展是在国家重视中华优秀传统文化的背景下应运而生的;研究内容"新",有亮点和特色——扬州三把刀历史悠久、技艺精湛,但是文化的研究一直裹足不前,他将研究的视角聚焦于"三把刀"文化的研究,尤其挖掘和提炼了扬州三把刀的工匠文化和工匠精神,填补了该研究领域的空白;研究内容"实",有学术价值和应用价值——其研究成果理论上丰富了扬州三把刀的文化内涵,提升了扬州三把刀的理论高度,实践上能将部分成果用于旅游资源开发,为地方经济发展服务。

该书对扬州三把刀的传承和发展提出了独到的见解,从非物质文化遗产保护角度,论证了"三把刀"文化传承的意义;从人才培养角度,阐明了"三把刀"文化传承和发展的关键所在;从交流和创新角度,阐述了"三把刀"文化发展的科学路径。

我相信以此研究为契机,稍假时日,他必能产出更加丰硕的成果。

是为序。

梅纪萍

2019年6月

顾　问

薛泉生("扬州厨刀"非遗传承人)

陆　琴("扬州修脚刀"非遗传承人)

潘继凌("扬州理发刀"非遗传承人)

目 录 CONTENTS

上编　扬州三把刀的文化内涵

第一章　扬州三把刀的历史文化 / 003

　　第一节　扬州厨刀的历史文化 / 003

　　　　一、先秦时期的奠基 / 004

　　　　二、汉唐期的发展 / 004

　　　　三、宋元明清时期的鼎盛 / 006

　　　　四、现当代淮扬菜的复兴 / 008

　　第二节　扬州修脚刀的历史文化 / 009

　　　　一、作为广义的扬州沐浴历史文化 / 009

　　　　二、作为狭义的修脚刀历史文化 / 011

　　第三节　扬州理发刀的历史文化 / 011

　　　　一、先秦时的萌芽 / 011

　　　　二、汉魏期的发展 / 012

　　　　三、唐宋期的成熟 / 013

　　　　四、明清时的鼎盛 / 013

　　　　五、现当代的百花齐放 / 014

第二章　扬州三把刀的技艺文化 / 016

　　第一节　厨刀技艺文化 / 016

　　　　一、淮扬菜肴文化特点 / 016

　　　　二、淮扬菜的流派和分类 / 019

　　第二节　修脚刀技艺文化 / 023

　　　　一、修脚刀的指导思想 / 023

　　　　二、修脚刀的技艺流派 / 026

　　第三节　理发刀技艺文化 / 029

　　　　一、理发刀的指导思想 / 029

　　　　二、理发刀的技艺流派 / 032

第三章　扬州三把刀的民俗文化 / 036

　　第一节　厨刀民俗文化 / 036

　　　　一、四时食风 / 036

　　　　二、吃茶风俗 / 041

　　　　三、饮酒风俗 / 045

　　第二节　修脚刀民俗文化 / 049

　　　　一、堂口百俗图 / 049

　　　　二、休闲神仙境 / 050

　　　　三、平等世界 / 051

　　第三节　理发刀民俗文化 / 052

　　　　一、扬州理发习俗 / 052

　　　　二、美发与休闲 / 053

　　　　三、俗中有风雅 / 054

下编　扬州三把刀文化的传承与发展

第四章　扬州三把刀文化的传承 / 058

　　第一节　文化保护 / 058

　　　　一、非遗的保护 / 058

　　　　二、老店的招牌 / 067

　　第二节　技艺传承 / 083

　　　　一、厨刀的核心技艺 / 083

   二、修脚刀的核心技艺 / 083

   三、理发刀的核心技艺 / 083

第三节 工匠精神的挖掘与弘扬 / 085

   一、淮扬菜的工匠精神 / 085

   二、修脚刀的工匠精神 / 088

   三、理发刀的工匠精神 / 090

第五章 扬州三把刀文化的发展 / 097

第一节 人才培养 / 097

   一、厨刀的人才培养 / 097

   二、修脚刀的人才培养 / 123

   三、理发刀的人才培养 / 132

第二节 订立标准 / 143

   一、厨刀标准 / 143

   二、修脚刀标准 / 187

   三、理发刀标准 / 196

第三节 交流与创新 / 264

   一、厨刀的交流与创新 / 266

   二、修脚刀的交流与创新 / 269

   三、理发刀的交流与创新 / 272

参考文献 / 278

后记 / 279

扬州三把刀的文化内涵

扬州三把刀是扬州厨刀、扬州理发刀和扬州修脚刀的简称,代指扬州的三个传统行业——淮扬菜、美发美容和沐浴休闲。

扬州厨刀号称天下第一刀,名闻遐迩,是中国四大菜系之一——淮扬菜的习惯称谓和传统形象。扬州厨刀历经四千年的磨砺,成为长江及淮河中下游主体风味——淮扬菜的发源地。扬州厨刀既以刀工精细、制作考究著称,又以选料严格、精于火工享名;淮扬菜肴更以其独特的口味和典雅的菜式为世人瞩目。扬州厨刀,雕琢的是烹饪文化,调和的是历史风味,呈现的是美食世界。

扬州理发刀是扬州美发美容技艺的借称,以其刀功精湛,刀法轻柔,技艺高绝,享有"御赐一品刀"的殊荣,是中国理发四大流派(南粤、西鄂、北辽、东扬)之一。扬州美发,精剪细修,花样繁多,标新立异,巧夺天工,形成了特有的扬派风格;扬州美容,用妆自然,用料讲究,手法轻柔,资源得天独厚,造就了一代代绝色佳人。

扬州修脚刀,其概念有狭义和广义之分。广义上的扬州修脚刀,是扬州沐浴技艺的代称,涵盖了修脚、洗澡、搓背、按摩等全部内容;狭义上的扬州修脚刀,特指以专门修脚工具为媒介的扬州传统修脚技艺的总称,具体而单一。通常我们说扬州修脚刀即指狭义上的概念,而当它作为扬州三把刀整体概念出现的时候,指广义的沐浴休闲文化。扬州人很爱沐浴,很懂享受,于是形成了"早上皮包水,晚上水包皮"的独有特色。扬州修脚,俗称肉上雕花,刀到病除,脚下生"乐";扬州洗澡,洗出功夫,洗出文化;扬州搓背,造诣精湛,手法独特;扬州按摩,中医保健、美容护理融为一体。"扬州师傅"的足迹遍天下,"扬州师傅"的美名天下扬。

文化既是人们在社会发展过程中所创造的物质财富的总和,也是某一特定区域内的人们在长期的生产和生活中培育形成的有自己特色的共同思想、价值观念、基本信念、城市精神、行为规范等精神财富的总和。它能够丰富某一地区的内涵,团结和凝聚力量,产生精神动力,鼓舞人心,激励斗志。

扬州三把刀作为特定区域的民俗存在,在扬州人手中不仅是一门技术,还是一门艺术,更是独具地方特色的扬州文化的一部分。

它是历史的积淀。扬州三把刀历经4 000年的磨砺,近2 500年的有史可稽;有汉、唐、清的几度繁华催生三把刀行业的发展与兴盛,也有盛极而衰的败落,逼迫扬州先民背井离乡或扎根外滩或漂洋过海并艰苦创业。如今,以"厨刀"代称的淮扬菜成为中国五大餐饮集聚区之一,以"修脚刀"叫响的"扬州沐浴"招牌高挂各大都市,以"理发刀"为标志的美发美容深得大众青睐。扬州被公认为是三把刀的源头和故乡,它是扬州悠久历史的重要载体和象征。

它是经济的品牌。扬州三把刀过去只是扬州人谋生的一个手段,随着社会的进步,人民生活水平的提高,人们开始追求生活的质量,扬州三把刀已发展成为一大产业,具有广阔的市场空间。尤其当扬州三把刀与旅游产业联姻后,已经成为一个新的经济增长点,对繁荣市场、改善生活、增加税收、扩大就业大有裨益。扬州三把刀作为第三产业,既是一门传统产业,更是一门朝阳产业。

它是活着的文化。在众多的特色文化中,传统的服务业更能体现扬州人关注生活本身的内涵,而传统服务业中的扬州三把刀文化因其历史悠久、文化底蕴深厚,深深扎根在扬州这片肥沃的土壤中,与黎民百姓的日常生活需求息息相关,并不断向四周扩散,声名远扬。它一直活跃在市民生活中,具有旺盛的生命力。

第一章 扬州三把刀的历史文化

第一节 扬州厨刀的历史文化

自从先民懂得用火熟食后,中国烹饪大致经历了萌芽期、形成期、发展期与繁荣期四个阶段。

萌芽期又称火烹期,是自烹饪诞生一直到陶器发明以前,距今约50万年,属于旧石器时代的中、后期,这一时期又分直接加热法和间接加热法(即包烹法和石烹法)两个阶段。

形成期也称陶烹期,约相当于新石器时代。这一时期相继诞生了农业、畜牧业,并创造了灶具、杵臼和磨盘、磨棒等,后期诞生了"煮海为盐"的咸味调料,粥、饭先后出现,也发明了陶甑、陶瓢,已利用蒸汽为传热介质。

发展期即铜烹期,距今四千年左右。这一时期有了铜制炊具,利于对动物性原料的成熟加工。形成了由粮食、蔬菜、果品等植物性原料,畜兽、禽鸟、水产、虫豸等动物性原料,以及少量加工性原料共同组成的主配原料结构;调味料已达到酸、辛、甘、咸、苦五味。原料加工从选料刀工处理到配菜等已形成体系,并有了"食不厌精,脍不厌细"的主张。饮食礼仪也逐步完备。

繁荣期是铁烹期,始于春秋晚期。铁锅带来了快速成熟加热的妙法,水熟、油熟、混合成熟的烹调技法逐步形成。钢刀的使用,使刀工加工愈来愈精细,烹饪技法日趋完善和周密。石磨的出现,使人们能加工出精细的面粉和米粉。魏晋南北朝时期,面点技法与花色品种日益丰富。地方风味特色逐渐显现。

扬州地处长江中下游地区,东临大海,西接丘陵,城内运河纵贯南北,水网密布,地势平坦,土地肥沃,物产富饶,是有名的鱼米之乡。这种得天独厚的自然条件,为扬州烹饪文化的形成和发展奠定了物质基础。

"民以食为天",扬州人素来讲究吃,也善于吃,以"吃在扬州"而著称。在此基础上形成了鲜明的"萌生于春秋,雏形于汉魏,发展在唐宋,繁荣在明清,复兴在当代"的菜系脉络,充分展示了淮扬菜之乡的深厚饮食文化底蕴。

"夫礼之初,始于饮食。"植根于江淮文化的淮扬美食,历史悠久,积淀深厚。作为全国五大餐饮集聚区之一,淮扬菜"和精清新""妙契众口",以"就地取材、土菜细作、五味调和、百姓创造"的特点,赢得"东南第一佳味,天下之至美"的美誉。

一、先秦时期的奠基

江淮大地的饮食文明史,据考古实证,可追溯到旧石器时代晚期"下草湾遗址"文化,在出土的遗存中有剥兽皮的刮削器、捶兽骨的尖状器等,并有用火的痕迹,距今约4万~5万年。

淮安青莲岗出土文物中,新石器时代的陶釜、鼎、鬲、甗、钵、杯、豆等炊具餐具极多,说明早在5 000~6 000年前,淮扬地区先民就已使用陶器进行烹饪。这些出土的陶器,釜为圆底无足;鼎为实心三足,用于煮肉食,负载大,实心足能承重;鬲为空心三足,用来煮粥饭,负载小,空心足可加大受热面,节省燃料和时间;甗下部是鬲,上层是甑,作为笼屉蒸饭,滤下的米汤即"浆",可作饮料;钵则是炊具兼餐具,既可舀水,又可盛粥、饭、肉、菜;杯、豆则是酒器,当时已能人工酿造果酒、米酒。这些都表明当时人们的烹饪技术已达到较高的水准,美食文化已初见端倪。

在扬州城西七里甸丘陵的新石器晚期的文化遗址中,出土了绳纹袋足陶鬲,一下子将扬州烹饪史推前到湖熟文化时期。也就是说,扬州的先民早在约4 000年前就已经挣脱茹毛饮血的蒙昧状态,超越伏羲火上燔肉、神农石上燔谷的原始萌芽时代,使用陶质炊器,火烹熟食了。这应当是迄今为止有实证的古扬州人最早的烹饪活动。陶器时代,不妨看作扬州烹饪的形成期。

当华夏的历史进入夏商周时期,扬州也迈入了古邗国时代。在江苏仪征的破山口出土了这一时期的青铜鼎、鬲(炊器),还有尊、卣(酒器)和钟(宴享乐器)以及祭祀牛、羊、猪的盛具四凤盘(食器),可以看出当时的扬州人已经喝酒吃肉,知乐明礼了。此外,《尚书》记载:夏代有"淮夷玭珠暨鱼",应为淮扬菜系最初的文献记载;《周礼·职方氏》有"东南曰扬州……其谷宜稻",可见扬州是天生的鱼米之乡。这些足以表明,距今3 000年左右的古扬州,其烹饪已经进入青铜时代了。

公元前486年,吴王夫差灭古邗国,凿邗沟,筑邗城,不仅对扬州的城建,也对扬州的烹饪产生了划时代的影响。扬州西北黄金坝出土的"印纹硬陶鬲",是春秋末期夫差引进的整套饮食经验,也是外地饮食文化影响扬州烹饪的处女作。

战国七雄纷争,邗城归楚,扬州烹饪大踏步走向文明境界,荣领"东楚淮扬风味"的头衔。在邗江出土的战国土坑墓中,有盛放食物的夹漆盘,有盛酒用的铜托漆杯,杯中所盛食物按屈原《楚辞·招魂》描绘,既有米麦黄粱,又有牛筋甲鱼、鸡鸭鹅羊,甚至还有冰镇酸梅汤。荤素相间,五味杂陈,有饭有菜还有汤,至此扬州饮食的格局正式形成。

二、汉唐期的发展

秦朝以后,扬州实现了从自然区划向行政区划的转变。西汉吴王刘濞建都广陵,扬州脱胎换骨,一跃成为东南封都,"淮左名都"由此得名。刘濞占煮海盐、铸铜铁之利,财力雄富,国力富饶,鲍照《芜城赋》写道:"当昔全盛之时,车挂辖,人驾肩,廛闬扑地,歌吹沸天!"刘濞的文学侍臣枚乘,写过一篇汉赋《七发》,以问答式的文体,"论天下之精微,理万物之是非"。全文分为七章,"饮食""游宴"占其二。他所描述的扬州豪宴,以煎、熬、炙、烩等为烹调方法,以五味调和为烹调标准,制有调酱烂炖熊掌、烤兽脊肉薄片、鲜鲤鱼肉细丝以及鲜嫩蔬菜,并且奢侈地用兰花泡酒漱口。与其说《七发》是一篇讽谏宏论,不如说是第一份淮扬食单。从扬州城郊汉代墓葬出土的"广陵服食官"铜鼎以及碗、盘、壶、勺等漆器饮食器具十分考究,这不仅告诉我们,扬州餐具开发研究在全国居于领先地位,独具个性,而且还从侧面反映了当时扬州人饮食的考究。其出土的为食肉所用的小刀,喝汤用的长柄木勺、漆勺、铜勺,油然使人羡慕起汉代扬州人"对坐宴席画像"的美食意境。

东汉时,华佗为广陵太守陈登治病,其灵丹妙药居然是火化食物,说明扬州厨师自古注重火工的渊源竟是医家。另外,扬州凤凰河曾经出土汉代旋转石磨,标志着汉代已能加工面粉,勾画了扬州以稻米为主而兼有面食的主食结构,揭开了扬州精致面点原料的绵长历史。难能可贵的是,当时的扬州烹饪已勇敢地投身市场,清冷士嵋《题维扬酒楼》云:"豪华自古说扬州,烟月笙歌处处楼。"东汉矗立的市肆酒楼,尽管规模不大,但也在告诉人们:淮扬菜发展的大幕开启了。其后才有在扬州任广陵相的晋谢玄亲手制作鱼鲊,远送东山,孝敬夫人的趣闻逸事。

魏晋南北朝时期,政权更迭,州郡辖境变化频繁。西晋末年,北方异族崛起,朝纲不整,社会动荡不安。晋室经"永嘉之乱"已无法再维持其在北方的统治,无奈南迁。为躲避战乱,保住身家性命,上至中原豪门望族,下至平民百姓,纷纷举家南逃。这在政治上,充满悲剧色彩;但在经济和文化上,则是一次空前的南北大交流。相对于物质财富的转移,黄河流域的先进生产技术、文化知识、生活方式对江淮大地更具积极意义。长江下游地区政治相对稳定,加之优越的自然条件,随着生产力水平的不断提高,区域经济、文化发展迅速。《宋书》卷五十四对当时的江南有这样的描写:"自晋氏迁流,迄于太元之世,百许年中,无风尘之警,区域之内,晏如也……至大明之季,年逾六纪,民户繁育,将曩时一矣。地广野丰,民勤本业,一岁或稔,则数郡忘饥。会土带海傍湖,良畴亦数十万顷,膏腴上地,亩值一金……扬部有全吴之沃,鱼盐杞梓之利,充仞八方;丝绵布帛之饶,覆衣天下。"随着淮盐的兴盛,其巨大的经济利益也越来越受朝廷的重视。广陵城经过魏晋南北朝的洗礼,在江淮间的政治和经济地位越发显得重要。此外,中土之民的侨寓,佛教的驻足,加之"痛饮酒,熟读《离骚》"的客居名士,广陵城的饮食文化氛围日渐浓厚。

隋文帝扫荡六合,结束了持续约三百年的战乱,把黄河、长江两大流域又一次置于统一的中央政权控制之下。统一的政权为经济的稳定发展奠定了基础。隋炀帝开凿大运河,贯通海、黄、淮、江、钱五大水系,将扬州提拔到全国烹饪人才、技艺、原料交流枢纽的位置,使扬州的烹饪有了当时全世界首屈一指的跃升。北方的豆、麦、杂粮、油料南下,南方的粮、茶、果、盐、水产北上,汇聚在扬州城。而隋炀帝三幸江都,将长安、洛阳的中原美食,随龙舟带进扬州城,传到民间,帆樯所经之处,州县上贡珍馐,厨师刻意斗妍,"夜煮百羊,以供酒馔",据载当时上贡的食品有鲚鱼、河蟹、蜜姜等。地方官吏更是设宴献珍,赵元楷就因为献异味获宠,从而晋升江都郡丞。至此,扬州厨师经风雨、见世面、吸精华,整体技艺水平已从汉代诸侯王的"准高级"提升到隋代的"天子级"了。

扬州地处海上丝绸之路北上赴京的咽喉重地,至唐代,发展成为东南经济中心。"万商落日船交尾,一市春风酒并垆",扬州饮食市场火爆,大厨技艺精湛,于是文人商贾纷纷"腰缠十万贯,骑鹤下扬州",使淮扬菜发展到一个新的高峰。纵使唐天宝年间发生的安史之乱,使扬州的烹饪业受到一定干扰,但唐皇室南下,扬州厨师也由此领略到大西北菜系的技艺和习俗,对"南秀"的淮扬菜来说,又一次增长了长河落日、大漠孤烟的"北雄"风骨。帝王巡幸,无疑等于在扬州进行全国性的烹饪技艺大比拼、饮食文化大交流,有力推动了淮扬菜系的形成与发展。淮扬菜作为一个菜系,至唐代基本形成。

三、宋元明清时期的鼎盛

宋庆历年间,一代文学巨匠欧阳修知扬州,给淮扬菜带来福音,这位醉翁常携宾客举行平山堂宴饮,文章太守,挥毫万字,尊中看取美食诗文。此后,苏轼又知扬州,与四学士"飞雪堆盘鲙鱼腹,明珠论斗煮鸡头",开创了淮扬菜系注入文学血液的先河,其典雅俏丽的文人风格由此而起,经久不衰。公元1125年,宋徽宗在金人入侵之际,仓皇南逃,进了扬州城,朝廷的偏安,使扬州成了宋、金政权驿使的交会要冲。南北饮食文化之间既对峙又对接,扬州市井,酒食繁华,淮扬菜的鼎盛已初现端倪。

元明清时期,尤其是清康乾盛世,淮扬菜进入了鼎盛期。

元定都大都后,游牧民族饮食文化与汉族饮食文化不可避免地发生冲突,在碰撞中,他们理性选择,择优而取,以汉族饮食习俗为主导,以扬州厨师为标准。市肆、村野宴席仍行宋时习俗,官宴则将炉灶置堂前厅旁,一边尝淮扬美食,一边赏厨师工艺,他们还将扬州列为皇宫食品供应基地。元至正十六年,扬州鹰房打捕达鲁花赤总管府就负责湖泊山场渔猎,以供内房内膳。

扬州美食在明代则迎来又一次大发展的机遇。明代帝王对淮扬菜情有独钟,开国皇帝朱元璋钦命扬厨专司内膳;从扬州起家的燕王朱棣夺取皇位后,迁都北京,随之北上的扬州厨师多达千人,这是淮扬菜系进京扎根的正式记录;正德皇帝南巡扬州,游龙戏凤,不忘淮扬美食,艳福口福同享,他最爱吃的是扬州一带的江鲜特产鲥鱼、刀鱼、鲴鱼,合称长江三鲜。明代何景明有诗写夏日用冰雪护船贡鲥鱼入京、宫中赐筵时的情景,筵者把吃鲥鱼当作一种殊荣,必三呼万岁。明万历年间《扬州府志》载:"扬州饮食华侈,制度精巧,市肆百品,夸视江表……"足见其时扬州饮食之盛,傲视江南。

而至清代,两淮为繁华富庶之乡,盐漕运输的枢纽地位使扬州雄踞东南美食中心宝座。清康熙《扬州府志》载:"涉江以北,宴会珍错之盛,扬州为最。"清康熙二十二年(1683年),玄烨以吸纳汉族先进文化的积极态度,谕旨准予元旦入贡汉席,满汉并用,犹如拉开一道闸门,使扬州美食像一江春水,浩荡于满族统治下的200余年。淮扬菜对朝廷膳馐影响巨大,除每年进贡果品、调料外,还进贡沙雁、野鸡、鹌鹑等野味1 052只,清乾隆年间宝应每年进贡藕粉约128 000千克,此外还有秦邮董糖、界首茶干等土特产。据《食在宫廷》介绍,清帝喜吃的菜有100多款,其中淮扬菜如红烧狮子头、清炒虾仁等达60余款。曹雪芹的祖父曹寅在扬州任巡盐御史时,每年都要进贡南味给康熙,所谓"水落鱼虾常满市,湖多莲芡不论钱",康熙喜吃春笋,每次南下必食,曹寅多次进贡扬州燕来笋以博帝心。

康、乾数次南巡,淮扬菜接驾更是盛况空前,据《扬州画舫录》记载:"上买卖街前后寺观皆为大厨房,以备六司百官食次。"海味山珍无所不包,厨师们殚精竭虑,力创新菜。淮扬厨师秉承儒学"食不厌精,脍不厌细"的思想,精于探索、细于工艺的创作历程。正是这种可贵的钻研菜目、花样翻新的精神,才使淮扬菜宝库得到不断充实与丰富,才博得乾隆帝"色香味俱佳,果然淮扬名厨天下冠"的盛赞。

两淮盐商与河务官员豪甲天下的饮食消费也是助推淮扬菜登上巅峰的一大因素。徐谦芳《扬州风土记略》说:"扬州土著,多以盐务为生,习于浮华,精于肴馔,故扬州筵席各地驰名,而点心制法极精,汤包油糕尤擅名一时。"西园曲水主人系盐商,每食,家庖准备十几类荤素菜肴面点,主人不食此类,迅易他类于前,"自辰至夜半,不罢不止"。由盐商和盐官的饮食规范所形成的场面浩大、环境典雅、菜肴奇特、选料精严、食器精美的风格,便是淮扬菜主要特色的翻版。后人每评淮扬菜,常用"贵"字来形容,即源于此。

这一时期,厨师行当分工更加齐全,除了传统的厨业肆厨、衙中官厨外,既有庸赁为业的外厨,又有专司家宴的家庖,还有游走四方的行厨、庵观寺院的斋厨,八仙过海,各显神通,他们的竞争与交流进一步促进了烹调技艺水平的提高。一大批经典名菜在竞争中诞生,如摸刺刀鱼、马鞍桥、葵花肉丸、灌汤肉包、三套鸭、大煮干丝等。《扬州画舫录》记载:"烹饪之技,家庖最胜。如吴一山炒豆腐、田雁门走炸鸡、江郑堂十样猪头、江南溪拌鲟鳇、施胖子梨丝炒肉、张四回子全羊、汪银山没骨鱼、江文密鲟鳇饼、管大骨董汤、紫鱼糊涂、孔切庵螃蟹面、文思和尚豆腐、小山和尚马鞍乔,风味皆臻绝胜。"又"水陆肴珍杂果蔬,珠帘十里醉东风",扬州饮食业大众化市场进一步开发了,仅《扬州画舫录》记载的有名有姓的餐馆就达50多家。这表明,至清代,扬州饮食市场布局趋向合理、经营趋向灵活、服务趋向周到了。

而文人的介入是清代中叶淮扬菜走上巅峰的催化剂。文学介入扬州美食,以清代为甚,现在我们能欣赏到的清人咏食史、咏采料、咏菜点、咏宴席、咏厨艺、咏酒楼、咏食俗、咏饮话的诗篇至少在200篇以上,使淮扬菜格调更加高雅,大大提升了其文化品位。

四、现当代淮扬菜的复兴

近代扬州命运多舛,加之运输方式的变革,全国经济中心转移,繁华开始落幕。辛亥革命的枪声,划破了扬州城的死寂,20世纪30年代扬州电厂发电并于其后启动第一台烹饪电器,扬州餐饮走进了现当代。解放初期,扬州拥有富春等茶社22家,天凤园等酒楼饭店78家,得月香等饼面小吃店250余家。

1949年10月1日,中华人民共和国成立。当晚,北京饭店宴会厅举行了盛大宴会,具有历史意义的开国第一宴就是淮扬菜。淮扬烹饪大师李魁南先生从1953年起主理国宴,许多在世界史、中国史上可圈可点的重大国事活动的国宴,都有淮扬菜的身影。淮扬菜更为国宴定下精简节约、庄重典雅的基调。

扬州市饮食公司建立后,着力挖掘传统技艺,恢复、增加名菜细点,增设清真素菜。1984年,扬州市烹饪协会宣告成立,开启了淮扬菜理论研究的通道,并打开对外交流的大门,淮扬菜的大旗在北京、上海、太原、深圳等地高高飘扬,在美国、法国、日本、澳大利亚等国熠熠夺目,造就了一大批烹饪技术人才,包括特级烹调师、点心师、服务师,名家好手如云。到1987年,扬州市餐饮从业人员已达万人,市区的饮食网点达71家。

十一届三中全会以来,淮扬菜走进了新天地:扬州餐馆林立,流派纷呈。富春等百年老店焕发青春,谱写新篇章;外资、合资饭店安家落户,鳞次栉比,个体、私营餐饮企业如雨后春笋,浩浩荡荡,星罗棋布,新观点、新起点、新机制、新路数,产业化、规模化、集约化、现代化使淮扬菜正走在复兴的路上。

十二届全国人大三次会议上,李克强总理在政府工作报告中提出,要把"一带一路"建设与区域开发开放结合起来,加强新亚欧大陆桥、陆海口岸支点建设。江苏正处于长三角一体化、沿海地区发展、苏南现代化建设示范区等战略深入实施之际,"一带一路"和长江经济带战略又一次在江苏叠加,为加强战略统筹,更好发挥综合效应,提供了新的历史机遇。

1 200年前,扬州依托其优越的地理位置和在大唐经济版图中所占的地位,成为海上丝路的重要起点城市和东方著名港口,是陆上丝绸之路和海上丝绸之路的连接点,更是海上陶瓷之路的最早起点。

"一带一路"将会推动旅游业整体水平提高,加强中国与周边国家的交流和交往,将对中国及周边相关国家旅游产生很大促进作用。扬州三把刀特色服务业旅游含金量非常高,借此次长江经济带的东风,必将迎来又一次长足发展。

第二节 扬州修脚刀的历史文化

一、作为广义的扬州沐浴历史文化

沐浴是人类生活质量和文明程度的标志之一,它跟随人类的进步而发展。扬州的沐浴文化源远流长。

1. 扬州沐浴文化的萌芽期——从匜水淋浴到家庭盆浴

早在3 000年前的殷商时代,甲骨文中就有了"沐浴"的记载。人类最早的沐浴大多是在河流、湖泊等自然水域中公开进行的。随着社会和文明的进步,渐渐出现了用水壶、水罐舀水相互沐浴。后来,人们逐步产生了沐浴的隐私意识,便出现了用浴盆沐浴。

1993年,在扬州城北的西湖镇,考古发掘了一座战国时期的古墓葬,距今约2 200年,其中出土了一只直径60厘米的灰陶沐盆和一只陶匜。经专家考证,扬州先民当时的实际用物本为铜质,这两只陶器,疑为冥器。从这两件物品可以让人们联想到当时的人们以盆盛水、以匜舀水进行沐浴的情景。这是有史可稽的扬州沐浴文化的最早记载。

在扬州汉广陵王墓博物馆中,墓室西厢第五进内有一个约10平方米的L型洗浴间,内有完好的双耳铜壶、铜浴盆,搓背用的浮石以及木屐、铜灯、浴凳等一套沐浴用具。

另外,在扬州西湖镇蔡庄出土的五代墓葬中,发现了不少三条腿、四条腿的浴凳,可见当时的沐浴已经十分普及了。

2. 扬州沐浴文化的发展期——公共浴室开始出现

宋人吴曾的《能改斋漫录》中"今所在浴处,必挂壶于门"的记录,说明宋代不但已经出现了公共浴室,而且有了专用的行业标识——门口悬挂水壶。北宋文学家苏轼曾先后十次行经扬州,并于1092年调任扬州太守,戏作《如梦令》两首,其一写道:"水垢何曾相受。细看两俱无有,寄语揩背人,尽日劳君挥肘。轻手,轻手,居士本来无垢。"从这首词中,我们可以领略到这样一个信息:至少从那时起,扬州地区不仅有了公共浴室,而且也有了"揩背(即今"擦背")"这个服务行当。

3. 扬州沐浴文化的高峰期——早上皮包水,晚上水包皮

清康乾时期,扬州在世界十大城市中位列第三,成为中外著名的商贸之都。市民消费热潮引领扬州浴室趋向鼎盛。据乾隆二十九年(1764年)李斗《扬州画舫录》记载:"浴池之风,开于邵伯镇之郭堂,后徐宁门外之张堂效之。城内张氏复于兴教寺效其制以相竞尚,由是四城内外皆然。"城内有"开明桥之小蓬莱,太平桥之白玉池,缺口门之螺丝结顶,徐宁门之陶堂,广储门之白沙泉,埂子上之小山园,北河下之清缨泉,东关之广陵涛",城外还有"坛巷之顾堂,北门街之新丰泉"。浴室内部则"以白石为池,方丈余,间为大小数格,其大者近镶水

热,为大池;次者为中池;小而水不甚热者为娃娃池。贮衣之柜,环而列于厅事者为坐箱,在两旁者为站箱,内通小室,谓之暖房。茶香酒碧之余,侍者折枝按摩,备极豪侈。"这里用文字明确记载了清代扬州第一家浴室——邵伯郭氏,后徐宁门外张步瑞开设了"不垢池",又后一位张姓浴业老前辈于兴教寺开设了"八德泉"。有佚名《广陵古竹枝词》吟道:"混堂天下原难并,通泗泉通院大街。八个青蚨人一位,内厢衣服外厢鞋。"到清中叶,扬州沐浴已雄霸天下了。

扬州沐浴在清代进入高峰期以后,同扬州烹饪一起被概括为"早上皮包水,晚上水包皮",扬州的沐浴不仅名声响彻大江南北,而且通过盐商、官僚和文人们的交际游历活动,传到了京都皇城,帝王也为之心动。康熙下江南时,地方官例行接驾,为之洗尘,康熙皇帝"驾转扬州,休沐竟日",体现了扬州沐浴的非比寻常,扬州士绅已将此事列为"贡事"之一。

这一时期的扬州沐浴,不仅在扬州本土有了公共浴室上百家,而且人才开始大量输出,尤以长江南北为盛,以至形成了行业中人数庞大的"扬州帮",其组成人员有修脚师、擦背工、剃头匠以及许多浴室堂口的服务人员,初步形成了沐浴行业中的地方品牌。

4. 扬州沐浴文化的萧条和复兴——人才的凋零与中兴

民国时期,盐运事业衰退,运河航运又受到火车、汽车等新型交通工具的冲击,扬州在全国的经济地位一落千丈。扬州的澡堂在这一背景下做出了积极改变,澡堂设雅间和普通间,浴室也分为官盆、洋盆和客池三种,并开始出现了女子公共浴室。但在战乱频繁、经济衰败的背景下,社会极不安定,人民流离失所,生活窘迫,扬州沐浴文化还是进入了萧条期,到新中国成立之初,扬州的浴室仅剩24家。

直到1978年,十一届三中全会吹来了强劲春风,扬州沐浴文化开始走上复兴之路。各公办浴室纷纷启动、恢复了传统服务项目,普及了雅座和淋浴设施,沐浴行业有了起色;大批民营沐浴企业如雨后春笋竞相出现,新浴种的开发层出不穷,广受欢迎,扬州沐浴文化得到迅猛发展。截至2004年底,扬州市区大大小小的浴室总数已达520家之多。

2002年,"扬州沐浴协会"正式成立,结束了以往各自为战、一盘散沙的局面,为扬州沐浴业做大做强、走向全国打下了坚实的基础。2004年,"扬州沐浴网"正式开通,为扬州沐浴文化架起对外交流、走向世界的桥梁。同年,扬州市商贸局、技监局在总结多年实践经验及结合相关法律法规及座谈、走访的基础上,正式颁布实施《扬州沐浴服务规范》,它是我国第一部沐浴业的标准,同时也作为江苏省的地方标准在全省推行。该规范对扬州沐浴场所、服务设施、经营管理、人员要求和服务规范上作出了明确规定,使扬州沐浴行业的经营从粗放型步入了标准化,对相关沐浴技艺的传授也从经验型转入到了规范化。2006年,扬州沐浴协会对150名通过考核的沐浴技工颁发了"扬州师傅"称号,为扬州沐浴这一品牌进一步走出扬州、走向世界拓宽了道路。

二、作为狭义的修脚刀历史文化

殷墟出土的甲骨文中,有关于足病和鱼疗的记载,证明早在 3 000 年前,古人就已经关注足疗了。周代诞生了中国修脚界也是扬州修脚师的鼻祖——冶公,相传周文王得了趾甲病,冶公挺身而出,施以"方扁铲",刀到病除。"方扁铲"即修脚刀。后人曾立冶公庙以祭祀。孔子,不仅是儒学的开山祖师,也是足部护理的开拓人,他是我国修脚史上第一位提出足部保健概念的人,他采取的方法是踏步和旋转,简单而有效。隋唐医家巢元方在《诸病源候论》中,对 18 种足病注明原因,尤其醒目地记载了胼胝和肉刺(鸡眼),是有文字记载的修脚史的肇始。明陶华《伤寒六书》关于脚病的论述中,出现了"修脚人"一词,证明修脚作为一个专门行当在当时已经存在。清康乾年间董伟业所作《扬州竹枝词》,其中有"求条签去修双脚,嗅袋烟来剃个头"两句,证实扬州修脚业至少已走过 300 余年的历史。而与董伟业同时代的扬州人石成金将"修脚"列入人生"四大快事",可见修脚在清代扬州已经深入人心,深受喜爱了。现代的扬州修脚刀,发展迅速,规模壮大,已经成为全国修脚行业的霸主,占据了八成的市场份额。

第三节　扬州理发刀的历史文化

一、先秦时的萌芽

考古界在新石器时代晚期遗址中发现了中国最早的铜镜,距今至少有 4000 年的历史,说明生活于原始文化繁荣期的中华民族先祖就学会了对镜整理毛发。而随着人类文明的进程,我们的先人从对自身毛发的简单梳理,到进而尝试修与剪。史载周公"一饭三吐哺,一沐三握发",虽然强调的是繁忙的公务屡次打扰他洗发的尴尬,但从侧面证明了古人以水洗发的事实。《礼记·内则》所载"三月之末,择日,翦发为鬌",状摹了中国人降临人世后的第一次理发活动,而这人生的理发启蒙,也是 2 200 年前的发式修剪记。

几乎与此同时,扬州理发史掀开了她庄严的面纱。而开创者正是扬州城的缔造者——吴王夫差。他于春秋末期(公元前 486 年)筑邗城、开邗沟,从严格意义讲,当时的士兵类似如今的海军陆战队,他们据守船舱,城内只留少数军管人员,因而邗城只是军事据点,尚无资格称为城市,但是,她却是扬州城的雏形。将士们大规模的理发活动,向扬州大地播撒了理发的种子,孕育了理发的胚胎。可以说,没有夫差奠基邗城,扬城先民也许不会在战国时期就享受到比较正规的理发,发式从野蛮向文明的跨越就会更晚一些。彼时扬城的理发,还只是萌芽,但是,既已破土,参天大树总会到来。13 年后,越灭吴。又 164 年后,战国时期的楚怀王建广陵城。吴越士兵的融合、江淮文化的滋养、南北经济的交流,使理发落地于扬州便是再正常不过的了。

扬州理发史的古物发现有城郊西湖乡胡场战国墓出土的长5.1厘米、宽4.8厘米的铅梳,在西湖果园砖瓦厂战国木椁墓出土的直径21.3厘米的云雷纹地连弧纹铜镜,它们诉说着2 200年前的历史。

二、汉魏期的发展

理发,随着城市的兴起而诞生,也随着城市的发展而发展。西汉初期,扬州理发终于长大成人,迎来了人生的第一次辉煌。这不能不感谢又一位吴王。据《扬州画舫录》记载:从前邗沟旁有座香火旺盛的吴大王庙,祀奉着两位吴王,一位是夫差,另一位是由汉高祖亲封的吴王——刘濞。

《史记》载:"濞则招致天下亡命者盗铸钱,煮海水为盐,以故无赋,国用富饶。"刘濞发展经济,靠盐、铜获利,该诸侯国财政富裕到不再向百姓征收分毫的赋税!所以,老百姓把刘濞当作财神爷供奉,这是扬州史上绝无仅有的一次。刘濞的最大贡献在于使扬州都市化。此后,扬州城又相继成为江都国、广陵国10多个藩王的都城。

通过休养生息,富民强市,使经济繁荣,老百姓饱暖而思美,开始对美发更为垂青。扬州人以锲入社会为目的,将发式整理列为装饰自己的手段之一。在扬城西北部西湖、甘泉、扬庙一带发掘的几十座西汉古墓,无论是王侯将相,还是寻常百姓,都出土了大量理发工具,有牛角质、铜质的短粗发簪、发笄,有木梳、木篦,还有漆器梳妆五子、七子奁,内装马蹄形、圆形、长形多套盒。1994年扬州城郊扬庙乡昌颉村汉墓出土的五子漆奁,高15.5厘米、直径22.5厘米,贴金箔,彩绘神兽云气纹,十分精美。1996年从西湖胡场汉墓出土了高6.4厘米、宽4.7厘米的木梳以及高7.2厘米、宽5.1厘米的木篦。高邮天山西汉广陵厉王刘胥夫妇大型木椁墓西厢沐浴间,是我国迄今发现的第一座洗浴专用房。这些为墓主人生前心仪的理发用品及设施的随葬,静静地向今人传递着一个无可争辩的信息:作为城市功能的必然产物,作为封建文明的标志,彼时扬城理发已臻普及,成为扬州人日常生活内容。

如果说刘濞从经济上奠定了扬州理发的物质基础,曾在扬州任江都相的董仲舒则提供了理论依据。作为帝王之师的董仲舒,他主张"独尊儒术,废黜百家"。扬州则成为他全权管辖下推行三纲五常的试验田。其中,理发,作为封建统治规范的重要礼仪之一,成了孔孟之道表现于人体的附属产品。这便是维扬古代理发完备于西汉的根本原因。

如何利用封建礼仪为巩固中央封建集权服务,被这位忠诚的卫道士选作首个实践课题。其总纲便是采用《仪礼》为标准,作为扬州城民众的一生准则,最显眼的,便是发式要求:婴儿胎毛,可留而不剪;儿童头发叫"髫",自然下垂,所以《后汉书》有"髫发厉志、白首不衰"的说法;未成年男子长发下垂至眉,《诗经》称"髦",也有小童着两枚双丫,均归属弱冠之年;而一到20岁便行加冠礼,并命字,表示成年。操作加冠仪式的,即如同今日理发师的人叫"赞者",或称"外御",为侍从、小臣。他为加冠者进行三项服务:梳发、束发、设巾。完成后,男子头发绾束在头顶,称作"髻",标志着男子已明确宗法伦理,可以步入社会。需要说明的是,明以前,理发尚未作为产业进入社会时,扬州男子的发式根据自家贫富状况,或由仆役、或由家人互助完成。

参观过扬州出土的西汉女俑的人,最难忘的便是那绿鬓蓬松,十分迷人,其奥秘何在?就在扬州女人为了使鬓达到更加鬟厚的艺术效果,很早便懂得装衬假发。《扬州画舫录》称它为"义髻",用竹、木、铁作鬓架,涂以黑漆,裹以假发。

三、唐宋期的成熟

隋代,隋炀帝开运河下江都,欲把扬州作"陪都",迷楼里三千佳丽争宠斗艳,假发盘髻有了用武之地,杨广龙目所及,半翻髻、椎髻、峨髻、回鹘髻、望仙髻,更为高耸陡峭。

女发衬假的巅峰在唐代。地处长江运河交汇点的扬州,控江扼淮,东面滨海。南北交流的枢纽位置,使其一跃成为全国的经济首府,为女子发式的革新和发展提供了文化准备。

据《杜阳杂编》载:唐宣宗时,有东南亚佛教国家女蛮国入贡,带来了高髻金冠、璎珞被体、号为"菩萨蛮"的新潮女子发式。"菩萨蛮"亦作"菩萨鬘","鬘"字,本来就是头发美好貌。它比原先的汉式女鬓更为高耸,更为蓬松,既与唐代国力兴盛向上相称,又与唐代以胖为美的脸型、体形相谐,因此,菩萨蛮发型便被胸襟博大、吸纳兼容的扬州人热情地接受,紧随长安之后,旋风般地占领了扬州。在扬州出土的理发工具中,有一支发簪竟长达 40 厘米,可见当时女人发式之夸张。扬州博物馆现存的高 28 厘米的唐灰陶彩绘舞蹈女俑,1977 年从扬州城东乡林庄唐墓出土,因其雍容华贵的菩萨蛮发式,加之体态婀娜,被誉为东方维纳斯。

菩萨蛮的发式,经过扬州人的消化与改良,完全地中国化了,海螺髻、荷叶髻、圆鬟椎髻、布包髻、簪花髻、喜鹊尾、双抓鬓、高云髻、三环发、双环发等多种发式,高的、低的、偏的、正的,统统得到了升华与丰富,它折射出扬州盛唐时代的精神,表明了扬州理发面向世界开启了大门,标志着扬州理发已日趋成熟。它要比 17 世纪前后的欧洲,特别是法国盛行的假发文化的高潮,至少提前了整整一个世纪!

五代十国,扬州女子发式又新添了飞天髻。宋朝则流行同心髻、流苏髻、朝天髻、玉兰鬓。五代寻阳公主墓女俑发式,高髻,两侧贴鬓发,无一不云鬟逶迤。

四、明清时的鼎盛

明清,髻式更趋繁多,仅《扬州画舫录》载,有蝴蝶、望月、花篮、折项、罗汉鬓、懒梳头、双飞燕、到枕鬓、八面观音诸义髻。于是,梳头便成了扬州女子的必修课。

云髻倒压,翠香欲流。明朝的李昌祺曾经这样形容扬州诰命夫人和千金小姐:"绣阁云鬟并,妆台月貌联",费轩的梦乡词也写道:"扬州好,妆就下层楼。罗汉高鬓偏稳称,渔婆小勒最风流。哪道懒梳头?"懒,也无甚紧要。因为,明以前大户人家的女眷,自有家蓄的梳头老妈或贴身丫鬟梳理。小户人家就没有这么快活了,必须自己动手,母女姐妹相互代劳。但是,爱美是扬州女子的共同天性。扬州的诸多竹枝词也传递了大量类似的信息。贫女是:午饭梳头倦不胜,棉衣须补补何曾。船娘是:阿娘强劝持篙去,蓬门日午懒梳头。农妇是:引得三家村妇女,新穿花样巧梳头。渔姑是:归渔唱晚垂杨外,小家碧玉学梳妆。

17世纪中叶,随着清军入关,延续2000多年的汉式发髻走到了尽头。扬州十日,史公尽忠,清军杀入扬州城,标志着扬州城理发进入到第二阶段——"旗式时期",即女真发式时期。这一时期从1644—1911年,历经267年。

女真发式是什么模样?据《女真国俗》载:"女真人的发式,宋人多有记载……人皆辫发与契丹异,耳垂金环,留颅后发,以色丝系之。"《三朝北盟会编·女真传》解:"妇人辫发,盘髻。男子辫发垂后,耳垂金银,留脑后发……富者以珠玉为饰。"看得出来,女发不过是盘髻位置下移,其他也有圆髻、双平髻、三髻丫等,变化甚微,但男发却大相径庭,以两耳中线相连为界,前脑发统统剃光,后脑发梳理成辫。扬州人俗称为"削尽边邦"。

起初,深受儒学熏陶的扬州是极力反对清军的"剃头令"的。反清志士和全城百姓宁掉脑袋也不剃发,更有邵伯镇、张尔中宁死不从,投惠民井而亡,乡邻感其气节,将井更名为甘棠义井,当地至今仍流传他们的故事。但随着时间推移,扬州人就像接受满汉全席一样,不得不接受旗式发式。而大规模的剃发编辫在客观上将扬州的理发业推上了第二个辉煌期,趋于鼎盛。

1963年,从理发之乡汉河镇出土了一把铁刀,长15.5厘米、宽3厘米,虽然锈蚀斑斑,但对于扬州古代理发史的断代研究具有特殊的实证价值,因为它已经具备了剃头刀的完全意义。经考证,此刀属明代。因此,可以推断,最迟于1646年,扬州的理发业已正式面世。因为,1646年的改朝换代后,男子发式不再是简单的整理或梳理,而是用刀了,剃头刮脸是险活儿,非专业人士不可。于是,职业性的剃头师傅出现了,理发作为一门独立的行业也应运而生。从此,理发有了另外一个同义词——剃头。扬州城的理发前辈们开始挑着剃头挑子,手里摇着响头,走大街、串小巷。经过几千年的风风雨雨,扬州理发业终于投入经济大潮了。

至康熙、乾隆时期,扬州理发师已经技艺超群、名扬全国了。据说,乾隆皇帝下江南时,特召扬州发师侍驾剃头,刀法轻柔细腻自不必说,尤其编辫,居然编出了九股辫,黑油油、齐整整,无一根杂发,而大内手段最高的宫女也只能编三股辫。乾隆龙颜大悦,特命太监们拜扬州发师为师,并就此立下不成文的规矩,此后历朝清帝及后妃的发式,一律由太监打理。

五、现当代的百花齐放

武昌起义的炮声,宣告中国2000多年的封建帝制走进了历史的坟墓。象征满清统治的长辫,首当其冲被列为革命的对象。

1912年,民国政府临时大总统孙中山先生亲自签署第29号令公告:全国男众一律剪辫!扬州人也对辫子举起了锋利的剪刀。从此,扬州理发业进入了近现代时期。

这一时期之初,随着国门被洋枪大炮强行打开,西方发式文化东进登陆,扬州发式的历史车轮,终于碾过了民族传统的"汉式""旗式",进入了第三阶段。20世纪六七十年代,本土以"紫罗兰"为代表,外埠以扬州籍美发师"四大名旦"为代表,标志扬州理发业迎来了第三次辉煌。

扬州有据可考的最早的理发店,是位于丁家湾东首,于光绪十七年(1891年)开业的"昆明理发店"。其后,是开业于1911年,由剃头名匠周龄童率三个儿子在湾子街开设的"顶鑫剃头店",1926年迁至繁华街市新胜街,更名"紫罗兰理发店"。由于该店合规中矩,恭敬待客,尤其是质量意识极其强烈,比如修面的刀数、吹风的稳定,都有苛刻规定,而且首创男、女式分项服务,率先引进烫发技术,一度在扬州理发业中独占鳌头。而同时于辛亥革命前后创业的老店还有:永兴、引市街的华兴、小东门的华兴、新华、华安、万国、奇美。

1930—1940年开业的有:正新、一新、中央、万年青、远东、福州、翠花街的大华、文昌楼的大华、人人。

1941年至新中国成立前夕开业的有:大兴、美丽、白玫瑰、中美、沪江。

截至1951年,扬州市区除流动摊点157个外,理发店达到165家。

至1983年,市区国有理发店虽仅存18家,但与此同时,个体理发店却发展了200多家。又经20年的发展,扬州美发美容生机蓬勃,一派兴旺,已逾千家。

1980年,扬州市理发研究会的成立,宣告扬州理发技艺走上了科学化、理论化的道路。在现代美学的指引下,天然性与动感性成了扬州理发的追求方向。创新发式如瀑布直下、清新简洁的瀑布式;似麦穗摆动、活泼自然的麦穗式;层次多、宽度大、半露耳轮的羽绒式;顶部蓬松、外轮圆满的颈背式;雅观明快、动静结合的芙蓉式;运用三角原理,采取层次修剪法改进的五四式,此外,还有吊兰式、鲜花式、卷心菊式、长发游泳式……如花团锦簇,怒放扬州城!

1985年,扬州理发大师在江苏省美发杯大奖赛中,力克群雄,捧回了女项金杯。1987年,年轻一代的理发师在南京举办的"青年创新赛"中,拿回了团体银牌。

扬州"理发刀"的王牌代表当数"紫罗兰美发厅",它迁址国庆路后,规模宏大,设备先进,大师云集,拥有陈家才、仇庆芳、高文国、周有余、周平、杨桂芳、嵇德贵等特级美发师,其中仇庆芳还被国内贸易局授予"中国美发大师"称号,实际成了扬州发业的排头兵,成为新发式的试验田、新工艺的发源地、新人才的输出库,不少年轻新潮的扬城美发美容企业家,皆师承"紫罗兰",他们戏称"紫罗兰"是扬州新一代理发人的"黄埔军校"。以"紫罗兰"为标志的扬派发艺,以其优良的传统、高超的技艺、创新的精神、服务的规范,成为扬州理发界的巨大财富,传遍全城,传承后世。

第二章 扬州三把刀的技艺文化

第一节 厨刀技艺文化

一、淮扬菜肴文化特点

淮扬菜在几千年的历史积淀中,代代相传,其所包含的思维形式、价值取向、行为准则等,形成了独特的文化内涵,产生了内在的精神张力,这是淮扬菜最稳定、最持久的记忆。

1. 品位高——文化入菜品位高

淮扬菜又称"文人菜",文人与菜有密不可分的关系。自汉枚乘《七发》描写宴饮场面起,历代文人学者描写、研究乃至亲手制作的淮扬菜肴不胜枚举,可以说一部淮扬菜发展史,就是一部淮扬菜文化发展史。

菜肴中蕴含着丰富的文化

文学与扬州美食,远在汉赋、唐诗、宋词时便已结缘,以清代为甚。

汉辞赋家枚乘在刘濞手下为官,他在《七发》中进谏了六件事,"饮食""游宴"便占其二,文中提到了煎、熬、炙、烩等多种烹调技法,并记载了当时扬州的豪宴菜谱,有调酱烂炖熊掌、鲜鲤鱼肉细丝、烤兽脊肉薄片等,并奢侈地用黄玉苏子起香、兰花泡酒漱口。与其说《七发》是讽谏宏论,不如说是第一份淮扬食单。

至隋唐,作为海上丝绸之路北上进京的咽喉重地,扬州在唐代发展为东南经济中心,时称"扬一益二",有"腰缠十万贯,骑鹤下扬州"之说。李白有诗云:"玉瓶沽美酒……衔杯大道间。"唐人笔记小说《墉城集仙录》也描写过"每持一器茗往市鬻之"的广陵茶姥。扬州美食引起了皇室的极大关注,加之隋炀帝开凿运河,三幸江都,将扬州提升到全国烹饪人才、技艺、原料交流枢纽的位置,将整体烹饪技艺水平从汉代诸侯王的"准高级"提升至隋唐的"天子级"。其中最有价值的菜肴"越国公碎金饭"流传至今,成为了淮扬菜的标志性品牌——扬州炒饭。

作为东南重镇和天下大都会之一,扬州迷人的风光、繁华的胜景和醉人的都市生活亦使无数墨客骚人沉迷于此,乐不思归。王昌龄、李白、孟浩然、杜甫、岑参、高适、刘禹锡、白居易、杜牧、李商隐等均曾流连于此,并留下了动人心弦的吟咏。诗人杜荀鹤《送蜀客游维扬》

写道："见说西川景物繁,维扬景物胜西川。青春花柳树临水,白日绮罗人上船。夹岸画楼难惜醉,数桥明月不教眠。送君懒问君回日,才子风流正少年。"诗人姚合的《扬州春词》是这样描写扬州的:"广陵寒食天,无雾复无烟。暖日凝花柳,春风散管弦。园林多是宅,车马少于船。莫唤游人住,游人困不眠。"又云:"江北烟光里,淮南胜事多。市廛持烛入,邻里漾船过。有地惟栽竹,无家不养鹅。春风荡城郭,满耳是笙歌。"杜牧《遣怀》云:"落魄江湖载酒行,楚腰纤细掌中轻。十年一觉扬州梦,赢得青楼薄幸名。"连杜甫也在《解闷》中欣然唱出:"商胡离别下扬州,忆上西陵故驿楼。为问淮南米贵贱,老夫乘兴欲东流。"

到了宋代,一代文豪欧阳修任扬州太守,常携宾客宴饮平山堂,开淮扬菜文人宴席先河。苏东坡曾有词赞曰:"文章太守,挥毫万字,一饮千钟";其后苏轼担任扬州太守,与苏门四学士"飞雪堆盘鲙鱼腹,明珠论斗煮鸡头",尊中看取美食,箸头常携文意,为淮扬菜系注入了新鲜的文学血液。

元明清时期,尤其是康乾盛世,淮扬菜进入又一高峰。除了帝王巡幸,产生了中国烹饪史上场面最为宏大的宴席——满汉全席外,文人的介入是清代中叶淮扬菜走上巅峰的催化剂。有史可查的清人咏食史、咏材料、咏菜点、咏宴席、咏厨艺、咏酒楼、咏食俗、咏饮话的诗作至少在 200 篇以上。清代,扬州宴席优冠东南,名目繁多,有沙飞船宴、扬州戏席、民间宴席、官场宴会等,各具特色,精彩纷呈。更有文人宴饮,相互酬酢,诞生了著名的虹桥修禊盛会。这一期间还诞生了许多记述和研究淮扬菜肴的著作,代表性的有袁枚的《随园食单》和李斗的《扬州画舫录》。"水陆肴珍杂果蔬,珠帘十里醉东风",一大批经典名菜涌上餐桌,如摸刺刀鱼、马鞍桥、葵花肉丸、灌汤肉包、三套鸭、大煮干丝等。

时至现代,经过朱自清、汪曾祺等大家的推荐,更有汪曾祺亲手创制的"汪氏家宴",淮扬菜进一步发扬光大。文人的参与,文化的融入,使淮扬菜格调更加高雅,大大提升了文化品位,使之成为有别于其他菜系的重要标志之一。

菜肴中闪耀着人文精神

孟子曾说:"君子远庖厨",褒扬了君子仁慈的品德。但在文人和文化的长期参与下,以"庖厨"为代表的淮扬菜形成了一套高贵的品格,而品格的背后则闪耀着夺目的人文精神。

五味调和的中庸之道。人生五味,众口难调,老子说"治大国如烹小鲜",将"烹饪"与"治国"相提并论,也从侧面说明烹调之难。而汉辞赋家枚乘在所写的《七发》中,除了介绍煎、熬、炙、烩等多种烹调技法,还提到了以五味调和为标准的烹饪理念。调和五味,味取中庸,淮扬菜自那时起,就贯彻了中庸的烹调理念。

不分贵贱的平等思想。有词人曾经这样描述扬州美食:"扬州好,佳宴有三头。蟹脂膏丰斩肉美,镬中清炖鲢鱼头,天味人间有。扬州好,佳宴有三头。盘中荷点双双玉,夹食鲜醇烂猪头,隽味朵颐留。"其中的"斩肉""鲢鱼头"和"烂猪头"即是扬州"三头宴",其全称为"蟹粉狮子头""拆烩鲢鱼头"和"扒烧整猪头",是扬州最著名、最具代表性的菜肴之一。制作"斩肉""烂猪头"的原料猪肉在昔日高雅文士的宴席上是不受待见的,因为猪肉太俗,属于平民食材。但扬州厨师却反其道而行之,发挥淮扬菜制作精细、长于炖焖的功夫,终于使大俗饮食登上大雅之堂,成为不分贵贱、人人可食的淮扬名菜。另一道淮扬名菜"拆烩鲢鱼头",其原材料——鲢鱼开始也是平民食材,经淮扬厨师精心改造后,发展为席上名菜。

物尽其用的节约理念。淮扬菜厨师会根据菜肴特点,因材施艺,因菜施料,区别对待。不仅从原材料上为淮扬菜把好第一关,而且可以料尽其用,菜尽其值,按质而用,同时而用。比如鳝鱼,粗鳝鱼可作生炒蝴蝶片、大烧马鞍桥,细鳝尾部截下可制作炝虎尾,冷菜热吃,鳝脊肉制作炒鳝糊,鳝鱼肚膛留作配菜;再比如"将军过桥"这道菜,又名"黑鱼两吃",制作时将黑鱼肉批成玉兰形,浆起滑炒,两边鱼皮连着头和骨架犹如将军盔甲,剩下的鱼骨、鱼肉均入沸水去腥后烧汤,故称过桥,其最大特点是物尽其用,一鱼二吃,有炒有汤,这就是"料贵乎用"的道理,体现了节约的理念。

2. 标准严——品类丰盛选料严

淮扬菜素有"百种千名,齐味万方"的美誉,从扬州汉墓出土的"广陵服食官"铜鼎以及碗、盘、壶、勺等漆器饮食器具可知,当时的扬州饮食器具十分考究;食肉用小刀,喝汤用长柄木勺、漆勺、铜勺,可以想见当时宴饮之纷繁复杂。在食材的选择上,淮扬菜并没有一味追求高端,而是就地取材、严格选料、精细制作、因地制宜、因时制宜、注重本味、讲究火工,加以造型、佐以色彩,变大俗为大雅。

品类上,淮扬菜种类繁多。按食材分,淮扬菜有畜兽类菜、禽蛋类菜、水鲜类菜、蔬菜类菜、工艺类菜和山珍海味类菜;按制作方法分,有热菜、冷拼、面点、雕刻等;按饮食对象分,有官府菜、民间菜、清真菜、寺庙菜等;按功能分,有宴席菜、家常菜、养生菜、风味小吃和点心等。

工艺上,淮扬菜精细复杂。淮扬菜烹饪技艺以精工细作著称,案上功夫主要体现在刀工上,入门先练刀工,这也是淮扬厨师的基本功。刀工好的厨师,能将1.5厘米厚的方干批成40多片,进而切成丝,薄如纸,细如线,匀如发,这是淮扬名菜"大煮干丝"对厨师的基本要求。再如"双皮刀鱼",鱼身如刀,满布小刺,淮扬厨师能够整料出骨,骨肉分离,有肉者无骨,有骨者无肉,鱼身依然,造型完整,令人叹为观止。淮扬厨师还在实践的过程中总结经验,形成诀窍,例如葵花大斩肉的刀工诀窍可用八句话概括:肥六瘦四,细切粗斩;挟之以箸,完整实在;纳入口中,嫩如豆腐;肥而不腻,瘦而不化。除此之外,淮扬菜在冷拼、雕刻和面点上也用足了心思,融欣赏、实用、食用三位一体,被誉为餐桌上"凝固的画,咀嚼的诗,玉琢的雕塑"。

选料上,就地取材严把关。料,是菜的基础;好料,是佳肴的前提。《随园食单》第一章《须知单》开篇言明:"大抵一席佳肴,司厨之功居其六,买办之功居其四。""买办"的对象即烹饪的物质基础——原料,强调了食材的重要性。淮扬菜选料严格,蔬菜以鲜嫩为标准,青菜取其心,苋菜取其嫩;荤菜以鲜活为标准,野鸡取其脯,虾蟹取其鲜。而且还特别讲究时令,比如风鸡、鲜蟹、刀鱼、鲥鱼时令性都很强,扬州烹饪界有"醉蟹不看灯、风鸡不过灯、刀不过清明、鲥不过端午"的规矩。淮扬菜还注意使用地方原料,比如扬州龙池的鲫鱼、高邮的麻鸭、宝应的藕粉、中堡的醉蟹、高邮的双黄蛋等,都具浓厚的地方色彩。用料时,根据菜肴特点,因材施艺,因菜施料,区别对待,何处用梗用叶,何处用根用心,何处用肥用瘦,何处用脯用脊,都有明细规定。"鱼盐之利,饭稻羹鱼",是扬州鱼米之乡的地理位置赋予淮扬菜烹饪原料独特的优势。以本地水产动植物原料为主的扬州美食,最明显的一个特点便是"鲜"。荤菜的活鲜和素菜的清鲜,最能提供优质蛋白及多种优质营养成分,促进健脑强身,也为淮扬菜清鲜平和、咸甜适中的特色提供了源头。乾隆曾有诗云:"江都城北多陂泽,水物由来清且奇。"淮扬食材靠水吃水、平和鲜醇的风格深受海内外宾客的喜爱。

二、淮扬菜的流派和分类

1. 菜点工艺技法

淮扬菜菜点工艺技法,包括刀工处理方法、加热方法、成形方法等。

淮扬菜工艺技法需要诸多的技术支持,如刀法技艺、温控、食品化学、食品包装、分离、酶化技术等,这些技术对于菜肴风味的测试、菜肴烹制流程的标准化控制和保持菜品形态的统一性起着至关重要的作用。其工艺主要有热菜工艺、冷菜工艺、面点制作工艺等。

2. 淮扬传统名菜名点

曾经经过评选和名厨、专家的鉴定,评出扬州名馔25道,其中有五大冷菜:炝虎尾、中堡醉蟹、风鸡、双黄咸鸭蛋、炝青螺;十大热菜:原焖鱼翅、扬州狮子头、大煮干丝、三套鸭、拆烩鲢鱼头、金葱砂锅野鸭、豆苗山鸡片、扒烧整猪头、醋熘鳜鱼、蛋美鸡;五大素菜:素蟹粉、冬冬青、炒素鳝、大明寺罗汉斋、文思豆腐汤;五大甜菜:桂花白果、蜜汁火方、御果园、蜜汁捶藕、樱桃蛤士蟆。

扬州点心以嫩酵、温水面团、油酥、面条和应时点心为主。点心以薄皮大馅、皮馅配合相宜、馅心多变、适应时令而擅长。面条糯韧,多重汤汁,覆盖各式浇头而味美爽口。风味小吃多以应时野蔬配以荤腥和腊味、果脯、蜜饯制成馅心,随季节而变。点心调味趋于新鲜、香酥,突出主味,咸中带甜,以甜提鲜;甜味则糯香黏滑,甜纯适口。兼有北式点心浓郁实惠、南式点心精细多姿的特点,形式统一,用料讲究,形成自己的特色。

扬州十大名点为三丁包子、千层油糕、双麻酥饼、翡翠烧卖、干菜包子、野鸭菜包、糯米烧卖、蟹黄蒸饺、车螯烧卖、鸡丝卷子。

3. 淮扬宴席

淮扬宴席,史载可追溯到春秋时代。

专诸刺王僚,是太史公司马迁笔下的春秋游侠传奇。专诸的烈行义举,所依赖者,就是一把藏在鱼肚中的利刃。因为吴王僚宴饮的癖好是,非专诸烹制的"全鱼炙"则不食。鱼破而匕首现,吴王差点为了馋鱼而丢掉性命。专诸是扬州西邑(今南京六合)人,其烹鱼手艺是拜太湖太和公为师而得,太湖古称震泽,春秋属扬州,所以专诸应是扬州厨师中的第一壮士,"全鱼宴"应是淮扬宴中的第一宴。

扬州唐宴,始行桌椅式,主宾各置一桌,桌上置酒菜,椅背设帏。

南唐顾闳中《韩熙载夜宴图》再现了扬州贵族家庭对夜宴的重视。

北宋的淮扬诗文酒宴是风流的。欧阳修在平山堂召集宾客,宴饮酬酢,击鼓相传邵伯湖中莲花,鼓停,持花者吟诗助兴。这一高雅形式已作为佳话被后世仿效。未举一觞,欧阳修已于无双亭下醉了。

南宋时,扬州的"高丽馆"宴席菜点规范。

辽金时宴席上鸣鞭,为后来扬州喜庆宴席上放爆竹的源头。

元代,扬州宴席秉承汉制,以地位高低决定坐席。官厅宴、军旅宴,均行分食制;家庭亲友聚会,围坐八仙桌或大方桌,行共食制。

明代,扬州市肆酒楼宴席分上中下三样。上样五果五菜,有陪侍,自要多纳银两;中样只有水果热酒,自助餐形式;下样没人服侍,锅里有啥吃啥,随便充饥。《西游记》中师徒四人吃斋席,从糖果、小菜、水果、菜肴、汤饭到馒卷结束,实际是明代扬州斋席格局,但自与今天平山堂素席不可同日而语,这就是美猴王没有口福了。

清代扬州宴席优冠东南,名目繁多。

清康熙《扬州府志》载,扬州"民间或延贵客,陈设方丈,伎乐杂陈,珍错万味,一筵费数金"。民间尚且如此,皇室、官府、豪门宴席的规模之高,体例之盛,设计之精可想而知。

沙飞船宴。瘦西湖画舫穿梭在前,带灶的沙飞船常跟随在后。船中,灶火烧旺,炊烟悄起,船篙击水,锅勺有声,船行柳下,橹摇花间,行庖们将一盆盆美肴前传画舫,游客们把一曲曲吟咏散落湖上。此时,月上中天,光华满湖,二十四桥箫声缠绵,画舫耶?宴舫耶?诗舫耶?已然分不清了。

扬州戏席。除边游湖边设宴之外,还有边观剧边设宴的,这就是在扬城戏馆台前庑廊设置的宴席。清乾隆、嘉庆时,大树巷固乐园、阳春茶社、丰乐园以及盐绅私家戏台都设戏宴。进馔款式,碟碗多少,菜点质量,瓜果、茶水、小食配制,皆按席面档次高低而定。不过,吃此宴者,也是醉翁之意不在酒,在乎听戏之乐也。

民间宴席。分上中下三种席面,皆以南味为主。上席大菜常用燕窝、鱼翅、海参等;中席大菜稍次,但间或用名贵材料;下席更次。茶、酒多用当地产品;围碟选用多种鲜果与干果,或用造型小碟、酱菜小碟;冷盘以传统名肴为原料;炒菜多采自六畜;大菜多用山珍海味;素菜讲究调味与营养;主食常配点心,这当然也是扬州宴席的压轴好戏。

官场宴会。排场讲究,山珍海味,陈列方丈,通宵达旦。清初用方桌或长条桌,乾隆时始用圆桌。席中,用象牙筹行酒令,并用评话弦词助兴。

满汉全席,从来就是中国烹饪界第一谜。清宫御宴分满、汉两种,满席分六等,汉席有五类,而它的发源地正是扬州。在这恢弘的全席中,我们既可以看到满席擅长烧烤,以牛羊肉为主,兼收山珍海味,又可以看到汉席以淮扬风味为魂,以江鲜、河鲜、海鲜为主,荟萃江南风味精华。在选料、烹调、技艺、菜款、器皿、进馔上,上承八珍,下启名宴,北方游牧民族质朴的特色与江淮清新雅丽的风格,在色香味形中有机地统一起来,其豪华丰盛表现在有三日六宴、两日四宴、一日两宴、精品宴四种模式,有两套整体设计,每宴 36 款,每套 108 道。

开国第一宴。1949 年 10 月 1 日,中华人民共和国成立了。当晚,北京饭店宴会厅举行了盛大宴会,淮扬菜承担了这具有历史意义的开国第一宴。淮扬菜口味平和,制作精细,风格雅丽。参加国宴的宾客来自五湖四海,口味适中的淮扬菜最能调和众口。淮扬菜食材普通,但用料讲究,甚至于每一片菜叶都是精挑细选而来,符合国宴精简节约,庄重典雅的风格。宴会周总理亲自过问,规定了国宴的标准采用四菜一汤,而这个规定也一直沿用至今。

红楼宴。由于当时扬州深厚文化底蕴的熏陶,由于擅长文酒之会的祖父曹寅的耳提面命,也由于与传统文化紧密结合的淮扬菜系的感染,曹雪芹笔下的"红楼宴",既不同于宫宴,也有别于国宴,而是官宴,即贵族宴。当然,不是一般的官宦贵族,而是具有深厚文学修养的官宦,不妨称作儒官。所以红楼宴始终笼罩在浓浓的书卷气、淡淡的胭脂香当中。把红楼宴从古典名著中搬进餐厅,从文字变成佳肴,让可读性化作可尝性的是丁章华先生,在他的运筹与推动下,历经二十个春秋的执著研制、研讨提精,终于将"饮馔之幻"化为现实。1988 年新加坡《红楼梦》文化艺术展,红楼宴初试新啼,一鸣惊人,震惊泰国、马来西亚、日本等;1989 年赴穗参加红楼文化艺术展,与会者阖称天下美味尽萃于此;1990 年亚运盛会期间,西园大酒店、扬州宾馆又设席大观园,举办红楼宴。三经盛会,誉满海外,声动京华。人们争相传说淮扬风味,红学权威冯其庸盛赞"天下珍馐属扬州,三套鸭烩鲢鱼头。红楼昨夜开新宴,馋煞九州饕餮侯",并写下五个大字"正宗红楼宴"。

踏入红楼宴会厅,满室陈设皆雅丽,由颇具"红楼"意境的摆设、餐具、音乐、服饰、菜点、茶饮综合组成的餐饮文化因素,给人审美意识的冲击,恍如进入大观园:先赏"一品大观",如进大观园之前厅,观赏有凤来仪、荷塘情趣、蝴蝶恋花三道菜,凤鸣蝶飞鹅泳水,花红叶绿荷沁芳,大观园春色扑面而来;又有四干果、四调味,尤其是被王熙凤夸得天花乱坠的茄鲞一则,时人一直以为是作家夸张不实之笔,现从元人菜谱中挖掘而出,亦算是扬州厨师给曹雪芹公"平反"。再赏"贾府冷碟",如进贾府之二堂。色红、绿、蓝、褐、粉、黄、白不同,味香、酥、脆、腴、韧、嫩、糯、醇不等,技腌、糟、炸、卤、煮、拌、醉、酱不一。尤可贵者,八个冷盘含义各别:红袍大虾如红袍加身,前途无量;翡翠羽衣似碧澄欲滴,不离不弃;佛手罗皮像金玉满堂,福寿安康;胭脂鹅脯、枸杞蒿秆、糟香舌掌等也都是巨著"原件"。扬州厨师选材必有其意,意必吉祥,不难见"贾不假,白玉为堂金作马"的意识。三后赏"宁荣大菜",这才如同身入主厅。十一道大菜组成了红楼宴的高潮。龙袍鱼翅乃头菜,以龙虾围排翅,雪里藏璧,白雪红梅,菜中套菜,中心衬雪地芹菜,嵌雪芹之意,更是点睛之笔,正所谓"雏鸽翠芹埋雪底,老梅红萼绽枝头"。老蚌怀珠——以鱼或鳖为鱼圆,盛以裙边,反衬之如颗颗明珠,莹润光洁,粲然入目,"玉屑凝珠含蚌口",正是美食大家曹雪芹的创造。生烤鹿肉——此菜为林黛玉的策划,当她听探春自称"蕉下客"时,便笑道:"古人唱云蕉叶覆鹿,他自称蕉下客,可不是只鹿了?快做了鹿脯来。"几百年后,扬州厨师实现了林黛玉的夙愿。扇面蒿秆——是晴雯要吃的春蒿秆儿,呈扇形,是否出于晴雯撕扇的联想?姥姥鸽蛋——叙说着一位农村老奶奶刘姥姥第一次使用象牙筷擿不起鸽蛋的故事,滑溜溜、圆滚滚,幽出一串默,愉悦了大观园的主人,也愉悦了后世亿万读者与食客。最后,赏"怡红细点",显然便进入贾府的后花园了。各式点心,如春花灿烂,璞雕玉琢。如意锁片的讨喜,太君酥的慈祥,寿桃的祈祷,海棠酥的贤淑,无不在或微脆、或黏糯、或松软的口感中一一领略。史太君两宴大观园不过如此。尝遍红楼宴,好像不是在尝菜,而是在读书、读诗、读史。品味红楼宴,也许才会品出曹雪芹的一把辛酸泪,"谁解其中味"?享受红楼宴,尽可以享受养生补益,享受美器、美景、美趣,无疑是高层次的精神享受。

三头宴。郑璧先生词曰:"扬州好,佳宴有三头。蟹脂膏丰斩肉美,镬中清炖鲢鱼头,天味人间有。扬州好,佳宴有三头。盘中荷点双双玉,夹食鲜醇烂猪头,隽味朵颐留。"所谓三头,指扒烧整猪头、清炖蟹粉狮子头、拆烩鲢鱼头。

中国古人有无荤不为福之说。荤者自然为腥为肉。而在农业大国的中国,猪肉历来是肉食主体,豚即猪,家中有豚才为家,可见中国人对猪肉的偏爱。可是,动物性脂肪为主的食物结构所带来的"三高"(高血脂、高血糖、高血压)弊端,使人们对猪肉望而生畏。所以,在昔日高雅文士上档次的宴席上,按一般常规,猪八样是不够格跻身餐桌的;与鳊白鲤鲫相比,鲢鱼也属不入流之列,为烹鱼者所鲜用,原因是俗。可是,三头宴却反其道而行之,发挥淮扬菜制作精细、长于炖焖的独到功夫,使普通食材名闻天下。

一是扒烧整猪头。一颗大大的猪头,先以松香烧熔化于猪脸,然后以一气呵成之势,拔茸毛、剖开脸、洗鼻腔、挖猪脑、剔面骨、切腮肉、分下腭、取淋巴、摘眼舌、熏猪脸,十来道准备工序最费工夫,完毕后,就一次又一次洗去腥味,然后开始"扒烧"了。调料要配搭得当,火候要掌握精确,葱、酱、蒜、八角、花椒、大酱、冰糖、黄酒、茴香在微火、文火中渗透进猪头,那香味烈烈轰轰,绕梁不去。待酥烂装盘,舌垫底、脸覆上、眼归位,于是,我们面前就呈现出酣畅淋漓、仰天大笑的霸王脸谱。皮面枣红而油亮,口味醇厚而不油腻,肉酥皮黏而不烂,气味香而无腥臊,要"焖熟,以整者上,攫以箸,肉已融化,随箸而下",以至猪头待客成为习俗,有"留客烂猪头"之说。现代国画大师刘海粟每来扬州,必啖猪头、猪脚,称道猪耳朵柔中带脆,猪舌软韧,猪眼富有弹性,"其味无穷"!

二是蟹粉狮子头。狮子头得名在唐,唐代郇国公宴客,命府中名厨韦巨元做四道名菜,当葵花肉上席时,形如雄狮之首,无不欣喜。郇国公把它更名为狮子头。宋代以后,狮子头又发展为蟹粉狮子头。以细切粗斩之肉茸,配蟹肉、蟹黄、蟹油,入砂锅清炖,圆润膏黄,透以蟹鲜,入口而化。现在,扬州狮子头又有创新,推出了河蚌狮子头、笋焖狮子头、冬笋风鸡狮子头等。

第三头是拆烩鲢鱼头。鲢鱼贵在头,每年小雪后,鲢鱼味最佳。取用4 000克以上大江鲢头,去鳃,将鱼头割开而面部相连,先洗净,入汤锅,煮至半熟,取出拆骨,面部保持完整而且皮朝下,箅起加配料,下锅加煮鲢头的汤汁浇制,鱼骨胶蛋白交融于汤中,肉质腴嫩,汤汁鲜浓,食之两颊留香。

有美食家诗赞"三头":"木落天青作远游,广陵秋色醉千秋。西园试罢三头宴,方识奇珍在扬州。"由此可见,凡高明的厨师不在于用奇珍异宝做出美味佳肴,而在于变拙为宝、变平为奇、变低为高,以日常原料烹出非同一般的宴席,"三头宴"就是成功范例。

第二节 修脚刀技艺文化

一、修脚刀的指导思想

1. 作为广义的扬州沐浴文化

以儒家思想为内核——以沐为礼,以浴为德。

首先,以澡喻德。在儒家思想的影响下,中国人的沐浴观除了洁身的直接目的外,更有着内在的精神性洗礼。《论语·先进》中有一段孔子和他的四个学生子路、曾皙、冉有、公西华的对话,曾皙表明他的志向是"莫春者,春服既成,冠者五六人,童子六七人,浴乎沂,风乎舞雩,咏而归。"这里的"浴乎沂"不仅仅是清洗身体,更暗喻了儒家的以礼治国,与儒家的礼乐教化的政治主张相符。曾皙的话语描绘的是一幅太平盛世的图景,所以孔子深表赞同。

其次,教化人伦。儒家重视仪礼,强调礼仪的教化作用,于是制定了一系列的沐浴规范,使沐浴产生了教化的功用。《礼记·内则》载:"男女夙兴,沐浴衣服,具视朔食。"规定居家百姓要早起沐浴更衣,旨在劝人勤奋整洁。而夫妇之礼则是"外内不共井,不共湢浴",即妻子不能和丈夫共用一个浴室,凸显了男人的地位。在家庭中,礼节规定晚辈要五天烧一次温水为父母洗澡,每三天烧一次温水为父母洗头。如果父母脸上脏了,要用淘米水为父母洗干净;如果脚脏了,则用温水为父母洗干净,倡导尊老的美德。在待人接物上,沐浴也有相应的规定。《仪礼·聘礼》载:"管人为客,三日具沐,五日具浴……飧不致,宾不拜,沐浴而食之。"即接待宾客,要满足客人三天洗一次头,五天洗一次澡的要求,主人设宴款待来宾时,宾客不用拜谢,但要沐浴之后再就餐,以示对主人的尊重。沐浴已与人们生活的行为规范密切联系在一起。

首先,世俗性、日常性的沐浴非常讲究。古代官府每五日给假一天,让官吏回家洗头洗澡,谓之"休沐"。不仅有"休沐"假,而且洗澡还十分讲究,《礼记·内则》中说:"五日,则燂汤请浴,三日具沐。其间面垢,燂潘请靧;足垢,燂汤请洗。"不仅要五天洗一次澡,三天洗一次头。用淘米水洗脸,用热水洗脚。到汉代,进一步以法律形式规定公务员"吏五日得一休沐"。从扬州西湖镇蔡庄五代墓出土的大量三条腿、四条腿的方形杉木浴凳来看,汉代沐浴已经规范化了。

其次,礼仪性的沐浴仪式感强烈。在古代,凡皇帝祭天、官府拜神、家庭祭祖、节令变更、王朝交替以及家庭中的红白大事,人们都要沐浴更衣,以示虔诚。古代祭天是大事,作为国家大典,帝王必"沐浴而朝,斋戒沐浴以祀上帝"。以西周为例,西周的戒礼十分隆重和考究,每逢重大祭祀活动前要斋戒两次,第一次在祭前十日或三日举行,叫戒;第二次在祭前三日或一日进行,叫宿,并有专职官员主持仪式,要求与祭者禁食荤腥,沐浴净身,以示对神灵的肃敬。所以作为皇帝祭天的场所北京天坛,专门建有斋宫供帝王祭祀前斋戒沐浴。

第三,宗教性的沐浴十分严肃和庄重。农历的四月初八,相传为释迦牟尼佛的诞辰,而在佛祖诞生时,有双龙吐水为之灌浴,因此这一天又称为"浴佛节"。各地各寺庙都在这一天焚香结彩,诵读经文,并仿"龙王以香水洗灌释迦"事,将香浸水,洗灌佛像。扬州的沐浴典礼还与腊日相连,《入唐求法巡礼行记》记载,唐代扬州在此日有沐浴之俗。唐节度使李德裕在开元寺设斋供养五百僧人,开成三年的腊日,斋后"令涌汤浴诸寺众僧"。此项活动出于佛降服六师,六师请罪,沐浴僧众以为报的典故,体现了沐浴的赎罪功能。

扬州沐浴文化是在借鉴、吸收、融合外来文化的基础上形成的。

从私密到开放——公共浴室的产生。中国是一个以孝治天下的国度,儒学《孝经》强调身体发肤受之父母,不可示人,即使同性之间也以赤身露体为耻,所以,洗澡对中国人而言是一件私人化、隐秘化的事情。扬州人自古已将洗澡隐秘化,在出土的汉广陵王墓葬中,就有专门的沐浴间,而且紧靠主人的起居卧室,这反映出汉代扬州人隐秘安逸的沐浴心理特征。这种心理导致沐浴始终处于封闭的环境之中,直到唐代,扬州还没有产生公共浴室,但经过隋炀帝开凿运河,临幸江都,扬州经济已发展到全国"扬一益二"的顶峰。到宋代,宋徽宗、宋高宗二帝南逃扬州,金人南侵追击,扬州成了经济文化交流的中心,在吸收了中原文化、游牧文化和西方文化后,扬州人的观念和心理发生重大变化,产生了公共浴室。苏轼在《仇池笔记》中曾详细记载他去浴室洗澡,找人擦背的情形,并作《如梦令》一首:"水垢何曾相受,细看两俱无有,寄语揩背人,尽日劳君挥肘。轻手,轻手,居士本来无垢"。可见公共浴室至少在此已经产生了。

从浴德到洁身——发现沐浴本真之乐。古今中外,沐浴的目的都植根于卫生与轻松的渴望,但古代扬州与人类文明另一发源地古希腊相比,前者信奉的是"与其澡于水,宁澡于德",更多追求儒礼的完美;而后者则把洗澡和体育运动联系在一起,在交替感受运动的紧张和洗澡的松弛中,体验人体无与伦比的美妙,并成为希腊艺术的滥觞。随着扬州经济的高度发展,海陆两条丝绸之路的开通,扬州人的沐浴观念受到外来文化的冲击,通过碰撞、吸收、融合,产生了公共浴室,有了淋浴,用浴缸替代了木盆。发展到现代,扬州沐浴行业进一步兼收并蓄,走在国际沐浴业的前沿。在这里不仅能尽享洗浴的乐趣,还能感受到最新的健身防病文化,比如有能充分促进全身血液循环的"漩涡浴",能抚慰人体脉络的"脉冲浴",能促进头部血液循环的"多头浴"以及对治疗痔疮有特效的"上行浴"等;引进了芬兰浴、啤酒浴、牛奶浴、鲜花浴以及被誉为人间第一美浴的"火玉浴"等;开发了含中草药配方的"糠秕中药浴""汉方浴"等。

从盆浴到淋浴——伊斯兰教对扬州沐浴文化的改善。扬州有个仙鹤寺,寺旁有座普哈丁墓,为全国文物重点保护单位。普哈丁相传为穆罕默德十六世裔孙,明《嘉靖维扬志·杂志》载,普哈丁于宋咸淳年间(1265—1274年)来扬州传教,创建清真寺,即今仙鹤寺。普哈丁卒后葬于东水关河,即寺旁的普哈丁墓。在仙鹤寺和普哈丁墓南侧的清真寺内,紧靠寺门的第一间房间就是一个"水房",即淋浴间,是穆斯林按教规行净礼的地方。穆斯林的净礼分小净和大净两个部分,有一套规定的流程,它的最大特点是洁净,水落下之后,不再回头使用,水源清净,浴水洁净。这种淋浴的方式开了扬州沐浴特别讲究卫生的先河,并很快为扬州人所效仿,掀开了扬州沐浴史上"淋浴"的新篇章。

2. 作为狭义的修脚刀

(1) 以治疗保健为宗旨

相传周文王得了趾甲病,有位修脚师挺身而出,小试"方扁铲",刀到病除。此人名唤冶公,是中国修脚界,也是扬州修脚师的鼻祖。自冶公为文王治脚病起,修脚刀就成了脚病的克星。隋唐医家巢元方详解胼胝和鸡眼的症状病因,清人李廷华就"修脚挖鸡眼"作专门论述。扬州修脚师挖嵌趾,剐鸡眼,拔肉刺,治脚垫、脚疗、脚瘊、脚胆、脚气、灰趾甲等,修治神效蜚声四海,俨然成为趾甲的守护神。

(2) 以中医思想为指导

扬州修脚刀是在中医的指导和推动下发展壮大起来的,一部修脚史也是一部中医发展史。自汉代起,伟大的医学家华佗就对足病机理产生了深刻的认识,他认为"故风寒暑湿之气,多中于足,以此脚气病多也";六朝时产生了治脚药方《徐叔问疗脚弱杂方》《徐方佰辨脚弱方》;隋唐医学家巢元方著《诸病源候论》,详注十八种足病症状病因;宋元之际产生了《脚气治法总要》;明代陶华在《伤寒六书》中"凡脾胃有热,手足必热;脾胃有寒,手足必冷"论述脾胃与足的关系十分精当;明陈实功《外科正宗》,清《医宗金鉴》对足部骨伤和皮肤感染的论述达30多种。这些医学典籍,既是足疗保健的理论总结,也是中医发展史的重要组成部分。修脚实是医脚,修脚师即是医脚师。

二、修脚刀的技艺流派

1. 作为广义的扬州沐浴文化

广义的扬州沐浴文化,其核心技术除了修脚,还有擦背。擦背作为沐浴的主体服务项目,与沐浴相伴相生,早在宋代即已诞生。扬州擦背标准清楚,规范严格,服务要求三到位:首先,观察到位。当客人进入擦背区,擦背师须根据来客肤质的粗细油燥,准确定位,施以相应的毛巾和擦法。其次,动作到位。不同的部位用不同的手法和力道,动作上要做到"八轻八重八周到"——阳面重,阴面轻;背部重,腹部轻;背膀重,腋窝轻;四肢重,五官轻;额头重,喉头轻;胸肌重,乳头轻;腿面重,内侧轻;湿气重,不湿轻。耳后、眼睑、下颌、肚脐、腋窝、阴囊、腹股沟、手脚丫八处周到。第三,按摩到位。擦背师须通过推、拿、捏、拍,为顾客通经活络,消除疲劳,既清理了堵塞毛孔的污垢,又能松弛肌肉,放松身心。

浴池种类多

虎啸山风,龙行云雨,扬州沐浴呈现出丰富多彩的浴种。有能呈现不同水温的"周身浴",它是对传统池浴的继承与发展:热水浴松弛筋骨、温水浴愉悦轻松、冷水浴磨炼意志,各擅千秋;而当代年轻人尤喜冰水浴,寒冬腊月乐此不疲,有词赞曰:"静玩明月,助我性灵,恍如濯魄冰壶,宛至广寒宫殿,好快乐也。"有利用水流顺循环或逆循环的"漩涡浴",激流涌动,浪花飞溅,充分促进全身血液循环,令人仿佛置身于巨大漩涡中。另外,还可利用水流对人体做多部位、多角度、多方向的直线冲射:有射流喷勃、叩击肌肤的"按摩浴",如纤纤玉指轻轻抓揉;有通过真空泵输入空气,似水疗机针对性地抚慰人体脉络的"脉冲浴";有力强势猛刺激人体穴位的"针刺浴";有多个喷头按摩头部,促进头部血液循环的"多头浴";有对治疗痔疮富有特效的"上行浴"。对老弱者和残疾人士有方便舒适的"坐浴"。

利用水蒸气沐浴,是扬州的传统强项,当代沐浴人当然不会轻易丢弃这个传家宝,现代扬州浴城都辟有这种专室。扬州人给这种水蒸气浴起了个洋气的名字,叫做"芬兰浴"。弥漫的蒸气沁人心脾,有利于散发人体的病毒,感冒鼻塞、肌肉疲劳一蒸就好。木质结构的浴房中设置自动控温系统的电炉,上放灰黑色玄武石——这是火山爆发后岩浆凝固后形成的岩石,泼洒清水后,嗞嗞冒汽,20多种微量元素释放而出,抚慰着汗水淋淋、排出体内毒素的浴者,对治愈或缓解关节炎、腰腿疼等有奇效。

扬州沐浴,在尽享洗浴乐趣的同时,还能感受到国际最新的现代健身防病文化。像清洁毛孔、使肌肤富有活力的"啤酒浴";防止皮肤干裂、润肤美白的"牛奶浴";采用鲜花花瓣清新呼吸道、防止鼻炎的"鲜花浴";滋润肌肤、增加营养的"人参浴";香体杀菌、防治瘙痒的"糠秕中药浴";由50多种名贵中草药配制而成,在高温熏烤中散发出大量的药气,通过人体呼吸道吸收,达到内病外治、健身美容目的的"汉方浴"。

尤其富于想象力的是"火玉浴"。这种浴间,墙壁、天花、地板用玉石砌造,浴客进入便可享受由玉石产生的热温浴。实践证明,经常"浴"于"火玉体验室",可以刺激人体经络和穴位,促进新陈代谢,排除体内不良物质;可以分解脂肪,并排泄到体外,改善肥胖体态,减轻体重;可以排除体内淤积的二氧化碳及尿素,减轻肝脏、肾脏负担;可以改善微循环,特别对女性皮肤具有使之润滑、祛皱、保湿、光亮、富有弹性之功效;可以安神镇精,能迅速解除疲劳;可以增加血管内的供氧量,分解血管内的血栓,促进血液循环,抑制病毒繁殖,增强人体的抵抗能力。

火玉,玉名岫岩,简称"岫玉",因产辽宁省岫岩县瓦沟而得名。这种玉石的主要品种表面看来同新疆青玉或碧玉有点相似,但组成矿物和硬度不同。组成岫玉的主要矿物是蛇纹石。成分中常含有二价铁(Fe^{2+})、三价铁(Fe^{3+}),还混有锰(Mn)、铝(Al)、镍(Ni)、钴(Co)、铬(Cr)等杂质,这些混入物使岫岩玉具有各种颜色,如白、黄、淡黄、粉红、浅绿、绿、翠绿、暗绿、褐绿,以绿色调为主,颜色在青玉和碧玉之间。蛇纹石通常占岫玉的85%以上,其他常见少量方解石、透闪石等矿物。岫玉的玉质非常细腻,呈半透明至不透明,蜡状,有油脂光泽。这些矿物质含有多种元素,在一定温度下会散发出来。此玉如此有益于人类,所以,在殷墟妇好墓的四十余件玉器中多数近于辽宁岫岩玉。古人到了天国仍不忘润体健身的岫玉,可见"火玉浴"乃人间第一美浴。

擦背有技巧

擦背是池下的主体服务项目,它与扬州公共浴室业相伴相生。扬州最早的有关擦背的记载,是1084年苏东坡《如梦令》中的"揩背",这似乎是这个工种的原始称谓。至清,这个服务项目又有了新的名字,称为"跟池"。为什么叫擦背?20世纪初上海人郁慕侠在尝试扬州师傅擦背后是这样定义的:"因为背在后面,浴客自己擦洗很不方便,才立此名目,替人擦洗。但是现在'擦背'都擦全身了。"(《上海鳞爪·擦背》)

擦背是技术,而扬州擦背已是艺术。一般擦姿分两种,一是坐姿,多行于老澡堂;二是卧姿。早年扬州浴室曾试行过卧盆擦背,在白色瓷质大浴盆上放两块木板,一块搁在中间,一块搁在顶头,盆两旁还吊着两根吊环,澡客擦背时,躺在浴盆上,脚踏实地,不至麻木;手扶吊环,不至酸痛。如此特殊的设备,在当时也算得上一种优质服务的高招了。

扬州擦背标准清楚,规范严格,闪耀着朴素辩证法的奇异光彩。没有根底,不下工夫,是不可能将对立统一规律运用在擦背中的。对擦背师而言,首先是观察到位,当浴客进入擦背区,扬州师傅撑眼就能对宾客皮肤是油性或燥性、是细或粗的性质准确定位,心中有数,以便采取相应的毛巾和擦法。其次是动作到位。不同部位,不同手法,不同力道,做到"八轻八重八周到",力大手重却不疼,舒适过瘾,恰到好处;力小手轻也吃垢,一股绵和的内力从地心拔起,通过脚掌、腰胯、肩臂流传,直达擦背人的掌心掌指,透过软和的毛巾,源源不断地施于浴客,其作用相当于中医的丹散、厨师的文火,又如圆润的蚕头、隶书的起笔。在扬州沐浴中,这叫做绵里藏针,以柔抚刚。最后是按摩到位。通过推、拿、拍、捏,为顾客通筋活络,减轻劳损。这样,浴客堵塞在皮肤毛孔中的污垢清理了,疲劳消除了,身爽了,心怡了,自然是"浴后一擦背,身心都不累"。

当然,对于如今洗澡条件已经大为改善的中外浴客来说,扬州擦背的真正目的已经不是除垢,单纯的擦背中又增加了新的元素,比如"盐推",其根据海水具有洁肤、改善人体皮肤血液循环、促进人体保健的机理,以精制海盐为主体,添加多种有利于人体健康的无机盐及中草药成分。使用后可清除皮肤表面的角质和毛孔中多余的油脂与污垢,促进皮肤新陈代谢,使皮肤富有弹性和光泽。另外,还有如"牛奶推""姜推""海藻推"等,除了润肤消毒的功能外,还有些显然已经转化为身心安抚了。

2. 作为狭义的修脚刀

扬州修脚刀是趾甲的守护神。别看趾小,却是人体的一部分,它像将士的盔甲,忠实地保护着趾端,协调着脚趾的行走和跑跳。它还是人体健康的信号灯,在一定程度上反映着机体的功能,预报着病变。几百年来,扬州修脚刀已经成为瘊、疔、核等表皮病变,以及瘤子、骨刺、灰甲、嵌甲、脚垫、鸡眼、脚气的克星,为人民生活所不可缺少。

殷墟出土的甲骨文中已有足病及用鱼疗足背肿的记载。扬州修脚刀,距今已有3 000多年的历史。扬州修脚师曾经有过一段社会"流浪者"的生涯,或下茶馆,以烂茶叶敷于足甲,待趾甲转软动刀;或串街巷,刀包一夹,板凳一拎,凳中串以铜铁,"一路吆喝一路摇,三寸金刀誉清朝"。后来,浴室老板图于有修脚刀可招揽顾客,修脚师傅鉴于澡堂条件适宜操作,两者一拍即合,从此,修脚刀如鸟归林,似龙回渊,成为扬州沐浴的王牌内容了。

经过扬州老一辈修脚师的奋斗,扬州修脚刀终于跻身全国修脚行业前列,成为三足鼎立的霸主之一,且三足之中,又以扬州流派独占鳌头,阵营最大、技术最精、享誉最高。20世纪初以来,扬州修脚界已经出现了六大元老流派:一是以原市二届政协委员崔同兴为代表的实践经验丰富、修得圆铲得尽的崔派;二是以尹锦城为代表的手脚轻快且修得嫩、圆、尽的尹派;三是以20世纪60年代市人大代表季长富为代表的下刀稳、下手轻的季派;四是以郭勤为代表的以刮脚放血见长、理论实践俱佳的郭派;五是以王大安为代表的善于治疗鸡眼、肉刺等脚疾,享有"快手王飞刀"美誉的王派;六是以王元鼎为代表的专拿嵌趾为优势的王派。他们和金汉甫、王岐山等老修脚师一起,表明扬州修脚刀已经形成了独立、特色、完整的技艺体系,这是一门传统绝技成熟的标志。

工具上,扬州修脚刀共分五种:平刀(修刀、轻刀)、锛刀(枪刀)、嵌趾刀(条刀)、铲刀(片刀)和刮刀。全套刀又分大小两套,大套12把,小套6把。刀型不同,用途各别,或撕胼胝,或挖鸡眼,或修嵌趾,或取残甲,一刀在手,妙用无方。技法上,持脚要稳,持刀要灵,因人施刀,施刀有术。扬州修脚师创造出了著名的维扬八刀修脚术——专修趾甲病变的抢刀术、断刀术、劈刀术,主修脚垫病变的片刀术、起刀术、撕刀术,专除垫、疔、胆、瘊子的挖刀术、分刀术。

施刀必先会持刀,持刀的基本姿势虽然主要只有捏刀法和逼刀法两大类,看似简单,但是,在扬州修脚师眼中,这只是两根主干,根据不同修治需要,就像枝枝杈杈,又派生出令人眼花缭乱的持刀法来。太极生两仪,两仪生四象,四象生八卦,八八六十四刀,抢、抹、平、立、坡、盘、劈、合、翻、挺……方向不同、位置不同,角度不同,各种持刀法鱼龙繁衍,无穷无尽,如天风海雨,扑面而来;旗鼓吐开,两阵溜圆。扬州修脚师操作时,还考究坐凳适中、脚灯适度、毛巾卫生、药水消毒。然后对客人因行走、运动、劳动的摩擦挤压、因遗传因素或修理不当造成的种种脚疾,正式施用刀术。这时就凸显扬州修脚师最出色、最显功力之处。

施刀上,根据临床病变的复杂多样,扬州修脚刀术又千变万化,有逆向刮擦,有里合外合,有盘旋抢螺,有弧度出刀,有横断翻转,有劈断甲根、上下抹进,有拔刀亮线、深层剥离……刀法精妙入微,如雕花琢玉,被誉为肉上雕花的"中华第一刀"。

技巧上,首先手腕要有力。力量是扬州修脚人的基础,一只手有力还不行,要两手有力、两手开弓。有了力,左手持脚才能做到个"稳"字。其中,对于长在特殊部位的病变,要用拇指支、食指支、中指支、双指支的支脚法;修治各种趾甲病变和趾部上面各种病患,修脚师又改用捏脚法,包括正捏、反捏、按捏;还有突出一侧的抠脚法;卡脚趾、脚掌、弓部的卡脚法;修治掌外侧和弓部病患的拢攥法以及撑开表皮、露出患部的挣推法。左手腕有力,才能稳定持脚,才能为施刀创造条件。右手持刀同样要有力,向前推进的推力,左右活动的拨力,上下活动的拱力,进刀抖动的抖力,刀刃转动的捻力,左右移动的抹力,要般般得力。右手腕有力,才能做到个"灵"字,即正腕、反腕、悬腕旋转灵活。有了持脚之稳、持刀之灵,才可能有"吃刀"准、轻、快。

第三节 理发刀技艺文化

一、理发刀的指导思想

以"理发刀"为标志的扬州美发美容,绵亘相传,独步宇内,既是博大精深的中国文化的延续,也是扬州文化孕育和熏陶的结果。

1. 道家文化——扬州理发刀的思想哲源

扬州理发刀历来将自己列入道家流派。经过考证,其依据有五条。

依据一:半个多世纪前,在扬州弥陀巷千年唐槐的西首,有一座罗祖观院,这是全国迄今为止发现的唯一的理发专业祭祀道观。

传说清初北京白云观有位扬州籍罗姓道士,有感于当时剃头技艺低劣、工具粗糙,遂精心研制了剃头、刮脸、取耳、清眼的器具,并创造了通、篦、掏、解、顺等一整套养颜整容法,轰动了京城,惊动了大内,后来领旨传艺于天子身边专攻侍发的太监,一试之后,果然出手不凡,深得清帝青睐,清帝龙颜大悦,欲召罗道士入宫,独享扬派发艺,不料,这个扬州道士偏不识相,寡名淡利,于是便被封为恬淡守一真人,特允永远漂泊在江湖做他的闲云野鹤。这样,这一技艺才走向民间,首先就传回家乡。罗道士被家乡理发界尊为祖师爷,并立道观祭祀。自此,扬州理发界便立下规矩,每年7月13日,业内烧香磕头拜祖爷;学徒办敬师酒,满师办谢师宴,都要在身着八卦道袍的罗祖爷面前叩头。此观后毁于兵燹,但遗址仍在。

依据二:扬州有个逸闻,凡外地和尚来扬"化缘"敲庙门,而鹤游道士"化缘"却直奔剃头店。渔鼓一响,简板一敲,"先拜祖师爷,后拜大师兄",在韵味十足的板桥道情声中,生意再冷落、经济再窘迫的发铺也要用托盘捧出铜钱,道士用夹板夹住。店家为何如此乐善好施? 300多年相传就这规矩,原来,扬州理发师从来认为自己与道士是师兄弟,一家人也。

依据三:扬州剃头匠荡刀布分上、下两片,据传是道冠后面两根飘带衍化而来。

依据四:早期夹剃头包的全套理发工具相加的重量必须是二斤三两四分五钱。要求为何如此苛刻?众说纷纭,细加考研,却反映了道家哲学。"二斤"之二,指一日一月,日月为易,一阴一阳,天下万物之本生;"三两"之三,谓三才,即天道、地道、人道,"四分"之四,则是太极生两仪,两仪生四象,四象生八卦中的四象;"五钱"之五,则是五行:金、木、水、火、土,是构成世界的基本元素,宇宙是物质的,当属原始的唯物观。

依据五:扬州理发刀以道家为指导思想,绝非形式上简单的依附,不是故弄仙风道骨的玄虚。从老庄哲学"相生相克"的朴素辩证法看扬州发艺的对立统一性,不难发现扬州发艺是从实质上对道家理论的实践与遵循。

老子《道德经》云:"有无相生,难易相成……音声相和,前后相随";庄子《南华经》也说:"消息满盈,一晦一明",都讲的是对立统一法则,一方不存在,对方也就不存在。扬州理发界创始人正是在这一辩证法核心的指导和影响下,将事物对立面的矛盾统一关系化入自己的操作。比如:

男子剃头:第一刀的快刀法与第二刀的慢刀法的顺序使用。

男子修面:顺刀法与倒刀法的交叉使用,眼帘处轻刀法与嘴巴处重刀法的合理使用;对年轻人以脆劲举重若轻与对老年人以绷劲举轻若重的恰当使用。

男子理发:长头型的低发式与扁头型的高发式,胖脸型的窄鬓角与瘦脸型的宽鬓角,发际线高的向下处理与发际线低的向上处理。

男子吹风:青年人发式的活松与老年人发式的牢紧。

女子发式:后枕扁平的梳理高髻与脑勺隆起的修剪层次。对歪脸型的处理:下颌歪斜的一边加强内卷起遮盖作用,而另一边则蓬松外散,以求对称。

女子美容:对胖脸加深粉底阴影,掩饰粗犷部位,收敛宽度;而对瘦脸,则涂亮色,表现丰满宽阔。

女子美眉：脸型小的不宜画粗眉与脸型大的不宜画细眉；眉头太近过于严肃与眉头太开显得呆板；四方形脸眉峰略带圆弧与长方形脸眉峰略带抛物线。

为了达到美发美容对人的衬托美和掩饰美的效果，扬州美发美容的整体及组成这个整体的每个局部、操作的全过程及流动于此过程中的每个片断，都是由运动、形状、方向、层次、色彩、形式等项的既矛盾又统一的两个对立面组合而成，它们有彼必有此，无彼必无此，相互依存，互为条件。可以说，没有这些相反相成的对立面，就没有扬州理发。

扬州理发实在是具有深奥哲学色彩的对立统一实体，其哲学上溯老庄，并非妄语。扬州理发刀，就是一把"哲刀"。

2. 儒礼文化——扬州理发刀的道德规范

"洋洋美德乎"，是《史记·礼书》的颂词。在封建社会里，礼的标准无所不包。于是，本来源之于便捷、源之于卫生、源之于正容的理发，被统治者纳入了礼的范畴。理天下者，也要"理"发了。

孔子的《孝经》规定受之于父母的发肤，神圣不可侵犯。古时，男子第一次束发是在20岁，表示男子已经成年，应行成人之礼。这个礼仪，称为"士加冠"，手续繁琐，程序复杂。首先，必须占卜加冠的吉日。此后，举行占卜并邀请正宾的仪式。再举行约定行冠礼时辰的仪式。然后，礼服陈设妥当，簪、梳等理发工具及按照规定的颜色、形状、质地制作的冠巾放置就绪。最后，正式行冠礼。

理发作为封建统治规范的重要礼仪之一，成了孔孟之道表现于人体的附属产品。曾在扬州任江都相的董仲舒主张"独尊儒术，废黜百家"。扬州，自然成为他全权管辖下推行三纲五常的试验田。如何利用封建礼仪为巩固中央封建集权服务，被这位忠诚的卫道士首选作为实践课题。其总纲源自《仪礼》，对扬州城民众的一生提出准则，外在表现最抢眼的便是发式：婴儿胎毛，可留而不剪；儿童头发叫"髫"，自然下垂，所以《后汉书》有"髫发厉志、白首不衰"的说法；未成年男子长发下垂至眉，《诗经》称"髦"，也有小童着双丫，归属弱冠之年；而一到20岁便行士冠礼，并命字，表示成年。操作加冠仪式的，如同今日理发师的人叫"赞者"，或称"外御"，即侍从、小臣。

可以看出，古来儒家最重视的就是加冠礼，他们认为这是世间万礼之始，它标志着一个成年男子继承了父辈宗法伦理精神，明确了伦理道德，开始肩负社会责任而步入社会了。从此，一切言行都必须合天、合地、崇君、尊师、奉祖了。

同样，古代扬州女子满15岁行及笄礼时的绾发，出嫁时行婚礼时的束发，也都是在规范的礼制中进行的。这种从血缘伦理道德观念出发的礼仪，被儒家看成是礼制基础。

此外，作为束发礼仪附属的"妆饰"或"扮妆"也烙上了礼的烙印。从上古时期的夏禹选粉、商纣烧铅锡作粉、周文王敷粉以饰面，到武则天炼益母草泽面，端正容貌威仪是与敬慎内心德性联系在一起的。

虽然,在2 000多年的扬州理发史上,美发美容已经成了强化国家机器的措施,成了推行威权、巩固统治的纲要,成了治顺万民的形象标志,但客观上,扬州理发也在儒家经典文化的教诲下,礼义文理,颐养情性,浸染了浓浓的儒学味。

二、理发刀的技艺流派

1. 美发技艺

美发与造型下辖洗发护发与按摩、盘发造型、修剪吹风、烫发设计、染发设计五大模块。

洗发护发与按摩

洗发是美发操作过程中的第一个重要环节。通过洗发不仅可以使头发整洁、富有美感,而且有益于身心健康,对下一环节发式造型也具有重要作用。按摩一般是指在洗发过程中对头、肩、背部的按摩,以头部按摩为主。洗发护发与按摩操作有一定的连贯性。

盘发造型

盘发造型是美发技艺中具有传统意味的特殊技巧,在创作理念、设计技巧乃至用途上,与以修剪技术等为基础的现代发式有很大区别,盘发具有很高的艺术感染力。美发师利用梳、扭、卷、堆砌、环绕、编制打结等操作技法,将头发盘结成型,再加饰物点缀,创造出典雅、秀丽的发型。

修剪吹风

修剪是一种雕刻艺术,正如一位雕刻家把泥土塑造成一件艺术品,美发师对头发的塑造也是同一道理,所不同的是工具和方式改变了。美发师通过划分区域和变换头发的长度来决定结构,与不同的因素结合以获得显著或微妙的发型变化。吹风是修剪后的二次造型过程,它的目的是将头发做出更多不同的变化,使得发型具有动感和协调美。

烫发设计

烫发是通过物理作用和化学反应,使头发卷曲变形。烫发的种类很多,有电烫、蒸汽烫、陶瓷烫、化学烫等。随着时代的进步、科学的发展,烫发工具有了很大的改进,烫发药水也不断地更新换代,烫发的每道工序都与整体的质量紧密连接。因此,美发师要熟悉烫发原理、烫发的操作方法和特点。

染发设计

随着科学技术的发展和人们生活水平的提高,人们对美的追求和审美也有所改变和提高。现代人对发式造型的追求不仅在形态和款式方面,对头发的颜色也有了新的要求,单一的发色已不能满足他们的需求,为此,人们利用漂发、染发来改变头发的颜色,以增加自己的风采魅力。

漂、染是两种不同的改变头发颜色的技术。漂发是将自然色素减少,而使头发变亮、变浅;染发是将人工色素作用于头发上,从而改变头发的颜色。漂、染发涉及颜色的调配和漂染技巧,漂染效果的好坏直接影响发型的质量。因此,美发师不仅要熟练掌握漂染的操作技术,还要具备色彩方面的基本知识。

2. 美容化妆技艺

(1) 美容与造型下辖美容生理常识、化妆品知识、面部清洁与按摩手法、皮肤护理四大模块。

美容生理常识

皮肤护理是健美容颜、养护肌肤的重要环节,其中生理常识的知识点,如细胞和基本组织、皮肤的组织结构、皮肤的基本类型与鉴别方法、皮肤的生理功能和动态变化等,都是一名专业的美容师所必备的。同时,此模块中的穴位骨骼知识点则为其他三个模块的学习打下基础。

化妆品知识

美容师需要掌握护肤品正确的使用方法,这就需要从化妆品原料开始了解,进一步掌握护肤品的分类与应用,掌握护肤品的保管与鉴别,因为健康的肌肤离不开品质纯正的护肤佳品。美容师也需要准确、熟练地掌握美容用品的特性、分类及应用,这样才能更好地达到护肤的目的。

面部清洁与按摩手法

作为美容师,应了解洁肤、按摩的作用,掌握面部清洁与按摩的基本手法和技巧,能有效地为顾客提供护理服务。洁肤是护肤的前提和基础,按摩则是护肤的精华。面部清洁和按摩是重点模块,美容师必须熟练掌握。

皮肤护理

熟悉问题皮肤的成因,掌握面部皮肤护理的程序以及不同类型皮肤与问题皮肤的护理方法,能帮助美容师正确实施皮肤护理程序。除了面部的护理,手部、颈部、肩部的皮肤护理方法也要在这个模块中体现。从人体生理学和美学角度看,皮肤是人体最大的感觉器官和最引人注目的审美器官,是视觉审美的第一参照对象,需要美容师在做维护和恢复皮肤正常功能、延缓老化等皮肤美容的同时,学会辩证地判断皮肤的特征。

(2) 化妆与造型包括妆前修饰、打粉底、眼影技法、眼线、睫毛修饰、眉毛修饰、脸型修饰、唇部修饰八大模块。

妆前修饰

妆前修饰是化妆必不可少的一部分,包括修眉和妆前肤色修饰。妆前修眉是指用修眉刀除去多余的杂毛,并用剪刀修剪眉毛的长度,可以使眉形更清晰,勾画眉毛更加方便。妆前肤色修饰是指用各种颜色的妆前乳对皮肤的肤色进行修饰,妆前乳有绿色、黄色、紫色、粉色、橙色、蓝色等多种,用来修饰各种不同的肤色,以便于打粉底时更加服帖,肤色更自然。

打粉底

打粉底是指使用各色的粉底液、霜使肤色达到一种自然、无瑕疵的状态。一般使用湿润柔软的粉扑蘸取粉底对面部进行按压。粉底分为自然色、高光色、暗肤色三种。首先使用最贴近肤色的自然色涂抹全脸,然后在T区下巴处涂抹高光色,两颊及发际线周围使用暗肤色,涂抹完成后使用定妆粉、散粉、蜜粉进行定妆,保持妆面持久度,使之不易脱妆。

眼影技法

眼影是眼部修饰的重要环节,大致分为三个技法:水平晕染技法、外眼角加重技法、倒钩晕染技法。水平晕染也叫平涂法,是指用2～3个眼影色对眼眶部位进行晕染,将眼睛放大,适合于日常生活妆。外眼角加重技法是指用2～3个眼影色着重于外眼角的晕染,整个眼影面积类似于水滴状,可以向外扩大眼睛,适合内眼距小的人。倒钩晕染技法是指用深色眼影晕染眼眶边缘,形成一个倒钩状,内部再晕染其他眼影色,这种技法会使眼睛更加深邃,适合于舞台妆以及欧式影视剧。

眼线

眼线是指在睫毛根部用黑色、深棕色进行填充,并作适当的延长。对于各种不同的眼型有不同的眼线描绘方法。内眼距小的人可以在外眼角做适当延长,内眼距大的人可以在内眼角做适当延长;圆眼型可以在眼头、眼尾适当加宽,长眼型可以在瞳孔上方适当加宽。

睫毛修饰

睫毛是眼睛的最外层,长而翘的睫毛会显得眼睛更大,更有神。对于睫毛修饰一般分为三部分:黏贴假睫毛、夹睫毛、刷睫毛膏。黏贴假睫毛是指用胶水涂抹自然仿真假睫毛根部,并与真睫毛根部相粘合,以达到以假仿真的效果。夹睫毛是指使用睫毛夹物理夹弯睫毛,使睫毛更加翻翘,达到放大眼睛的效果。刷睫毛膏是指使用黑色膏体,使睫毛变得浓密、纤长。

眉毛修饰

眉毛决定着一个人的精气神。一般分为标准眉形、直眉形、弯眉形三种。不管什么眉形,都有眉头、眉峰、眉尾。眉头一般在内眼角垂直的上方,眉峰在瞳孔的直上方外3/4处,眉尾在外眼角与外鼻翼的延长线上。

脸型修饰

脸型修饰可以修饰面部线条,使面部更加或立体或柔和,可以分为修容和腮红两部分。修容一般选用阴影色和高光色。阴影色主要用在鼻梁两侧至鼻翼、额头发际线周围以及面颊两侧,高光色主要用在额头鼻梁中央和下巴处。腮红一般选用橙红色、粉红色,用在颧骨最高处或两侧,可以使面部红润、有光泽,使人看上去更加有活力。

唇部修饰

唇是女性性感的象征。唇部修饰是指运用唇线笔、唇膏、唇蜜对嘴唇进行修饰。首先使用唇线笔勾勒唇线,使唇线清晰,再选用适合妆面风格或个人喜好的口红对唇线内部进行填充,必要的时候可以涂抹唇蜜,使唇形更加饱满。

3. 美甲造型技艺

美甲造型下辖手部护理、美甲彩绘、水晶指甲、粉雕技术、光疗指甲五大模块。

手部护理

手,是人的第二张脸。一双娇嫩柔滑的手等于一张美丽灿烂的笑脸。一双干净柔嫩的手、一组精致的指甲,是身份、地位的标记,象征着良好的涵养和优雅的气质。此模块包括手部护理、指甲基础护理、指甲油三大部分。

美甲彩绘

一切艺术构思均可以在指甲上得以表现,它在文化艺术领域形成了一个新的门类,即美甲艺术。美甲艺术是一门生命力极强的装饰艺术,而手绘正是这门艺术的主要表现手法。手绘指(趾)甲是美甲师的基本功之一,是美甲服务中最能让顾客感到满足的个性化服务方法,所以,美甲师必须把手绘作为一门重要的课程来学习。

此模块包括小毛笔彩绘和双色排笔彩绘两大内容。从简单形式的甲油勾绘开始,练习色彩的简单运用,初步掌握构图的分寸,并熟悉绘画用具和各种美甲装饰材料的使用方法和技巧,从而达到色彩和构图的最佳效果。

水晶指甲

水晶指甲是目前多种美甲工艺中最受欢迎的一种,其特点是能从视觉上改变手指形状,给人以修长感,从而弥补手形不美的遗憾。水晶指甲颜色晶莹剔透、粉白自然,可以和各种颜色的服装相匹配,衬托女性高雅气质。完美的指甲暗喻了充裕的时间、随意支配的收入及良好的自我控制,体现出与众不同的个性,可在举手投足间尽显迷人风采。

粉雕技术

粉雕有很强的立体感,摸上去的手感有点像浮雕,此项目属于高级美甲技术范围,有内雕和外雕之分。

光疗指甲

光疗指甲是一种运用紫外光线,通过光合作用而使光疗凝胶凝固的先进的仿真甲技术,它采用纯天然树脂材料,不仅能保护指甲、甲盖功能,还能有效矫正甲型,使指甲更能纤透、动人。

第三章 扬州三把刀的民俗文化

第一节 厨刀民俗文化

一、四时食风

大年初一吃汤圆

大年初一的早餐,扬州人十分看重。尽管扬州人有到茶馆吃早茶的习惯,但初一早上却是例外,人们一般都不外出,要在家中和全家人一起,吃上一碗热气腾腾的汤圆。

扬州汤圆的做法多种多样,有一种"四喜汤圆",是人们在大年初一早上最喜爱吃的。这种汤圆分别用四种馅心做成:蔬菜、豆沙、芝麻糖和肉糜,味道固然不错,但人们更看重它的寓意——"事事如意""合家团圆"。

旧时扬州人还有初一早上吃"吉祥如意蛋"的习俗。扬州评话《皮五辣子》中有这样一段:

"到了四更天,寒气更重。这时远远地有人喊:'卖……吉祥如意蛋!'何谓吉祥如意蛋?就是鸡蛋煮熟,蛋壳上画起人物山水来,配上红绿颜色;或者写些字,什么'吉祥如意''年年如意',蛋就叫吉祥如意蛋。从前过年的时候,到处有卖吉祥如意蛋的,家家户户都要买。买家来,代当家人发吉利。一家之主,脸朝天躺着,女人用吉祥如意蛋放在男人的心门口,说些吉祥如意啊,发财称心呀,万事如意呀之类的顺遂话,然后叫男人把蛋吃下去,就年年如意了。"

卖"吉祥如意蛋"的小贩早就看不见了,所以现在的扬州人大多数不知道"吉祥如意蛋"是怎么一回事,真是十分遗憾。照评话中的描述,这蛋壳上还画有人物山水,所以,与其说它是一种失传了的时节食品,不如说它是一件失传了的民间工艺品。

上灯圆子落灯面

正月十五元宵节前后,扬州一带有"上灯圆子落灯面"一说。此说指正月十三这天晚上是上灯,上灯时要吃汤圆,正月十八晚上是落灯,落灯时要吃面条。为什么会有这一食俗呢?民众的解释是,吃汤圆象征"圆圆满满",吃面条象征"顺顺畅畅"。

这里的"汤圆",也就是"元宵"。现在的扬州人把实心的糯米圆子叫"元宵",把有馅心的糯米圆子叫"汤圆"。旧时并不是这样,有馅心的也叫"元宵"。《真州竹枝词引》中说:"元宵者,搓糯米粉,包桂花卤于中而为团,所以象月圆也。"看来,是因为"月圆",扬州人便把"元宵"叫成"汤圆","圆圆满满"的含义也由此而来。

《真州竹枝词引》又云:"十八日落灯,人家啖面,俗谓上灯圆子落灯面。亦家自为宴,以志庆。十九日拜藏影像,洗除欢乐。欢乐俗名挂乐,谚曰:家家撕挂乐,人人寻下落。士人则攻书,工人则返肆,而年事以毕。"这一段话虽并没有直接解释为什么正月十八落灯要吃面条,但答案已经隐含其中:其时"年事以毕",从今以后要"人人寻下落""士人则攻书,工人则返肆",吃上一碗面条,是预祝人们在即将开始的生涯中,诸事都能"顺顺畅畅"。

吃汤圆也好,吃面条也罢,都是扬州人对日常生活的自我设计和自我安排。从简单的食品形象上寻找出吉庆和祥瑞的含义,这也反映出扬州人的求吉心理。

年节酒

正月里扬州人还有"请春卮""做财神会"一俗。《邗江三百吟》卷五中有《请春卮酒》一诗:"春风一到便繁华,忙整春盘异味夸。博得酡颜春色透,今年春兴在侬家。"其引语谓:"扬城宴会盛矣,新年灯节前后宴会亲友,名曰:春卮。"《真州竹枝词引》中也记述:"绅士宴客,曰'请春卮';铺家宴客,曰'做财神会'。"卮,是古代的一种盛酒器。"请春卮酒"就是新春时节请客聚宴。《真州竹枝词引》把聚宴的人分成两类,一类是绅士,一类是店家,他们聚宴目的不同,但形式都是一样。现如今,人们不会分得这么细,"请春卮"和"做财神会",统统都叫做"请年节酒"。

"请年节酒"是一项唐代就有的古老风俗。唐代僧人道世在《法苑珠林》中说:"唐长安风俗,每至元旦已后,递饮酒,相邀迎,号传坐酒。"(转引自《清嘉录》卷一)一千多年后的今天,"请年节酒"的风习依然盛行,特别是在乡村,人们正月初二便开始了亲朋好友和亲戚邻居之间的互请,你请我,我再回请你,一直要互请到正月十八。

"请年节酒"是新春时节的一种礼仪,同时也是民众实际生活的反映,其意义在于:一是过年期间请客,正值岁首佳期,是对客人一种特殊的尊重;二是春节期间家中备有较多的菜肴,此时请客也倍加丰盛;三是扬州自古就是商业发达的城市,扬州人与外地交往的多,在外地工作的也多,乡亲们平时难得见面,"请年节酒"便于大家聚会。当然,现在更会借请酒之机,互通商业信息,商议生财之道。从这一意义上说,《真州竹枝词引》中把请"年节酒"说成"做财神会",还是很有道理的。

踏青挑荠

有这样一句谣谚:"三月三,荠菜花儿赛牡丹。"旧时妇女特别喜爱把荠菜花插在发际,当作一种时新的头饰。当然,扬州人在初春时节挑挖荠菜,并不单纯是因为花儿好看,还因为荠菜的嫩株可以食用,用荠菜做馅的春卷、春饼等都是应时的美食。

旧时，野菜是人们度春荒的主食。明代有位散曲大家叫王磐，是高邮人。在他那个年代，闹春荒是常事，他为了方便穷人采摘野菜度荒，便有意留心各种可以食用的草木。就像李时珍尝遍百草、编写《本草纲目》那样，王磐也是将百草逐一地检验、亲尝，终于编成了一本《野菜谱》。这本《野菜谱》总共收录野菜五十二种，除了荠菜、马兰头、枸杞头外，还有斜蒿、马齿苋、灰条、蒲公英等。全书采用随文附图的编排方式，详细介绍了野草的采食时间和食用方法，稍有文化的人一看就能明白。例如："白鼓钉，一名蒲公英，四时皆有，唯极寒天。小而可用，采之熟食。"每种野菜的说明文字之后，还附有短诗，以野菜的名称起兴，嗟叹民众生活的疾苦，如《抱娘蒿》咏道："抱娘蒿，结根牢，解不散，如漆胶。君不见昨朝儿卖客船上，儿抱娘哭不肯放。"同是野菜，今人是尝鲜，古人是度荒，口中的滋味，当有天壤之别。

端午粽子和十二红

粽子是端午时节的食物，最初是端午节时在龙舟上当做祭品抛撒到江河里的。为啥要将粽子撒入江河呢？民间有许多种解释，有说是为了祭祀屈原，也有说是为了驱逐蛟龙，说法不一。

扬州人一直把粽子作为时令食品，端午前后，几乎家家户户都要包粽子。《邗江三百吟》卷九中介绍了火腿粽子的包裹方法："粽用糯米外加青箬包裹，北省以果栗和米煮熟，冷食之。扬州则以火腿切碎和米裹之，一经煮化，沈浸浓郁矣。"

如今扬州人包裹粽子的方法更多，糯米里除了掺进火腿外，依据各人的口味，喜荤食的可以掺进咸肉、鲜肉等，用虾子酱油拌和；喜素食的可以掺进红豆、蚕豆、蜜枣等，食时还可以蘸糖。外形也是多种多样，都是用竹箬，但能包裹出斧头形、小脚形、圆筒形、三角形，而且讲究包得紧、裹得实，越是紧实滋味越佳。扬州人家包粽子多是妇女动手，包好后人们常把粽子作为节礼相互馈送。人们品尝的是粽子的滋味，欣赏的是妇女的手艺。

端午节这一天，扬州人家的午饭桌上，会端上叫做"十二红"的菜肴。所谓"十二红"是用酱油烧红、拌红或是自然红的菜肴，有四碗八碟之说。四碗者：红烧黄鱼、红烧牛肉、红烧蹄膀、红烧鸡块。八碟者，四冷四热：四冷：咸蛋、香肠、莴笋、洋花萝卜；四热：炒苋菜、炒河虾、炒大粉、炒鳝丝。这里仅是列举，生活中并无定式，唯有粗细之分。

说到"烧黄鱼"，扬州人似乎特别偏爱，甚至有"当裤子，买黄鱼"的民谚。《真州竹枝词》中有《买黄鱼》一首，词云："归来只与细君言，新到黄鱼市口喧。只恐过时无处买，拼教当却阮郎裈。"当掉身上的裤子去买黄鱼，当然是一种夸张的说法，但也说明烧黄鱼的确是一道美味的时令菜肴，深受扬州人的喜爱。

中秋月饼

扬州的月饼旧时都是茶食店生产制作，历史很悠久。清人臧谷在《续扬州竹枝词》中云："几家月饼最驰名，盼到中秋卖不清。火腿香酥干菜美，每斤价目注分明。"指的就是这种茶食店里生产的月饼。扬州传统的月饼是苏式,有椒盐、五仁、火腿、豆沙、上素等好多品种,其特点是外皮酥脆,内馅绵软,甜香油润。如今品种更多,还有广式月饼、京式月饼等,令人眼花缭乱。

扬州老百姓另有自家包糖饼、萝卜丝饼和烂面烧饼的习俗,其中必有一块特大的馅饼,叫做"宫饼",又叫"团圆饼",是妇女拜月后全家分食的。

这种家制的糖饼和馅饼,很可能是古代"月饼"的一种遗制。宋代苏东坡有诗句云:"小饼如嚼月,中有酥与饴。"《望江南百调》亦云:"扬州好,暮景是中秋。大小塔灯星焰吐,团栾宫饼月痕留,歌吹竹西幽。"大概都是指扬州百姓家这种加糖加酥的小圆饼。

关于月饼,扬州还有几则民间传说:一说元朝末年朱元璋号召百姓起义,将义旗藏在月饼下面相互传送,到了中秋节,家家户户都挂出了大明的旗帜,元兵不战自溃。还有一说与张士诚有关。张士诚是在扬州东面的盐场组织农民起义的,曾占领高邮,立国号为"周"。张士诚就是利用中秋节互赠月饼的习俗,在饼下放一方小纸,上书"中秋杀鞑子",百姓收到月饼,看到了纸条,便在中秋之夜揭竿而起。所以,至今月饼下面,还都衬有一方小纸。

重阳糕

"文革"破四旧之后,连重阳糕也少见了,糕上插的重阳旗更是绝迹。20世纪80年代以来,街上重新有了重阳糕的叫卖声,近年来,重阳旗又高高地飘扬起来。

重阳糕是重阳节前后特有的时令食品,如同端午的粽子、中秋的月饼。糕用米粉做成,蒸熟即食,微甜、松软、爽口,老人和孩童尤为喜欢。糕形也很有趣,正方形,小小巧巧的,上染红点,卖糕人把若干块小糕叠成一摞,最上面插一面纸质小旗。小旗有红有绿,三角形,戳有许多小孔,板硬的小纸有了孔洞便柔软多了,迎风还能飘动,这就是所谓的"重阳旗"。

其实,现时的重阳糕已经逊色多了,旧时扬州的重阳糕比现在的更精致。《真州竹枝词引》中记叙:"九月九日重阳,俗尚糕。昔年萧美人糕,名重一时,后人犹有世其业者。"这里的"萧美人"看来是一位做重阳糕的店家。如何"名重一时"呢?作者没有说,但他在后面说道:"河西街蒸作店,小菊花糕,其遗制也。糕上插红绿纸旗,谓之重阳旗。像生店制小亭,沼有数面,捏小羊卧立其间,谓之重阳台。"从这段记载可以看出当时仪征人所制的重阳糕更有创意,简直就是一件艺术品了。

从民俗学的角度来分析,"糕"谐音"高";"小旗"和"小亭"寓野外登高之意;而数只"小羊",则又谐音"重阳"。所有这些都与重阳的诸多习俗相同,既饱含着人们祈求百业兴旺的吉祥愿望,也表现出人们热爱生活、创造生活的乐观心态。

冬腊风腌

《真州竹枝词引》中有这样一则记载:"小雪后,人家腌菜,曰'寒菜'……蓄以御冬。"扬州人家入冬后,最常见的是腌大菜、腌萝卜、腌咸肉、腌咸鱼,除了"腌",还有"风",可以风蔬菜,还可以风鸡、风肉等。所有这些，统称为"冬腊风腌"。旧时，人们冬腊风腌是为了"蓄以御冬"，如今食品供应丰足，没有必要"蓄以御冬"了，但其已经演变成为一种传统的食品加工方法，因为冬腊风腌后的食品有一种特殊的"腊香"，这是深受扬州人喜爱的。

"寒菜"又叫"咸菜"，近郊菜农种植的这种菜似乎是专门用来腌制的。其菜头肥硕，菜茎细长，菜叶阔大，茎儿白嫩嫩的，叶儿青绿绿的，有一二尺高，二斤重，故又叫"大菜"。取其嫩者烧了吃，也很鲜美。因其嫩，一烧就汤汁四溢，故又称之为"汤菜"。汪曾祺是作家，但他也会腌菜，他在散文《故乡的食物》里以"咸菜茨菇汤"为题，专门介绍过咸菜的腌法和吃法："青菜似油菜，但高大得多。入秋，腌菜，这时青菜正肥。把青菜成担的买来，洗净，晾去水气，下缸。一层菜，一层盐，码实，即成。随吃随取，可以一直吃到第二年的春天。腌了四五天的新咸菜很好吃，不咸、细、嫩、脆、甜，难可比拟。"汪老除了会腌菜，大概还会风鸡，在《我的祖父祖母》中他还说到如何风公鸡："风鸡——大公鸡不去毛，揉入粗盐，外包荷叶，悬之于通风处，约二十日即得，久则愈佳。"

汪曾祺是扬州高邮人，在他的小说、散文里多处写到故乡的家常菜肴。他不仅会吃，还懂得如何吃，所以把他称为美食家也是可以的。近年来，有人根据汪曾祺文章中提到的各种菜肴和食品，编出了一套"汪氏菜谱"，在高邮影响还不小。

清人林溥《扬州西山小志》中有一首诗，也谈到腌菜："盈肩青菜饱经霜，更比秋菘味更长。列甕家家夸旨蓄，算来都是粪渣香。"诗后注云："大雪前后，家家腌菜，皆园户挑送。平日至人家收粪灌园，至是以菜偿之。"这首诗记录了扬州冬腊风腌时的另一习俗——送马子菜。

马子是扬州的方言，又叫"马桶"。旧时，每天早晨都可以看见农户推着粪车，到各家各户收集马桶里的粪便，运到农田作肥料，这叫做"倒马桶"。农户进城"倒马桶"，各有固定区域，称为"粪窝子"。农户都很重视"粪窝子"，很少有放弃的，即使转让他人，也是有偿的。他们在"粪窝子"里得到肥料，便想到回报，回报什么呢？自然是自己种的菜。于是每到腌菜时节，便挑上一担"大菜"送给主家，这就是所谓的"马子菜"。

送"马子菜"一俗源于何时，由于缺少记载，尚难言定，但至少清代即已有了。外地也有农户进城"倒马子"的，但不是像扬州农家那样给主家回赠"马子菜"，而是要向主家按月收清洁费，名为"月钱"。例如北京，在清末民国初，每户要收一角至五角，端午、中秋和春节要加收"节钱"，寒暑天和阴雨天还要勒索"酒钱"。相比之下，扬州的"马子菜"是富有人情味的，"算来都是粪渣香"的含义也就能够理解了。

年蒸和年菜

扬州人家在春节到来之前，要忙碌的事情很多，但都冠以"年"字。《真州竹枝词引》就指出了这个特点："冬至前后所腌咸货，至是时煮之，曰'煮年肴'。庖人情伙来帮忙，曰'帮年'。

祀灶后开发年事,曰'年账'。族戚寒素者,送以炭赀,曰'年敬'。往来馈遗者,曰'年礼'……虽柴米,亦曰'年柴''年米',莫不冠一'年'字,以寓傍节之意。"

各种"年事"里,最重要的是"年蒸",即蒸点心。节前蒸好,存放在家中,预备节日期间享用。年蒸以包子为主。

有学者研究北方的饺子,认为古称"馄饨",又通"混沌",寓意世界生成之初是混沌状态,由于盘古开天辟地,才有了人世间的天地四方,故新年吃馄饨具有新岁开初之意。若以此理类推,扬州人的包子似乎比饺子更具有形象上的相似性,包子的外皮象征天空,内馅象征地球,不是更有开天辟地的寓意吗?其实,扬州人家的另一种做法更具有现实意义,他们把做好的包子、馒头和糕点稍稍晾干,整整齐齐地像垒金字塔一样,放置在家中醒目的地方,一定要等到过年时才吃,这叫"堆元宝",象征着新岁新春招财进宝。

扬州人家过年,无论丰盛还是简朴,有几样素菜必不可少:一是豌豆苗。豌豆,扬州又叫安豆,炒上一碟安豆苗,取意"平平安安";二是水芹菜,它的茎是管状的,象征来年生涯"路路通";三是豆腐,取其谐音,祝来年"陡富"。这些素菜,经过方言上的谐音和形象上的会意,便寄附上了美好的愿望。

年菜里也有不是虚拟愿望的,而是别具实用意义和地方特色的,这就是"十香菜"和"安乐菜"。

"十香菜"以咸菜为主,杂以胡萝卜丝、笋丝、豆干丝、花生、黄豆等,简便易制,家家户户都要炒。新年里人们吃得太油腻,吃吃这种杂炒的家常素菜,倍感清香可口,故名"十香菜"。

"安乐菜"的原料是马齿菜,又叫马齿苋。汪曾祺说:"苋分人苋、马苋。人苋即今苋菜,马苋即马齿苋。我的祖母每于夏天摘肥嫩的马苋晾干,过年时作馅包包子。"《扬州西山小志》也说:"预于四五月间,取马齿菜腌贮,名安乐菜,岁暮作馅制馒。"马齿菜是一年生的肉质草本植物,可以全草入药,主治痢疾。新年里菜肴杂陈,难免会有疏忽。扬州的家庭主妇用马齿菜包包子,既是风味食品,又能确保家人安康,倒是名副其实的"安乐菜"。

二、吃茶风俗

扬州的茶肆

扬州有一句流行的俗语,叫"上午皮包水,下午水包皮"。民国年间的易君左在所著《闲话扬州》一书中说道:扬州有一句最普通的俗语,就是"上午皮包水,下午水包皮"。什么叫皮包水呢?就是指喝早茶。喝早茶的风气不只扬州,江南一带都风行,而以扬州为最甚!最著名的茶社有两个:一个是富春,一个是怡园。富春本是花局,带着卖茶,论点心之好,生意之兴隆,在扬州是首屈一指!

易君左在扬州是一个有争议的人。就因为他写了《闲话扬州》这本书,引起了扬州人好一阵子的"闲话"。当时许多扬州人指责易氏偏颇,组织"究易团"与他对簿公堂,还有人撰上联征对:君左《闲话扬州》,引起扬州"闲话",易君左矣。易君是否"左",还有待商榷,然而易氏关于扬州茶俗的这段记述倒是真实的。直至今日,扬州人"上午皮包水,下午水包皮"的习俗仍存。

谈茶俗,不能不先说茶肆,即以卖茶水为业的茶馆。扬州的茶肆一般不叫茶馆,而是叫茶社、茶楼、茶坊等。扬州的老茶社大多与花园相连,或者本身就是一座花园;而外地的茶馆常常是店家,除了营业用房,别无其他赏心悦目之处。清人李斗在《扬州画舫录》中已经点明这一特色:"吾乡茶肆,甲于天下,多有以此为业者。出金建造花园,或鬻故家大宅废园为之,楼台亭舍,花木竹石,杯盘匙箸,无不精美。"

茶肆由于有花园作营业场所,故名称都起得十分别致,也很优雅,《扬州画舫录》卷一中作了一些列举:"辕门桥有二梅轩、蕙芳轩、集芳轩,教场有腕腴生香、文兰天香,埂子上有丰乐园,小东门有品陆轩,广储门有雨莲,琼花观巷有文杏园,万家园有四宜轩,花园巷有小方壶。"这都是清代中叶扬州的著名茶肆,字号都很有诗情画意。现在的茶肆不再拥有花园了,但它们的字号仍然别致清雅,这也算是一种地方文化传统的继承吧。

扬州的茶肆大致可以分成荤茶肆、素茶肆和书茶肆三类。

荤茶肆

荤茶肆既卖茶水,又卖点心菜肴。这种茶肆扬州很多,几乎每条主要街道都有,位于小巷深处的百年老店"富春茶社"就是其中的代表。这里原本是个花局,主人最初是栽培四时花木盆景,后来,应常来此处赏花吟诗的一帮友人之需设立了茶室,逐渐又在供应茶水的基础上,增加了点心、菜肴,从而形成茶肆。到了20世纪20年代,这个茶社已有四个堂口。这几个堂口原无定名,但茶客"人以群分",约定俗成地叫出了几个很别致的名称。有一个堂口叫"乡贤祠",地方上有地位有身份的人物多在此聚会。还有一个堂口叫"义冢地",又称"乱葬坑",是三教九流的下层市民常去的地方。又有一个小堂口叫"土地庙",这间堂口面积很小,却是生意人时常碰头之处。另有一间叫"大成殿",听堂名可知里面的茶客一定是读书的文人。

荤茶肆之所以有名,除茶水、菜肴外,更令人称赞的是特色点心。现今扬州的点心能享誉海内外,这些荤茶肆是作出了重要贡献的。

旧时扬州教场有个闻名遐迩的茶肆叫"惜余春",老板是个亦商亦文的特殊人物,姓高,名乃超,背有点驼,人称"高驼子"。此人"貌古雅,背伛偻,腹有诗书",是民国年间冶春后社和竹西后社的诗人和谜人,著有《滑稽诗话》一卷。他先经营"可可居"酒家,后迁址经营"惜余春"茶社。他的茶社里时常聚会着一帮文人,文人好啖,促使高驼子研制各种新颖可口的点心,扬州名点"千层油糕"和"翡翠烧卖"就是高驼子首创的。

关于扬州的名点,李斗在《扬州画舫录》中记载得更多,其卷一云:扬州荤茶肆"其点心各据一方之盛。双虹楼烧饼,开风气之先,有糖馅、肉馅、干菜馅、苋菜馅之分;宜兴丁四官开惠芳、集芳,以糟窖馒头得名;二梅轩以灌汤包子得名;雨莲以春饼得名;文杏园以稍麦得名,谓之鬼蓬头;品陆轩以淮饺得名;小方壶以菜饺得名,各极其盛。"又云:"而城内外小茶肆或为油旋饼,或为甑儿糕,或为松毛包子,茆檐荜门,每旦络绎不绝。"可见,众多的荤茶肆各擅其长,所制点心小吃不断地推陈出新,从而成为扬州菜系的重要组成部分。

素茶肆

素茶肆又叫"清茶肆",主要是让人们会友交际、娱玩消闲,所以仅卖茶水。店里通常不卖点心,菜肴只供应各种糖果蜜饯和瓜子炒货,如客人有吃小吃的需要,老板会派人外买送上。《儒林外史》的作者吴敬梓曾长期住扬州,对扬州的茶肆十分了解,在该书第二十三回有这样一段描写:第三日……牛浦同道士吃了早饭,道士道:"我要到旧城里木兰院一个师兄家走走,牛相公,你在家坐着罢。"牛浦道:"我在家有甚事,不如也同你去顽顽。"当下锁了门,同道士一直进了旧城,一个茶馆内坐下。茶馆里送上一壶干烘茶,一碟透糖,一碟梅豆上来……这里写的就是清茶肆,它的环境很雅致,座位、茶具也较讲究,走进茶肆就令人心怡,十分适合会友交际。

旧时,清茶肆只卖上午茶和下午茶。教场是当时清茶肆最集中的地方,民国年间吴索园在所撰《扬州竹枝词》中就描写过教场一带清茶肆的营业特点:"比户茶寮认市招,昼长人语自喧嚣。夕阳未下朝曦上,顾客多于早晚潮。"词后小注云:"教场之大,四周皆茶馆。午前早市、午后晚市,座客恒满,人声如雷。不惯此中生活者,偶为朋友所羁,不能一刻安也。"

位于教场的正阳楼就是民国年间这类茶肆的代表。这个茶肆每天清早五六点钟就挑灯营业,第一批茶客多为悠闲的老人、盐商、破落户子弟、城市平民、游民等闲杂人士。这些人有起早溜逛的习惯,常手提鸟笼出外遛鸟。正阳楼为吸引这些茶客,在阳台上拉起铁丝,悬上挂钩,专供玩鸟者悬挂鸟笼。

下午,正阳楼就换了一批茶客。这批茶客中有走街串巷收旧货的,有放高利贷的,还有前来"吃讲茶"评定事理的,但更多的是"陆陈行"生意的。所谓"陆陈"是指越冬的农作物,一般是指小麦、菜子、豌豆、大蒜、红花、靛花。当然,正阳楼的茶客不仅交易"陆陈",花生、芝麻、大豆、稻米等都可以在此交易。苏北临近各县及江南的客商都来此谈生意,茶客多时几近千人。正阳楼一直到二十世纪五十年代末才关闭歇业。

现今扬州的美食街和淮海路上也开了许多茶楼,这些茶楼多为清茶肆。它们与旧时的清茶肆不同,一般不做早市,仅做下午市及晚夜市,商业气息大为淡化,消闲氛围却浓郁了许多。人们在此交朋会友,还有人在此打牌下棋,直至更深夜静。

书茶肆

书茶肆旧时较多,清代和民国年间,扬州市区的很多茶肆都是书茶肆。书茶肆从清茶肆演变而来，其经营方式也类似清茶肆。上午都是接待饮茶的客人，下午则让茶客在此听扬州评话和扬州弹词。扬州评话，扬州人又叫"说书"，故有扬州评话表演的茶肆叫"书茶肆"。

书茶肆的茶客多为盐商门客、店家账房、纳福老人和平民大众等。茶肆老板常邀约扬州评话和扬州弹词的艺人来茶肆里献艺，有时还张贴"报条"，吸引大家来此听书。林苏门的《邗江三百吟》中记述：听书者"围坐长凳，乐见不厌，间献以茶。开全部大书……预报条贴于大街巷口，上书：某月某日某人在某处开讲书词。老板既可收茶水费，又可收听书钱，得利颇丰。"

书茶肆最密集的地方是教场。清嘉庆年间缪艮写有《扬州教场茶社诗》十余首，详细描绘了当年教场茶社里"戏法西洋景，开场说弹唱"的场景。清末汪有泰也在所作《扬州竹枝词》中说："教场四面茶坊启，把戏淮书杂色多。更有下茶诸小吃，提篮叫卖似穿梭。"后来，这些书茶肆又逐渐向专业书场演变。原先的书茶肆是有艺人来了，就开讲书目；一时没有艺人，便照旧卖茶。许多老听众对这种时断时续的说书形式很有意见，因为"书瘾"得不到满足。后来，有的书茶肆就专门约请艺人常年在肆中登台表演，一位艺人的书目结束了，立即换上另一位艺人，保证不空档，说书成为常年稳定的营业项目，茶肆变为书场，茶客也成为书客。

书茶肆演变成了书场，但原有的那一套旧习仍然袭用，如"票房收入"仍叫做"茶资"，书场既为茶客泡茶，也像清茶肆那样供应糖果花生瓜子。

如今，扬州城区依然以荤茶肆和清茶肆为主，计有五六十家之多。富春茶社等老茶肆仍然生意兴隆，座无虚席。书茶肆早已与书场结合，但越来越少了。四五十年代教场尚有鹿鸣、永乐、竹如轩等五六家书场，如今仅剩下"大光明书场""皮五书场""南河下书场"等几家，但服务的重点已经向餐饮靠拢。茶肆的变迁，实际上是扬州人生活方式的变迁，书场的衰落和改变实属无奈。

社交中的茶礼

茶礼，狭义的是指婚事上的行聘之礼，广义的则指与饮茶有关的各种社交仪礼。

扬州人的婚事，有定亲习俗，过去男方定亲所送的礼品中，除糕点、白果、莲子、百合等食品外，必有一包茶叶作为女子的受聘之礼。这包茶叶的寓意是"从一而终，绝不移志"。据说，茶树的栽植很有规矩，下种出芽长成茶树后，不能移植。一旦移植不能活。明代郎瑛《七修类稿》曰："种茶下子，不可移植，移植则不复生也，故女子受聘谓之'吃茶'"。用茶叶作为聘礼，意味着双方亲事定下来后就不再变动，因此扬州人把定亲行聘又叫做"下茶"。

扬州人家遇有喜事，如招待媒人、新婚上门、迎接嫁妆、花轿进门等，还有吃"三道茶"的礼俗，《邗江三百吟》有云："扬城喜事，如款待作伐人（即媒人），以及新婿上门，姻亲初会时，入座用三道茶。第一道'高（糕）果'，献而不食；二道，或建莲、或燕窝；三道，或龙井、或霍山，皆食,皆曰茶。"

扬州还有吃"点茶"的做法,这是祝寿、拜年时的习俗,《邗江三百吟》也有记叙:"遇大寿,来祝寿者,客登堂揖过,即有衣冠一价,捧盘中高(糕)果二盅献之,客惟摇手而已。此则用银镶杯,斟热清茶,内放红杏仁、长生果几个,以点染之,名曰'点茶'。年节及长(者)诞(辰),大抵需此。"

在以上二例茶俗中,主人向客人敬上糕果,客人都"献而不食""惟摇手而已",这是扬州人的特殊礼节。"高果"即糕点,取其吉利,有"高升兴旺"之意。客人不食,是"余下来,留待主人日后兴旺发达"之意,是对主人表示的祝福和尊重。

扬州方言有个词儿,叫"小聚聚"。几位朋友相约"小聚聚",一定是到某处茶肆去。为什么"小聚聚"一定要去茶肆呢?现代作家洪为法先生作过解答。他是扬州人,创造社成员,20世纪40年代在上海《申报》发表过一篇题为《聚聚》的散文,其中写道:"以扬州习俗说,发请帖,延嘉宾,假座酒楼,觥筹交错,藉以联欢话旧等等的并不怎么喜爱,却特别喜爱邀人茶聚,遇到多时未见之亲友,互道寒暄而后,固是互邀茶聚。这在扬州人说是'聚聚',所谓'聚聚',即是茶聚之意。'聚聚'的声音,在过去扬州,各色交际的场合中乃至街前巷口,是极易听到的。"汪曾祺先生对"聚聚"的作用写得更具体,他在小说《故人往事》中说:"茶馆又是人们交际应酬的场所。摆酒请客,过于隆重。吃早茶则较为简便,所费不多。朋友小聚,店铺与行客洽谈生意,大都是上茶馆。间或也有为了房地纠纷到茶馆来'说事'的,有人居中调停,两下拉拢;有人仗义执言,明辨是非,有点类似江南的'吃讲茶'。"读了洪为法和汪曾祺两位前辈扬州人的记叙,便可大体上明白扬州人的"聚聚"是怎么一回事。

汪老还提到"吃讲茶",这又引出一个有关茶俗的话题。旧时人们遇到纠纷,矛盾双方往往先到茶肆,请人主持公道,让别人来"评理",这就叫"吃讲茶"。主持公道的人又叫"中人"。在茶肆里,"中人"居中而坐,双方各坐两边。扬州人"吃讲茶"的规矩是:开始时双方茶壶的壶嘴相对,表示意见不合。若矛盾化解了,则由"中人"把两只茶壶的壶嘴相交,表示和好。若一方仍有异议,还可将自己的茶壶向后拉开,再行"叙理",最终还是由"中人"评判,把双方茶壶拉到一起。若"中人"判一方理亏,则把一方的壶盖掀开反扣,这次"吃讲茶"的茶资,概由此方支付。当然,对方可以表示善意,也把自己的壶盖反扣过来,那么茶资就由双方"二一添作五",一人一半了。

"吃讲茶",使两人的纠纷及时化解,不使矛盾激化,不至于发展到非要去官府打官司。看似寻常的饮茶礼俗,却也反映出扬州的民风淳厚。

三、饮酒风俗

1. 扬州的酒

李白《广陵赠别》诗云:"玉瓶沽美酒,数里送君还。"这是有"酒仙"之称的唐代大诗人对扬州美酒的赞誉。近年来扬州一带出土的大批与酒有关的文物,如漆制羽觞(即酒杯)等,使我们知道,早在汉代,这块土地上就有酿酒、饮酒之风了。

宋代,苏东坡在扬州做过太守,他在诗作《泗州除夜雪中黄师是送酥酒二首》中说"扬州云液却如酥",《次韵刘贡父省上喜雨》中又说"花前白酒倾云液"。当时淮南一带称糯米酒为白酒,估计苏东坡所说的"云液酒"也是一种糯米酒。有关"云液酒",宋人还有多处提及,如晏殊《望仙门》云:"仙酒斟云液,仙歌转绕梁虹。"陆游《庵中晨起书触目》诗曰:"朱担长瓶列云液",并有注云:"云液,扬州酒名,近淮帅饷数十樽。"可见,当时扬州的云液酒是颇负盛名的。

此后,扬州历代都有名酒。元代产葡萄酒,萨都剌《蒲萄酒美,鲥鱼味肥,赋蒲萄歌》云:"扬州酒美天下无,小槽夜走蒲萄珠。金盘露滑碎白玉,银瓮水暖浮黄酥。"明代有雪酒。王思任《扬州清明曲》云:"酒旆翩翩红雨沟,小杨水槛亦风流。醇浓雪酒饶夸珀,一割鸡猪十斛油。"清代有木瓜酒。阮元《广陵诗事》载:"吾郡酒以木瓜著名,盖酿熟,以木瓜渍之也,出高邮者尤佳美。"

名酒当然由酒坊生产,但普通百姓也酿造土酒。《扬州画舫录》卷十三云:"城外村庄中人善为之。城内之烧酒,大抵俱来自城外,驴驼车载,络绎不绝。"自酿的酒多用米、麦为原料。用米作麴的叫"米烧",其味甘美;用麦作麴的叫"麦烧",其味苦烈。另外,"高粱、荞麦、绿豆均可蒸,亦各以其谷名为名"。通常农历六月开始"造曲",八月新酒酿成上市,城里各酒肆便"择日贴帖",谓之"开生"。百姓争相购尝,谓之"尝生"。新酒一直可以卖到第二年的二月,惊蛰后便告截止,谓之"剪生"。

2. 酒肆和酒客

扬州的大小酒肆与茶肆一样,遍布城区主要街巷。有的酒肆设在北郊的风景游览线上,《扬州画舫录》卷一云:"北郊酒肆,自醉白园始……野园、冶春社、七贤居、且停车之类,皆在虹桥。"

民国年间多集中在辕门桥一带,比较有名的是多子街的万茂、左卫街的源茂、辕门桥的泰康、教场的一品香、教场街的大源等。

旧时酒店里打酒的器具是用竹筒制成的"酒端",大者可量酒一斤、二斤,小者可量酒一两、五钱。"酒端"整齐排列在酒缸上方,自成特有的景观。酒店外的招幌更是吸人眼球,《扬州画舫录》里有描绘:"阁外,日揭帘,夜悬灯。帘以青白布数幅为之,下端裁为燕尾,上端夹板灯,上贴一'酒'字。"这些招幌,加上周围的店铺和人群,就是一幅扬州的"清明上河图"了。

酒铺比酒肆更为有趣热闹,几乎可以与鲁迅笔下的"咸亨酒店"相比。《扬州画舫录》卷十三记述:"铺中敛钱者为掌柜,烫酒者为酒把持。凡有沽者,斤数掌柜唱之,把持应之。遥遥赠答,自成作家,殆非局外人所能猝辨。"李斗描写的大概是一家中等规模的酒铺,那种热闹的气氛足以撩起酒兴。扬州的好酒者精通饮酒之道,这与喜好"皮包水"的茶客精通茶道

一样。《新广陵潮》中便描写过西门外小酒铺里的一位老酒客,介绍了他喝酒、尝酒的秘诀:

"……来人是谁? 便是孙大鼻子。孙大鼻子挂的吃酒招牌,便是一个大而赤的鼻子。老板忙道:'孙先生,怎么这几天不到小店来吃酒? 昨天正开着一坛陈酒,几个老主顾吃得舔嘴咂舌,偏是你不来,错过了这坛好酒',孙大鼻子听得'好酒'两个字,舌底已涌出逸涎,不由的钉住了两只脚……一会老板温了一旋子酒来,倒落碗里,恰恰倒满,一些儿不剩。原来酒碗底下早垫着一个铜元做高底,这也是老吃酒的一种秘诀。只为酒肆里面的桌子没有一张放的平平的,桌子放的不平,桌子上的酒碗当然也跟着不平,那么倒酒的当儿,只要碗的一边满了,便不好再倒了。镟子里多少总有些余剩,这便是酒店老板的一种余利。老酒客熟知老板的把戏,把碗垫平了,老板也就无弊可作了,所以,他们有句俗话,叫'十桌九不平,只怕碗底衬'。"

老酒客对酒的优劣也有评判的标准,请看孙大鼻子:"孙大鼻子凑头下去,把嘴唇在碗边碰了一碰,连咂几咂,酒味中间略带苦。忙道:老板,你不说谎。今天的味却不错,略带苦。我们吃酒人有个尝酒的秘诀:味中带苦者,上也。带酸者,中也。带甜者,下也。前几天往周小喜子那边喝酒,上口时,总是甜津津的,回家去渴得要死。来朝起身,兀自头疼脑胀,百般不快活。"

扬州的酒客也是各色人等都有,孙大鼻子可算下层市民的代表。喝酒喝出这种功力,真算得上名副其实的"酒徒"了。

3. 酒宴习俗

清人林书门在《续扬州竹枝词》中云:"生涯是聚大家风,总是因人成事中。到底排场终是大,不甘小技效雕虫。"这首词写出了旧时扬州人在社会交往中的一个重要观念:认为生涯中的任何事情都是"因人成事"的,成功与否,在于各人怎样操办。这种操办,不是靠个人单枪匹马地乱闯,而是要靠在社会交往中团聚起来的力量。大概古往今来的扬州人都有这样的认识,所以他们在社会交往中一直注重礼仪,注重排场。

酒宴是社会交往的重要形式,注重礼仪、注重排场的观念,在扬州人的酒宴上得到了集中的体现。

扬州有句俗语:"居家不可不省,待客不可不丰。"用盛宴招待客人,成为历代扬州人的待客之道。即便是寻常百姓之家,平时吃俭用,但是一有贵客光临,便不惜破费,好像只有这样才算尽到了待客之礼。《扬州府志》云:"涉江以北,宴会珍馐之盛,扬州为最。民间或延贵客,陈设方丈,伎乐杂陈,珍馐百味,一筵费数金。"

扬州人家设宴请客不仅花费多,事由似乎也特别多,举凡红白喜事、添丁、祝寿、砌房进宅、接风饯行等等,都会有酒宴相邀。

当然,酒宴的档次、规模和形式会因社会的变迁而有所变化,因经济的贫富而有差异。寻常待客为"三碗六盘",而丰盛的酒宴则为"七簋两点"。《邗江三百吟》云:"(三碗六盘)此寻常待客也,讲究饮食(之)家,口味各出其奇。""(七簋两点)此宴客丰盛席也,相沿已久。"近现代扬州民间家宴又有"五碗八碟"之说。五碗,指四个烧菜一个汤,寓意"五福临门";八碟,指四个冷盘、四个热炒,寓意"事事如意"。现又发展为六个冷盘、六个热炒,谓之"六六大顺",另外还有两个烧菜、两道点心、一个甜羹、一个头菜、一盆汤和一只果盘,亦谓之"事事如意",合起来共二十道,谓之"十全十美"。

像这种"六六大顺""事事如意"和"十全十美"的排场,平常之家是很难操办的。现如今,人们请客都是到酒楼订座,省了许多麻烦。而旧扬州人都乐意在家中办酒,这就需要懂行的人上门服务,由此诞生了一种职业,叫"茶酒""帮厨"。《邗江三百吟》有一则记载,"宴客叫茶酒当先",其中曰"'茶酒'之名,自置杂样茶酒器具,听人唤来,较奴仆伺候为周备,红白事皆然。近日,凡遇请二三席客者,亦先叫茶酒,取其便也。"这种"茶酒"相当于今天酒楼里的服务员,代替主人招呼、接待来客。

光有"茶酒"当服务人员还不行,酒宴的优劣取决于厨师,故宴客之家还需请名厨帮忙。清人王锦云《寄调望江南》词有云:"扬州忆,精鉴聘名庖。绣拂粉牌亲点笔,烂羊檀几嘱操刀。雪里荐车螯。"这种随时应聘的名庖,扬州人又叫"帮厨"。这些厨师走百家,办千席,见多识广,技艺精进,后来有的名厨就被富裕之家长期雇佣,成为"家厨"。扬州酒宴上的菜肴,在清代成为全国四大菜系之一,通称"淮扬菜系",其形成与这些"帮厨""家厨"有很大的关系。

扬州人应邀赴宴时,桌次、座次都有主次之分,一般不能乱坐。通常,位于正厅内里正中或紧邻司仪位置的是主桌。每一桌又以迎门的为首席,其余的以左手位置为尊,首席的对面为末席。

主人分派座次也有标准,这就是古语所说的"朝廷序爵,乡党序齿"。"朝廷序爵",是指官场上的聚宴以官爵大小来排坐席。"乡党序齿",是指民众中以年纪长幼来定主次。客人入座后,主人一定要陪席,如果桌数较多,家人要分到每一桌作陪。若家中人数不多,还可委托客人中较亲近者代为陪客。

入席后,酒菜准备就绪,主人要举杯致辞,以示欢迎,俗语有云"主不请,客不饮"。就餐时,也要遵循餐桌俗规,有几种"吃相"是不合礼仪的,扬州人用两个字予以形象描绘:一谓"抬轿",指动箸夹菜,满满一叉。二谓"跑马",指东搛西夹,毫无间歇。三谓"过河",指越过桌心,随意叉搛。四谓"翻场",指兜底翻拣,不顾他人。另外还有两首讥讽的顺口溜,一首是:"眼睛如打闪,筷子如夹剪。不顾喉咙皮,只顾往下咽。"另一首是:"菜来先奔顶,然后扫四方。眼看佳肴尽,赶快去泡汤。"

在扬州人家赴宴,餐桌上的各种菜肴都可以品尝,但有一样菜千万不能动箸,那就是两条同样大小的红烧鱼。这盘红烧鱼通常覆盖着一张红色的剪纸,或为"喜"字,或为"寿"字,叫做"富贵鱼"。这是事先备好的,在端上最后一道汤菜之前,有专人高高地端着这盘鱼,边走边喊:"鱼来了,鱼来了!"这时,众宾客要应和道:"余起来,余起来!"这是指主人的富贵能余起来,表示祝福。

第二节 修脚刀民俗文化

一、堂口百俗图

扬州人喜欢上浴室,尤其是老浴客,更喜欢天天泡老澡堂,有着"晚上水包皮"之说。老澡堂里有烫水、有圆气、有热茶、有老友,更有已经融化于他们意识深处的维扬文化特色的民俗境界。

一进扬州老浴室的堂口,就等于步入江淮"民俗博物馆"。昔日,"洗把澡"的主题是极为丰富的,有老友聚会、酬浴来宾、房屋出租、田地转让、排解纠纷、江湖拉场、暗透行情、撮合媒妁、满师答谢、商务洽谈、办案侦察……浴客们上水之后,一把热毛巾捂上脸,一口元宝茶喝下肚,大围巾盖上身,二郎腿晃起来,吞云吐雾之间,漫无边际的神侃海聊便开场了。

东家说长,西家道短;北方打仗,南边下雨;富春包子,共和春饺面;西门毡帽,彩衣街长袍;李家的伢子百露抓周,王家的姑娘发奁暖房;打铜巷的锡酒壶保温,得胜桥的三把刀锋利;新胜街的假古董骗人,便益门的抖抖翁戏童;大冬置了何许年货,腊月蒸了多少点心;听说书、看杂耍、下棋、猜谜、踢毽子、放风筝、养鸟、戏虫……呵,好个热闹的浴堂,好个生活的浴堂!这里是方言土语的原声道,这里见流年逸事的活化石。

时至今日,虽然话题变了,变成了打老虎、拍苍蝇、惩腐败、打击走私、全球反恐,但是,毫无遮拦、海阔天空的阵势没有变,那种亲醇、亲切、亲和的气氛没有变,依然是插科打诨,悉听尊便;依然有飞蝶似的热乎乎、白松松的毛巾在空中旋,准确地飞到浴客手上;依然有"噼噼啪啪"的敲背声,穿插着"踢踏踢踏"的木屐声给以伴奏。脚下有修脚大师修捏刮舒服入骨,枕畔有乡音土戏声声入耳,头顶是香烟雾气袅袅盘旋……浴客们如饮陈年老酒,如品五泉佳茗,一切都忘怀了,即使在家里着了闲气的,也都烟消云散了,他们开始陶醉了。

堂口的服务员们一开口妙语连连,以一系列充满浓郁地方风情的扬州沐浴行话此呼彼和,如珠吐玉盘,更将浴客们带进了扬州传统沐浴的特殊境界之中。这里的浴室设施,传热通道叫九条龙,传热口叫金龙,挂衣服钩叫衣桩。这里的人,服务员叫跑堂,站堂口的是老堂,下池服务员是玩闷子的,柜台卖筹子的是老搁,客人叫老交,儿童顾客叫小秧子,老板叫老天,北方人叫老北。这里的服务及项目,修脚叫扳指子、老凹、凹皮、划皮;修括叫凹通;用刀的全部综合过程,叫吃刀、撕术刀;遇斜行丝、逆向丝,以刀刃划点,叫钻;在磨石上挡几下叫定口;在挡皮上磨刀叫挡刀;修脚时浴客心慌、头晕、面白、出汗甚至晕倒,叫晕刀;修脚时,进刀切割到病变深层组织,造成出血,叫逛了或冒浆;烫脚叫钓鱼;大毛巾、小毛巾叫大拦子、小拦子,客人进门先上毛巾,以稳住客人,内含经营技巧;捶背叫撒点子;擦背叫老摸;捶脚叫通洒;开水叫本色;茶叫青子;水烫叫辣;蛋叫滚头;酒叫三六子;面叫千条;傍晚喝"下午茶"、吃点心叫啖伙。

这里的数字,1、2、3、4、5、6、7、8、9、10叫成溜、月、汪、直、中、神、心、章、爱、抬;这里的客人状况,出手阔绰大方叫壮,难以服侍叫老调;客人离店叫叉;尤其是汗多,叫法更绝,叫王朝马——引自包公身边两员大将:王朝、马汉,缺"汉"即指谐音"汗",颇有灯谜文化遗韵;同行则叫老伙、靠膀子的。

浴客的服装,帽子叫顶风;上装、长衫叫大篷,或大鹏;裤子叫叉子;鞋叫踢拖子;袜子叫钱筒子;眼镜叫二饼。最是跑堂的那一声"修(xiū读成qiū)——脚!"丝毫不让京剧《四郎探母》的"叫小番——!"声震浴堂,响遏行云。

这实在是一份形态完整的扬州沐浴口头创作。有的从用途说,有的以形状分,有的描摹动作,有的寓意吉祥,其醇厚实在的乡音、生动诙谐的俚语、睿哲机智的叫唤,反映了扬州沐浴人朴素的审美情趣,唤起了人们对老扬州的无限眷恋。浴客们聆听了这样一份绝好的民间通俗文学,怎能不"步入瑶台",陶醉于扬州风俗文化的境界中去呢?

扬州沐风浴俗,为风为俗,正是流行于特定时代的扬州人所参与、所创造、所熟知、所喜爱的。它的产生发展是自然生活的融入。无可讳言,扬州浴堂有风俗、有事象,进步与落后共存,高雅与通俗同在,但不必究根溯源,不必交代流变,不必分甄别,不必求精当。浴客们在扬州浴堂里真切地感受到那气氛,品尝到那味道,获得那感觉,进入到那境界,才是最实惠,也是最关键的。

那境界以一个字概括,便是"俗"。境从俗中来,这俗便是风俗,便是民俗,甚至有些世俗。浴堂小世界,世界大浴堂,每个浴客既是境界的创造者,又是境界的享受者,扬州沐浴人在浴堂——那个特定时空的双重构架中,创造了"有我之境"。

二、休闲神仙境

王国维特别看重"红杏枝头春意闹"的"闹"字和"云破月来花弄影"的"弄"字,倘若说,扬州传统浴堂的境界是"闹"出来的,那么,扬州当代沐浴的境界则是"弄"出来的。奉献沐浴物质服务的高品质,创造沐浴精神境界的高品位,是扬州沐浴文化的基本特征。而这一点,当代沐浴中心是通过"三分沐浴,七分休闲"来完成的。扬州沐浴已经把沐浴休闲变成了为社会服务的场所,不但在池下以宽敞的沐浴空间,独具匠心的各类浴种,富蕴沐浴文化的设施,使人尽情享受身心的愉悦、沐浴的轻松,而且,池上部分柔和的灯光、考究的装饰,使人仿佛置身于艺术的殿堂。需要休息的,有气派的休闲厅、舒适的包厢房,处处洋溢祥和、温馨的气氛;需要交流的,有会议室,有先进的语音系统和投影仪,探讨、研究、联络、洽谈,是成功人士的理想天地;需要修饰的,有美发美容厅,这是扬州三把刀中的又一把刀——理发刀设在沐浴中心的窗口,酷的发式、美的面妆在这里诞生,这里使每一位都焕发出春天的容颜;需要运动的,有健身房、乒乓室、桌球房,可练肌、可强力、可挥拍、可击球,练出一身汗,再来个"回龙",重新跳入浴池……人们领略的是酣畅淋漓的快活境界。儿童专门辟有乐园,那是一个童真的天堂。需要美食的,扬州沐浴人的准备就更为周到,因为,这是扬州沐浴的传统服务习惯。以前的老澡堂总与一家餐馆、饭店相近,比如"永宁泉"与"大麒麟阁"茶食店前后相接,"教场浴室"与"九如分座"茶社相对而望。现今的沐浴中心都设有豪华精致的餐厅,有整席大菜,有风味小吃,中国四大菜系之一的淮扬美食将人引入高雅文化的情境。浴城茶吧、咖啡吧的饮料中西合璧,应有尽有,既供应中国的绿茶、花茶、红茶、功夫茶、柠檬茶,茶文化的醇韵让人三杯通大道,一斗神游天;又供应西方的现磨咖啡等。

中国人如此重境,外国人也不例外,黑格尔在《艺术美的理念或理想》中说,"一般说来,发现情境是一项重点工作,对于艺术家往往也是一件难事"。扬州当代沐浴中心把工夫花在化沐身为冶情,化休闲为造境,而且,各种境界的"零件"依心理流程逻辑组装成"意境两忘、物我一体",从而造就象征性丰富的无我之境。

三、平等世界

一个"闹"字,一个"弄"字,造就了池上的境界,而一个"混"字造就了池下的境界。

扬州沐浴旧称澡堂为混堂。这个"混"字,不是混浊之混,而是混沌之混,简直入木三分,直指世界本来面貌,妙不可言。

浴池之内,就是这样一个水蒙蒙、气腾腾的世界。当浴客步入瑶池,如入三月烟花,错怨春风扬落花,柳絮飘舞如雪洒,烟水空濛,虚无缥缈,使人顿觉飘飘欲仙,又似见影幻落霞,暮霭悄起,斜辉迷茫。一切都显浓浓淡淡、模模糊糊、叠叠重重、虚虚幻幻,水、光、气、影交叉变幻,神秘极了,使人如入梦中。在这个特定的环境、特定的时空中,人人坦腹,个个裸呈,没有尊卑,没有贫富,没有肩章官阶,没有职业标志,不计门第高低,无论出身贵贱,官也罢,民也罢,雅也罢,俗也罢,人人平等,人人混沌,于是便进入了一个有形的世界,又是一个忘形的世界;一个有我的世界,又是一个忘我的世界。

《庄子·缮性》云:"古之人,在混芒之中,与一世而得淡漠焉。"按成玄英疏,其由在"淳风未散",风淳而有德,这是人类社会多么好的境界。尧舜淳德,开明君之先;孔孟淳德,成圣人之贤;欧阳淳德,鼓六一宗风;东坡淳德,破万花积蔽;双忠淳德,谱亮节新篇;史公淳德,留浩然正气。这都是人生的大境界。

扬州混堂,让浴客从"混"中悟出"淳",悟出德,这正是扬州沐浴为浴客造就的"无我之境"。在这场造境活动中,扬州沐浴把严格的物理时空与相对自由的心理时空的矛盾有机地统一起来,使特定的境界成为主人翁心声的回音,成为主人翁思想、气质、感情或某种心理状态的影子,从而表现出以不言而能言,言之不尽的美学特征。

第三节 理发刀民俗文化

一、扬州理发习俗

扬州美发美容,不是权力的附庸,也不是金钱的旗手,她植根于民间,溶化于民俗,至今仍约定俗成地活跃于平民生活之中。

清人崇彝《道咸以来朝野杂记》云:"三日洗儿,谓之洗三"。扬州人出生的第三天,也有"洗三"风俗,除了送红蛋以外,压轴戏是"洗凤雏",用艾叶、花椒烧成热汤,用鸡蛋轻揉擦洗婴儿额头和小脸,以求消毒杀菌,白嫩无疖。至于水中放花生和银饰,则是祈祷吉兆了。

满月置酒,重头戏不在喝酒,而是剃头。如同《东京梦华录·育子》"浴儿毕,落胎发"所言,所以满月酒又叫"剃头酒",铺红祭供,红烛高烧,在隆重的礼仪下,理发师为小儿剃头,为的是长出更为浓黑的新发;也有的不全剃光,在头顶或脑勺留下桃形头发,喜称百岁毛,祈祷一生健康。剃发之外,也有剃眉的,含有长大知道眉高眼低的朴素愿望。所剃眉发皆以花线裹扎高挂。理发师边理发,边说吉利话,男童是:"手执金刀亮堂堂,少爷头上放豪光;昨日朝中送太子,今日又递状元郎";女童是:"姑娘递头一枝花,长大成人嫁婆家;三亲四友来做媒,嫁给文武百官家。"小儿吉祥发兆,主人心花怒放,理发师最好是全福之人,功莫大焉,辛苦费可按双倍领取。

待到男大当婚、女大当嫁,新郎理发时,又得四句喜话:"吉日理发喜洋洋,戴起礼帽做新郎,今日洞房花烛夜,来年生下状元郎。"新娘则更为隆重,上花轿前需梳妆。首先是开脸风俗,旧日以棉线绞去脸上汗毛;再上头,辫式改髻式,重点把覆于额际的一绺垂丝"刘海"梳向脑后,绾成发鬏;最后化妆,从淡而浓。为人之妇、为人之母以后,无论贫富也尽可能注意修饰打扮,她们的房内,梳妆台、妆奁盒、梳妆镜是必备的三大件,因而扬州人嫁女儿发嫁妆,又叫发奁。

至于扬州女人镜前化妆,画眉流行螺子黛,出嫁前青重于黑,出嫁后青逊于黑;涂口红,出嫁前红多于紫,出嫁后紫多于红;搽香粉自有国内著名品牌戴春林、谢馥春,一盒蛋粉往往是扬州女人最珍惜的馈赠礼品;头饰当然要戴,最大众化的还是戴花,除真花之外,她们最喜爱绒花,因为绒花与荣华谐音,所以每逢佳节喜事,女人们祝寿戴寿字,贺婚戴双喜,还有鹊儿登梅、福星高照、丹凤朝阳、麻姑上寿之类,扬州女人把幸福憧憬高举到头顶上了。此风延及今日,里下河农村仍然可见,十分淳朴。

如果有人不想成家,想"出家",在首次剃度时,理发师要讲:"手执金刀站佛台,罗祖传令下乡来,今日宝山来护佛,执行师父请出来。"给出家当尼姑的落发,理发师也要讲:"小小孩童来出家,脱去兰衫换袈裟,万贯家财都不爱,脚踏莲花朝南海。"理发人的吉利话成了佛门弟子离"家"远游的临别赠言。

当扬州人走完人生最后一步,停灵中的梳头正容,涂口红,抹胭脂,也必不可少。让死者以宛若生前常态的面貌终结一个世界,带走平素喜爱的梳妆珍件以为殉葬,而在另一个世界一路走好,延续同样美的生活,这是扬州人事死如事生的乐观理念;孝子则要在"六七"四十二天内禁止理发,孝女禁浓妆,以示哀悼。所以唐诗有"人生只合扬州死",其中也含有对扬州美发美容风俗的欣赏。

二、美发与休闲

东南繁华扬州起,水陆物力盛罗绮。扬州的美发美容与扬州特有的休闲文化相结合,形成了独特的休闲文化。

首先是盐商文化。两淮盐业因其产运销政策的专制性和垄断性,获利甚丰,盐课几近天下税收之半,动关国计民生。扬州盐商富可敌国,这就为盐绅内眷挥霍无度的美发美容提供了物质储备。

唐代白居易的《盐商妇》曾把镜头探进大宅门,十分难得地勾画了盐商妻妾美容的豪奢:"盐商妇,多金帛,不事农田与蚕绩……本是扬州小家女,嫁得西江大商客,绿鬟富去金钗多,皓腕肥来银钏窄……"从贫户小丫头摇身一变为富商太太,为了装扮,无论缕金双凤钿,不管珠珥值数千,金钱珠贝,视为泥沙。为了掩盖空虚的灵魂,打发无聊的时光,满足虚荣的心理,永葆当家的宠爱,她们更是在饰发修面上挖空心思,穷极华靡。所以,美发美容在扬州朱门豪宅内得以畸形发展。唐时如此,明清更甚,直至新中国成立前夕,早已败落的扬州盐商后裔家中仍旧虎死不落架,蓄有专门的梳头妈子。

其次是游赏文化,就是今天的旅游文化。扬州的水婀娜、山玲珑、塔苗条、桥多姿、景秀柔,尤其是烟花三月,"白滚杨花三寸雪,绿抛榆荚一城钱",春暖花开,游人如织,扬州成了人们首选的旅游胜地。

在这一背景下,本地女子历来以走出深闺、赏景踏青为开春的第一幸事。桃杏齐放,人在花中,自然要化妆。于是在通往市郊景点的"香尘路上,云松鸾髻髻"(宋方岳),"珠钿翠盖,玉辔红缨"(宋秦观)。在清代诗人的笔下,扬州桥畔"朱朱粉粉靠红桥",水边"游女髻鬟临水照",堂内"船船堂堂珠帘笼",亭中"钗光鬓影竹中亭"。扬州女人闲倚镜奁,悠啜香茗,遣一缕闲情,与湖比瘦,与花争艳。

第三是戏曲文化。扬州曲部魁江南。清乾隆五十五年(1790年),扬州三庆、春台徽班进京给高宗祝寿,演变为京剧,开创戏剧新纪元。扬州徽戏之盛,始于明代徽商来扬。据《扬州画舫录》载,"两淮盐务例蓄花、雅两部,以备大戏"。戏班由官府供养,曹雪芹祖父、两淮巡盐御史曹寅就在府内召演过汤显祖的《玉茗堂四梦》。当官的榜样在前,作为财阀的盐商,自然不甘落后,竞相奢靡,蓄养家庭戏班成风,著名的就有春台、老洪、德音、百福、老徐、黄班、张班、江班、陈班等,并在私宅园林内建看楼20余楹,歌台十余楹,水榭之中,厅堂之内,楚咻齐语,临水听曲,盛况空前。

戏风刮遍城乡,戏迷不问贵贱,董伟业的"嗅袋烟来剃个头,等戏开台先坐凳",说明看戏成了扬州老百姓的一大嗜好。扬州乱弹、扬州花鼓戏、扬州清曲、扬州评话、扬州弦词等戏曲表演,给扬州美发美容提供了舞台化妆的需求。

明末的袁华曾这样形容扬州女伶的妆饰状况:"双眉刷翠小红娘,斗酒梨花为洗妆,一曲缠头不知数,扬州城内善和坊。"清代作为扬州戏剧曲艺发展的巅峰,扬州美发美容的工作量更大了,林苏门诗云:"老昆小旦尽东吴,一色浓妆艳紫朱"。新中国成立后,在扬州拍摄的《岳家小将》《西游记》《银楼》等几十部影视剧发型妆饰亮相屏幕时,也迅速刮起了流行风。

三、俗中有风雅

淮左名都吸引着名士,竹西佳处招揽着骚人。他们或知任、或寓居、或游历、或访友,纷纷骑鹤下扬州,吟哦出了浩如烟海的讴歌扬州的诗词。其中,盛世维扬千姿百态的发式容貌,更是使骚人墨客们眼前一亮,灵感迸发,思如泉涌,穷形尽相描摹了历代扬州美发美容的风情。

发式方面,有唐花间词派鼻祖温庭筠的"铎语琅琅理双鬓",有宋簪花太守韩琦的"宝髻欹斜犹堕马",有明卧林居士的"如云绿发衬斑烂",有清管沦的"艾鬓巧成兰叶髻";还有黄庭坚的"遥怜须鬓",吴文英的"慵整堕鬟",尤侗的"多情鬓丝",王仲儒的"花容鬓鸦"。

在发饰方面,对于扬州历代女子头上的玉燕上钗,珠光宝气,明代陈言留下了"翠翘浮动玉钗垂"的印象;清人李天馥的感觉是"象牙簪子白如银";清盐商孙枝蔚清明泛舟城北,看到的是"皆插瑟瑟钿",听到的是"珠帽响玉珂"——扬州女人头上的柳色黄金佩、兰香白玉钗,着实地使文人们头晕目眩了。

扬州女人化妆,也被雅士摄入笔下。宋代王义山用"娇红凝脸西施醉"来赞扬扬州青娥皓齿们的美容术;而最被他们欣赏的是化妆追求天然美,明代主"性灵说"的袁宏道在《广陵曲》中就惊叹扬州女人"轻妆淡抹浅规眉",宋末清丽派张可久客维扬时,曾经悟得了"眉刷翠,鬓堆鸦。淡妆何必尚铅华"的道理。相反,当扬州八怪之一的高凤翰游平山堂时,见到了村媪世俗的乔妆铅华大为反感,于是就写下了"画眉一尺阔,垩粉平鼻搽"的讽刺诗句。两汉以降,诗句可以垒就一座"眉山",诸如宋曾几的"修眉",曾惇的"翠眉";明舒頔的"柳眉",杨慎的"颦眉";清黄慎的"秋眉",吴伟业的"啼眉",吴家纪的"蛾眉"。可见扬州女子饰眉手段之高。

而作为男子美的胡须,也有描写,刘诜有"金带十围长髯须",卢见曾有"雪上髭髯老渐真",孙枝蔚有"有髯如戟面如盘",甚至连远涉重洋来扬从事贸易的外国人的胡须也进入了郑板桥的视线:"紫髯碧眼聚商胡"。扬州的髯公们,尽显阳刚之气。

扬州男人的重要发饰——冠巾，也不曾被文学忘怀。清巡抚刘应宾曾撰文《扬州帽》，指出"扬州戴帽旧闻名"。因为，前朝文学对于扬州帽的描绘，实在太多太多：有王禹偁的"时濯缨冠"，有张翥的"黄花破帽"，有卢琦的"上马帽斜"，有刘辰翁的"斜雨蓑笠"，有萨都剌的"郎君貂帽"，有张以宁的"微风欹帽"。文选楼怀古，思念"隐囊纱帽"；瘦西湖寻梅，有赖"风裘雪帽"；盐运司入幕，可怜皂帽老书生；参府街搔首，髯奴高帽列门廊。

感谢平山倚槛欧阳修、明月吹箫杜牧之，他们以高雅诗词，以风雅文化关注着扬州的美发美容，不仅为研究扬州理发史提供了珍贵的史料，更重要的是，这些文人的佳作，给了美发美的浸润，提升了美发的文化内涵，让扬州美发美容俗中透着雅。

扬州三把刀文化的传承与发展

扬州三把刀是文化品牌。它不仅是三门技术,还是三门艺术,是独具地方特色的扬州文化的一部分。扬州三把刀之所以能成为完备而成熟的专业技艺,是因其内涵的博大精深,不仅有精湛理论、规范技艺,而且人才辈出、高手云集。因为有文化做支撑,"三把刀"产业品位才得以不断地改造和提升;同时又有市场的需求,"三把刀"文化才具有旺盛的生命力。"三把刀"产业与"三把刀"文化的结合,是经济与文化实现相互转化的有力印证。扬州三把刀的文化底蕴丰富,"三把刀"的传统产业知名度极高,可惜有很多的精湛技艺濒临失传,有很多丰富的文化内涵未能开发利用,有很多传统绝技散落民间,还有相当部分仍然处于传统的师徒传授状态,现今流行的技艺也不完全规范和标准。对"三把刀"在传承的基础上进行创新,有助于对可能流失的技艺和民俗进行保护,并在此基础上做进一步深化应用。

第四章 扬州三把刀文化的传承

第一节 文化保护

一、非遗的保护

保护是传承与发展的前提,而最好的保护是非遗保护。2007年3月24日第一批江苏省非物质文化遗产名录公布(共计123项),扬州三把刀入选民俗类,编号123 JSX－7;为了更好地保护扬州非物质文化遗产;2008年扬州市人民政府公布了扬州首批非物质文化遗产名录,共104项,其中扬州三把刀入选民俗类,编号YZX－1。

《中华人民共和国非物质文化遗产法》指出:非物质文化遗产是指各族人民世代相传并视为其文化遗产组成部分的各种传统文化表现形式,以及与传统文化表现形式相关的实物和场所。国家对非物质文化遗产采取认定、记录、建档等措施予以保存,对体现中华民族优秀传统文化,具有历史、文学、艺术、科学价值的非物质文化遗产采取传承、传播等措施予以保护。对非物质文化遗产代表性项目集中、特色鲜明、形式和内涵保持完整的特定区域,当地文化主管部门可以制定专项保护规划,报经本级人民政府批准后,实行区域性整体保护。扬州三把刀作为扬州地区独特的传统技艺,特色鲜明,形式和内涵保存完整,入选第一批江苏省非物质文化遗产名录,得到了政府的法定保护。

扬州三把刀是扬州通俗文化的经典,是扬州传统技艺的代表,以其深厚的历史根基和独特的文化内涵流芳百世,载誉全球。当前,以扬州三把刀文化为背景培养的学生已遍布全球,毕业生已分布于全世界50多个国家驻外使领馆,如厨刀中的经典"扬州炒饭""扬州狮子头"、修脚刀中的"扬州修脚师傅""扬州修脚刀"人人皆知。

扬州三把刀是城市发展的历史品牌。2 500多年来,扬州历经汉、唐、清的几度繁华,催生并刺激了"三把刀"行业的发展与兴盛;又几度衰弱,迫使并推动扬州先民怀揣"三把刀"闯天下。历经千年风雨深邃磨砺的扬州三把刀走出了本土,走向了全国,走向了世界。如今,"厨刀"成就的淮扬菜,已跻身于全国几大菜系的前列;以"修脚刀"叫响的扬州沐浴品牌享名天下;以"剃头刀"为标志的扬州美发美容赢得广大市民的青睐。扬州三把刀成为扬州历史文化的重要载体。

扬州三把刀是含金量极高的经济品牌。"三把刀"与黎民百姓的日常生活需要息息相关，与小康社会的生活质量息息相关。随着社会文明程度的提升、人民生活水平的提高，"三把刀"已从最初手工业者谋生的手段，发展成为光华四射的朝阳产业，它繁荣了市场、改善了生活、促进了旅游、增加了税收、扩大了就业。

扬州三把刀是文化品牌。它不仅是一门技术，还是一门艺术，是独具地方特色的扬州文化的一部分。扬州三把刀之所以能成为完备而成熟的专业技艺，是因其内涵的博大精深，不仅有精湛理论、规范技艺，而且人才辈出、高手云集。因为有文化做支撑，"三把刀"产业品位才得以不断地改造和提升；同时又有市场的需求，"三把刀"文化才具有旺盛的生命力。"三把刀"产业与"三把刀"文化的结合，是经济与文化实现相互转化的有力印证。扬州三把刀的文化底蕴丰富，"三把刀"的传统产业知名度极高，可惜有很多的精湛技艺濒临失传，有很多丰富的文化内涵未能开发利用，有很多传统绝技散落民间，还有相当部分仍然处于传统的师徒传授状态，现今流行的部分传统技艺也不完全规范和标准，所以需要非遗的保护，所以需要传承、研究和发展。

附：扬州三把刀非遗传承人简介

薛泉生（1946.1— ）：男，江苏扬州人。中国十佳烹饪大师之一、淮扬菜烹饪大师、高级技师。扬州市烹饪协会常务理事、中国烹饪协会名厨专业委员会资深委员、国家一级烹饪评委、中国烹饪国际评委、江苏省非物质文化遗产扬州三把刀烹饪技艺传承人。师从丁万谷，得其真传，并在继承传统的基础上勇于创新，创制了"乾隆南巡宴""春江花月宴"等名宴，作品"扬州文昌阁""如意带鱼""御果园""虹桥修禊"曾获国家大赛金奖，并赴日本、新加坡等国献艺。曾获全国第二届烹饪大赛三项全能金牌。2016年入选中国饭店协会"名人堂"，成为首批入围的八名中国最顶级烹饪大师之一，并受聘成为中国饭店协会终生荣誉主席。其职业生涯所获285件奖牌、证书、书籍等被扬州市档案馆收藏。

曾任扬州春兰大酒店副总经理，泰州市会宾楼、新永泰大酒店、扬州人家国际大酒店餐饮技术总监，全国党校系统扬州烹饪培训中心主任，江苏省扬州商业技工学校副校长，扬州大学、黑龙江商学院、四川烹饪高等专科学校兼职教授。代表作有《薛泉生烹饪精品集》《薛泉生烹饪影像专辑》等。

个人简历

1. 1959—1962年，在扬州专业学校学习烹饪技艺，并拜淮扬菜泰斗丁万谷为师傅。
2. 1962—1980年，在江苏省扬州冶春园高级饭馆、扬州饭店、富春茶社、菜根香饭店任厨师。
3. 1975年起在江苏省商校为全国厨师培训班教学淮扬菜。
4. 1981—1992年11月，在江苏省扬州商业技工学校任副校长，兼任缘扬邨酒楼经理。

5. 1988年，被江苏省人民政府授予特一级烹调师，江苏省人事局批准为烹饪高级实习指导教师（副教授）。

6. 1990年被黑龙江商学院、扬州大学、四川烹饪专科学院等聘请为兼职教授。

7. 1992年11月—1994年12月，应邀请赴日本制作中国淮扬菜。

8. 1995年3月—2002年9月，在扬州春兰大酒店任副总经理、技术总监兼任全国党校系统培训中心副主任。

9. 2002年以淮扬菜传承人出席中国八大菜系掌门人研讨会。

10. 在中央电视台举办的满汉全席擂台赛多次担任评委工作。

11. 2002—2003年在山西太原江南集团公司任技术总监兼烹饪研发中心主任。

12. 2004—2006年在泰州市会宾楼、新永泰大酒店任技术总监。

13. 2007年任怡卢食肆首席顾问。

14. 2008年起任扬州人家国际大酒店餐饮技术总监。

专业研究

薛泉生在食品雕刻的观赏性和应用性上取得了突破性的进展。薛泉生将丁万谷师傅传授的西瓜吊灯改制成御果园中的盛器，增加了实用性，获全国特技表演奖。又将此技法传授给学校学生——殷双喜，殷双喜在希尔顿集团的国际大赛上获得金奖。现此技法已普及到很多城市的高级饭店。

薛泉生将园林建筑风貌移植于冷菜制作，创作了冷盘"虹桥修禊""文昌阁冷拼""玉塔鲜果"；热菜"翠珠鱼花""翠盅鱼翅""葫芦虾蟹""杨梅芙蓉""踏雪寻梅""三鲜鱼锤""乾隆大包翅"等；大型立雕"龙凤呈祥""百花齐放"，并挖掘出隋炀帝称之为东南第一佳味的"金齑玉脍"，乾隆皇帝南巡爱吃的"九丝汤""西施乳""斑肝烩蟹"等菜品。薛泉生先后设计过"红楼宴""乾隆宴""秋瑞宴""春晖宴""古筝宴""新三头宴""大江南北宴""满汉全席"等多款宴席。

1993年以来刊登出版了《薛泉生烹饪精品集》《薛泉生烹饪影像专辑》《中国淮扬菜系列丛书》（六本）等书刊，荣获华东地区优秀图书奖一等奖。还出版有《中国烹饪大师作品精粹——薛泉生专辑》《淮扬菜掌门大师经典集》《板桥人文菜》等作品。

所获荣誉

1. 1981年及以后的几十年间，屡次率团出访日本、新加坡、马来西亚、中国香港等国家和地区，表演"大江南北宴""乾隆宴""红楼宴"等，在当地引起极大轰动。

2. 1984年应邀担任中央电视台与《中国食品报》组织的《中国名菜》系列讲座"淮扬菜"的主讲。这是中央电视台建台以来首次播放鲁、川、淮扬、粤四大菜系烹饪电视系列教学片。

3. 1988年参加"第二届全国烹饪技术比赛"，获两金、两银、三铜、三项全能奖杯、特技表演奖，个人奖牌总数为该届大赛的第一名。

4. 1988年获江苏省烹饪大赛"冠军金杯"。

5. 1990年担任"淮扬菜电视烹饪教学片"技术总顾问。

6. 2000年以来陆续应邀赴澳门旅游学院、上海复旦大学讲演,多次担任满汉全席擂台赛评委和国内国际比赛评委。

7. 2000年被授予"中国十佳烹饪大师"。

8. 2002年11月应邀率团赴日本表演"乾隆宴",同年又率团赴新加坡表演"红楼宴",均载誉而归。

9. 2004年在国际中国名厨创新菜获铂金奖牌。

10. 2005年出版了《中国烹饪大师作品精粹——薛泉生专辑》。

11. 2007年荣获中国烹饪大师金爵奖。

12. 2007年主编了《淮扬菜掌门大师经典集》。

13. 2008年成为"江苏省省级非物质文化遗产扬州三把刀(淮扬菜)传承人"。

14. 2009年在中国烹协组织的"八大菜系大师在中国海鲜之都海鲜大餐争霸赛"上一举夺魁。

15. 2016年入选中国饭店协会"名人堂",成为首批入围的八名中国最顶级烹饪大师之一,受聘中国饭店协会终生荣誉主席。

陆琴(1971—):女,中国商业联合会沐浴专业委员会专家委员、中国沐浴行业形象大使。先后荣获全国优秀服务员、全国三八红旗手等多个荣誉称号,2004年当选为全国人大代表。陆琴脚艺创始人,出版了《修脚保健技巧》《修脚技术》两本专业教材。

1988年,生在新疆,长在军营,刚高中毕业的陆琴随父到了扬州,街头的一则招工启事使她成了浴池里的一名修脚工。半年后,陆琴出师了,尴尬的事情也接连发生了。一天,陆琴正为一名患脚气的男子刮脚,他的妻子闯进来,把陆琴当作"小姐"羞辱一番。别人给陆琴介绍过几个对象,对方一听说她是修脚的,扭头便走。

一次偶然的机会,她与丈夫陈玉春相识了。对陆琴一见钟情的小陈怕母亲不乐意,想出了"锦囊妙计"。他把陆琴带到家,先不说明身份,待陆琴三下五除二将困扰老太太达5年之久的脚病祛除时,小陈趁机跟母亲提起这门亲事,母亲当场就同意了。洞房花烛之夜,陆琴在新房的一面墙上刻下了"修脚"二字。她说:"别人看不起自己不要紧,关键是自己要看得起自己。"许多年过去了,墙上的"修脚"两字依然清晰可见,而现在陈玉春也放弃了原先的工作,跟她修起脚来。

1992年9月15日,首届"全国优秀服务员"评选在北京揭晓,陆琴榜上有名。那一年她才21岁,是最年轻的一位。从业17年,修脚逾10万的陆琴的名片上写着"脚医运宝刀,如琢又如雕,隐痛顿消失,足轻上九霄",这张名片让她迎来了一批批客人。

美国加州苏浙同乡会会长夏庆生的姐姐因有灰趾甲,在美国每年都要花去几千美元的治疗费却总也无法断根,其侄女、香港某公司总经理夏玉群也患有甲沟炎,得知陆琴的修脚技艺后,夏庆生就领着妻子、姐姐、侄女一行专程到了扬州。他在宾馆专门为陆琴开了房间,一个星期内,哪儿也不去,接受陆琴为他全家治脚。以后每年,夏庆生一家都要来扬州两次,进行修脚保健。

  2000年6月2日,陆琴应香港著名实业家邵逸夫之邀,到邵家为94岁高龄的邵先生诊治灰趾甲。邵逸夫那原本残缺不齐、颜色灰暗的脚趾甲,经陆琴一番修整,变得如婴儿脚趾一般柔软光泽。老先生用手抚摸着自己的脚趾,笑意写满了脸庞。接下来,陆琴就像明星赶场一样,这边才下场,那边的车就已在楼下候着。香港政界要人董建华以及演艺界名流刘德华、郭富城、张柏芝、曾志伟、胡慧中等都纷纷被她那精妙绝伦的技艺折服。原来的日程安排不得不一而再、再而三地修改。临行前那天晚上,邵逸夫把陆琴叫到跟前,交代她说,"以后每个月来一次吧"。2001年春节前,如约到香港的陆琴,一待就是三个月,还是无法满足无数双"香港脚"的需要。最后,邵逸夫老先生只好亲自出面打招呼,称陆琴还会再来,大家还有机会。

  陆琴注意到时尚的香港人的手指、脚趾上涂有各种美丽的图案,而自己又具有让畸形趾甲恢复漂亮面目的技艺,于是便产生了学习美甲知识的念头。在港星胡慧中指引下,陆琴结识了一位香港的著名美甲师。以后,她就一直进行着美甲方面的探索。一家人的手脚都成了她美甲创作的载体:儿子的手指甲是各种动物的天地,丈夫的手拢到一块就成了山水组合的"画廊",小叔子的十个指甲则荟萃了各种京剧脸谱,婆婆的脚上则长满了花花草草。

  2001年3月,陆琴参加了江苏省发型化妆大赛首次设立的美甲比赛。最终,她创造的"奥运拥抱北京,北京赢了奥运"为主题的美甲作品夺得金奖。在随后的北京"2001年中国国际美容美发节"上,这幅新颖别致的美甲作品又摘取了铜奖。

  著名美甲创始人、美籍华人李安曾与陆琴进行过一场"财富对话":"跟我到美国去吧。在那里,美甲师一小时的收入是500美元,每天按6小时算,一年下来就是100多万,怎么样?我开出的年薪百万美金的底价,你干不干?"陆琴抿着嘴笑而未答。

  当日本朝日新闻电视台专程来扬州拍摄《中国修脚大师陆琴》专题片时,陆琴道出了心声:"并不是所有出名后的中国人都要跑到国外发展才有所作为。中国是有将近13亿人的泱泱大国,如果按百分之一的比例来计算,修脚的市场又有多大?更何况我手中的修脚刀打上的烙印是'中国·扬州'"。

  在练习修脚功夫时,首先手感要好。陆琴将竹筷竖着一层层地削,越削,刀工越细,削下来的筷子就越薄。一年下来,她削掉的筷子整整有一箩筐。经过刻苦钻研,平刀、片刀、条刀、刮刀、枪刀,各有各的招,刀刀有绝招,陆琴把"修、片、剥、挖、捏"等技巧掌握得相当娴熟。此外,她还学到了如何医治鸡眼、嵌甲、甲沟炎等脚病的方法。陆琴本人陆续获得了"全国高级技师""全国优秀服务员"等称号。由于"口碑"在外,一些香港明星、海外华人纷纷慕名而来,要求陆琴献艺。陆琴也因此成为扬州第一代女子修脚大师,被誉为"脚上雕花"能手。

陆琴用自己的行动改变了社会对修脚行业的偏见,她深感自己肩上责任重大,开始寻求把"扬州脚艺"做强做大的方法。她在江苏省扬州商业学校①开设了全国第一个修脚专业,自编教材,开始培养修脚专业人才;创办了"陆琴脚艺",使修脚事业不断发展壮大。

作为全国人大代表,陆琴曾接受温家宝总理接见,温总理对她说:"你的事迹,我以前在报纸上读过。今天听了你的发言我更受感动。我向你学习,向你致敬,向你表示感谢。你用你自己的实际行动,改变了社会的偏见;你用你自己的实际行动,实践了'三个代表'的重要思想,全心全意为人民服务;你用你自己的实际行动,为全社会树立了榜样;你用你自己的实际行动证明,只要有意志、敢创业,人们的创造能力是无限的;你用你自己的实际行动告诉人们,手艺也是品牌。你提出的建议,我一定认真研究,特别是保护传统工艺,落实鼓励下岗工人再就业的政策,政府是要进一步抓实抓好的。"陆琴以一个普通劳动者的身份,以勤奋和执著获得了至高的殊荣,被誉为新时代的"时传祥"。

潘继凌(1945—):男,江苏扬州人,美发高级技师,江苏省非遗扬州三把刀美发技艺传承人,江苏省美发技能鉴定委员会专家,国家美容美发协会理事,省、市美容美发协会专家组专家,江苏省扬州市美发技能鉴定评委,长年在扬州紫罗兰等老店从业。在20世纪70年代初首倡恢复烫发技术,引领了时尚潮流,使当时的扬州美发声名远扬。

初中毕业学起理发——"荒年饿不死手艺人"

1945年,潘继凌出生在扬州一户普通人家里。之后,母亲又生了三个孩子,潘继凌成了家中的老大。

从小学到初中,潘继凌学习成绩都很好,他的理想是考上好的大学。但在1961年,他迎来了人生的转折点。那时,潘继凌初中毕业,正逢三年困难时期,吃饭,对当时中国多数家庭来说,成为比理想更现实的问题。作为家中的长子,潘继凌不得不结束学业,谋求工作来分担家庭的负担。"我至今还记得自己的考试成绩:语文98分,数学97分。"

学习成绩不错的潘继凌,当时有不少工作可挑选,但是他最终却进入了当时的扬州服务公司理发经理部,做了一名"理发师"。父母认为,"荒年饿不死手艺人",理发至少能吃饱饭,在当时的社会背景下,这也许是不难理解的选择。

进入服务公司后,潘继凌被派到当时的曙光理发店学徒。曙光理发店位于现在的时代广场附近,是当时扬州的几大国营理发店之一,主要是服务政府机关。"有8个女士理发位、12个男士理发位,还设有首长理发师,这算是当时扬州最大的理发店了。"

在曙光理发店,潘继凌一开始是专门负责洗刷痰盂等杂活,后来,慢慢开始跟着师傅学

---

① 江苏旅游职业学院前身,下同。

基本功。学徒的初期很苦,首先要练的技法是"摇刀","每天拿着刮面刀双臂平举做动作,手臂上放一杯水,手臂要连续摇动15分钟,水还不能溅出来"。随后的站姿练习,更是要"稍息步、平举臂、挺胸收腹",要做到"站有站样"。

回想起这段经历,潘师傅笑称,现在的理发师傅都是"速成班",已经很少有这样严格的基本功训练了。

剃光头,也是理发店入门必学的技术,看起来简单,但其实学问大。"从脑门什么地方开始动刀,第一刀什么走向,第二刀什么走向,都是有讲究的。怎么样检验这个光头剃得好不好?需拿一根棉球过来,在头顶上轻轻划一下,如果头上没沾一点棉花,那才是过关的。"为了学好这个基本功,潘继凌也没少费心思。当时他的一个师父的父亲在理发店里烧锅炉,是个光头,于是他就天天跑到锅炉房,主动要求给他剃光头。"经常剃光头的人,一天不剃头皮就会痒,于是我就天天都有练习的机会。"

在曙光理发店,潘继凌打下了坚实的基础,理发手艺也日渐成熟。同时,也为家里人解了难。那时,在理发店当学徒一个月有13块钱工资,以当时共和春面条一毛钱一碗的物价来说,这份工资是很有诱惑力的。"自己留一元零用钱,其他的都交给家里。"

大胆恢复烫发名动全国——上海人都到扬州排队烫发

三年学徒毕业后,潘继凌被分配到另外一家大型国营理发店"紫罗兰理发店"做理发师。在当时,做理发师的普遍都没多少文化水平,有着初中文化水平的潘继凌很快就脱颖而出。在紫罗兰工作期间,潘继凌边工作边学习,很快就成长为一名小有名气的理发师。

不过,最终让潘继凌声名远扬的,还是烫发。

"文革"期间,烫发被视为资产阶级文化而被批判,所以很长一段时间,烫发是不被允许的,理发店里的烫发工具都全部被没收。但是,没收工具并不能禁锢住人们对美的追求。1971年开始,潘继凌就悄悄地尝试恢复烫发。没有工具,没有烫发用的药水,潘继凌就自己制作,自己摸索调制药水。

扬州师傅会烫发,这一消息很快就传遍周边地区,镇江、苏州甚至是上海等地的客人都纷纷慕名而来。不过当时,"文革"还没结束,并不是所有人都可以烫发,潘继凌主要是为文艺工作者服务。"来烫发的人,需要到当地的革委会去开一个证明,证明你烫发是演出需要,还是什么情况,才能给你烫。"

潘继凌的烫发生意真正火起来,还是"文革"结束后,那时,潘继凌的烫发技术日臻成熟,并且还探索设计出了多种烫发发型,其中很多发型就算拿到今天,也仍然时髦。一时间,名动全国,北京、上海、沈阳……全国各地的客人都慕名前来,特别是文艺界的演艺明星们,参加演出前,都要赶到扬州来烫发。紫罗兰、大华等理发店前,往往凌晨5:00就排起了长龙,其中大部分都是外地的客人。

"那段时间,每天要给20个人烫发,上午10个名额给外地来的客人,因为让他们烫完了好早点回去,下午10个名额给本地人,而普通的理发业务,只能晚上再来了。每天工作时间超过12个小时,节假日期间更是要通宵达旦。"潘继凌这样回忆。

潘继凌清楚地记得,有一年大年三十,由于烫发的人太多,潘继凌忙到下午5点才下班。"漫天大雪,我去我妈妈家接我的女儿,拎着饭屉抱着女儿往回走,路上滑了个大跟头,饭屉满地滚,非常狼狈。旁边一个老太太看见了之后立马说'恭喜恭喜'。我有些气恼,问她为什么看我跌跟头还说恭喜,老太太指着我女儿说:你看你的大元宝没有丢掉!"

辛苦归辛苦,可是由于烫发业务的发展,当时扬州理发师傅的社会地位和经济收入都属于社会的上层。潘继凌还记得当年工资每月38元,奖金能达到137元,当时一位市领导在看望他时曾感叹:"你工资比我还高啊。"可见当时的理发师傅无限风光。

"我认为二十世纪七八十年代,是扬州美容美发业最鼎盛的时期,可惜现在风光不再了。"回忆起这段风光的日子,潘继凌不免有些伤感。

40多年美发生涯——致力于扬州美发传承与创新

由于名气很大,所以在二十世纪七八十年代,扬州每开一家国营理发店,都要把潘继凌临时"借调"过去,因为潘继凌到哪里,就会有一批顾客跟到哪里。不过,在潘继凌40多年的理发生涯中,紫罗兰无疑是最重要的部分。经过时间的考验,多少曾经在扬州红极一时的国营理发店都已经成为历史的尘埃,但是紫罗兰却坚持了下来,成为一家百年老店,目前在扬州的美发行业中,仍然占有一席之地。而这与潘继凌坚持扬州理发刀传统技艺和创新并举的努力有关。

在潘继凌看来,扬州美发的传统技艺,在当今,仍旧是具有广阔市场的。"比如说扬州传统的修面,有'七十二刀半'的标准,很细致,给客户带来的享受,是现在很多所谓的美容、按摩无法比拟的。"

潘继凌介绍,"七十二刀半"的先后次序大体是:从左额角起刀(也可称为落刀),持正手刀从左额修到右额角,包括修剃眉毛、左右上眼睑皮约二十刀,具体操作顺序为:额部自左至右,运刀从上而下七刀,左眉(眉头、眉弓、眉梢)三刀,右眉(眉毛、眉弓、眉梢)三刀,眉中一刀,右上眼睑三刀,左上眼睑三刀;再修左面颊,共十四刀,操作顺序为:左鬓角三刀,左鬓角至眼部三刀,左下颌三刀,左颈部五刀;左鼻频三刀,左鼻翼三刀,左耳轮耳垂六刀共十二刀;然后修右脸颊,用十四刀,具体方法同左脸颊的操作;右鼻频、鼻翼、耳轮和耳垂,十二刀;最后以半刀的操作方法在鼻梁上,自上而下至鼻尖处收刀,整个操作程序共用七十二刀半。

"一个真正好的理发师,用刀应该是轻柔的,刮出来的声音,要和顾客呼吸的节奏一致,这样才能起到催眠的作用,才能给客户带来完美的享受,这七十二刀半刮完后,顾客应该是已经昏昏睡去。我们以前理发的时候,很多顾客就是在刮面的时候,不知不觉睡去的。这里面学问大得很,可惜现在很少有人钻研这些技术了,但是我要求紫罗兰要坚持这门技艺。"

当然,随着时代的进步,潘继凌也清楚认识到创新对于扬州美发发展的重要性。二十世纪九十年代，女士都流行烫着"大波浪"的发型，但由于戴头盔不方便，让很多爱美的女士进退两难。潘继凌就根据麦穗下垂的样子创造出"穗发"发型，不影响戴帽、戴头盔，很快就风靡全城；后来，潘继凌又创造出"螺旋烫"烫发新技巧，让烫过的头发更好梳理。作为一名老艺人，潘继凌毕生都在用自身的经验、对理发的感悟，推动着扬州理发刀的发展。

正是由于既重传承又重创新，所以潘继凌经常被邀请作为国内各类美发比赛的评委，同时，他还曾多次带领中国美发"国家队"参加亚洲乃至世界美容美发大赛并获得佳绩，成为国内美发界一位德高望重的前辈。

2000年退休以后，潘继凌逐渐退出理发一线，把工作的重点放到了"教书育人"，他在江苏省扬州商业学校以及江苏省扬州商务高等职业学校①等校都任过教，培养出了大批美容美发的人才。

70岁古稀之年——仍保持一颗探索和时尚之心

2012年，年近七旬的潘继凌辞去江苏省扬州商务高等职业学校的工作，算是"正式"退了休。不过，他的目光却一直没有离开过扬州的美发行业。相反，忙活一辈子后闲了下来，却有更多的时间，去思考扬州美发的过去以及未来。

潘继凌告诉记者，上海的美发美容业与扬州有着难舍的血脉关系，扬州人在上海美发美容业取得的成就令人瞩目。早在20世纪60年代，张学明、蔡万江、刘瑞卿、黄家宝并称为当时上海美发界的"四大名旦"，而他们都是来自扬州。"前几年有个统计显示，上海30万美发美容从业人员中60%来自扬州；上海3家国有名店中2家掌门人是扬州人；上海著名美发美容连锁品牌'永琪美发'，7年内从1家扩展到100家，其缔造者就是扬州高邮人……"这组数据显示，上海贵为中国时尚之都，代表着国内最高水准的美发美容行业，却与"扬州理发刀"有着割不断的血脉关系。

然而，一个让潘继凌深思的问题是，扬州理发刀为何"墙外开花墙里不香"？"我们在二十世纪七八十年代曾经辉煌过，但是在市场经济的大潮中，我们显然已经掉队了。"

潘继凌认为，重振扬州理发刀，首先应该是跟上市场的变化。"目前，光是做理发，显然是不行了，美发产业应该有更大的范围，比如美发产品、假发这些东西，都是我们可以尝试去做的。"其次，应该重新打造扬州的美发文化。"比如说扬州以前有个罗祖庙，罗祖是美发师的祖师，我们是不是可以把这个庙重新修一下，用罗祖的文化来吸引更多的美发师关注扬州，来到扬州。"

虽然已到古稀之年，但是潘继凌显然没有停止自己对扬州美发的探索之路。岁月虽然改变了潘继凌的容貌，但却一直没有改变他那颗时尚的心。

---

① 江苏旅游职业学院前身。

二、老店的招牌

老店尤其是百年老店,在漫长的成长历程中,可以贷款度过困境,可更换领导而不衰,可以更换产品仍保持活力,可以在不同的市场寻求发展,但要真正在风云变幻的舞台上屹立生存、长盛不衰的却有一个永远不变的支撑,那就是企业文化。

文化是人们在社会发展过程中所创造的物质财富和精神财富的总和,也是某一特定区域内的人们在长期的生产和生活中培育形成的有自己特色的共同思想、价值观念、基本信念、城市精神、行为规范等精神财富的总和。它能够丰富某一地区的内涵,团结和凝聚力量,产生精神动力,鼓舞人心,激励斗志。"三把刀"在几千年的历史积淀中,代代相传,其所包含的思维形式、价值取向、行为准则等,形成了独特的文化内涵,产生了内在的精神张力,形成了最稳定、最持久的记忆,而其中最具有代表性的符号便是老字号,这些老字号在大浪淘沙的过程中,形成了共性的文化元素。

品牌意识

树立品牌,强化品牌,以品牌促发展,才能在竞争中站稳脚跟,这几乎是扬州三把刀企业的共识,他们跳出"酒好不怕巷子深"的窠臼,通过各类媒介积极推介自己。

富春茶社就曾通过《人民日报》积极推广,其发表的"特色扬州"一文对这家百年老店做过生动描绘:有人说,没有去过瘦西湖就没有到扬州,没有吃过富春茶社的包子也不算到扬州。这家百年老店坐落在一条卖扬州菜刀和剪刀的小巷里,古色古香。"富春"是吃在扬州的窗口,"三丁包""野鸭菜包""千层油糕"等传统小吃誉满全国,"四季宴"也很出名。2000年,中国烹饪协会又授予富春的蟹粉狮子头、拆烩鲢鱼头、大煮干丝"中国名菜"称号。到厨房参观大煮干丝的制作,一片小豆腐干横片32刀才及格。清光绪十年始为花局的富春茶社历尽百年沧桑,如今最为驰名,形成了花、条、点、菜结合,色、香、味、形俱佳,闲、静、雅、适取胜的特色。富春包子已是享誉海内外的著名品牌。

当然,品牌效应不是吆喝来的,关键靠内功。因此,老字号纷纷在自己提供的品牌价值与服务价值的一致性上狠下工夫,钻研技艺,确保质量。富春茶社的大煮干丝制作,一片小豆腐干横片32刀才及格。唐正兴刀剪店,选料考究,技艺精绝,可谓千锤百炼,操作细腻,如此做出来的刀,坚硬无比,质量绝对,经久耐用。此刀中砍后剁,锋利非常,有"切肉不连刀,剁铁不卷口"之誉。谢馥春的香粉,原料精选广东铅粉与邵伯糊粉坊专门为其加工的石粉、米粉、豆粉,结合时令,选用白兰、茉莉、珠兰、玫瑰等鲜花,再加以适量冰片、麝香,制成既有花香又有保健作用的各种香粉。"紫罗兰理发店",质量意识极其强烈,对修面的刀数、吹风的稳定,都有苛刻规定,而且首创男、女式分项服务,首先引进烫发技术,这在个体理发店中确属难能,所以一度在扬州理发业中独占鳌头。

诚信经营

诚信是人的立身之本，是企业的生存之基。老字号企业基业长青的秘诀之一就是诚信经营，童叟无欺。诚信，是扬州三把刀的无形资产。双桂泉浴室以修脚名师季长富为代表的修脚师傅在市民中很有声誉，操作时一丝不苟，端坐在客人面前，从小包里掏出枪刀、轻刀、条刀、片刀和刮刀，根据客人的不同职业、脚型、脚病，用抢、断、劈、片、挖、撕、分、刮八种方法。先抢后断，拿嵌指、片老皮，再去脚病。操作时多用碎刀法，出手轻柔，修得细、锛得平、修得圆、铲得宽，刀路清爽不出血，鸡眼拿净不留根。不少顾客常年找他修脚，认为这是一种享受，也是根治脚病的有效途径。

服务至上

在市场竞争中，全方位比拼的是服务质量的高低。老字号的服务细节虽各有不同，但以优秀为标准都一样。

富春茶社首创了"杂花式"供应服务，因为富春茶社的点心花色品种很多，如果采取"整卖"方式，无疑会加重顾客经济负担甚至失掉顾客。于是他们推出一笼罗列八种点心，每种两件，四咸四甜，味道各异的品类，这样客人就可以一次尝到富春的各种主要点心。另外，无论新老茶客都可以只叫一件两件，按件计算，经济实惠。变利己为利人，顾客当然满意了。扬州老店"醉仙居"文化气氛极为浓厚，至今保留着林散之先生书写的对联"来者就是上帝，进门就是亲人"并作为店训。把顾客当上帝、当亲人，可见服务要求之高。而在扬州浴室的服务中，更是提出了具体标准，客人一进门，以"不得推扳每一人"为宗旨的跑堂，首先嘴里招呼"老板"，递上一把热毛巾，把客人当"老太爷"伺候，同时给客人引座，倒上一杯香沁的热茶。客人脱衣，要代为保存贵重物品，并将衣服叉上客座正上方、距地面3米左右的三个衣桩。在冬天，皮袍棉裤重达几十斤，跑堂要一竿子叉上，两衣袖裤脚还要一崭齐。那根叉竿油光水滑，为跑堂者专门保管，因为，要对客人钱物安全负责，这便是整个堂口"保险柜"总钥匙。客人净衣后，为防乍脱犹寒，要为其披上大毛巾下水，若遇老弱，还要背至池口。池下自有擦背工助浴，其精益求精程度以无微不至状之，恰如其分。客人上水，跑堂的立刻迎上，有六条热乎乎、松蓬蓬热毛巾为其揩水干身，一擦头脸，二擦前身，三擦下身，四擦后背，五擦腿，六擦脚。擦得轻柔，面面俱到，连耳夹鼻翼都在呵护之列。而要在沸水中一次性"整"出六条毛巾，其垫、索、拎、卷、沾、滴、拧、挤八个动作，一气呵成，手脚麻利，娴熟灵巧，也非一日之功。客人躺下，跑堂的又以三条大围轻覆其身，一条裹身，两条盖腿。然后又视客人淌汗口渴情形，递巾添茶不断，招呼搥背、修脚等"小服务"，其间，常有流动提篮小卖，有瓜子、花生、芝麻糖，尤其是市郊脆甜青萝卜，以助浴兴。在整个服务过程中，客人躺着，跑堂者站着，所有的铺位都留给客人。实在累了，又有空闲，充其量在小板凳上略微歇脚。客人在外面着气了，跑堂的还陪客聊天，疏导顺气，浴客就是浴室的亲人和家人。直至客人穿衣登鞋，在一片热情的"先生走好"的送别声中,满意离店。

像这样的服务、这样的热情,绝非一个堂口、一个跑堂者有。比如扬州浴室的官盆、洋盆、客盆、东特别间、西特别间、内雅、外雅、暖房、普通间九大浴堂,档次不一、设施不一、价格不一,但是浴客所感受到的"情"却如一,同样的诚,同样的实,同样的热。

口牌、诚信、服务,三张王牌打天下,而他们都统一在老字号的核心文化上。

附:百年老店介绍

富春茶社

坐落在古城扬州得胜桥的富春茶社,是一座闻名中外的百年老店。这座始以花局起家,继以茶座兴盛的老店,历经百余年的苦心经营形成了花、茶、点、菜结合,色、香、味、形俱佳,闲、静、雅、适取胜的特色,被公认为扬州茶点的正宗代表店。扬州人宴请尊贵宾客的常用方式,就是去富春吃茶。古城的过往客人,都以品尝富春茶点为莫大享受。

富春茶社本来并不是茶馆,而是一家"花局"。清代末年,扬州"千家养女先教曲,十里栽花算种田"的遗风依然盛行。清光绪十一年(1885年),扬州人陈霭亭租赁了得胜桥巷内的十几间民房和几分空地,创设了"富春花局",栽陪四季花卉,制作各式盆景应市。清宣统二年(1910年),陈霭亭去世,其子陈步云继承父业继续经营。

花局怎么会变成茶馆的呢?民国初年,周谷人任扬州商会会长,他70多岁的父亲周颖孝有一个嗜好,就是天天要上茶馆吃茶。当时的茶馆不是什么好地方,店老板都是青帮头目,茶馆就是他们的"堂口",不少流氓常在那里吃"讲茶"(即他们中间发生了纠纷,请"老头子"出面处理),以及做不正当的交易。周谷人不愿父亲和这些人接触,担心会影响到他的商会工作以及自己的声誉,但又无法劝说老父亲,颇为烦恼。当时商会有一所"商业中学",陈步云在校内任庶务员,他便向周谷人建议,在他的花局里自办茶馆,专供老太爷和朋友们享用。周谷人认为这主意很好,便积极支持陈步云筹办,于是,茶社就此开张了。起初茶社不挂招牌,一直保留"花局"名义,以免青帮中人来找麻烦。后来,陈步云才将花局改名为"藏春坞茶社",又更名为"借园俱乐部",最后定名为"富春茶社"。一时,盐商士绅与文人名流常常来此赏花、品茗、弈棋、吟诗,陈步云为迎合客人们的需要,除供应茶水外,又请来了高手师傅,雇用了堂倌、伙计,增加供应包子、点心,生意十分兴隆。

茶客包括了扬州城中的各种人,他们常常照不同身份分处就座,于是渐渐地在茶社里形成了几个堂口,起初有"乡贤祠""教育厅""商业厅""县政府"等称呼,后又固定为"乡贤祠""大成殿""土地庙""义冢地"四个堂口。

来"乡贤祠"的多为地方上有地位、有名气的人物;"大成殿"原来被称作"教育厅",是读书人的聚集之地;"土地庙"则是原来的"商业厅",从古老的盐商、钱庄客人,到新兴的各种商业界老板、管事和高级职员们都在这里聚会,或接洽交易,或交换信息,或招待过往客商;至于"义冢地"则是鄙视与谐谑的称呼,"义冢"者,无主之坟也,此处是个小广场,原为摆放花盆的场所,泥地上放了十来张桌子,上面仅有柴棚遮盖,十分简陋,客人自然多是一些下层人士。早期的富春茶社,固然是以上层人士为主要服务对象,但它又不能将下层人物拒之门外,所以你上你的"乡贤祠",他上他的"义冢地",各得其所,各取所需,茶社自然就蒸蒸日上了。

富春茶社一开始就以价廉物美的经营方式著称,并始终保持了这一特色,当时一般的茶馆,点心都是以笼计算,一笼16只,最少也得半笼起叫,富春茶社的点心花色品种很多,如果采取这种"整卖"的方式无疑会失掉许多生意。于是,茶社首创了"杂花式"供应方法,一笼罗列八种点心,每种两件,四咸四甜,味道各异,这样客人就可以一次尝到富春的各种主要点心,当然也就满意了。另外,无论新老茶客,都可以只叫一件两件,按件计算,经济实惠。

富春茶社首先以茶出名。富春茶名为"魁龙珠",由店家自行窨制。它是用浙江的龙井、安徽的魁针,加上富春花园自家种植的珠兰兑制而成。此茶取龙井之味、魁针之色、珠兰之香,以扬子江水泡沏,融苏、浙、皖三省名茶于一壶,浓郁而淳朴,其色清澈,其味芳香,入口柔和,解渴去腻,令人神清气爽,疲劳顿消。再配上别具风味的点心,难怪使众多客人流连忘返。

富春点心经过几代人的不断继承和创新,始终以其独特风味享誉海内外,经久不衰。民国二年(1913年),俗称"黄大麻子"的黄姓师傅,对传统点心千层油糕和翡翠烧卖的制作方法进行了改进和创新。黄师傅制作的油糕通体半透明,柔韧异常,层层相叠又层层相分,甜糯适度而爽口;翡翠烧卖则以绿色菜叶为馅,口味有甜有咸,馅心绿色透出薄皮,形如碧玉。此二点被誉为扬州面点的"双绝"。另有一位师傅叫陈永祥,除了精于制作酥饼、双麻烧饼等点心外,煨面是他的绝活。他煨的面入味而不烂,品种多,味道好,脍炙人口。民国四年(1915年)黄师傅去世以后,领班名师尹长山在包子的花色品种上下了一番工夫,三丁包子即为他所首创。当时富春下面一律用鸡汤,每天用鸡量在50只左右,鸡肉、鸡皮以及下脚料没法处理,尹长山就和陈步云老板商量,将鸡肉切成丁丁,外加猪肉丁和笋丁,做成三丁包子。开始吃的人并不多,但慢慢就大受欢迎了。同时师傅们还用多余的鸡皮拌干丝,或做成鸡皮饺;鸡翅、鸡头、鸡爪则做成"飞叫跳",供人下酒。这样,既增加了品种,又避免了浪费。民国十年(1921年),富春又聘请了善制"席点"的高手张广庆,于是,口蘑锅巴、蛋糕、鸡丝卷等开始在富春茶社供应。除引进席点外,富春还通过"粗改细"的方法增加花色品种,比如油饺子、开花馒头,原是在烧饼店里卖的一种粗点,经富春改进,口味则别具一格。顾客多了,生意大了,陈老板更注重在花色品种上大做文章。端午时有火腿粽子,夏天有西沙白菜、煎饼、糖藕、双麻烧饼、蛋糕等,秋天又增加了蟹黄汤包,冬天则有雪笋包子、黑芝麻包子、野鸭菜包子上市。总之,富春每年都有新的点心品种与顾客们见面,几十年来一直如此。仅近年来由富春创新的点心品种,就有裕果粉点、月宫玉兔、三鲜雪梨、沙仁锅饼、脆皮包、素什锦包、明虾包等十余种。几代人的不断创新,使富春的点心在全国点心行业中独树一帜。富春包子最为显著的特色是：在造型上，口似鲫鱼嘴，形如荸荠，波浪式皱褶多达30余个，在全国首屈一指；在口味上，讲究配料，注重提鲜，每点一味，咸甜酸辣各味俱全；在品种上，因时而变，四季有别，应时上市。至于发酵油酥、水调面粉等面团，品种多达三四十种，这在全国实属罕见。

富春茶社的菜肴以清淡味雅、与面点配合见长。大煮干丝刀工精细、味美价廉；水晶肴蹄，香酥爽口；鸡包鱼翅，功夫独到；逸圃花篮、富春鸡、叉烧鳜鱼、烤乳猪、扒烧猪头等，无不滋味隽永。近年来富春创新的菜肴有牡丹鳜鱼、八宝鸡腿、草菇花篮、松子板虾、炸串虾、橄榄豆腐、金凤鱼皮、佛手长鳝鱼、八宝蘑菇球、三丝刀鱼面等30多种。富春在做好传统"三头宴""开国第一宴"的同时，又成功推出"春晖宴""夏沁宴""秋瑞宴""冬颐宴"和"四季淮扬宴席"。

富春茶社的菜点之所以百余年来一直闻名遐迩，是由于这里诞生了一代又一代名厨。尹长山、张广庆、丁万国、朱万宝、董德安、徐永珍等是其中的杰出代表，他们使富春的特色得以代代相传。如今一批烹饪新秀又在茁壮成长，现在富春茶社光技师就有40多名，特级以上厨师8名。特一级面点师、全国劳模董德安在1983年荣获"全国最佳点心师"称号。曾任富春茶社总经理的徐永珍为特一级面点师、中国烹饪协会理事、全国劳动模范、江苏省"三八红旗手"，1984年还荣获江苏省首届"美食杯"面点最佳奖，1988年参加全国第二届烹饪大赛获2项银奖、1项铜奖。

如今的富春茶社正生机勃勃，企业的两个效益名列全国餐饮业前茅，是国家特级酒家、中华餐饮名店、全国绿色餐饮企业。在扬州、南京等地开设了多家连锁加盟分店。富春茶社集古朴典雅于一体，富有文化品位。巴金、朱自清、冰心、林散之、吴作人、梅兰芳、赵丹等大家都留下了墨宝和赞语。正如许多宾客所云："不到富春就不能算来过扬州。"2001年5月，中国烹饪协会会长张世尧欣然写下了"富春茶社名扬天下"的题词。

冶春茶社

走出扬州北门外大街，过"问月桥"向南下一个小斜坡，便是扬州有名的"冶春茶社"。冶春茶社是一座久负盛名的百年老店，其点心外形美观，口味佳绝。冶春茶社又是一座园林，园林中，有树、有水、有桥、有榭的不少，但将它们巧妙地结合在一起，妙趣天成的就不多了，冶春园林便是其中佼佼者，而在园内的冶春茶社，算得上身处诗画之中。

跨进园门，首先看到的是数间草庐，门额木匾题写"水绘阁"三字，这就是园内茶社了。茶社中临河水阁数间，金色稻草为顶，木板为壁，玻璃为窗，茶肆之间，曲廊相接，掩于清溪翠柳之中，颇为幽静。游客在此小憩，择一临窗位置，捧一杯香茗，在水雾萦绕中，眼前的"冶春"仿佛有了诗的灵气，窗外那似动非动的湖水，似山非山的丘阜，都变得朦胧起来。入水榭，凭栏可望北水关桥洞嵌着的小秦淮美景和小苎萝村的树影婆娑，鸟语雀喧；低首透过脚下的板缝可偶见游鱼戏水。像这样自然园林式的茶社，在全国也是不多见的。阁西有临水曲栏,连接一水榭,名"香影廊"茶社,取王士禛"衣香人影太匆匆"。幽静的湖景,配上浓密的花木,夏日到此,清风轻拂,暗香浮动,疏影横斜,暑气顿消,却也是有"香"、有"影"。

冶春茶社所售的香茗"魁龙珠",是用扬州本地的珠兰、浙江的龙井、安徽的魁针配制而成。取扬子江水,泡江、浙、皖茶,汇珠兰香、龙井味、魁针色于一壶,三者相得益彰,色碧如玉、质醇厚、味清香,妙不可言。茶点品种以淮扬细点、小吃为主,兼营饭菜。点心以"四色锅饼"最具特色,四色即豆沙、枣泥、水晶、葱油,香酥爽口,甜咸兼备。其他如黄桥烧饼、葱油火烧、扬州干丝等小吃无不选料严格、制法独特、色香味形并重,具有浓厚的地方特色,深受顾客的喜爱。

冶春茶社虽小,却有200年以上的历史,相传始为清高宗南巡时供沿途饮茶水而设。有名的"香影廊",初建于清代康乾年间。据李斗《扬州画舫录》记载:"北郊酒肆……冶春社、七贤居、且停车之类,皆在虹桥。"北郊百年茶肆,大多随岁月消逝,如今只剩冶春茶社。民国初年,丰乐下街"餐英别墅"主人、著名园艺家余继之在自己住宅东边开设茶社,出售点心、饭菜,兼营花木,亦称"冶春花社"。"香影廊"系孙天今四代相传,旁边的"水绘阁"是孙天今妻弟马金科所开"庆升茶社",出售蟹黄汤包、大煮干丝、淮扬细点,聘请名师操作,菜点制作精美,餐具特制,待客热情,经营很有特色。著名作家朱自清在《扬州的夏日》一文中写道:"北门外一带,叫做下街,茶馆最多,往往一面临河。船行过时,茶客和乘客可以随便招呼说话,船上人若高兴时,也可以向茶馆中要一壶茶,或一两种'小笼点心',在河中唱着、吃着、谈着,回来时将茶壶和所谓小笼,连价款一并交给茶馆中人。"指的就是冶春茶社。随着时代变迁,香影廊后继无人,两茶社均归马金科之子马正良经营。公私合营后,冶春花社、庆升茶社和香影廊合并为"冶春茶社"至今。

如今,冶春茶社风韵不减当年。茅盖水榭,碧波荡漾,弯弯画廊,绿荫环绕,吸引着中外游客。1994年,冶春茶社划给市外办管理,红园花木公司重新投资1000余万元,在问月桥畔杨村坡下新建了2 300平方米的新冶春茶社,其中1 500平方米为餐饮、小吃,800平方米为浴室、休闲中心,使服务功能更加配套和系列化。茶社常年供应五大类40余种细点、小吃品种。游客来此小憩,既可观赏园内秀丽景色,又可品尝扬州地方风味小吃。扬州市政府还拨出专款,重新修复、扩建了冶春园,恢复乾隆水上游览线。冶春园紧靠"御码头",是游览线的起点,在此登上龙舟,可欣赏冶春园全景。轻舟款款向瘦西湖驶去,放眼四望,如在诗画之中,大有心旷神怡之感。

菜根香饭店

菜根香饭店是一座已有90余年历史的"老字号",最初坐落在扬州新胜街20号,1958年从新胜街迁至国庆路中段。清末民初,扬州一位李姓厨师,在扬州新胜街开了一片小吃店,设几张餐桌迎顾客。早餐供应馒头、糯米粥之类,中午供应客饭,一菜一汤,经济实惠,生意渐渐红火,店面也扩大到两个堂口,20多张餐桌,并设有雅座,职工20余人。早餐除米食面点外,增供熟禽、熏鱼、腊肉等荤制品,中晚餐以供应酒菜为主,并承办筵席。

"菜根香"这个大俗成大雅的店名,源于扬州古老的文化。相传,店主人为了给小吃店起个雅名,邀请了几位扬州名流赴宴,并藉此良机请其题写店名。宴席间,名流各显身手,各领风骚,但均无得意之作。后来,有人提到曾在扬州为官的清代诗人渔洋山人所作的《黄芽菜》诗云:"五载归来饱乡味,不曾辜负菜根香"建议取诗中"菜根香"三字作为饭店之名,众皆和之,一个富有浓郁美食文化气息的店名就这样诞生了。

名店出名厨。菜根香饭店是淮扬名厨成长的摇篮,也是淮扬厨师荟萃之所。民国年间,有著名厨师李魁南、丁万谷、王春年、郭耀庭相继领衔掌勺。丁万谷是扬州烹饪教育的先驱之一,他从一个厨师成长为一个知行合一的厨艺大师,当今,扬州各大饭店的主厨大部分都受过丁先生的熏陶,淮扬名厨李广仁、王先海、孔祥林、吴振山、薛泉生、陈春松、杨志明等也都曾受益于菜根香的陶冶,成为后起之秀。

名厨烹名菜。店主人在扬帮菜的基础上,博采川菜、鲁菜、粤菜之长,发展并创新具有扬州特色的菜肴,砂锅狮子头、醋熘鳜鱼、芙蓉鱼片、将军过桥、砂锅菜心、叉烧麻鸭、海棠沙鱼、桃仁鸭方、扒烧整猪头等传统名菜在顾客中享有较高的声誉。随着节令的变化,时鲜菜更引入春天的清蒸鲥鱼、糖醋鳜鱼,初夏的露鸡(卤鸡)、脿鳖(炖甲鱼),盛夏的甜味西瓜冻、甜味香瓜冻,深秋的螃蟹宴,隆冬的野味。一个季节,一个特色,一个口味。更令人难以置信的是选用"菜根"作原料所烹调的菜肴确有菜根香之美味。选用鸡皮与菜根烹调出的"皮菜根",鸡皮裹菜根,色泽金黄,菜叶外露,青翠欲滴,是难得品尝到的佳肴。

扬州炒饭是菜根香饭店的又一特色。清炒蛋炒饭、月牙蛋炒饭、火腿蛋炒饭、三鲜蛋炒饭、什锦蛋炒饭、虾仁蛋炒饭等不胜枚举。菜根香饭店的蛋炒饭堪称扬州炒饭中的正宗风味。

菜根香饭店的美味佳肴誉满中外。1974年春,美籍华人学者蒋彝先生游扬州,宿西园饭店。扬州三日行,给他留下了美好的印象,作有诗云:烟花三月游绿扬,山明水秀好春光。欲品佳味何处去,西园富春菜根香。1991年初春,扬州的一位企业家在菜根香饭店宴请了美籍华人刘先生,刘先生回到宾馆后,挥手吟诗一首:厅雅心舒味适口,齿颊留香回味长。一醉方休何处去?古稀老店菜根香。

昔日菜根香,今朝分外香。菜根香饭店以正宗扬帮菜声振国内外,饭店虽居闹市,但闹中寓静,假山玲珑剔透,喷泉吐珠射玉,碧荷飘浮水面,金鱼逍遥戏水,这一切都给人以精神上的高雅享受。

扬州浴室

"欲求强身,必勤沐浴"。扬州人特爱洗澡,因此,扬州的浴室比别处似乎都要多一些。就池子而言,就有烫水的头池、温水的二池和凉水的三池;座位有站厢、座厢和暖房;服务有跟池、擦背、捶腿、推拿、放血、修脚、刮脚、按摩等。关于洗澡的风俗习惯,《扬州画舫录》记载了男子婚前一日必须去浴室沐浴更衣。端午节浴室店家要将有关草药浸泡后倒入大池,给顾客洗"百草水",这样可以强体去病。而每年除夕前,贫富人家均需去澡堂洗澡,干干净净迎新年,谓之"洗邋遢"。

明清时,扬州有公共浴室10余家,著名的有小蓬莱、白玉池、白沙泉、小山园、清缨泉、广陵涛、新丰泉等。新中国成立初期达24家,其中最著名的当推苏唱街23号的"扬州浴室"。该浴室始创于民国十六年(1927年),创始人姓袁,号炳元,后由金宝芝、金九龄接管,直至扬州解放。

袁炳元建扬州浴室讲究档次高。论规模,扬州浴室为当时苏北同行之最。大门两侧用汉白玉石为柱,勒文:特别汽水盆汤,卫生白石池塘。分男子部、女子部,有厅堂6间,大池4个,浴盆33张,炕位200余座。论设施,所有建材都是用轮船沿长江从上海、宁波采购的美国、澳大利亚产装饰材料和设备,共花去银元10万多元,门面设计颇有"洋味"。当时扬州没有自来水,供电也不正常。扬州浴室自己打了两口深井,配了两台泵,安了两台发电机,生产、照明都可以自己发电。其他浴室都是土锅炉,烧地龙,而扬州浴室有两台卧式锅炉,可供洗澡、取暖和饮用水,并可调节水温。浴室堂口之间,用抽槽的上等柚木隔断,中间有天棚、气窗,既可采光、保暖,又可拉开,在无空调情况下起着冬暖夏凉的作用。在雅间内装有电话,有钱阔佬洗澡时可一边躺着休息,一边电话谈生意。

金氏老板管理扬州浴室,制度很严格。中午12点,灯笼一挂就开门;晚上12点,灯笼收起才打烊。服务员工中午供应一顿简单的午餐,工资全部拆账,其中小费是主要收入来源,故全体员工十分卖力,服务按程序,干活讲质量,深受顾客好评。

扬州刚解放时,因老板逃走,无人管理,扬州浴室工人只有生产自救,业务一度清淡。后苏北军区司令员张振东得知此事,派专人与浴室代表商谈,决定军管扬州浴室,供军人及市民洗澡,送来了大米1 000公斤,煤炭2吨,使浴室绝处逢生。

新中国成立后,扬州浴室旧店换新貌,店堂几经改造、扩张,吸收了一批服务新人。传统的服务项目被发扬光大,特别是修脚技艺,出现了季长富、尹锦成等一批高手,其刀法名扬国内外。季长富被选为市人大代表,享受"高知"待遇,先后培养了11名徒弟,不少成为特级、一级修脚技师。1987年,以扬州浴室为主,成立了扬州修脚技术协会,开展技艺交流、培训、职称考评工作。特别值得一提的是当时分管财贸的副市长祝志福,为解决洗澡难的问题,特地到扬州浴室等处调查,得知资金缺乏,特拨款和给予低息贷款予以支持,翻新和装修了扬州浴室男子部堂口和女子部沐浴室。

改革开放的春风使扬州浴室面貌起了更大变化,其在管理和分配机制上作了重大改革,增设了专门的脚医室,结束了单一的男浴巡堂修脚的传统模式。开设了美容美发室,女子盆汤全部改为现代化淋浴。装修、改造了"紫罗兰""郁金香"高档炕位近60张。浴池内新增矿泉浴、芬兰浴等,使百年未解决的池内"米汤"浑水变得清澈芳香。1988年,破天荒地在城区中学毕业生中招了三名女修脚工。其中该店的周业红由于刻苦学习技艺,热心为客服务,被评为省、市先进工作者,担任扬州市政协委员,省、市电视台、报纸等新闻媒体曾作专题报道。

双桂泉浴室

民国初年,建于仁封里4号的"双桂泉浴室"是扬州一家老字号澡堂,老板叫王聚昌。堂口共分"外雅""内雅""中雅""官座""普通间"五大间,60多个炕位和女子淋浴部。"官座"即"特雅间",在20世纪50年代资费也不过一角六分钱。由于当时没有自来水,浴室在店堂中进打了一口较大的土制井,上面装有竹制的滚龙架和两只木制的大吊桶,系着两根很粗的麻绳。每天半夜,由供水的帮工打上160担左右的水倒入大铁锅和木"甑子锅",供头池、大池热水和凉池淋蓬用。所饮用的茶水是由专人凌晨用独轮车从龙头关个3次取运河水,这样水口感好。锅灶是人工砌的土锅堂,紧靠头池,故那里的水最烫。池的下面是用青砖石砌的"地龙",共有三条主龙、九条分龙,以保证热气不散失。同时也确保烟道不直接送上天空,便于每年清烟除尘。

"双桂泉"的服务人员大多是来自江都双沟和邗江施桥、耿管营、甘泉方巷一带的贫苦农民,他们经亲友介绍来扬州干"混堂"。工资主要采取拆账制,劳资双方按四六拆、三七拆不等,其他收入如捶背、按摩、推拿则大部分归个人所得,故服务态度很好。顾客一进浴室,服务员立即送上木靸、毛巾、茶水。所有的大衣、上装外裤均要叉起,吊在高处的钢勾上,这样既卫生又安全。冬天有些顾客穿着厚厚的皮衣、棉袍来洗澡,共有20余斤重,服务人员用一根有铜叉的竹竿一次叉上,既稳且准,没有过硬的功夫是不行的。

"双桂泉"的池子很大,头池和大池用白矾石砌成,头池上加有木栏杆,防止老弱婴儿滑入烫伤。大池外还有一副石勒对联:"涤旧垢以澡身,濯清泉而浴德",横批是"太液香波"。说的是澡客来此淋浴既可以洗涤身上的污垢缺点也可淋浴人世间之德,洗出一个新的、健康、有德之人,用意颇为含蓄、深刻、令人称道。

凉池主要供客人淋浴冲身和擦背之用。擦背方法有两种:干擦即先用毛巾搓擦,去掉身上的污垢,再用肥皂水冲擦两遍,价格相对贵一点。潮擦是将肥皂角敲扁,泡在热水里面,直接在客人身上洗擦。无论哪种方式,必须按一定"流程"操作,先从脊背向下"顺水推舟",接着反鼓回旗来个"珍珠倒卷",擦膀臂先擦手背和指缝,后在两臂上来回穿梭,轻若蝴蝶穿花,慢如蜻蜓点水。在小腿上擦时,由于皮薄筋酥,则更要加倍小心,大多将客人小腿搁在擦背工大腿上,用悬劲,舒徐伸展,举掌有度,总的是"四轻四重四周到",即:喉部、乳部、肋骨和小腿骨要轻,臂部、背部、膀子、大腿要重,手夹、脚丫、足后跟和腋下要擦得周到。这样客人才感到舒服。

双桂泉以修脚名师季长富为代表的修脚师傅在市民中很有声誉。他操作时一丝不苟,端坐在客人面前,从小包里掏出抢刀、轻刀、条刀、片刀和刮刀,根据客人的不同职业、脚型、脚病,用抢、断、劈、片、挖、撕、分、刮八种方法。先抢后断,拿嵌指,片老皮,再去脚病。操作时多用碎刀法,出手轻柔,修得细、锛得平、修得圆、铲得宽,刀路清爽不出血,鸡眼拿净不留根。不少顾客常年找他修脚,认为这是一种享受,也是根治脚病的有效途径。

紫罗兰理发店

扬州理发店以精湛的技艺、独特的风格在全国四大理发流派(东北、湖北、广州、扬州)中独树一帜。

扬州专职理发师出现于明末清初。清兵入关,强迫市民剃去一圈头发,在后面编成一条长辫,并规定每两个月剃一次头。扬州理发师以剃头编发技艺著称于世。民国年间,近郊破产的农民为谋求生计,纷纷入城从事剃头行业,壮大了理发队伍,使扬州理发技艺得到继承和发展。

紫罗兰理发店是扬州开业最早也是当时最大的一家理发店,由剃头名匠周龄章带领周炎午等3个弟子在湾子街开设,初名顶鑫剃头店。后来该店想扩大找个热闹的地方。在20世纪20年代初,扬州有条新胜街十分繁华,此街北通教场,东联辕门桥,西靠大儒坊、多子街,全长250多米,宽6米。街上,挤了近百家店铺,多为珠宝古玩、金银首饰、皮货、旅馆饭店和酒楼。周老板在街西购了100多平方米房屋,更名为紫罗兰理发店。经周家父子的努力,在民国十五年(1926年)又扩大了规模,将原来的4张座椅扩展到12张,并开创市区第一家男、女式分项服务。

"虽说毫末技艺,却是顶上功夫。"周氏紫罗兰理发店技艺和管理在当时同行中首屈一指,生意做得十分红火。首先管理严谨,重视店堂规矩,周老板与店员一起上岗,在门口恭迎顾客,如稍有疏忽或与顾客顶撞,轻则扣除工资,重则辞退。其次坚持质量标准,技术要求特别高。早期剃头以修面最见功夫,理发员替顾客修面时,一定要吸住气,以防止呼吸对流引起顾客反感,且修一次面应用"雪花刀""柳条刀""凤尾刀"等10多种刀法,如描龙绣凤,轻不虚飘,重不伤脸,使人感到无比快意、温馨。同时还兼挖耳、推拿、捶背、按摩等小服务。为扩大业务,周氏父子从上海引进烫发技术,并自制烫发药水,以新发型吸引顾客。男式以精修细剪、操作细腻、刀法轻柔见长,能根据顾客不同年龄、职业相貌、身份而变化。女子发式很多,其中直发有风凉式、弧形式、平角式;卷发有波浪式、波纹式、螺旋式、花瓣式、卷筒式、云块式;束发有发辫、扎结、发髻等,无不简洁自然,清新美观,轮廓圆满,梳理方便。

1956年,全市工商企业接受社会主义改造,走上公私合营道路。紫罗兰迁至闹市国庆路25号。1963年的国庆路新建服务综合楼,紫罗兰随之迁入东首,楼上楼下两间,面积扩大到200多平方米,座椅32张,其中楼下男式16张,二楼女式16张。店里集中了一批名师,如吴广才、刘德田、仇庆芳、仇玉泉、仲玉宏、张大鹏、李德珠、朱宝坤等。在女子技术方面较有特色的有:吴广才的滚龙钳烫波浪,刘德田的跷脚辫子,仇长春的油条式。名师一度挂牌服务,影响很大,成为市区理发行业标兵店。改革开放以来,紫罗兰起了质的变化,最早实行经营承包责任制,对内强化劳动管理,分配上彻底打破大锅饭。服务上不断扩大项目,增加了男式烫发、女式化妆、美容,男女式漂染、焗油,打破了单一的黑发传统,使头发变得五彩缤纷。对少数因病秃顶的男女顾客,可根据不同发质,进行植发、补发。同时增加了预约登记服务和上门服务。店内中青年技师在全国、全省美发大奖赛上多次获奖。市劳动模范、共产党员仇庆芳多年来坚持利用业余时间到湾头社会福利院为孤寡老人免费服务,受到各方赞扬。20世纪80年代初,中央电视台记者和著名作家张辛欣在扬拍摄"运河行"专题片,采访拍摄了该店特级美发师仲玉宏,对扬州美发的精湛技艺赞叹不已。

谢馥春香粉铺

谢馥春的香粉,扬州城乡可以说是家喻户晓。扬州香粉店的老祖宗是戴春林和薛天锡,戴春林香粉店开设于明崇祯年间。他家的香粉内含天然珍珠粉,相当名贵。清康熙皇帝南巡扬州,太监们对戴春林的香粉十分青睐,特地将一批香粉贡品带进宫中。于是,扬州香粉便品重宫闱、名动公卿了。就连曹雪芹也在《红楼梦》中将扬州香粉大大赞扬了一番。他借贾府平儿之口说:(香粉)倒在掌上看时,果见轻白红香,四样俱美,扑在面上也容易匀净,且能润泽肌肤,不似别的粉青重涩滞。贾府的夫人小姐用尽天下胭脂香粉,而对扬州香粉情有独钟,足见扬州香粉之精美了。

清道光年间,薛天锡香粉店崛起。他家的香粉风靡京城,谓之"京货"。道光年间开张的谢馥春,则排行老三了。他家的香粉、头油质地精良,销路极广,成为后起之秀。这时的扬州香粉业,戴春林、薛天锡、谢馥春成三足鼎立之势。

谢馥春香粉店最初设在扬州城南下铺街上。因为资本不大,店铺是租赁的,门面很小,尚不能与名声赫赫的戴春林、薛天锡称兄道弟。谢馥春香粉铺的开山祖师是谢宏业。谢宏业取这个店名也费了一番心机。谢者,凋谢败落之意也,此乃商家之大忌,但"馥"与"复"谐音,加个"香"字旁,与香粉相配,又与"春"字相连,更有回春之意。小店经过几年苦心经营,积累了一点资金,但与日进万金的老牌戴春林、薛天赐相比,还是小巫见大巫,不可平起平坐。熟谙经营之道的谢宏业和他的后人深知要想在香粉业十分发达、竞争极其激烈的扬州站稳脚跟,得到发展,必须形成自己的特色,闯出自己的路子。

首先,选择占有优势的店址抢占市场。谢馥春的店址在下铺街上,虽然也是个黄金地段,市肆繁盛,可它与久享盛名的埂子街上的戴春林、多子街上的薛天锡靠得太近,难以发挥自己的优势,生意也就难以红火。于是,他们便迁址到徐宁门外的码头附近,门面也有所扩大。新址不仅远离戴春林、薛天锡两家老牌名店,且因邻近码头,流动人口多,市井繁荣,加上盐商多居住附近,因而生意日渐兴隆,声誉也就日渐远扬。选址成为谢馥春早期发展的一个良好机遇和转折点。

第二,求质量、创特色、闯名牌。人们常说:"苏州胭脂扬州粉。"而扬州粉独占鳌头的当数戴春林、薛天锡。要想在香粉上与戴、薛两家竞争,必须努力提高产品质量,创造自己的特色,打出自己的名牌。谢宏业经营过中草药材生意,对中草药材有些研究,便巧妙地将香粉与医药卫生结合起来，形成自己的独特风格。谢馥春的香粉原料精选广东铅粉与邵伯糊粉坊专门为其加工的石粉、米粉、豆粉，结合时令，选用白兰、茉莉、珠兰、玫瑰等鲜花，再加以适量冰片、麝香，制成既有花香又有保健作用的各种香粉。他们在包装上也作了一番改进，上等香粉用锦盒、锡盒，缎面绒里，盒子有圆形、方形、海棠形，盒面刻有龙凤图案，庄重典雅，美观大方，大受顾客欢迎。随后，又用刚刚传入我国的香精代替了鲜花熏染、冰麝定香的老式工艺，形状上又作了改进，制成鹅蛋香粉和鸭蛋香粉。这些重大改革，使谢馥春声誉鹊起，名扬大江南北，生意十分兴隆。

香粉业除生产香粉外，大多经营梳头油。戴春林、薛天锡的头油只有桂花油一种。而谢馥春却率先用药材炮制头油，所用药材有大黄、甘松、白芷、良姜、广木香、月桂皮、洋冰、侧柏叶、松香、麝香等20余种，头油名称也改为冰麝油。冰麝油具有润泽、乌发、去垢、止痒解毒、消炎等功能。农村妇女日晒受暑，搽用冰麝油可不生疮疖，又能治中耳炎、烫伤等症，故而大受欢迎，年销量达10万多斤。谢馥春的香粉、冰麝油这两个独具特色的拳头产品的年销量之多，是老牌名店戴春林和薛天锡望尘莫及的。

第三，不断增加花色品种，占领更大市场。谢馥春的香粉、头油生意越做越红火，但他们并不满足，而是不断开发新品，棒香便是其中之一。棒香又分藏香、白芸棒香、黑色棒香三大类。上等藏香的原料除采用国内的芸香、檀香、柏香外，还采用产于泰国的速香、产于印尼的安息香。藏香来源于西藏，为信奉喇嘛教藏民所爱用，清代满人尤喜藏香。谢馥春老店门口还悬牌上书"哈玛萨尔"四字，乃藏语"好"的意思，以招徕顾客。白芸棒香多为伊斯兰教徒和回民所用。宁夏回族自治区曾多次邮购谢馥春的白芸棒香。黑色棒香分紫袍、乌衣、金顶、氤氲、丹桂5种，有辟秽、醒脑、安神、清洁空气等功能，广受群众喜爱。

谢馥春除了棒香之外，还有一类十分有名的特色产品——香件。香件是一种文雅佩玩。谢馥春老店招牌上用金字书写"本店精制各种文雅佩玩"字样。香件种类很多，主要有香囊、香袋、香珠、香串、香扳、香镯、香戒、香牌、香笔架、香墨床等。所用原料有川贝子、大黄、血竭、乳香、末药、冰片、麝香、丁香、肉桂、甘松、藿香、芸香、豆蔻、檀香、樟脑等，并以蜂蜜、白芨、米粉为黏合剂，朱砂为色素。香件芳香馥郁，形状各异，除供人玩赏外，还可治无名肿毒，启七窍，止昏厥，大受人们欢迎。

香囊和香袋只是大小之分，均内装香粒或香料粉末。有用棕丝编织，有用彩色绸缎制作，有用丝线编织，考究的还有手绣提花。香囊香袋分男用、女用，皆系于腰带上。女用的多带有彩色丝穗，为装饰之用。

香珠大小如莲，每副18粒，一般戴在手腕上，也有人用手绢包裹藏于袋中以闻其香。香珠香味持久，数年不散。

香扳是套在大拇指上的一种男用装饰品，内圈嵌有纯银，外圈刻有山水、花鸟、书法等图案，套在拇指上闻赏。

第四章 扬州三把刀文化的传承

香串是取6颗大小不等的香珠用丝线穿连成串,妇女系于颈部,或笼于手腕上,形如佛珠,并刻有花纹。

香珮是以香料或药材配制而成的装饰品。这种香珮可以和水搽治外症及无名肿痛,也可磨研内服,作昏厥时开窍之用。它既可佩戴,又可作旅途应急之物,故而畅销不衰。

谢馥春品种繁多的香件,是扬州香粉业中的奇葩,无论达官显贵、盐商大贾、城乡百姓都很喜爱。1915年,在巴拿马万国博览会上,扬州谢馥春的香件获得银质奖章。谢馥春的产品率先走出国门,远渡重洋,香飘异域,这不仅是谢馥春的殊荣,也为国争光了。

第四,产品分开档次,满足各阶层民众的需求,进一步拓展市场。谢馥春的香粉也好,头油也好,香料也好,都分高、中、低几个档次,适应达官贵人、豪商巨贾和普通百姓的需要。谢家在保证产品质量的前提下,又在包装上大做文章。譬如,锡盒、锦盒装的香粉,价格就比普通包装的香粉贵上好几倍。锡盒、锦盒装的多是富人买的,他们讲究包装,不怕钱贵;普通盒装的实惠,多为广大百姓购买,所以价格颇为低廉。香件多是富人购买,价格定得很高,利润也大;头油市场主要是农村妇女,所以价格很低,利润很小。同时谢家的头油不搞批发,因为小贩常在油中掺假,坑害顾客。由于谢家经营有方,头油占领了苏北大半市场,而农村销量占百分之八十以上。安徽、四川、陕西、广东及海南等地,乃至东南亚一些国家和地区,也广销谢馥春的产品,市场由国内拓展到了国外。正当谢馥春红红火火如日中天的时候,太平军占领扬州。咸丰三年(1853年),谢宏业的妻子戴氏带着儿子谢怀、侄儿谢谆避居扬州东乡仙女庙,而谢宏业独守扬州老店,不久便死于乱兵之中。

仙女庙是扬州东乡大镇,交通便利,商业繁盛,是南方木材和里下河粮食的转运中心与集散地。谢怀先后在仙女镇东、西、南头各开一爿谢馥春香粉店,生意颇为兴隆,很快成了镇上的富家。同治三年(1864年),谢怀回到扬州,老店重开。这时,戴春林、薛天锡已相继停业,谢怀抓住这个机遇,在最为繁华的辕门桥口新开了谢馥春香粉店。新店规模比徐宁门宏伟多了,楼上楼下房屋十多间,门面也扩大多了。戴、薛两家老店停业,谢家便将戴、薛两家有经验的老师傅招进店来,如虎添翼。加之谢家又占据了一个极好的黄金市口,故谢馥春生意更加红火,日进万金,几年时间便积累了大量资金,成为扬州香粉业一花独放的霸主了。

香粉业在扬州商业中有着很高地位,而且市场十分广阔,戴春林、薛天锡歇业后,便有一批小香粉店相继开张,清末民国初多达50余家。但他们总是不能与有着金字招牌的谢馥春相抗衡。于是一些店家便偷偷仿冒谢馥春的产品四处兜售,影响了谢馥春的声誉。起先,谢馥春不问不理,总想埋头苦干,以质量取胜,但终究抵不住大量仿冒产品对它的冲击。为防假冒,主持店里业务的谢箴斋便用5只竹筒为商标,放在柜台上,名曰"五桶为记",象征五路财神临门,大吉大利。由于当时还没有什么商标法,加之毛竹到处都有,你用"五桶"我也用"五桶",一家学一家,扬州城里一下子冒出许多"五桶"商标的香粉店来,赝品到处可见,大大损害了谢馥春的名声和生意。无奈之下,谢箴斋便向江都县府告状。县知事一番调查核实之后,遂下令各家停止使用谢馥春的"五桶"商标,大为欣喜的谢箴斋随即用黑漆木牌,绘上红色"五桶为记"的商标,将木牌与谢馥春香粉老铺的招牌并列于店堂南北两侧。同时还用金字书写告白一则:"本店城内仅此一家,此外并无分铺,请认清辕门桥谢馥春老铺五桶为记商标,庶不致误。本号主人谨白"藉以引起顾客的注意。

五桶商标官司沸沸扬扬闹了一阵子,县府下了禁令,总以为可以风平浪静,太太平平做生意。谁知一波未平,一波又起,几天之内,扬州城里一下子冒出13家谢馥春香粉铺来。谢箴斋觉得,冒牌店家如此之多,全是卖的次货假货,万般无奈之下,一张状纸告到北洋政府。天高皇帝远,北洋政府也没有审理。数番催促,直到民国四年(1915年)大理院才作出裁决:任何店家不得冒用"谢馥春"店号。裁决之后,有些店家依旧不肯改弦更张,于是大理院派员到扬州查封了所有的冒牌"谢馥春"。谢箴斋打赢了中国历史上第一宗商标官司,随即将大理院的裁决书复制,用海梅玻璃镜框将复制的裁决书嵌上悬挂在店堂里。从此,假冒"谢馥春"的招牌不见了。

然而,树欲静而风不止。有些店家又变着法儿玩花招,将"谢馥春"改为"射馥春""馥春""谢复春""老馥春""大馥春",五花八门,以假乱真,弄得正宗的谢馥春啼笑皆非,望天长叹。

谢箴斋面对各种不择手段的竞争,并没有望而却步,而是更加不遗余力地提高产品质量,增加花色品种,抢占市场,压倒对手,直到新中国成立,谢馥春总是以信誉、质量、品种立于不败之地,赢得了群众,赢得了市场。

1956年公私合营,谢馥春香粉铺改名为谢馥春香粉厂,1958年又改为谢馥春日用化工厂。

得胜桥上的三爿铁匠铺

有一副"风动一炉火,锤击万点金"的对联,是歌颂铁匠店人工举锤锻铁、煽风点火的鲜活场景,可谓诗情画意,比喻生动。

提起铁匠店,旧时扬州城中教场街的南牌楼、北牌楼、大东门、小东门、得胜桥一带都有。但最多最集中的还是得胜桥,其是扬州有名的"刀剪店一条街"。东西向的得胜桥街,东至永胜街,西至辕门桥(今国庆路),共有13爿半刀剪店。除了唐正兴、卢正兴、黄顺兴、龙顺兴、田顺兴、胡顺兴等店外,袁记刀剪店只经营不制作,故称半爿。

1956年,大多铁匠店都加入了扬州铁器生产合作社,后又分别转入扬州工具厂和扬州农具厂等。由于生产力的发展和现代化的进步及其他种种原因,扬州的铁匠店一家一家的关闭起来。从此,由百业兴旺的盛地跌到了冷落萧条的局面。

铁匠行业虽没了当年的风采,可谁也没有忘记蜚声海内外的扬州三把刀就是出自他们之手。他们为"三把刀"立过汗马功劳,为扬州城争过极高荣誉。在得胜桥众多铁匠店之中,具有代表性的有三家。

唐正兴刀剪店

唐正兴这爿店是当年唐官依所创,后传于第二代唐福喜,又传给第三代唐成林。唐氏一门在得胜桥一方,打造厨刀是最有名望的。

1965年,身在扬州工具厂的唐福喜曾参加过江苏省打刀技术比武大会,获得了第一名,继而又光荣地出席了北京全国手工业代表大会,曾受到刘少奇、邓小平、陈毅等老一辈革命家的接见。

唐家父子打刀的技术高超,手艺称奇,质量过硬,远近皆闻名。据唐福喜介绍,打造厨刀,首先是选择材料。选铁,铁要绵;选钢,钢要硬。铁绵能耐高温;钢硬则锋口好。根据各种用刀、各种做法的要求,所选用的材料也不相同,一般选用50—55号碳钢或工字钢。

厨刀主体本是熟铁,但中间须夹一层钢,以钢为主,以铁为辅。待钢与铁糅合,再锻成长方形。厚为背,薄为口。前身略阔,后身稍窄。其刀口处錾开一条缝,在隙间镶一段细筷子钢条,夹紧后迅疾下火烧,谓之"抢火""发火",趁热打铁、乘火重击。在这节骨眼上,需掌握炉中的火候,火不能大又不能小。火大,其钢要烧"渣"了;火小,会出现"夹灰"(钢与铁不能融为一体)。待夹钢抿口后,便一锤一锤的敲打,使之慢慢铺展开来。此时,在刀后錾一个豁子,扳成直角做刀把子(又叫老鼠尾子,为装木柄用)。之后,将刀身的四周修剪打齐,再用锋钢铲或上砂轮磨。在刀口部分一定要把钢口打出一条。稍后进行热处理,热处理是至关紧要的一道工序(用水淬火)。淬火后还需退火。退火前要将钢口磨亮。退火不用水噌,而用火熏。边熏边看刀口的颜色变化,诸如嫩黄、老黄等。待"钢火"定型后,下水"定格"。经过下火、熏烤后,刀身必然会出现弯环扭曲现象。此时即要从头至尾进行技巧性的"冷排",竭力将其敲复摆平。嗣后,用砂轮磨刀口。为防退火,要边蘸水边磨。最后一道手续是抛光。抛光后砟柄子,再后是上防锈油。

唐氏造刀,选料考究,技艺精绝,可谓千锤百炼,操作细腻。如此做出来的刀,坚硬无比,质量绝对,经久耐用。此刀中砍后剁,锋利非常,有"切肉不连刀,剁铁不卷口"之誉。

1962年,富春、冶春等茶坊酒肆的名厨鉴定认为其:刀身平整光如镜,式样美观赛铸浇。刀口钢锋能削铁,切拍砍剁不卷缺。

用过唐正兴菜刀的厨师也总结赞扬说它的特点有:"前抓轻便,得心应手。中切利落,不拖不连。后剁有力,刀口不裂。"

黄顺兴刀剪店

位于得胜桥92号的门面是当年黄顺兴刀剪店的旧址。黄顺兴刀剪店创始于清朝末年,店主名不详,只知道他有个绰号"黄歪子"。此人无子,便招赘一姓胡者继承,胡亦无后,故去世后由其侄胡立山继业。但一直沿用黄顺兴刀剪店的牌子。民国32年(1943年),胡立山根据扬州理发师的建议,将芜湖"鹅毛牌"民用剪的特点移植到理发描剪上。生产出的这种全钢描剪使用时十分爽手,一把头发可从剪根一直走到剪梢,不会打滑,性能超过东洋的产品。

经遍及海内外的扬州理发师回乡捎带,全钢理发描剪声名远扬。1956年并入扬州工具厂。该厂生产的双菱牌全钢理发剪刀具有钢火纯青、口锋犀利的特点。此剪刀膛空,剪锋直,不打滑,不带手,张合灵活,造型美观,电镀光亮,刀片雪青,一次能剪断32支棉纱的纺织品30多层,受到用户的好评。另有猫牌、中华牌描剪,具有刀膛厚薄均匀、刀口平服锋快等特长,其锋刃面的光洁度在11级以上。

1979年,全国剪刀质量评比,双菱牌电镀理发剪刀和中华牌理发剪刀同时获轻工业部优质产品称号。

尤顺兴刀剪店

现住得胜桥92号的尤光华是尤顺兴刀剪店的老板。老尤说话刚强,精力充沛,他整整做了50多年的铁匠活,技术全面,能打造各式刀具,对技术精益求精,不断总结经验,尤其对剃头刀和修脚刀等刀具有着极其丰富的制作经验,并且有一套系统而完整的精辟论述。

扬州三把刀之一的剃头刀是尤光华打造的刀具之一。他不仅打得好,理论也高。据老尤介绍,打造剃头刀的难度较大,要选择一种铁绵全钢。打造时,先把铁坯块(口部)破开来,然后将生钢包在铁块内衬为"内胆",抿口后(不能把钢口露在外端)便下火烧。以绵铁裹钢,即是"绵内藏针,柔中有钢"之术。烧时要特别注意火头,既不能使铁熔化,又不能使钢裂碎。如此,才能恰到好处的使钢与铁融为一体。当锻成刀型后,要把刀口铁的部分剪齐,务必把"钢口"做出来。此刀热处理的要求较高。热处理之前,其口要留有铜板厚(用油淬火)。淬火后亦要退火,退到一定的程度便上砂轮"做口"。为保持不退火,必须边蘸水边磨、边磨边蘸水,然后在刀的后端留个"茄形尾子",尾部上打个小眼留着装柄子用。柄子是竹制品,形如一劈两瓣的半根筷子,谓之竹夹子,其刀口便"丫"中间。眼对眼的铆将起来,可开可合,灵活自如。

除了打造剃头刀外,尤光华对修脚刀的制作也十分精通,这是他的拿手绝活。他能如数家珍地说出修脚刀的种类和制作奥妙。

在国内,修脚行当分三大帮:鲁帮(山东)、京帮(北京)和扬帮。其刀具基本一样,操作也大致相同,只刀具的名称略有差异,如荡刀,北京谓片刀;锛刀,北京叫腔刀等。有的地方5把为一组,有的城市7把为一套,各乡各风,各取所需。

锛刀:有小指宽,刀柄很厚,力度较大,是去除厚指甲用的,是铲削瘊子、疙瘩、硬指甲的一把专用刀。

荡刀:形似半根尺条,宽而且薄,是专门修大面积老皮用的。

刮刀:状如一段扁平的细鹅头,是刮脚丫用的,其反面是锯齿形锉刀,是拉脚丫杀痒用的。

扦刀:是一把窄而且细的锥子形尖刀,是挖鸡眼、掏鸡丁的工具刀。有的指甲嵌在肉里面,其他刀无法下手,非扦刀莫属,故又称嵌指刀。

平口刀:有食指宽,修指甲边缘等。初学者就是用平口刀,故又称"启蒙刀"。

斜口刀:有大斜口、小斜口之分。除了修指甲,它专掏指甲槽。

镊子:有的是单一工具,有的另一端代扦刀。镊钳部位弯成两个"耳朵"形。凸状如弓,其镊子虽不是修脚刀,但它的用途很大,譬如镊镊手指内的碎屑,别别指缝中的毛刺,拽拽指隙间的软皮,掏掏肉洞中的"铅子",等等。

修脚刀打造的材料,一般选用55—60碳钢(熟钢)。根据用户的喜爱,用锋钢、硬质钢、不锈钢等。修脚刀是组合工具。一套7种的谓之"七星刀",各刀的长度都在6寸左右。

第二节 技艺传承

一、厨刀的核心技艺

扬州厨刀声播全国、享誉世界。淮扬菜烹饪技艺以精工细作著称,案上功夫主要体现在严谨规范的刀功上。扬州厨刀工艺讲究,用起来得心应手。在扬州菜刀下可将1.5厘米厚的豆制干批成24片,进而切成干丝,薄如纸,细如线,匀如发。扬州厨刀下的食雕更是"纤锋剖出玲珑雪,薄质雕成宛转丝",花草、禽兽、风景、人物、典故,精雕细刻得逼真生动,情趣盎然。不足盈尺的食盘中,个个都是凝固的画,咀嚼的诗。

二、修脚刀的核心技艺

扬州修脚刀由技而医、由技而艺,代代相传,极具功力。扬州的修脚刀加上修脚师的精湛技艺,是各种脚病的克星,是趾甲的保护神。

扬州修脚师有著名的维扬八刀:专门修治趾甲病变的抢刀术、断刀术、劈刀术,主要修治脚垫病变的片刀术、起刀术、撕刀术、除掉垫、疗、胆、瘊子的挖刀术、分刀术。

根据临治病变的复杂多样,扬州修脚师的刀术又有千变万化:逆向刮擦、里应外合、盘旋抢螺、弧度出刀、横断翻转、劈断甲根、上下抹进、拔刀亮线、深层剥离……最后,使修愈的指甲匀、弧、清、净,足见操作超妙入微。其形式落英缤纷,似乎他们不是在修脚,而是在雕花琢玉,宾客的脚在他们眼中无异于精美绝伦的工艺品。修脚刀在甲与肉毫厘之间往复运动向每一位浴客讲述一个既古老又现代的"中华第一刀"的故事。这个故事刚柔并兼、深浅得当、快慢有致、轻重适宜,体现了扬州修脚师的心思纤巧、构思恣纵、灵思喷涌。

三、理发刀的核心技艺

扬州理发刀曾被乾隆皇帝御赐"一品刀"。乾隆皇帝六下江南、六游扬州时,剃头理辫用的就是扬州理发刀。每次剃头、修面、刮胡子,扬州理发师独到细腻的刀功,轻柔柔,绵酥酥,如春风拂面,似鹅毛撩心,使他受用得"此身不知何处去,已随剃刀游九霄"。

如果说,兵器是士兵的第二生命,那么,理发工具就是扬城发师手中的十八般兵器。早期扬州理发刀十分讲究,刀重二斤三两四分五钱,与欧美发师依靠工具的科技能力相反,扬州发师凭借的是自己的手艺;新时期的他们手艺与工具并重,改良与完善后的理发工具主要有:

(1) 梳。含梳通头发的大梳,配合夹、刨、推、剪的小衬托梳、成型大梳以及叉梳。

(2) 剪。含小修剪,均匀打发的锯齿剪。

(3) 刨。过去是手夹刨,1958年前后启用电夹刨。

(4) 刀。即剃须刀。

(5) 刷。含钢丝刷,适合长发波浪的滚筒刷,以及掸帚。

(6) 钳。指最初的火烫用钳。后来发展出煤气烫、蒸汽烫、电烫、水烫、化学烫,增添了电夹、发水、垫布、垫纸、烫精、竹管、铝皮筒子、塑料筒子。

(7) 吹风器。吹风器的发展,从钢碳吹风、煤油热发吹风到电吹风,走过了三个阶段。

(8) 掏耳垢工具。有绞刀、耳扒、耳垢起子、耳镊、耳捻。

(9) 荡刀布。分为青布、帆布、牛皮三种。

扬州理发刀十分讲究刀法技巧。扬州剃头刀,刀身约长三寸,脊厚刃薄,刀柄或木质或塑料,中间有枢纽相连,便于活动。运刀时的方向、角度、劲力、速度,全在理发师手指毫厘之间的准确拿捏。凡是拜在扬派理发门下的学徒,第一课便是以燃香为记,站立"摇刀",练腕劲、练腰功、练站功。之后,才能在自己的大腿上练剃刀。历经长达千年的悠久积累,扬州剃刀精创出怀里顺刀、外口推刀、拗腕反刀、斜刺挖刀、向上挑刀五大刀法。修面时,只见刀锋顺序在上唇、下巴、两颊、额头、眉档、鼻翼、耳轮上下翻飞;若遇年轻人,刀锋一摆,汗毛飞跑。对于棘手难光的胡须,一是旋涡性的,二是溜韧性的,三是老年性的(缺少脂肪,皮囊下挂),他们又相应衍生出滚刀、削刀、雪花刀、柳条刀、凤尾刀等十多种刀法,如描龙绣凤,轻不虚飘,重不伤脸,照样七十二刀半搞定。并完备了扬派理发的一大技艺风格:精剪细修。

扬州理发师按摩的部位主要是头、面、颈、肩、背五个单元。

按摩的手法与指法主要有二:一是点按。俗话说"通则不痛,痛则不通"。扬州真正的理发高手,对人的神经分布有基本的了解,具有一定的医疗推拿能力。如著名发师黄桂龙对经络穴位了如指掌,金针拔罐随身带,针灸济世,点穴活人。在扬州百姓的心中,理发师能顶半个医生。二是揉推。扬州理发师针对顾客肩背肌肉长期处于收缩状态的特点,以单式或复式手法按摩,肌肉松弛了,自然疲劳消除。有不少肩僵落枕者,不跑医院,专跑理发店,而理发师也总能手到痛除。

敲捶是有扬派地方特色的按摩法。理发师空心握拳,拍打肌肉,声音如同抚琴,时而大弦嘈嘈如急雨,时而小弦切切如私语。在如歌的行板中,所消除的疲劳,除了肌体上的,还有精神上的。捶背一分钟,十年童子功。资深扬城发师都是将板凳两条腿高悬,从敲凳面启蒙练捶功的。从哪里起敲,还在哪里落手,这操作过程中的每一条线路、每一个程序,都要一丝不苟、一着不让。

第三节 工匠精神的挖掘与弘扬

扬州三把刀文化是一种工匠文化,其内容包括匠人的谱系传承以及工匠精神的薪火相传。

一、淮扬菜的工匠精神

1. 淮扬菜的谱系传承

有人说:淮扬菜太厉害了。北方的面,能做出富春面点;南方的米,能做出扬州炒饭,南北逢源,雄秀兼佳。这是因为,扬州烹饪界有一位又一位名师,有一个又一个名店。有条"厨子巷",扬州自古就是出名厨的"硅谷"。《人民日报》曾经这样评价扬州厨师:"扬州名厨之侈、厨艺之高为世人瞩目,在国内外执厨的有上万人。"

淮扬菜作为一门传统工艺,自有一套严格的操作规程,包括从选料到制作、从热菜到面点、从冷拼到雕刻、从刀工到火工等。而别名"文人菜"的淮扬菜,菜肴中深厚的人文底蕴是其核心价值,包括直接与饮食相关的名人名作以及蕴藏在菜肴中的五味调和、平等、节约等理念。淮扬菜声播全球,誉满世界,离不开一代又一代名厨匠师们的衣钵传承、匠心独运。

扬州烹饪界的时空中,星光灿烂。我们不会忘记扬州厨师始祖——春秋战国以制"全鱼炙"名闻吴楚的壮士专诸;我们不会忘记清代扬州红案名厨吴一山和白案先师萧美人;我们不会忘记近现代扬州"淮扬名厨莫不出于丁氏门中"的烹饪泰斗丁万谷;开创扬州面点新局面的巨擘张广庆,以及勤耘不辍、扬鞭自奋、哺育新人、深孚众望的肖太山、戴立芝、郭跃庭、杨玉林、杨凤朝、孙庭吉等老一辈大师。

于是,在对扬州传统饮食文化的传承和现代饮食文明的把握中,扬州八大"中国烹饪大师"闪亮烹坛。他们是:

薛泉生,14岁学艺,就读于市烹饪学校,拜丁万谷为师,40多个春秋耕耘使他刀工娴熟,技艺高超,尤擅新创冷菜和花色拼盘。曾荣获全国烹饪大赛三项全能奖杯、热菜金牌、冷拼金牌。两次赴港,制作名菜,轰动港九。现已受聘为高校烹饪系兼职副教授、国际烹饪评委。

徐永珍,15岁开始烹饪生涯,后入市烹饪学校,系统探讨面团性能理论。创新并制作上百种扬帮花色点心,以2分钟擀92张饺皮创市纪录,获省首届美食杯白案最佳奖,全国第二届烹饪大赛获5枚奖牌。曾去日本、法国等国献艺,受到欢迎。为全国劳动模范,全国第七届人大代表,是唯一的女厨艺大师。

董德安,张广庆之高足,全国五大最佳点心师之一,受到中央首长接见。他制作的千层油糕64层,层次分明;他改进的三丁包子被誉为天下一品。由他口述整理的《淮扬风味面点五百种》正式出版,此书系统总结了淮扬面点。

王立喜,烹调工艺家,炉、案、碟技艺均达炉火纯青地步。他制作的熘仔鸡从宰杀到熘炒只用3分多钟,有神手之称;醋熘鳜鱼是他改进传统的拿手绝活,操作风格高雅。2002年12月,他在《天下食神》拍摄现场穿着西装烹制扬州炒饭,操作结束,身上滴油不沾,非但技艺高超,而且颇有文士风范。他曾赴港传艺,并在清华大学等学府进行教学培训,是一位烹饪教育家。

陈春松,毕业于扬州市烹饪学校,从艺于多位名师,刻苦钻研使他在青年厨师中脱颖而出,炉、案、碟均为佼佼者。烹制名贵大菜贵于创新。赴美时应纽约电视中心之邀做精彩雕花表演,美誉有加。参与《厨师培训教材》编写,并担任中央电视台《中国名菜30例》主讲。

张玉琪,50年前学艺于丁万谷,基本功扎实,技艺精湛,年轻有为,23岁就任富春厨师长,尤擅制作"三头宴"等高档宴席。先后走遍全国交流传艺,博采众长充实淮扬菜内涵。在多所烹饪院校任课。他带出的10多位高徒业绩有成,有的受聘日、德,担任厨房主理,为弘扬淮扬菜多有贡献。

居长龙,16岁起拜肖太山、戴立芝为师,既有理论基础,又有实践经验。他的烹调重在火工,擅长炖焖,炒菜尤为见长。他吸收川菜、粤菜之长,创作了五大宴席,两次赴日,声震东瀛,并为日本中国料理研究会授课。他是将淮扬菜融纳百家并成功走向世界的第一人。

周晓燕,扬州大学旅游烹饪学院副院长、教授、硕士生导师,国家职业技能鉴定所副所长,曾获亚洲中厨大赛金牌、世界中国烹饪大赛特别金牌及"餐饮业国家级评委"称号,且获中国餐饮业科技进步奖。曾赴日本、泰国和我国香港、澳门参赛或举办淮扬美食节。论著丰硕,科研卓有成绩:主编《四季食谱》和全国统编教材《烹调工艺学》,担任全国中等烹饪系列教材技术总顾问,在各类杂志发表多篇论文。近年来,主持了全鹅宴开发项目及烹调工艺标准化研究课题,完成了扬州炒饭工艺标准化研究、鱼圆工艺标准化研究等课题,还完成了烹调工艺学重点课题、烹调工艺学多媒体课题等科研项目,是一位既有理论又有实践的中青年烹饪大家。

另外,杨玉林、仇根帮、邵金海、王仲海、郑连安、陈恩德、陈兴常、李永泰等"淮扬菜烹饪大师"也在全国厨界熠熠闪光。"中国烹饪名师"陈忠明、刘涛、姚庆功等也"新鲜出炉",称雄厨界。

扬州本土以外的京、津、沪、宁有李魁南、施有富、刘建宇、吕正坤、王致福、莫氏三兄弟,泰州、江都、高邮、兴化、宝应、仪征、邗江有程发银、王友吾、黄本国、朱正华、宋德华、宋有志、姜传宏、邰俊孝等一大批淮扬菜名师在外埠开花,名扬全国。

淮扬出名厨,妙手绘阳春。这是磨砺的结果。自古大磨出大才,大难成大业。君不见昔日"君子远庖厨",挣扎于社会底层的扬州烹饪"厨役",无缘进入学堂,得不到尊重。扬州一部厨师史,就是一部苦斗史、奋进史。新中国成立后,这一不公正的历史待遇终于发生了根本的变化,这不仅表现在政治地位的提高、社会形象的转变,也在于扬州烹饪人自身文化修为的提高、现代科技的注入。他们补了食品科学、物理化学、文学、营养学、美术学、工艺学、生物学、造型学这一课,于是,扬州烹饪人不仅有其形——手艺,还有其神——文化;不仅有其表——技术,还有其里——艺术;不仅有其风——经验,还有其骨——科学。于是乎,扬州烹饪人实现了由匠而师的本质变化。这是一次关键的升华,一次根本的飞跃。

2. 淮扬菜的工匠精神

"扬州厨刀"在中国烹饪界号称"天下第一刀",好刀的背后是良厨。"脑袋大脖子粗,不是大款就是伙夫",这是社会对厨师的一种认知,但淮扬菜厨师却摆脱了这样的窠臼,他们厚积薄发、兼收并蓄,除了高超的技艺,还具有很高的修养,有人钻研《易经》,有人善于书法,有人能鉴宝,有人会写诗……概括来说,淮扬厨师主要具备如下几种精神:

一诺千金的然诺精神。《史记·刺客列传》记述有"专诸刺王僚"的故事。专诸是扬州西邑(今南京六合)人,拜太湖太和公为师学习烹鱼技艺,艺成投公子光(即后来的吴王阖闾)。公子光欲成大事,便请专诸鱼腹藏剑刺杀吴王僚,专诸功成身死,成为扬州厨师中的第一壮士,名垂青史,是然诺精神的典范,开启了淮扬厨师重诺的先河。烹饪大师薛泉生承诺替人代班,结果自己遭遇麻烦,却毅然舍己为人。受人之托,忠人之事,古有壮士专诸,今有大师薛泉生,重诺然诺精神一直在淮扬厨师当中世代延续。

勇于创新的进取精神。"创新是一个民族进步的灵魂,是国家兴旺发达的不竭动力",淮扬菜发展延续至今,离不开传承和创新。《扬州画舫录》曾记载"乾隆吃鳝"的传说:万岁入席,第一道菜进"全虾",取名松鹤遐(谐虾音)龄,寓意乾隆万寿无疆、洪福齐天,乾隆眉开眼笑;第二道菜进"全蟹",取名夙夜匪懈(谐蟹音),寓意乾隆宵旰勤劳、膏泽万民,乾隆神采飞扬;第三道菜进"全鳝",取名从善(谐鳝音)如流,寓意乾隆疾恶如仇、明镜高悬。然而乾隆嫌菜形丑恶,难以下筷,于是陪侍知县命厨师改刀,斩条为段,取名多谋善断(谐段音),乾隆大笑:"话虽中听,但鳝段粗大,又露骨头,仍难下咽。"知县又命厨师重新制作,经过烧煮、剔骨、划丝、猛炒、配料、撒葱、浇油,一盆炒鳝丝出锅,黄澄澄、香喷喷,乾隆馋涎欲滴,胃口大开,连声赞曰:"色香味俱佳,果然淮扬名厨天下冠!"这个故事既演绎了扬州厨师"食不厌精,脍不厌细",精于探索、细于工艺的创作历程,也很好说明了他们钻研菜目、花样翻新的创新精神。扬州"三头宴""将军过桥"等名菜的形成,也是厨师们推陈出新、匠心独运的过程,这样才成功地将最俗的食材搬上最高雅的餐桌。正是淮扬厨师们这种殚精竭虑、力创新菜的精神,才使得淮扬菜宝库得到不断的充实与丰富。

知足常乐的乐业精神。勤恳做事,本分做人,淡泊名利,知足常乐,是淮扬厨师的一大特点。在工作上,他们勤勤恳恳,一丝不苟,秉承高度的敬业精神;工作之余,他们常常一杯清茶,三五同事坐而论道,有志同道合者则常一起研发菜肴新品。乐业精神在老一辈厨师身上体现得更为明显,他们忠于职守,十几年如一日在一家饭店工作,任劳任怨,勤勤恳恳,视店如家。正是这种淡泊名利、知足常乐的品格造就了很高的厨德,他们除了以身作则、勤勉工作外,在为人师表、衣钵传承上也令人钦佩。他们乐意倾囊相授,毫无保留;他们爱徒如子,在生活上关怀备至,在技术上悉心教导,从不摆师傅的架子,除了传统的师徒礼节,一改陈规陋习,率先垂范,平易近人,传承技艺的同时还传承厨德。

扬州厨师,自专诸而后,有清代红案名厨吴一山、白案先师美人,到近现代烹饪泰斗丁万谷、面点巨擘张广庆再到肖太山、戴立芝、郭跃庭、杨玉林、杨风朝、孙庭吉等老一辈大师,然后有淮扬菜四大金刚薛泉生、徐永珍、董德安、王立喜,以及陈春松、张玉琪、居长龙、周晓燕等大师承前启后,在淮扬传统饮食文化的传承和现代饮食文明的把握中开创新局面,他们身上无不体现着高超的厨艺和高洁的厨德。

二、修脚刀的工匠精神

1. 修脚刀的谱系传承

自清代修脚业被称为"整足"成为独立行业起,扬州修脚业至少已经走过300年的历程。光绪年间李廷华曾著"修脚剜鸡眼",记录了为足病患者的广泛服务;康乾间董伟业的《扬州竹枝词》中的"求条签去修双脚,嗅袋烟来剃个头"以及与董竹枝同时代的扬州人石成金将"修脚"列入人生"四大快事",佐证修脚行业在清代已经深入人心,广结人缘。

扬州修脚师在与沐浴业融为一体之前,曾经有过一段社会"流浪者"生涯:或下茶馆,以烂茶叶敷于足甲,待趾甲转软动刀;或串街巷,刀包一夹,板凳一拎,凳中串以铜铁,"一路吃喝一路摇,三寸金刀誉清朝"。其后,浴室老板图于有修脚服务可招揽顾客,修脚师傅鉴于澡堂条件适宜操作,双方一拍即合。从此,修脚刀如鸟归林、似龙回渊,成为了扬州沐浴的王牌内容。

经过扬州老一辈修脚师的奋斗研究,扬州修脚刀终于跻身全国修脚行业先列,成为三路鼎立的霸主之一。这三路是:江苏路,以扬州为中心的长江中下游及江南地区;河北路,以北京为中心的华北、东北地区;山东路,以济南为中心。三路之中,江苏扬州流派独占鳌头,阵营最大、技术最精、享誉最高。

20世纪初以来,扬州修脚界出现了六大元老流派:一是以原市二届政协委员崔同兴为代表的实践经验丰富,修得圆、铲得尽的崔派;二是以尹锦城为代表的手脚轻快,修得嫩、圆、尽的尹派;三是以20世纪60年代市人大代表季长富为代表的下刀稳、下手轻为特色的季派;四是以郭勤为代表的以刮脚放血见长,理论实践俱佳的郭派;五是以王大安为代表的善于治疗鸡眼、肉刺等脚疾,享有"快手王飞刀"美誉的王派;六是以王元鼎为代表的以专拿嵌趾为优势的王派。他们和金汉甫、王岐山等老修脚师一起,构筑了扬州修脚刀独立、特色、完整的技艺体系。这是一门传统绝技成熟的标志。

改革开放以后,扬州市沐浴协会成立,扬州修脚刀迈上了产业化、医学化、艺术化的崭新台阶。崔同兴和新中国成立后成长起来的朱庆华、高同林、朱才林、包林弟、陆松林等 6 位于 1990 年度获省商业修脚高级技师。吴刚、陈文治、孙夕泉等又带出了侯筱林、杨长敏、陆琴、周业红等新一代修脚大师。陆琴创办了"脚艺工作中心",开设了两家连锁店。在南京、上海、北京、合肥等地,陆琴工作室也做得红红火火。2002 年扬州市沐浴协会"健康杯"修脚大赛中,陆琴、侯筱林、周业红、王帮龙、陈应鹏、季庆伟荣登金牌奖台,年轻的一代扛起扬州修脚刀的大梁了。扬州修脚刀,在新的世纪焕发出新的光彩,前程似锦。

2. 修脚刀的工匠精神

修脚行业又称"肉上雕花",功夫全在手上。手到病除、鬼斧神刀的背后,付出的是血的代价。扬州修脚刀的工匠精神主要有:

刻苦钻研、精益求精的进取精神。他们学徒之初,先练习削筷子,再练习削肥皂,常常一练十几小时,双手伤痕累累,手腕肿了又肿,手指茧上生茧,往往累得连碗都端不起来。等竹屑、皂末堆成小山,他们开始拿自己的双脚试刀,为了使顾客免受伤害,他们宁愿自己承担苦痛,他们常常把自己的脚趾修得血肉模糊,还一刀一刀往脚上招呼,一遍一遍的咬牙坚持、一遍一遍的修正提高,直至绝技有成,方可出师。正是这种舍己为人、以身试刀,刻苦钻研、精益求精的进取精神,才博得百姓口中"肉上雕花,中华神刀"的美誉。

淡泊名利、甘于奉献的乐业精神。扬州修脚刀誉满全球,除了过硬的技术,还在于修脚人的情怀。他们重师承,勤练习,涌现出一批又一批专业人才。在这日益壮大的人才队伍里,陆琴、周业红、朱才林等是杰出的代表。陆琴、周业红因优质的服务分别当选为全国人大代表和市政协委员,但她们并不以此居功自傲,而是致力于将扬州修脚刀带来的快乐传递给更多的普通民众。朱才林,作为江苏省商业厅授予的特一级修脚大师,依然坚持工作在一线,在他手上服务过的对象达 17 万之多,治愈疑难脚病上万例。当外地高档休闲中心高薪聘请周业红去主刀时,她谢绝了,说舍不得扬州的老顾客;当美籍华人竭力邀请陆琴去美国发展时,她拒绝了,说:"我手中的修脚刀打上的烙印是'中国·扬州。'"这是对家乡的眷恋,对祖国的眷恋。正是这份眷恋,在扬州大大小小的浴场,在专业教学的课堂,在社会福利院、敬老院、疗养院、老年公寓、老年活动中心,到处都留下了他们的足迹;正是这份眷恋,使得扬州修脚刀焕发出夺目的光彩。

坚守岗位、诚信守信的敬业精神。扬州修脚业的发展壮大,离不开一代又一代修脚人的坚守,正是这份永不言弃的执著,才使得扬州修脚刀走过一个又一个低谷,历经磨难却薪火相传,才有了现在星星之火已成燎原之势。陆琴,在修脚行业不受人待见的环境下,在新婚婚房刻下"修脚"二字,以此明志;周业红,功成名就后的她技艺一流,收费却比同行低;朱才林,不但技艺超群,而且品德高尚,凡经他修过的脚,从不留隐患。正是这份坚守和诚信,使得扬州修脚刀的金字招牌更有分量。

三、理发刀的工匠精神

1. 理发店的变迁

扬州理发界,前后历经四种营业形式,它记录着300多年来扬州发业从无到有、从小到大、从低到高的轨迹。

第一种形式:夹包行业。理发匠夹着理发布包或柳藤工具箱,俗称"扛麒麟子",走大街串小巷,上门为老弱病残或绅商富户服务。

第二种形式:露天设点。脸盆、火炉、工具包、脸盆架、高矮凳一肩挑,设备简易,在闹市口或空闲地坐以待客。从流动到固定是一个转折。

第三种形式:搭棚营业。或布棚,或席棚,俗称剃头棚子,比之露天,自然免受风吹雨打之苦,营业不受气候影响,实现了"全天候"服务。

第四种形式:开店经营。扬州可考的最早的理发店是位于丁家湾东首,于光绪十七年(1891年)开业的"昆明理发店"。其后,便是1911年由剃头名匠周龄童率三个儿子在湾子街开设的"顶鑫剃头店",1926年迁至繁华街市新胜街,更名"紫罗兰理发店"。由于该店合规中矩,恭敬待客,尤其是质量意识极其强烈,比如修面的刀数、吹风的稳定,都有苛刻规定,而且首创男、女式分项服务,又率先引进烫发技术,所以一度在扬州理发业中独占鳌头。而同时于辛亥革命前后创业的老店还有:永兴、引市街的华兴、小东门的华兴、新华、华安、万国、奇美等。

1930—1940年间开业的有:正新、一新、中央、万年青、远东、福州、翠花街的大华、文昌楼的大华、人人等;1941年至新中国成立前夕开业的有:大兴、美丽、白玫瑰、中美、沪江等;到1951年底,扬州市区除流动摊点157个外,理发店达到165家。

这些店往往前店后宅,有夫妻店,也有不少理发世家,如市区得胜桥的"永兴理发店"的石如经、石永林到石玉昌,三代理发;江都的姜正华、姜又华、姜啸虎及姜啸林、姜世清,四代理发。它们分布于城区的大街小巷,各自锁定不同的顾客消费群体,比如左卫街的"东洲理发店"以商界为主,砖街的"大华理发店"以妇女为主,皮市街的"鑫华理发店"以居民为主,并涌现了一大批威镇古城的大师级发师,如吴宝元、张广聚、殷世贵、陈景宝、周玉宝、周玉高、胡有顺等。同时,抗战前,扬州城还出现了第一位女理发师:刘汉卿。

新中国成立后,理发业有了长足的发展,从剃头店,到理发店、理发室、理发厅,直至美容厅,已经不仅仅是称谓的改变。门面标志也从布飘、招牌改为直径10厘米、长70厘米的旋转的红、白、蓝三色彩棒,这源自纪念法兰西的士兵不打赢战争决不理发的西洋典故的店面标志,表明扬州理发从形式到内容对西方文化的接纳。

一批国有名店:紫罗兰、大华、沪江、大东门、跃进、曙光、和平、梅岭成了扬州理发业叱咤风云近40年的主力军。其中,王牌国有店当数"紫罗兰美发厅"。它迁至国庆路老市区中心以后,规模宏大、设备先进、大师云集,拥有陈家才、仇庆芳、高文国、周有余、周平、杨桂芳、嵇德贵等特二级美发师,仇庆芳还被国内贸易局授予中国美发大师的称号。20世纪90年代之前,"紫罗兰"实际成了扬州发业的排头兵,成了新发式的试验田、新工艺的发源地、新人才的输出库,因而,理所当然地荣登"特级理发店"的宝座。目前,扬城新潮美发美容中心的年轻企业家,有不少就拜师学艺自"紫罗兰",他们戏称"紫罗兰"是扬州新一代理发人的"黄埔军校"。

1980年,扬州市理发研究会成立,宣告扬州理发技艺走上了科学化、理论化的健康道路。在现代美学的指引下,天然性与动感性成了扬州理发的追求方向,创作了如瀑布直下、清新简洁的瀑布式;似麦穗摆动、活泼自然的麦穗式;层次多、宽度大、半露耳轮的羽绒式;顶部蓬松、外轮圆满的颈背式;雅观明快、动静结合的芙蓉式;运用三角原理、采取层次修剪法改进的五四式,此外,还有吊兰式、鲜花式、卷心菊式、长发游泳式……如花团锦簇,怒放扬城。

1985年,扬州理发大师在江苏省美发杯大奖赛中力克群雄,捧回了女项金杯;1987年,年轻的一代发师也在南京青年创新赛中拿回了团体银牌!

迄止1983年,市区国有理发店虽仅存18家,但是,与此同时,个体理发店却发展到200家之多。又经20多年的运作,新世纪的扬州美发美容生机蓬勃,一派兴旺,已逾千家。以"紫罗兰"为领军店铺的扬派理发的优良传统、高超技艺、创新精神、服务规范已传遍全城,传承后世。

2. 理发人才的谱系传承

清末之后,丧失了盐运优势的扬州,随着社会形态的转型、专制垄断盐业政策的消亡,已如落日,走向衰微,运河文化让位于海洋文化,扬州的东南经济文化中心地位也由上海替代。"无可奈何花落去",原扬州市区及其所属县(市)的农民出于生计,迫于无奈,像广陵潮一样,涌进了十里洋场——上海。

旧中国,灾难深重的扬州理发人,忍过饥寒,遭过压榨,受过歧视和侮辱,硬是凭借自己的勤劳和质朴、钻研和奋斗,终于在上海滩立住了脚跟,闯出了一片新天地.经过与粤、浙、湘诸美发流派的竞争,扬派理发刀无可争辩地坐上了上海理发界的霸主交椅。

理由之一:纵观上海理发界,就其质而言,扬州籍发师是最大的实力派;就其量而言,扬州籍发师高达80%。新中国成立后所评的技术职称"四特",即正特、副特、正甲、副甲级技师几乎被扬州师傅囊括。

理由之二:新中国成立前上海理发界有三大风险区,一是三马路、四马路中心区,是舞女、妓女、堂子班集中地,发型要求时髦;二是南京路、霞飞路,是贵妇人、娇小姐集中地,发型要求考究;三是愚园路,理发店鳞次栉比,比技艺,打擂台,竞争火药味最浓。没有真本事,在这三大区根本站不住脚跟,一般泛泛之辈自然不敢问津。只有扬州籍理发师敢于在这三大区出手亮招,开门立户。

理由之三:上海有四大美发公司,即南京、新新、沪江、百乐门,在东南亚也赫赫有名,其顾客大都是政府首脑、商界巨贾、社会名流、文艺大腕。而这四家名店首先重金盛聘的全部是扬州籍理发师,而且为他们设立专门工作室,挂上头牌名号,领衔献艺。

其中的顶尖人物,是在浦江两岸刮起旋风的理发界"四大名旦",即二十世纪五六十年代由上海理发界、文艺界、新闻界共同评选的四位国家级高级技师。

原籍扬州邗江汊河镇的蔡万江是其中的领军人物。他自幼学徒于扬州南门街,以单手上阵剃胡须,不用左手佐助,后闯荡上海滩。他不但是"沪江理发厅"的创始人,而且以"刀口波浪"绰号誉满沪上。他烫的长发波浪,睡觉、洗浴、风吹三不走样,被赞为"理发状元"。只可惜,蔡大师已骑鹤西去,扬州理发业一代巨匠的逝去令人扼腕痛惜!

另一位已故理发大师刘瑞卿,曾任上海市政协委员。他比蔡万江略微年长,以钳烫技绝群雄,故在沪上有"飞叉"之美号。生前他曾远赴前苏联考察,立志将扬派理发打进东欧。

第三位叫黄家宝,是扬州邗江头桥人,创业百乐门,人称"三剪刀"。二刀下来,再配以他的芭蕉大手,就出预定发型。《人民画报》曾出版过他的发型专辑,红遍大江南北,惜亦谢世。

唯一仍旧活跃于国内外美发界的是张学明。他出生于理发世家,14岁走出扬州邗江泰安,到上海拼搏超出了一个甲子!他涉学广博,学养深湛,赢得了"活木梳""理发博士"的称号。由于成绩卓越,1960年,他被选为全国劳动模范,受到了党和国家领导人的接见。他还出任过上海市美发美容协会副会长。1982年,他与美国著名美发师卡特波交流技术,艺惊四座,1983年6月5日,美国《波士顿日报》发文报道《中国美容院的飞跃发展》,盛赞他是"东方最佳美容师"。1984年,上海电视台拍摄了他的专题片《特级理发师的生活》;中央新闻记录电影制片厂也为他拍摄了《理发艺术》,发行到海外几十个国家。1986年,"张学明美发美容作品展"在上海档次最为高雅的文艺会堂举办,引起轰动。这是我国美发美容界首次个人作品展。1992年,第22届国际实用美容会议在法国巴黎凡尔赛会议大厦举行,来自欧洲、美洲、亚洲、大洋洲的化妆品厂商、美发师及科研人员济济一堂。张学明作为中国唯一的正式代表参加会议,并与来自美国、法国、英国、俄罗斯、德国的5位代表一起在主席台就座。会上,他不但宣读了美发论文,而且现场做了"中国传统美容之神功"的精彩表演,只见他一双手同时操纵梳、刷及电吹风,五指协调,犹如弹琴,仅仅6剪刀,法国女郎的发型已如烟云瀑布,瞬间一发三变!张学明把他故乡凤凰岛的灵气淋漓尽致地发挥到世界发坛了。全场掌声如潮,媒体长篇撰文盛赞他是"东方美发艺术家"。当记者采访他的身世时,他骄傲地说:"我是中国上海的理发师,但是,我是扬州人!"

像这样的大师,还有姚荷香、陈天福、陆茂松、仇玉林、樊兆庆、刘在灿、李志亮、陈金桃、陈广益……这些名师,如灿灿金光,闪耀在浦江两岸!

像这样的大师,还有在北京西郊宾馆工作,为中央领导服务过的理发师、扬州瓜洲籍的张二霞,在前门饭店常年为中央首长服务的高国富、朱竹智,以及更多的活跃于南京、武汉、天津、无锡、广州、杭州等地的扬州籍理发师们。

扬州籍理发师的品德和技艺得到了领导们的充分肯定。1959年,他们曾为中共中央八届七中全会的代表们理发服务,以后又多次为最高级别的大会代表理发,并同党和国家领导人合影,留下了永久的珍藏纪念。

如今,老一代理发人有的去世了,有的退休了,但是,在上海理发界,新一代扬州籍理发高级技师又登上了巅峰,挑起了大梁,如李志要、董元明、姜海平、张何清、李松明、石宏秀……其中,有著书立说的高级发型设计师谷勇伟,有21届全国美容美发大赛女子剪吹第一名的吴国明,有1996年代表中国队赴泰国参加第20届发型化妆大赛并荣获冠军的丁家庆,有第15届亚洲发型化妆大赛优秀发型奖获得者、上海市新长征突击手、被誉为"沪上电棒王"的胡天祥。尤其是仪征籍的黎家信,年仅不惑,已经担任"上海新新美容城"总经理、上海美容美发协会会长,荣获国内贸易局首批"中国美发大师"称号,全国新长征突击手、全国十佳美发师、国家级高级技师,多次荣获全国美发大赛金奖,担任过英国教育学院美发主考官,参加过世界杯美发大赛表演,在上海多家媒体开设形象设计热线,他的形象设计法标志着扬州理发业已经升华到整体形象设计理念的崭新境界。他和他的同事,为英国撒切尔夫人、戴安娜王妃以及各国领使馆夫人修剪的发式,因充满东方浪漫色彩,为扬州理发刀争得了世界声誉。学艺于上海紫罗兰美发厅、扬州籍的谢凤华,当年,他的父亲、叔叔、姑夫从扬州奔赴上海从事理发,奋斗几十年,获得成功;如今,他回到故乡,创办了时尚的"日式发艺",在沪、扬两地之间架起了一道乡情与技艺交流的桥梁。

而在扬州本土,理发界也人才辈出,如雨后春笋,蔚为壮观。一大批属于新中国的理发名师,如市区的吴广才、邓友宝、邓友林、刘德田、仇玉泉、张顺林、石玉昌、仇庆芳、熊建国、仲玉宏、张宝庆、高文国、张大鹏、李德珠、朱宝坤、沈金塘、潘继凌,江都的魏耀辉、姜啸虎、吴殿富、陆庭良、汤金强,仪征的阮春兰、詹恩广、金明等,群星灿烂,他们为中央领导服务过,为马连良剧团、张君秋剧团、中央电视台《西游记》剧组等几十部影视剧妆头编发,皆深得好评。

3. 理发刀的工匠精神

忠义爱国。扬州理发受儒礼文化的熏陶,"达则兼济天下,穷则独善其身",扬州理发师虽人微言低,但也怀爱国之心,行忠义之事。

扬州理发界盛传着一个理发尽忠的故事。抗清英雄史可法以太子太保、兵部尚书、武英殿大学士的身份督师扬州。1645年4月下旬,清军围城,史公困守,兵力殆尽,朝廷文恬武嬉,不予增援,扬州危如累卵。史可法预感败局已无可挽回。一日巡城后,特地走进小东门桥旁一家发铺(也许是扬城理发业最早的店面),心平气静地理发。这位发师懂了,史督师此刻理发整容,定是下了誓与扬州共存亡的决心。他抑制住内心的巨大悲痛,虔诚地为史公梳髻、别笄、扎巾。这根根丝,都是数点梅花亡国泪;这丝丝发,都是二分明月故臣心! 这是象征汉人天下的髻式，这是扬州城男人的最后一个发髻。理毕，史公掏出银两，发师扑通跪下，泪水滔滔："史大人为民尽忠，小人我理发一辈子，等的就是今天！"史公见状，赠联相酬：相逢尽是弹冠客，此去应无搔首人。三天后，史可法留下遗书，临难不苟，被俘献身，以袍笏招魂葬于梅花岭。据说，那位发师在清军从西北角破城时，也举发刀自刎，以谢史公。可叹，督师发师铁骨铮，史公殉国哪有身？碧血丹心交辉映，追随尚有理发人。

知恩图报。扬州理发人知恩图报自古而然，古有鉴真遗发恋乡，今有海外赤子公益捐赠。

唐天宝年间，扬州佛教界出了一位名满江淮、驰誉东瀛的高僧，他就是鉴真。鉴真，俗姓淳于，扬州人，14岁随父于大明寺出家，55岁住持大明寺，仰为一方宗首，后受日本留学僧人之邀赴日传戒。他六次东渡，五次失败，历经十年，向日本传送了盛唐先进文化，在日有律宗开山祖、医药始祖、文化恩人之称，被天皇赐予传灯大法师，加封大和尚尊号。

据称，鉴真每次从扬州驾舟渡海之前都要净首，将落发尽数遗于大明寺内，也许大师很清楚，大海渺漫，风急浪大，出生入死，百无一至。生命何惜，但只要落发留根，就等于遗魂故土，足慰乡思了。他授律十年，结缘中日，跏趺而卒，他最终未能回归。但是，1217年后，他的干漆夹纻像回到生他养他的扬州探亲，永久地供于大明寺内。

扬州理发人纵横海外，却都有一颗赤子之心、一腔报国之志。1947年10月，邗江县公道乡在上海理发的任大荣，回乡，见古运河南北阻隔，遂致函江都县政府："窃民虽离家多载，然一日未忘乡土。对地方公益，能不追骧，愿洗囊应募，计国币一亿元，捐为建桥工款。"于是带头解囊在福运门渡口建木桥一座，市民感其造福乡梓，取名"大荣桥"，即今西移的渡江桥前身，它开创了扬州在古运河上建桥通向市区、惠及行旅的先例。改革开放之后，曾在香港从事美发美容的江都人倪振友向锦西中学捐赠100万元，支持希望工程；同样，从发业起家的江都双沟的吴逸之也赞助永安中小学兴建教学大楼，向苏北人民医院赠送医疗设备。仪征的朴席、新城可算是理发之乡，几乎家家都有人涉足"三把刀"，创造了可观的经济效益，为修建家乡道路，改善亲人住房，提供了有力的资金保证。理发业已经成为这两个乡镇经济的主要支撑，真正是"技艺香飘四海，乡情馥郁感人"。

精益求精。工匠们喜欢不断雕琢自己的产品，不断改善自己的工艺，以打造本行业最优质的产品为目标。这种追求卓越、精益求精的品质精神在扬州修脚刀中体现得尤为突出。

早期的扬州剃头刀，刀身长约三寸，脊厚刃薄，刀柄或木质或塑料，中间有枢纽相连，便于活动。运刀时的方向、角度、劲力、速度全在理发师手指毫厘之间的准确拿捏。

凡是拜在扬派理发门下的学徒，第一课便是以燃香为记，站立"摇刀"，练腕劲、练腰功、练站功；之后，才能在自己的大腿上练剃刀。历经长达千年的悠久积累，扬州剃刀终于精创出怀里顺刀、外口推刀、拗腕反刀、斜刺挖刀、向上挑刀五大刀法。修面时，只见刀锋顺序在上唇、下巴、两颊、额头、眉档、鼻翼、耳轮上下翻飞；若遇年轻人，刀锋一摆，汗毛飞跑；若遇棘手难光的胡须,一是旋涡性的,二是溜韧性的,三是老年性的(缺少脂肪,皮囊下挂),他们又相应衍生出滚刀、削刀、雪花刀、柳条刀、凤尾刀等十多种刀法,如描龙绣凤,轻不虚飘,重不伤脸,照样七十二刀半搞定。

敲捶,是扬派地方特色的按摩法。理发师空心握拳,拍打肌肉,声音如同抚琴,时而大弦嘈嘈如急雨,时而小弦切切如私语。在如歌的行板中,所消除的疲劳,除了肌体上的,还有精神上的。捶背一分钟,十年童子功。资深扬城发师都是将板凳两条腿高悬,从敲凳面启蒙练捶功的。从哪里起敲,还在哪里落手,操作过程中的每一条线路、每一个程序,都是一丝不苟、一着不让的。不经一番寒彻骨,哪得梅花扑鼻香? 正是这种追求极致,精益求精的精神,才达到如此高妙的境界。

以人为本。扬州理发业秉承客户至上的服务精神,从以人为本的角度出发,走出了一条绿色、健康、环保的特色之路。

生态洗发

在肥皂等化学制剂进入中国之前,扬州发师传统的洗发品首选皂角,又称皂荚。这是我国南方才生长的、属落叶乔木的皂荚树结的果实,春季开黄白色花,小叶卵形,荚果呈带状,形似一把小镰刀。它一旦成熟,即呈红棕色,表面被白色粉霜。可别小瞧了皂角,理发师把它们揉碎泡水,不但因其富含胰皂质可强力去污,而且因其性温味甘、祛毒排痈,可以入药,人们在享受洗发的同时,亦已接受了一次药疗。其次是桑树叶。桑树与皂荚树同属落叶乔木,叶呈卵圆形,本来是蚕宝宝的美味大餐,扬城发师却别出心裁,有时也用于泡水洗发。由于它含芸香苷、绿原酸、谷甾醇,性寒、味甘苦,所以用桑水洗发,可清热醒脑,感觉舒爽。扬州人笑曰:桑水洗光头,滑溜赛头油。

纯净美发

说及美发,扬州人喜用梳头油。其中,梧桐油为扬城理发师最爱,由于它本来就是制皂原料。发师掺以白兰花,用于美发,其黏性自然,富有弹性,香味扑鼻。

此外,油菜子所得的油,主要是芥酸、油酸和亚油酸的甘油酯,常规用于食用或润滑,可是一经扬州理发师的特殊调配后,也被请进了美发殿堂,又浸以可制香料的月季花、俗称"指甲花"的凤仙花,尤起活血、通经、行瘀之功效。

扬州还有一类职业性的"梳头妈子",每天清晨定时上门,为七大姑八大姨包年梳头,她们常用的是刨花水,它取材自中国本土生长的梧桐树,此树皮青白,干挺直,叶椭圆。扬州普通人家将树干刨成 5 厘米宽的洁白薄片,泡在水中使用,定型发式,既黏又滑,无刺激,且酥松。刨花水也为戏剧旦角演员贴片所青睐。

当然,最天然、基础性的支撑首归扬州香粉业,尤其是道光十年(1830 年)创业的老字号谢馥春香粉店率先在桂花油的基础上,选用大黄、甘松、白芷、良姜、广木香、月桂皮、洋冰、侧柏叶、松香、麝香等20多种药材炮制头油。妇女使用之后，润泽、乌发、去垢、止痒、解毒、消炎，功效十分显著。扬州姑娘大婚的嫁妆中，必有这种梳头油的身影。她们给它起了一个响亮的名字：冰麝油。

烫发用油，扬州理发师也颇大胆，他们选用的是蓖麻油。蓖麻本是一种草木，结籽所得的油，经理发师处理后，不仅油的比重和黏度理想，而且作用于发肤，还能祛湿通络、消肿拔毒，有百利而无一害。因为，它们是大自然的杰作，是阳光、雨露、空气与土地的精灵。当然，更简便的土法子，是用生猪油和碱兑成胰子油，经加工后作润发剂。

绿色美容

扬州女子美容，主要用花粉。"苏州胭脂扬州粉"，香粉本来就是扬州特产。其"特"在精选广东铅粉，配以地方独有的邵伯湖粉坊专门加工的石粉、米粉、豆粉，再选以白兰、茉莉、珠兰、玫瑰，外加以冰片、麝香，便具备了细、白、香、健四个特点。当时，扬州花粉曾轰动京城、风靡沪上。近水楼台先得"香"，受惠的首先还是本城女子。扬州理发师的功绩在于尊重大自然的赐予，挖掘大自然的宝藏，化废为宝、化宝为奇，并通过美发美容活动促成人们与自然接触，沐浴在大自然的怀抱中。

第五章 扬州三把刀文化的发展

第一节 人才培养

文化传承的核心是人才,其传承路径有两条:非遗传承人的授徒传艺和专门学校大规模人才培养。《中华人民共和国非物质文化遗产法》第三十条、三十一条规定,县级以上人民政府文化主管部门根据需要,提供必要的传承场所和经费资助非遗传承人开展授徒、传艺、交流等活动。非遗传承人应当履行开展传承活动,培养后继人才的义务。相较于非遗传承人的个别传承,专门学校开展的大规模人才培训是传承的最佳路径。作为"扬州三把刀"摇篮的江苏旅游职业学院几十年来一直致力于三把刀人才培养和研究工作,为社会输送了数以万计的高素质专门人才。扬州大学旅游烹饪学院、食品科学学院作为全国烹饪专业最高级、最权威的学府,培养了大量的集技艺、人文素养、研究为一体的综合性复合型人才,为推动三把刀在新时期的传承创新做出了杰出的贡献。

一、厨刀的人才培养

扬州美食跻身商业大潮,跃上世界烹坛,与国内各流派,与海外各菜肴广泛交融,推陈出新,新潮菜层出不穷,新宴席接踵而至,传统的淮扬菜胜利地实现了古代文化与现代文明的对接。而培养有专业特长的厨师人才是淮扬菜餐饮业的核心竞争力之一,淮扬菜工艺复杂,名厨缺乏,不但培养合格厨师付出的成本较高,就是聘请一个同样的厨师也比一般菜系付出的成本要高,较高的人工成本影响了淮扬菜的产业化进程,人才培养的机遇与挑战并存。

根据权威机构调查统计,2014 年全国地级市以上餐饮企业有 300 多万,从业人员约 4 000 多万,而随着城市化的快速发展和旅游行业的发展,餐饮行业的增长将更加迅猛,随之而来的就是餐饮企业对人才需求的大幅上涨。

2014 年餐饮行业人才缺口约 500 万,随着越来越多的新餐厅开业,缺口在迅速增加。根据相关机构调研,2015 年上半年,餐饮行业的人才缺口在 1 000 万左右,换句话说,基本上具有一定规模的餐饮企业,人员缺编都在 4 人以上,尤其一线服务人员是缺口最大的岗位,基本上每家餐饮都在常年招聘服务员。而未来的餐饮业,更需要烹饪人才有扎实的基本功、有一定的专业文化知识、有较强的技能水平,以适应餐饮市场发展的需要。

在此背景下,扬州烹饪教学事业空前活跃,各级培训体系健全,烹饪人才辈出,理论成果丰硕。2002年5月9日《人民日报》海外版曾这样报道:"令扬州人骄傲的是,只有50万人口的小小扬州城,却是全国最大的烹饪教育基地,目前共有烹饪院校6所,是全国第一个办烹饪学院的城市。"确实,扬州拥有教育部全国职业教育烹饪培训基地、江苏省烹饪研究所、《中国烹饪研究》杂志、《中国烹饪信息》编辑部、全国党校系统烹饪培训中心等机构。扬州每年培养大专以上烹饪学员300人,中专学员800人,源源不断地向全国各地输送烹饪教育与工艺人才。扬州成了名副其实的厨师摇篮。

附:

江苏旅游职业学院
烹调工艺与营养专业简介

烹调工艺与营养专业是江苏旅游职业学院起家专业,省级示范专业。该专业现有五年制高职和三年制大专两个办学层次,在籍生3 000多人。

师资力量雄厚。该专业有专业教师60余人,其中教授1人,副教授12人,高级烹饪技师21人,烹饪技师7人,中国烹饪大师、名师3人,省级烹饪大师、名师28人,淮扬菜烹饪大师12人。多年来,该专业教师共发表文章500多篇、出版专著近60部,在国内外各类大赛中荣获金银奖牌近百枚,在该行业中享有较高的知名度和话语权。

实验实训室设备精良。该专业烹饪实训基地集学生实习、训练和教学、科研、实验、交流、鉴定、展示等多种功能为一体,在环境、设备、功能服务等诸多方面已达国际先进水平。基地可同时容纳200人进行烹饪技能操作;基地示范教学演示方法直观、先进;中西菜点的营养分析和研究方法科学;技能交流、鉴定考核、成品展示功能齐全;能承担市、省乃至全国级别的大型比赛。

课程改革模式前沿。该专业采取全新的教学改革模式,以餐饮企业工作岗位为主线,实施项目式教学。创建"主题筵席设计与制作"等多门精品课程;开设"名菜赏识"等多门校本课程;编写《烹饪专业项目式系列教材》等40多部校本教材。

烹饪学子成绩斐然。该专业培养的学生有理论、有实践,素质高、技能强,有创新意识、可持续发展。连续四年,学生在省级比赛中获14枚金牌,全国职业院校技能大赛中获5枚金牌。此外,在行业餐饮协会组织的各级比赛中烹饪学子也多次斩金夺银。该专业已培养了20 000余名以烹调师、点心师、营养师为主的中高级技术人才,有的在中直机关和中央领导同志家里执厨,有的效力于我驻联合国和驻外机构,更多的是大饭店、大宾馆的主厨、厨师长、总厨、技术总监等业务负责者。

江苏旅游职业学院
烹调工艺与营养专业设置调研报告

地方产业发展需求是学院专业设置的前提。烹调工艺与营养专业通过广泛调研扬州市餐饮企业、扬州市烹饪行业协会的行业从业者、行业大师及高等院校专家,对扬州餐饮产业发展和人才需求进行了切实分析,随着餐饮产业发展和政府支持力度加大,烹调工艺与营养专业具有广阔发展前景。我院三年制大专拟开设烹调工艺与营养专业。

一、背景

餐饮业是旅游经济发展的一个重要支柱产业。自20世纪80年代开始,中国餐饮业的产业规模以每五年一次的增长率计都在50%以上,来自中国旅游饭店业协会的官方统计数据显示,截止2015年底,全国纳入星级饭店统计管理系统的星级饭店共计12 807家,是1980年全国餐饮企业总数的100多倍,其中,五星、四星等高星级饭店多达2 800家,占星级饭店总数的22%。

随着中国餐饮业三十余年的蓬勃发展,餐饮企业对人才的需求量也呈逐年增长的趋势,根据最佳东方近四年的检测数据,2016年,餐饮业人才需求量同比增长74.37%。从餐饮企业招聘职位对学历的要求来看,有学历要求的职位(注:按最低学历要求统计)超过七成,其中要求大专及以上文化程度的占49%。餐饮企业各级别对学历的需求方面,中高层级别以大专及以上学历为主,以高层为例,大专和本科学历需求比重分别为60.86%和24.03%,市场对餐饮企业大专以上学历从业者的需求量巨大。

二、国家相关政策

国务院印发的《"十三五"旅游业发展规划》明确指出,要提升餐饮业发展品质。弘扬中华餐饮文化,开发中国文化型传统菜品,支持文化餐饮"申遗"工作。深入挖掘民间传统小吃,推出金牌小吃,打造特色餐饮品牌,促进民间烹饪技术交流与创新。推动形成有竞争力的餐饮品牌和企业集团,鼓励中餐企业"走出去","中餐海外繁荣计划"已经被列入中华文化走出去的重点发展项目。要实施重点人才开发计划,依托国家重点人才工程、项目、重点学科等,培育一批具有国际影响力的旅游科研机构、高等院校和新型智库,将旅游人才队伍建设纳入地方重点人才支持计划。要发展现代旅游职业教育,加强对旅游职业教育改革发展的统筹指导和综合保障,加快建立适应旅游产业发展需求、产教深度融合、中高职有机衔接、布局结构更加合理的现代旅游职业教育体系。遴选和建设一批职业院校旅游类专业示范点,加强专业教师培养培训,举办旅游职业教育骨干"双师型"教师、旅游管理硕士专业学位(MTA)骨干师资高级研修班。深化校企合作,建设一批旅游职业教育实习实训基地,开展创新型示范性校企合作项目。办好全国职业院校技能大赛等相关赛项。推动省部共建旅游院校、共同培养人才。

根据国务院正式批准实施国家发改委编制的《长江三角洲地区区域规划》,扬州市根据这一规划,对城市总体规划进行了修编,即合理确定城市功能定位和发展战略,立足扬州人文底蕴,凸显文化功能、旅游功能,提升经济功能,谋划好先进制造业和现代服务业的发展。要将扬州打造成国内外著名的旅游度假胜地,打造成国内外著名的淮扬菜之乡,力争打造"世界美食之都"。

三、国内烹饪工艺与营养专业发展现状及趋势

目前从事烹饪专业工作的人员,其职业素质、文化层次普遍较低,大多从事一般性技术工作,对烹饪的发展、创新,特别是营养膳食难以有所作为。中国厨师队伍的整体素质仍难以适应现代餐饮发展的要求,自身素质、业务技能和创新发展等方面还远远跟不上现代餐饮业的发展要求和市场需要。迫切需要既有一定的理论知识,又有专业技术的高素质专门人才,能熟练应用成熟技术和传播、推广新技术,并具有创新精神和创业能力的高素质劳动者及管理者。由于目前部分院校在培养模式、课程建设、师资水平、实验实训设施及社会服务能力等方面与社会的需求仍存在一定差距,使得烹饪专业人才培养能力远不能满足餐饮行业对高技能人才的需求。因此,重点建设烹调工艺与营养专业,培养一线的高技能人才,是加快餐饮业升级、保障饮食安全、服务社会和促进地方经济发展的重要举措。

专业发展的趋势将由外延式发展模式转变为内涵式发展模式,随着市场对人才需求水平的不断提升,需要了解人才培养质量及社会对毕业生的要求,找出在人才培养过程中存在的问题,加快烹调工艺与营养专业建设步伐,提高教学质量。迫切需要对专业培养目标进行调整,教育教学方式进行变革,在充分分析市场、审视现有形成的办学模式基础上,对培养目标、课程设置、教育教学模式等方面进行一系列调整,使烹调工艺与营养专业建设贴近市场,沿着正确方向发展,进一步提升管理水平、提高教学质量、打造品牌专业。

四、烹调工艺与营养专业人才需求分析

淮扬菜在全国各大菜系中占有重要地位,扬州是淮扬菜重要发源地。现在全国众多五星酒店,乃至国宴菜谱中均有淮扬名菜。良好的地缘和区位优势,强劲的餐饮业发展趋势决定未来5年扬州对烹饪技能型人才会保持旺盛的需求,为扬州的烹调工艺与营养专业建设提供了广阔的空间和重要发展机遇,餐饮业对烹饪人才的需求量将是空前的。面对新的餐饮发展趋势,餐饮业需要的烹饪人才又有了新的更高的要求。首先,是对烹饪人才在素质上有全面提高的要求。以前,烹饪专业的学生到餐饮企业去实习、就业,企业关注的多是学生的技能水平,现在更多注重的是整体素质。整体素质包括思想品德、职业道德、文化素养、礼仪礼貌、遵章守纪、工作作风、心理承受能力、身体适应能力等。有了高素质的职业队伍,才能适应餐饮业新的发展形势。其次,餐饮业对烹饪人才在专业技能上也有了与传统烹饪不同的要求。随着餐饮业的多元化和现代化形式的推进,烹饪专业人才的技能水平不但要全面,而且要有创新开拓的能力。随着餐饮经营越来越趋于集团化和品牌化发展,烹饪人才的技能水平需要更加专业化,对中央厨房的适应度提到议事日程;随着餐饮服务的内涵将越来

越人性化和生态化,烹饪人才更需要精通营养卫生的常识,更应具有"绿色餐饮"的理念;随着餐饮文化的传播越来越国际化和市场化,烹饪专业人员在技能上要掌握中西餐和多种风味特色的操作技巧。

1. 宏观需求分析

餐饮业在国民经济各行业中保持领先地位,连续20年保持两位数的高速增长。餐饮市场细分不断深化,中餐、西餐、中西合璧餐,正餐、快餐、火锅、休闲餐饮、主题餐饮等业态快速发展。随着民营资本和国际资本不断涌入,风险投资和资本的成功运作,我国餐饮业产权形式趋于多元化。越来越多的餐饮企业关注品牌经营,餐饮连锁经营扩张步伐加快。目前,我国限额以上连锁餐饮企业集团共有500多家,平均拥有门店数量为50多家,平均零售额为1.8亿元。

餐饮业是居民休闲消费、社交消费、喜庆消费、会展消费和旅游消费的重要组成部分,也是从事商务活动的重要场所。强劲的餐饮消费对化解收入存量、拉动经济发展效果显著。近年来,餐饮业零销售额年均增长高于7.2%,增幅位居国民经济各行业前列。2016年,餐饮业零销售额占全社会消费品零售额的1/7。目前,餐饮就业人数逾2 000万,每年新增就业岗位200多万个,很多城市就发展餐饮业作为改善民生的工作抓手,兴建便民餐饮网点和美食街区,创造性地开展大众化餐饮和早餐工程等工作,促进居民生活水平不断提高。我国正处于经济社会发展的关键阶段,工业化、信息化、城镇化、市场化、国际化进程加快,转变经济发展方式,推动经济结构调整,对高素质、技能型人才提出了新的要求。更多餐饮业态的发展和更高消费需求,凸显出发展餐饮业高职教育的必要性,培养高素质、高技能餐饮业人才是全面提高餐饮产业发展实力和核心竞争力的基础性工程。

2. 地方产业分析

2017年扬州旅游业发展迅速,旅游增加值占GDP比重达7%,餐饮业作为旅游业的重要组成部分,是服务扬州地方经济发展的特色产业,淮扬菜已经成为扬州极具特色的城市名片。《江苏省旅游发展总体规划(2001—2020年)》中指出"淮扬菜的诞生地,该菜系经过几千年的演化发展已经成为识别江苏的重要品牌,要争取申请成为世界非物质文化遗产。并以淮扬菜为核心向北、向南、向西辐射,开发海鲜、河鲜、江鲜菜品,将各地的风味有机组织到一起,形成江苏美食旅游精品线路。"

扬州市政府高度重视淮扬菜产业发展,每年政府牵头定期组织"淮扬菜技能大赛",促进行业交流,提升从业者技能水平。2017年扬州一餐饮品牌与上海华银投资达成协议,2018年预计在上海开设500家门店,三年内在江浙沪地区开设不低于2 000家门店,餐饮业将进一步提升对地方经济的贡献。我校已与企业达成协议,开设定向培养店长冠名班。

3. 人才需求情况

烹调工艺与营养专业人才需求量居全国人才市场岗位需求量的前20位。扬州市现有餐饮企业1 600家,每年需新增烹饪餐饮从业人员1 000人以上。人才需求规格要求高,餐饮业结构的调整、形象的升级急需大量高素质高技能人才。要求从业者既需掌握先进生产技术、规范化生产,又要掌握不同风味流派、不同国别菜系的烹饪艺术,需要掌握多种知识、多种厨艺,既重经验,又重科学。

目前扬州餐饮行业从业人员中,50%出自于传统师傅带徒弟的模式,20%左右在烹饪培训班经过三个月或一年时间短期培训,只有30%左右是经过正规学历教育,接受过系统全面的培训。所以烹饪行业从业人员中普遍存在素质较低、技术结构单一的状况。

业内人士分析,在烹饪产业迅猛发展、规模迅速扩大的同时,制约餐饮业进一步发展的"瓶颈"并没有得到彻底改观。"人才培养成了菜肴发展的瓶颈",菜肴要发展创新,离不开人才的支撑。企业对烹饪人才的需求,不仅体现在"量"上,更体现在"质"上。烹饪是文化、是艺术,更是科学。现代人的生活品质不断提高,对饮食的需求从以往的保证温饱到色、香、味的要求,再到对菜的营养搭配、文化内涵的要求。这就迫切需要培养烹饪专门化人才,要有基本的技能,更应是懂经营、善创新,同时能引导消费潮流的复合型人才。

五、相关院校开设烹调工艺与营养专业情况分析

全国现有开设三年制大专烹调工艺与营养专业院校96所,江苏省内3所,即南京旅游职业学院、淮安食品药品职业技术学院、无锡商业职业技术学院,2017年总招生本专业新生数约1 200人(含单招、注册入学)。

在长期的教育教学实践中,相关院校烹调工艺与营养专业教师对专业知识的教学、职业技能培养,以及二者的关系进行了有益的探索,积累了丰富的经验。院校所培养的烹饪人才较好地满足了各地群众对多样化的饮食服务的需求。但是,随着专业技术的进步、经济发展以及消费者需求的不断提高,烹饪工艺与营养专业教育教学工作存在的问题也凸显出来。

1. 教学管理不统一,教学质量参差不齐。各类院校在学生的录取标准、培养目标、教材使用、考核标准等方面,明显存在着不统一,使院校的教学质量产生良莠不齐的问题。

2. 教师队伍素质有待提高。现院校烹调工艺与营养专业的教师大体上由下述人员构成:大部分为本科院校烹饪专业毕业生,一部分是原行业专业技术人员和其他专业改行的教师。虽然大部分教师基本具备本科以上的学历,但专业基础课教师由于对烹饪专业的操作实践熟练度不够,在理论教学与职业实践相结合方面受到很大的局限,往往造成学生的基础理论知识与专业技术知识脱节,难以发挥理论教学为技能训练提供指导的作用;实践课教师往往又缺乏对理论知识的深入了解,缺少企业工作经验,专业知识更新缓慢。教师的专业技能水平目前是制约烹调工艺与营养专业教育发展的一个瓶颈,因此,培养"双师型"教师队伍的问题亟待解决。

3. 教材内容需要改革,教学用书与职业资格考核用书不统一。由于烹调工艺与营养专业学生毕业时实行"双证制",即毕业证和职业资格证,因此学生毕业前要参加人社部门组织

的技能鉴定考核，获取职业资格证书。职业技能鉴定考核用书多为由人社系统编写的中式烹调师技能鉴定教材，多数教材的内容与现行院校烹调工艺与营养专业所用教材不相符，出现学历教育与职业资格鉴定考核内容相脱节的问题。

烹调工艺与营养专业在充分调研论证普通高中以及中等职业学校基础上，在课程设置当中予以区别，体现分层教学。在专业基础课程当中，普通高中开设中国烹饪概论、淮扬名菜基础、烹调基本功训练（实践）、烹饪工艺美术四门课程，中等职业学校开设中国烹饪史、中国名菜、冷拼工艺、烹饪美学四门课程；在专业核心课程当中，普通高中开设菜肴制作、食品雕刻、日韩料理三门课程，中等职业学校开设宴席制作、食品艺术、西餐制作三门课程；在拓展课程选修课当中，普通高中开设冷拼工艺、食品艺术两门课程，中等职业学校开设艺术拼盘、烘焙基础两门课程。根据普通高中学生专业零基础、中等职业学生有一定专业基础的不同需求，人才培养方案根据不同需求对课程设置进行有区别的安排，以达到分层教学的目的。

烹调工艺与营养专业在充分调研论证基础上，将对接区域经济和餐饮业发展，契合扬州城市功能的定位，立足扬州人文底蕴，突显文化功能、旅游功能，提升经济功能，依托淮扬菜之乡谋求发展。本专业的建设可满足餐饮业从业人员队伍提升的需要、烹饪职业教育发展的需要、扬州市打造旅游业人才名城的需要。将培养具有餐饮业厨房综合职业能力，在厨房生产、服务、技术、管理第一线工作的高素质、高技能专门人才。专业发展思路清晰，专业建设目标、定位明确，力争在全国职业院校烹饪专业中发挥引领和辐射作用。

江苏旅游职业学院
烹调工艺与营养专业人才培养方案

专业名称：烹调工艺与营养

专业代码：640202

招生对象：普通高中毕业生

教育类型：高等职业教育

基本原则：全日制三年

第一部分：主题部分

本方案基于江苏旅游职业学院专业方向建设目标，努力探索实施"学做合一"的产教融合技术技能型人才培养模式，按照基于工作过程的建设理念，构建课程体系与内容，按照工学结合的高技能人才培养要求，分析专业教学团队和实验实训条件配置标准。

本方案包括专业建设发展情况、培养目标、职业面向、培养规格（素质要求、能力要求、知识结构要求）、课程体系与核心课程、实践教学基本要求、教学及课程安排和继续专业学习深造建议八个部分内容。

1. 专业建设发展情况

1.1 产业宏观发展状况

餐饮业作为我国第三产业中一个传统服务性行业,目前全国已有餐饮网点400万个。与此同时,超大规模企业开始涌现,有11家企业的营业额超过10亿元,有34家企业的营业额超过5亿元,其中前十强的营业额达到336.76亿元,同比增长18.4%,占百强营业额总量的近五成,达到49.34%。2015年中国餐饮业收入达到20 635亿元,同比增长16.9%。产业规模首次突破1万亿大关,这距离2010年突破2万亿营业额仅用了5年时间,年均增长2 000亿元以上。尽管中国餐饮产业规模持续扩大,但从增长速度上来看,已经呈现出下行的态势。

中国改革开放已经走过了波澜起伏的30多年,在这改革开放的30多年里中国餐饮业伴随着改革的浪潮也经历了三次飞跃式发展。在这30年里,中国餐饮经历了洋快餐抢滩中国市场、非典的冲击和食品安全问题。但是中国餐饮业在这些冲击中,仍然实现销售额不断增长。目前我国餐饮企业的平均生命周期为2.5～3年,其中投资回收期为8～18个月,成长期为18～28个月,而连锁加盟体系建立和完善期需要24个月,伴随企业的必然是竞争力量薄弱、管理体制不健全、网络稳定性差等问题。一般情况下为:探索阶段店数为1～10个,成长阶段为11～40个,这一时期,面临的风险最大,初步成熟阶段为41～100个,完全成熟阶段则在100个以上。餐饮连锁特许商发展越成熟,投资者承担的风险就越会降低。

1.2 相关行业发展情况

餐饮业在国民经济各行业中保持领先地位,近5年来,餐饮业每年平均实现零销售额12 352亿元,占全国GDP比重达5%,同比增长19.4%,连续20年保持两位数的高速增长;每年平均上缴利税逾1 155亿元,占全国财政收入2.25%。

餐饮业是劳动密集型产业,是农业和工业转移剩余劳动力的主要途径,在吸纳劳动力就业方面发挥着重要作用。目前,餐饮就业人数逾2 000万,每年新增就业岗位200多万个,很多城市就发展餐饮业作为改善民生的工作抓手,大力兴建便民餐饮网点和美食街区,创造性地开展大众化餐饮和早餐工程等工作,促进居民生活水平不断提高。

发展餐饮业,有利于转移农村剩余劳动力、提高农民收入,推动建立现代化的原料种植、养殖基地,促进农业结构调整,带动食品加工工业发展,加快城乡一体化进程,推动社会主义新农村建设。

1.3 江苏地区企业状况

消费模式多元化,使餐饮业格局出现两极分化态势。

"消费模式多元化体现为,一是替代型消费的兴起,即餐饮发展的社会化,如一方面居民在外就餐越来越多,另一方面,社会可为家庭、团膳餐饮企业提供半成品。如在江苏省,大众化餐饮下一步的发展方向是,建立中央厨房、成立配餐中心、餐饮成品加工外卖中心等。二是被迫型消费的增加,如很多城市的打工者、白领没有条件没有时间自己做饭,促进了快餐业的发展。"近年来,江苏省休闲餐饮、快餐、团膳等大众化餐饮的增长速度已超过行业整体增长速度。

连锁企业少,餐饮大省期待变强。"虽然餐饮行业近年发展迅猛,在经济发展中所占比重逐年上升,但在品牌建设这一块,江苏餐饮业还做得远远不够。"今年江苏省有5家企业入选全国餐饮百强,这个比例算低的,浙江、上海均有十多家进入百强。

江苏餐饮业的服务收入总量较大,去年达1 521亿元,位于全国前三位。然而,产业化程度并不高,85%的餐饮企业为微小企业。此外,全国百强企业中有八成以上采取连锁经营模式,而目前江苏省连锁经营主要集中在快餐。如今年入围的5家百强企业中,大娘水饺、丽华快餐都是快餐企业。这与江苏餐饮大省的地位是不相称的。

今年前五月江苏省餐饮业增速放缓,增长幅度约为12%,是2010年以来增幅最小的年份。企业如今面对最大的困难,就是运行成本进一步加大,从业人员工资,比3年前翻了一倍。

省餐饮行业协会调查表明,能否满足消费者需求、能否不断创新菜品、能否规模化发展这三个因素,不仅对构建品牌最为重要,也是生存的关键。因此,在巨大压力下,广大餐饮企业在不断了解消费者新变化新需求基础上,应树立品牌意识,整合资源,优化配置,注重特色,锐意创新,为使江苏省餐饮行业更具品牌竞争力作出应有贡献。

1.4 人才需求预测

根据以上分析,餐饮业对烹饪人才的需求量将是空前的。但是,面对新的餐饮发展趋势,餐饮业需要的烹饪人才又有了新的更高的要求。首先,是对烹饪人才在素质上有全面提高的要求。以前,烹饪专业的学生到餐饮企业去实行、就业,企业关注的多是学生的技能水平,现在更多注重的是整体素质。整体素质包括思想品德、职业道德、文化素养、礼仪礼貌、遵章守纪、工作作风、心理承受能力、身体适应能力等。有了高素质的职业队伍,才能适应餐饮业新的发展形势。餐饮业对烹饪人才素质的要求甚至比技能的要求更显重要。其次,餐饮业对烹饪人才在专业技能上也有了与传统烹饪不同的要求。随着餐饮业的多元化和现代化形式的推进,烹饪专业人才的技能水平不但要全面,而且要有应变能力、创新开拓的能力;随着餐饮经营的取向越来越集团化和品牌化,烹饪人才的技能水平可能更加专业化,对中央厨房的适应度提到议事日程中;随着餐饮服务的内涵将越来越人性化和生态化,烹饪人才更需要精通营养卫生的常识,更应具有"绿色餐饮"的理念;随着餐饮文化的传播越来越国际化和市场化,烹饪专业人员在技能上要掌握中西餐和多种风味特色的操作技巧;未来巨大的农村餐饮市场,还需要我们掌握地方菜、土菜、快餐等不同风格的菜肴制作方法。未来的餐饮业,更需要我们的烹饪人才有扎实的基本功、有一定的专业文化知识、有较强的技能水平,以适应餐饮市场发展的需要。

2. 培养目标

本专业培养德、智、体、美全面发展,具有良好综合素质,掌握现代烹饪理论知识和操作技能,具有现代烹饪理念,从事本专业岗位工作的综合能力和全面素质,能在宾馆、饭店等餐饮业生产经营及管理第一线工作的高等烹饪技术应用性专门人才。

3. 职业面向

职业岗位	工作任务		职业技能	能力整合排序
加工间厨房	烹饪原料初步加工与保藏	(一)烹饪原料选择	能根据不同用途对烹饪原料进行合理地选择与分类	一、行业通用能力 (1) 具有运用食品安全生产知识执行规范操作的能力; (2) 具有烹饪基础刀工、勺功的应用能力; (3) 具有烹饪原料鉴别及初加工的能力; (4) 具有菜点文化背景和中国饮食文化的讲解能力; (5) 具有菜点、筵席的审美和设计的能力; (6) 具有运用烹调技法保护烹饪原料营养素和营养标签设计、制作的能力; (7) 具有厨房生产成本控制和厨房管理的能力; (8) 具有现代烹饪设施设备操作及简单维护的能力。 二、职业特定能力 1. 中餐烹调能力: (1) 具有运用不同烹调技法设计和制作菜肴的能力; (2) 具有运用不同技法制作冷菜品种的能力; (3) 具有烹饪原料设计和制作造型的能力; (4) 具有根据不同烹饪原材料选择合理刀工处理和烹调技法制作传统名菜的能力。 2. 中餐面点制作能力: (1) 具有运用不同技法设计和制作中式面点品种的能力;
		(二)烹饪原料初加工	能对烹饪原料进行初步加工和刀工、分档处理	
		(三)烹饪原料保管	能根据不同类型初步加工的烹饪原料选择正确保管方法进行储藏	
冷菜厨房	冷菜制作	(一)冷菜制作	1. 能根据不同冷菜品种调制相应调味汁; 2. 能制作各类冷菜品种	
		(二)冷菜拼摆	1. 能根据不同主题宴会采用相应技法拼摆出不同造型的冷菜拼盘; 2. 能根据营养学知识和筵席设计知识对冷菜进行设计、组合	
		(三)食品造型	1. 能根据不同菜肴采用相应技法对菜肴进行美化; 2. 能制作水果拼盘; 3. 能制作刺身拼盘	
热菜厨房	热菜烹调	(一)打荷	1. 能熟练掌握和应用菜肴上浆、挂糊、腌渍技法; 2. 能对菜肴进行合理装盘和美化; 3. 能对菜肴成品进行质量控制	
		(二)上什	1. 能根据不同需要制作烹饪用基础汤; 2. 能熟练使用蒸汽设备,掌握蒸制类菜肴的制作及品质鉴别; 3. 能根据需要对菜肴进行初步熟处理	
		(三)切配	1. 能根据不同菜肴品种对烹饪原料进行合理刀工处理; 2. 能根据不同菜肴成品要求对烹饪原料进行合理组配; 3. 能根据不同菜肴成品要求对配菜质量进行控制	
		(四)炉灶	1. 能运用不同烹调技法制作菜肴并控制出品质量; 2. 能熟练使用各类烹饪灶具设备	

续表

职业岗位	工作任务		职业技能	能力整合排序
面点厨房	面点制作	（一）中点制作	1. 能运用不同中式面点制作技法制作中式面点品种并控制出品质量； 2. 能熟练使用各类中式面点制作设备	（2）具有运用不同技法设计和制作西式面点品种的能力； （3）具有根据不同面团选择合理成型手法和成熟技法制作传统名点的能力。 3. 营养配餐能力： （1）具有运用不同烹调技法保护烹饪原料营养素的能力； （2）具有运用营养学知识设计和制作营养餐的能力； （3）具有根据不同职业、不同人群的特点配置营养餐和营养标签的能力。 三、跨行业职业能力 （1）具有适应岗位变化的能力； （2）具有餐饮企业经营管理能力和餐饮企业管理的基础能力； （3）具有创新和创业的基础能力
面点厨房	面点制作	（二）西点制作	1. 能运用不同西式面点制作技法制作西式面点品种并控制出品质量； 2. 能熟练使用各类西式面点制作设备	
营养配餐	营养餐设计与制作	（一）厨房营养配餐	1. 能应用现代营养学知识进行营养菜肴的设计与制作； 2. 能应用营养烹调技术保护烹饪原料中营养成分	
营养配餐	营养餐设计与制作	（二）特殊人群营养配餐	能应用现代营养学知识根据不同职业、不同人群特点进行营养餐设计与制作	

4. 培养规格

4.1 素质要求

遵纪守法，具有良好的道德修养；

良好的心理素质，爱岗敬业；

具有良好的身体素质；

具备责任心，事业心；

良好的团队合作精神、沟通能力以及一定的领导素质。

4.2 能力要求

具有运用食品安全生产知识执行规范操作的能力；

具有烹饪基础刀工、勺功的应用的能力；

具有烹饪原料鉴别及初加工的能力；

具有菜点文化背景和中国饮食文化的讲解能力；

具有菜点、宴席的审美和设计的能力；

具有运用烹调技法，保护烹饪原料营养素和营养标签设计、制作的能力；

具有厨房生产成本控制和厨房管理的能力；

具有现代烹饪设施设备操作及简单维护的能力。

4.3 知识要求

掌握本专业所需的文化基础知识和专业基础知识；

掌握烹饪原料学基本知识；

掌握烹调工艺学等基本知识；

掌握烹饪营养学等基本知识；

掌握烹饪概论等基本知识；

掌握烹饪美学等基本知识。

4.4 应掌握技能项目目录

常见原料的产地、产季及品质特点；

各种原料组织分布情况；

刀具与砧墩的选择、使用、保养；

常见刀法的要领；

配菜的原则、要求与方法；

熟悉菜肴制作程序；

掌握统筹协调方法；

掌握冷拼制作的要领；

熟悉凉菜制作的方法；

具备一定的美学知识；

掌握好翻锅技巧、注意事项；

了解热传递的种类与使用范围；

掌握常见基本味型、复合味型的知识；

掌握熟处理的方法、要领；

了解各种现代化厨具的使用方法；

掌握菜肴的成型与装盘技巧；

了解菜肴加工过程中营养的变化；

掌握色彩搭配知识；

了解构图原则；

懂得艺术组合；

掌握宴会菜肴的主要构成元素；

熟悉上菜的程序；

了解各地民俗风情、饮食禁忌等；

基本营养知识；

不同人群的饮食特点及营养需求；

中医食疗基础知识；

了解食物性能。

5. 课程体系与核心课程

5.1 专业学习领域课程体系设置表

核心课程 \ 学习情境	情境1	情境2	情境3	情境4	情境5	情境6	情境7	情境8	情境9	情境10
TC2:烹调工艺学	刀工刀法	油发干料	着衣方法运用	单一菜肴组配	筵席菜肴组配	初步熟处理	勺工	常见菜肴的制作		
TC3:烹饪营养学	营养素缺乏过多体征识别	原料营养价值评价	食谱编制	不同人群营养指导	营养软件使用	健康档案建立	科学烹饪展示	SOAP咨询		
TC4:基础菜肴制作	炸、熘类菜肴的制作技术	爆、炒类菜肴的制作技术	煎、烹类菜肴的制作技术	贴、塌类菜肴的制作技术	烧、煮类菜肴的制作技术	氽、炖、涮类菜肴的制作技术	焖、煨、烩类菜肴的制作技术	焖、煨、扒类菜肴的制作技术	蒸、焗、烤类菜肴的制作技术	拔丝、挂霜、蜜汁类菜肴的制作技术
TC5:淮扬名菜制作	淮安名菜制作	镇扬名菜制作	苏锡名菜制作	徐海名菜制作	金陵名菜制作					
TC6:外菜系名菜制作	典型川菜制作	典型鲁菜制作	典型湘菜制作	典型皖菜制作	典型粤菜制作	典型其他菜系菜肴制作	典型成名素菜制作			
TC7:菜肴创新设计	改变调味方法的菜肴创新	改变原料的菜肴创新	改变造型的菜肴创新	改变工艺方法的菜肴创新	综合变化的菜肴创新					
TC8:面点工艺学	制皮技术（饺皮、烧卖皮）	典型馅心制作技术（生肉馅、豆沙馅）	典型馅心制作技术（月牙蒸饺、家常水饺）	典型水调面制品制作技术	典型各种干点、面包、慕斯甜品的制作(牛角包、甜甜圈)	典型馅心面制品制作技术（糯米烧卖）	典型米粉团类制品制作技术（汤圆）			

续表

核心课程 \ 学习情境	情境1	情境2	情境3	情境4	情境5	情境6	情境7	情境8	情境9	情境10
TC9:食品雕刻	植物类作品的雕刻	动物类作品的雕刻	景物类作品的雕刻	器物类作品的雕刻	人物类作品的雕刻					
TC10:西餐工艺	基础汤的制作	热少司的制作	头盘的制作	汤菜的制作	热菜的制作	西式早餐的制作				
TC11:厨房管理	现代厨房的环境设计	厨房标准菜谱的制定	原料的成本核算	营养配餐	营养食谱的编制					

5.2 专业学习核心课程

中国烹饪概论、烹饪器具及设备、食品雕刻、烹饪卫生学、饮食消费心理学、中国饮食保健学、西餐工艺、食品工艺学、调酒。

6. 实践教学基本要求

基本要求	相关课程	能力要求	备注
基础能力	加工制作	中国烹饪概论、现代厨政、烹调技术、烹饪基本功训练、综合实训、顶岗实习	熟练掌握
	成本核算	饮食成本核算	一般掌握
	烹饪制作	烹饪营养卫生、烹调技术、烹饪基本功训练、综合实训、顶岗实习	熟练掌握
核心能力	餐饮服务专业操作能力	中国烹饪概论、现代厨政、烹调技术、烹饪基本功训练、综合实训、顶岗实习	熟练掌握
	中餐、中式面点制作的能力	食品营养与卫生、面点制作技术、综合实训、顶岗实习	熟练掌握
	西餐、西点制作的能力	西餐概论、综合实训、顶岗实习	熟练掌握
	制作各式小吃的能力	冷拼与食品雕刻技艺、创新菜点开发与设计、中华药膳	熟练掌握
拓展能力	大型餐饮活动组织、策划能力	烹饪展台制作	熟练掌握
	烹饪技术培训、教育能力	烹饪工艺美术、中国名菜	熟练掌握
	烹饪产品营销的基本能力	餐饮管理	一般掌握

7. 教学及课程安排

7.1 专业课程结构分析表

课程类别		学分数单位	占比	学时数	占比	备注
素质教育课程	学院通识课程	32	21.99%	536	20.65%	
	跨专业公共选修课程	4	2.75%	60	2.31%	
	服务学习项目	8	5.5%			
专业学习领域课程	专业通识课程	32	21.99%	512	19.72%	
	专业核心课程	30.5	20.96%	516	19.88%	
	综合实训环节	39	26.8%	972	37.44%	
合计		145.5	99.99%	2 596	100.00%	
课程类型		学分数	占比	学时数	占比	备注
纯理论		28	20.97%	460	17.72%	
理论+实践		85.5	60.04%	1 576	60.71%	
纯实践		20	14.98%	560	21.57%	
合计		133.5	95.99%	2 596	100.00%	
实践性教学		学分数	占比	学时数	占比	备注
毕业设计(论文)		6	4.94%	168	8.4%	
毕业实习		18	14.81%	504	25.2%	
其他生产性实训		97.5	80.25%	1 328	66.4%	
合计		121.5	100.00%	2 000	100.00%	
课程性质		学分数	占比	学时数	占比	备注
必修		137	92.8%	2 464	93.53%	
选修		10.5	7.2%	168	6.47%	
合计		147.5	100.00%	2 632	100.00%	

填表人(签名):日期:　　　　　　　　负责人(签名):日期:

7.2 专业课程设置与学时安排

课程类别	课程性质	序号	课程编号	课程名称	学分	学时数共计	纯理论	理论+实践	纯实践	一	二	三	四	五	六	课程性质	备注	修改意见
公共基础课程	公共必修课程	1	00GG01A1	思想道德修养与法律基础	2	36	36			2						考试		
		2	00GG02A1	毛泽东思想和中国特色社会主义理论体系概论	2	38	38				2	2				考试		
		3	00GG03A1	形势与政策	2	36	36									考查		
		4	00GG04A1	大学生心理健康教育	1	18	18					1				考查		
		5	00GG05A1	职业生涯设计/就业、创业指导	2	32	32					1				考查		
		6	00GG11A1	军事理论课	1	16	16			两周						考试		
		7	00GG21A1	大学体育	8	140		140		2	2	2	2			考试		
		8	00GG41A1	大学英语A	8	136	136			4	4					考试		
		9	00GG53A1	大学语文A	2	32	32			2						考试		
		10	00GG63A1	计算机应用基础	3	48		48		4						考试		
		11	00GG62A1	旅游文化	2	36	18	18		2						考试		
				小计1	33	568	362	206	0	14	10	2	4	0	0			
	选修	12		跨专业公共选修课	2	32	32				2					考查		
				小计2	2	32	32				2							
	必修	13		服务学习项目(社会调查、技能竞赛、创业实践等)	8											考查		
				小计3	8													
				合计1(小计1+小计2+小计3)	43	600	394	206	0	14	12	2	4	0	0			

续表

课程类别	序号	课程性质	课程编号	课程名称	学分	学时数分配 共计	其中 纯理论	其中 理论+实践	其中 纯实践	授课周学时 一(16)	二(18)	三(18)	四(18)	五(18)	六(16)	课程性质	备注	修改意见
专业课程 / 专业基础课程	1	必修	010101A1	中国烹饪概论	2	32	32			2						考试		
	2	必修	010102A1	中国名菜	8	144			144			4	4			考试		
	3	必修	010103A1	烹饪基础(理论)	2	32	32			2						考试		
	4	必修	010104A1	烹饪基础(实践)	8	132			132	4	4					考试		
	5	必修	010105A1	烹饪原料学	4	68		68		2						考试		
	6	必修	010106A1	烹饪营养学	4	68		68			4					考试		
	7	必修	010107A1	烹饪卫生学	2	36		36		2						考查		
	8	必修	010108A1	烹饪工艺美术	2	32		32		1						考查		
	9	必修	010110A1	烹饪化学	2	36			36	2						考查		
	10	必修	010110A1	现代厨房管理	1	18			18	1								
	小计4				35	598	64	~204	330	10	9			0	0			
专业核心课程	1	必修	010101C1	烹调工艺学(菜肴制作)	8	144		144				6	4			考试		
	2	必修	010102C1	食品雕刻	3	54		54					3			考试		
	3	必修	010103C1	冷菜制作	3	54		54					3			考试		
	4	必修	010104C1	西餐工艺学	4	72		72				3				考试		
	5	必修	010105C1	中式面点综合实训	3	48		48				3				考试		
	6	必修	010106C1	西点综合实训	3	48		48					3			考试		
	7	必修	010107C1	营养配餐与制作	3	48		48					3			考试		

续表

课程类别	序号	课程性质	课程编号	课程名称	学分	学时数分配				授课周学时						课程性质	备注	修改意见
						共计	纯理论	理论+实践	纯实践	一(16)	二(18)	三(18)	四(18)	五(18)	六(16)			
	8	必修	010108C1	食疗保健学	2	32	32						2			考查		
	9	必修	010109C1	烹饪设备与安全	2	32	32						2			考查		
				小计5	31	532	32	500	0	0	3	13	2	0	0			
拓展课程	1	选修	010101A0	食品艺术	3	60		60			3	1				考查		
	2	选修	010102A0	调酒	2	48		48						2		考查		
	3	选修	010102A0	艺术拼盘	2	48		48						2		考查		
				小计6	7	156	0	156	0	0	3	1	0	2	0			
综合实训课程	1	必修	010101D0	入学教育及军训	2					2周				1周		考查		
	2	必修	010102D0	企业见习(店中核)	4	112		112			2周	2周				考查		
	3	必修	010103D0	模拟实训(校中店)	4	104		104				6周				考查		
	4	必修	010104D0	创业(创业园)	1	28		28								考查		
	5	必修	010105D0	综合实训	2	56		56						2周		考查		
	6	必修	010106D0	毕业教育	2	168		168						6周		考查		
	7	必修	010107D0	毕业设计(论文)	6	336		336								考试		
	8	必修	010108D0	毕业实习(顶岗)	12	804	0	132	672						18周	考查		
专业课程				小计7	33	2 090	96	992	1 002	10	12	20						
				合计2(小计4+小计5+小计6+小计7)	106	2 090	96	992	1 002	24	24	24	20	20				
				总计(合计1+合计2)	149	2 690	490	1 198	1 002	24	24	24	24	20				

7.3 专业各类课程学时学分安排

课程类别		学分小计		学时小计		备注
		学分数	占地	学时数	占地	
公共基础课程	公共必修课程	33	23%	564	22%	
	跨专业公共选修课程	2	1%	30	1%	
	"三创"服务实践项目	8	6%	0	0%	
专业课程	专业基础课程	32	22%	512	19%	
	专业核心课程	24	16%	408	16%	
	专业拓展课程	6.5	5%	108	4%	
	综合实训环节	39	27%	972	38%	
合　计		146.5	100%	2 630	100%	
其中	课内理论教学			1 267	48.2%	
	实践教学环节			1 363	51.8%	
	合计			2 630	100%	

8. 继续专业学习深造建议

专业的学习应建议有继续学习深造意愿的本专业毕业生可以通过自学考试、专升本、网络教育、成人教育等形式获得更高层次教育的学历或学位,也可通过职业资格认证学习及考试获得国家人社部或相关部门协会颁发的烹调工艺与营养类技师及高级技师或相等层次的职业技能证书。学习无止境,烹调工艺与营养专业技能与知识不断发展变化,建议专业毕业生要与时俱进,不断汲取最新的烹调工艺与营养知识,终身学习,期望在餐饮行业发展中取得职业上的成功。

8.1 专业技能继续学习的渠道

随着旅游经济产业的发展,烹饪专业毕业生走向工作岗位后,为了适应酒店旅游发展的应用、满足岗位的需求,要不断地补充、更新自己的专业知识,拓宽知识面,更新知识结构,潜心钻研业务,用于探索创新,不断提高自身的专业素养和专业技能水平,以适应经济社会发展的需要。

8.2 提高层次教育的专业方向

烹饪专业毕业生为了提高个人学历层次,可在毕业后通过专升本考试、专转本考试、网络远程教育等相关途径,获得更高层次的教育机会。专业面向主要有:(1)高级烹饪技师或高级营养师;(2)烹调工艺与营养或厨政管理专业。

第二部分:支撑部分

一、专业人才培养实施条件

1. 专业教学团队

专业教师生师比为27:1,专业核心课程应由校内专任专业教师和行业企业兼职教师共同完成教学。其中,实训实习部分应以行业兼职教师指导为主,兼职教师授课占专业课总学时比例不低于50%。专任教师应该具有职业资格证书,或者拥有三年以上行业企业工作经历。

2. 教学设施

基于一线中式烹调师人才培养的目标定位,校企共建仿真型校内实训基地,为学生开展业务实训、顶岗实习提供基本教学条件。

在校内实训基地建设方面,应建立理论与实践一体化的校内实训室,为学生提供一个身临其境的中式烹调师实训操作平台,满足学生烹调工艺与营养岗位项目业务内容的教学与实训需要,提高学生业务岗位的适应能力;为烹调工艺与营养从业人员业务培训提供服务,推动项目教学内容与教学方法改革;校内实训室能够实现对学生烹调工艺与营养方面的职业能力培养和训练。

要积极与各类餐饮企业开展产学合作,建设校外实习基地,用于满足学生工学结合、顶岗实习等教学活动的开展。根据专业教学的需要,在不同的时间段安排学生开展专业课程工学结合教学组织形式,进行认知实习、专业实习、实训及顶岗实习等各项工作,全面提高学生实际操作能力和水平。建立网络教学平台,能够通过现代信息技术手段开展教学。

3. 教材及图书、数字化(网络)资料等学习资源

教材图书资料要及时融入行业企业发展的新制度法规、新业务、新产品、新做法。可以专业为单位建立专业教学资源库,利用数字化网络资源为专业教学提供各类学习资源,如专业人才培养方案、课程教学大纲、电子教材、教学课件、典型案例、行业政策法规资料、职业考证信息等。同时开发在线辅导练习功能,配备与专业教学相关的图书资料、电子杂志等相关的学习辅助性资源,利用文档、图表、动画、视频等各种形式展示各类教学资源,满足学生在线自主学习要求。结合专业发展的新趋势、人才市场需求的新变化、企事业用人单位的特定要求及时进行教学资源与教学素材的调整补充更新,以满足育人市场化的特定需求。

4. 教学方法、手段与教学组织形式

专业核心课程主要采用项目课程的设计思路,努力以典型服务为载体,实施跨任务教学,融合理论知识与实践知识,以更好地培养学生综合职业能力。"以学生为中心",以项目活动为载体,按理论与实践一体化要求组织教学,在教学过程中教师可根据学生特点,激发学生学习兴趣;实行合作教学、任务驱动、项目导向等多种形式的"做中学、做中教"教学模式。根据专业教学的需要,在不同的时间段安排学生开展专业课程工学结合教学组织形式,进行认知实习、专业实习、实训及顶岗实习等各项工作,全面提高学生实际操作能力和水平。

5. 教学评价、考核

本专业在突出以提升岗位职业能力为重心的基础上,针对不同教学与实践内容,构建多元化专业教学评价体系。教学评价的对象应包括学生知识掌握情况、实践操作能力、学习态度和基本职业素质等方面,突出能力的考核评价方式,体现对综合素质的评价;吸纳更多行业企业和社会有关方面组织参与考核评价。

课证融合课程以证代考进行评价考核;项目式课程教学评价的标准应体现项目驱动、实践导向课程的特征,体现理论与实践、操作的统一,以能否完成项目实践活动任务以及完成情况给予评定。教学评价的对象应包括学生知识掌握情况、实践操作能力、学习态度和基本职业素质等方面,分为应知应会两部分,采取笔试与实践操作按合理的比例相结合方式进行评价考核。校外顶岗实习成绩采用校内专业教师评价、校外兼职教师评价、实习单位鉴定三项评价相结合的方式,对学生的专业技能、工作态度、工作纪律等方面进行全面评价。

6. 教学管理等要求

根据学校的机构设置情况,健全各级专业教学管理机构,明确职责,同时建立健全覆盖专业教学全过程的教学管理制度规章。具体包括人才培养的市场调研、人才培养方案的制订与修订、专业教学团队建设、课程建设、教材建设、网络教学资源建设、校内外实训实习基地建设、学生认知实习、专业实习、顶岗实习等专业社会实践活动开展、毕业生跟踪调查、社会服务与产学合作等主要内容。用以满足教学管理工作开展的需要,同时积极采用现代管理技术开展教学管理工作,切实保障教学管理工作的严格执行与教学管理措施的贯彻到位,保证人才培养质量,全面实现人才培养目标。

二、专业人才培养实施规范

专业与行业企业专家基于共同设计的人才培养模式,结合良好的校企合作和工学结合运行机制,共同制定工学交替实施方案,并从典型工作岗位出发,分析典型工作任务,确定行动领域,归纳学习领域和核心技能课程,进行课程开发建设。

1. 依托"校企共建",实施工学交替人才培养模式

"校企共建"工学交替的人才培养模式是以学生就业为导向的教育,由学校和企业共同指导完成,即利用校内烹饪实训基地和校外的餐饮企业,通过专业基础知识、专业核心技能、职业核心能力三个阶段的培养,充分发挥学校和企业两个育人环境的优势,有效地培养高素质技能型专门人才。在真实的生产环境下培养和熏陶,全面提高学生的职业素养、专业技能、创新能力和实践动手能力。所以人才培养目标仅靠学校的教育环境难以实现,必须要有企业的参与,走校企合作、工学结合的办学道路,充分发挥学校和企业两个育人环境的优势,共同培育高素质技能型专门人才。

在实施"校企共建"工学交替的人才培养模式改革的过程中,要重视学生校内学习与实

际工作的一致性,校内成绩考核与企业实践考核相结合,探索课堂与实习地点的一体化;积极推行订单培养,探索工学交替、顶岗实习等有利于增强学生能力和就业的教学模式;加强学生的生产实习和社会实践,保证在校生有一年的时间在企业和用人单位顶岗实习。

2. 推行校企合作课证融合,构建以"餐饮业生产与管理"为主线课程体系

重构后的课程体系突出学生的"双核"能力的培养,对学生职业能力和职业素养培养起到主要支撑和促进作用,且前后课程衔接得当,具有鲜明区域经济产业特色。课程体系对职业行动能力的培养涵盖专业能力、社会能力、自我方法能力(发展能力)等方面,充分体现职业性、实践性和开放性的要求。

课程体系重视学生的全面发展。基本素质类课程包括《思想政治理论课》《大学英语》《体育》《就业指导》《饮食文化概论》等;专业基础理论类课程包括《烹饪原料学》《餐饮管理》《烹调工艺学》等;基础技能课程包括《中式热菜制作》《中式冷菜制作》《中式面点制作》等;专业核心技能课程都是现代餐饮生产技术与中式烹调师技能高度融合的整合课程,校企合作双方共同研究确定具体的课程组合方案。

3. 引入职业资格标准,实现课证融合教学改革

引入职业资格标准,加强"双证"融通教学,通过"课证融合、以考促学、以证促学"促进教学内容深化改革,从而提高学生获证率和就业竞争力,开设"双证"融通课程《中式烹调师技能实训》等。

4. 制定课程标准,建设优质课程资源

与行业和企业专家合作,成立项目小组,根据区域烹调工艺与营养专业岗位的需求,参考企业和职业标准,制定核心课程标准。

与行业和企业合作,以工学结合的精品课程建设为龙头,以优质核心课程为主体,以网络课程和信息化教学资源建设为手段,全面提升专业教学质量。以企业典型岗位为依据设计课程内容和学习情景,突出网上虚拟实践教学;建设网络教学平台及丰富的网络教学资源。

5. 自编教材,巩固课程改革成果

与行业和企业紧密合作,以任务或项目为载体组织教学内容,为主要技能课程配套编写实用的优质教材。

三、专业人才培养实施流程

本专业优化专业定位,主动适应产业需求,为江苏及长三角地区培养德智体全面发展、能熟练掌握现代烹饪理论知识和操作技能、具有现代烹饪理念、从事本专业实际工作的综合能力和全面素质、能在宾馆等餐饮业生产经营及管理第一线工作的高等烹饪技术应用性专门人才。今后本专业将与行业协会和企业合作,定期调查企业岗位及人才需求情况,形成调研分析报告。专业教学指导委员会每年定期召开中式烹调师岗位需求分析会,根据区域产

业结构升级和职业岗位的任职要求,及时优化专业定位,构建有效的人才培养模式。

1. "校企共建"工学交替的具体实施

本专业将依托良好的校企合作和工学结合运行机制,采用"校企共建"组织工学交替,促进学生的全面发展,使学生的专业核心技能和职业核心能力(即"双核"能力)得到显著提升,从而提高人才培养质量,满足企业的用人要求。

校内烹饪实训基地包括校内实训室及企业模拟实训室,主要功能是开展专业核心课程的理论和实践教学,并组织生产性实训和实习。校外的实训基地,即与专业紧密合作的大型餐饮企业,主要功能是开展岗位职业训练课程教学,进行生产性实训及顶岗实习、毕业实习。

面向学生的专业教学分三个阶段组织实施工学交替。第1阶段侧重专业基础知识,利用校内多媒体教室和基本功实训室等场所完成公共必修课、专业基础课教学并完成课内实践项目和专业基本技能集中实训。第2阶段侧重培养专业核心技能,主要利用校内的校企共建烹饪实训基地开展专业课程或订单班课程教学,期间学生完成校内虚拟实训项目训练,期末利用"生产实训月"组织完成校内企业实践项目及部分顶岗实战演练。第3阶段侧重培养职业核心能力。学生首先在校内(外)接受岗位职业训练课程培训,完成岗位综合项目训练后转入校外实习基地或订单委托培养单位进行顶岗实习、毕业实习。

2. 采取有效措施,提高工学交替的效果,推行"双导师"制,组织行业人才培养订单,提高工学交替人才培养模式的效果。

2.1 推行"双导师"制

校企合作,共同制定并实施"双导师"制,即企业兼职教师担任学生的职业导师,学校专任教师担任学生的学业导师。企业导师指导学生了解企业职业岗位要求,掌握职业技能,提高学生的就业竞争力。学校导师则指导学生的学业、实习实训、个人职业生涯规划和就业能力等,激发学生的学习兴趣和就业热情,顺利走上工作岗位。通过实施双导师制度,不仅引导学生顺利完成学业,还可以帮助学生尽早完成从"学生→准员工→员工"的顺利过渡。

2.2 组织行业人才订单培养

行业人才订单培养可以提高工学交替的效果。与行业协会及大型餐饮企业紧密合作,通过与大型餐饮企业签订行业人才委托培养协议,分层次、分岗位组织人才的订单培养。同时也与扬州市人力资源和社会保障局、其他行业协会组织和企业签订培训订单协议,为企业在岗员工提供技能培训和职业资格认证服务,为合作企业优先提供优秀毕业生。

四、专业人才培养实施保障

1. 师资条件保障

本专业现有专业专任教师49人,其中教授1人,副教授19人,讲师20人,助讲9人,高级烹饪技师16人,硕士学历12人,兼职教师9人。

2. 实训实习条件保障

根据本专业人才培养目标的要求及课程设置的需要,按每班35名学生为基准,校内实训(实验)教学功能室配置如下:

教学功能室	主要设备名称	数量(台/套)	规格和技术的特殊要求(L×W×H)(mm)
中餐烹调实训	不锈钢工作台连下一层	10	2400×1200×800
	不锈钢双星盆台	20	1800×800×800/150
	不锈钢烟罩	1	—
	电化教育设备	1	—
	双头燃气灶	20	2400×1200×800
冷菜、食品艺术实训	不锈钢工作台连下一层	10	2400×1200×800
	不锈钢双星盆台	20	1800×800×800/150
	立式冰箱	1	—
	电化教育设备	1	—
	双头燃气灶	10	2400×1200×800
	不锈钢烟罩	1	—
烹饪基础实训	模拟灶台炉架	20	2400×1200×800
	电化教育设备	1	—
	不锈钢工作台连单星盆	35	1800×800×800/150
	刀具存放柜	10	1600×760×800
烹饪初加工实训	不锈钢工作台连下一层	10	2400×1200×800
	不锈钢双星盆台	20	1800×800×800/150
	立式冰箱	1	—
	电化教育设备	1	—
中餐面点实训	醒发机	1	2400×1200×800
	木质面点操作台	10	1800×800×800/150
	双星盆台	20	1600×760×800
	双头燃气灶台	10	1800×800×800/150
	落地式燃气蒸灶	10	1800×800×800/150
	不锈钢烟罩	1	—
西餐面点实训	醒发机	1	2400×1200×800
	工作台连下一层	10	1800×800×800/150
	双星盆台	20	1600×760×800

续表

教学功能室	主要设备名称	数量(台/套)	规格和技术的特殊要求 (L×W×H)(mm)
西餐面点实训	落地式燃气单缸油炸炉	5	1800×800×800/150
	落地式燃气蒸灶	10	1800×800×800/150
	多层电烤箱	2	1600×760×800
烹饪演示实训	不锈钢炉灶	2	2400×1200×800
	不锈钢工作台	2	1800×800×800/150
	不锈钢双星盆台	2	1600×760×800
	电化教育设备	1	—
	不锈钢烟罩	1	—

注：实训室可以按照教学项目、设备、师资等进行整合确定。

3. 校企合作构建有效的运行机制，保证校企合作办学的顺利进行

3.1 岗位需求调研机制

为了及时跟踪企业岗位对烹调工艺与营养专业人才培养的要求，本专业每年都要参与餐饮行业协会对会员企业的人才需求调研；对实习基地等有典型代表性的合作企业进行重点调查；组织专业教学指导委员会的企业专家委员座谈分析企业岗位需求情况；形成江苏地区餐饮企业烹调工艺与营养专业人才需求的年度调查分析报告。

3.2 建立稳定的校企人才输送机制

重视企业需求，校企签订诸如人才订单培养等内容的协议，实现人才共育共管和互利多赢。企业可以通过稳定的合作途径获得为自己量身定做培养的烹调工艺与营养专业人才；通过订单培养可以提前锁定人才，获得企业发展所需的人力资源保障；共享学校的场地、设施和师资等资源，节省企业员工招聘、培训等成本，提高用人效益；承担社会责任，树立良好的社会形象等。

3.3 实训基地共建共享机制

在不影响学校正常教学秩序的情况下，企业可以根据合作协议共享学校的共建实训基地从事培训、科研等工作。学校根据协议，共享利用企业实训基地组织学生的实训实习和社会培训服务。

3.4 共建共享师资机制

从企业聘请专业带头人和企业名师，聘请合作企业的优秀人员担任兼职教师；企业聘请学校的专任教师从事企业员工培训、科研、咨询服务等工作。

3.5 社会服务共担共赢机制

与行业协会和企业一道，积极参与烹调工艺与营养专业的社会宣传、业务培训和技术推

广服务,扩大学校、行业和企业的社会影响力。组织师生参与行业协会的会员服务和会务活动,协助协会履行职能,扩大协会的影响力;参与企业社会服务可以增强企业的烹调工艺与营养实施和推广力量,协助企业实现经营目标,扩大社会影响力;学校师生在参与社会服务的过程中实践能力也会得到极大的锻炼提高。

4. 工学结合运行机制建设

4.1 制定规章制度,健全运行机制

通过健全校内实训实习基地管理、校外实训实习基地管理、校内实训管理、校外顶岗实习管理、实践教学考核评价、企业评价、意外工伤保险等制度和措施,形成良好的工学结合运行的保障机制。要采取有效措施,协调好工学结合参与各方的积极性,形成良好的动力机制;采取共建校内外实训实习基地等多种形式,形成良好的合作机制;通过双证融通、基于模块化教学和工作过程的改革,形成工学结合运行的课程改革机制。

4.2 校企共同参与工学结合方案制定和实施

校企双方共同参与工学结合实践教学整体方案的制订。共同确定实践项目和内容,编写实训指导书;引入企业文化,提供真实的岗位训练任务,营造职业氛围;共同参与实践教学的组织实施过程,共同制定考核标准。

4.3 优化教学时间安排方式

根据项目、任务或工作过程对教学时间完整性的要求,灵活安排 0.5 或 1 个工作日的完整教学时间段组织教学;灵活安排周末(学生调休)等时间段便于企业兼职教师集中时间组织教学,减少对工作日企业正常工作的影响。

5. 完善人才培养质量监控及评价体系培养评价是人才培养的重要环节,衡量着人才培养模式改革的效果。

5.1 改革课程考核与评价办法

以学习能力、职业能力和综合素质为评价核心,综合过程性考核、职业技能鉴定、职业技能竞赛等考核评价方式的优点,构建符合高职烹调工艺与营养专业人才特点的课程考核评价办法,引导学生的全面发展。

5.2 健全教学质量保证体系

加强教学过程的质量监控。按照教学督导制度,加强教学文件的规范和检查,加强教学过程组织管理和秩序检查。通过网上教学质量评价信息系统,实现学生评教和教师评学。

健全专业实践教学质量保证体系。具体措施包括:①制定专业实践教学的整体方案,明确总体目标及要求,确定各阶段的具体目标、实训内容及考核标准。②规范实践教学文件。编制实践教学的任务书、指导书、实训实习手册等,明确目的与要求、内容、步骤指导、考核标准等内容。③建立学生实训实习档案和评价手册。该档案能佐证学生参与能力培养的所有计划、表现评语、奖状和证书等资料,提高学生的就业竞争力。

实行教学管理信息化。形成有资料积累、数据分析、改进措施、结果反馈,形成精心规划、过程监控、自我改进、总结提高的良性管理局面,实现"管理的示范"。

5.3 建立多方参与的人才培养质量监控

建立以学校、行业(包括行业技能鉴定机构等)、企业(包括订单委托培养单位、实习单位和用人单位等)、社会(学生家长、社会公众、第三方就业核查机构等)等共同参与人才培养质量的监控体系,将毕业生就业率、就业质量、企业满意度等作为衡量人才培养质量的重要指标。引入客户关系管理理念及系统,追踪记录毕业生的职业生涯,实施就业率核查和回访制度,根据反馈信息不断改进人才培养过程质量。定期对学生实习(或用人)单位评价表、毕业生就业岗位分布、毕业生追踪调查、第三方机构调查结果等资料进行专门研究,发布《烹调工艺与营养专业人才培养质量报告》,为优化专业定位和人才培养方案提供依据。

二、修脚刀的人才培养

加大人才培养力度,做大做强,让扬州修脚刀的金字招牌形成品牌的力量。行业的发展壮大,人才培养是关键。

建国初期,扬州已有修脚工60多名,1966年减少至40人,1979年仅剩12名,一些治脚病的妙医良方也被抛弃。1979年5月22日《人民日报》发表《十年树人事不宜迟》的短评,呼吁拯救扬州三把刀。从20世纪80年代起,扬州沐浴行业开始重视修脚人才的培养,成立修脚研究组,成立修脚协会,授予修脚师技术职称,招收女性修脚师,其中的两位,后来成了扬州修脚界的当家花旦。改革开放以来,扬州市沐浴协会成立,扬州修脚刀迈上了产业化、医学化、艺术化的崭新台阶。崔同兴和新中国成立后成长起来的朱庆华、高同林、朱才林、包林弟、陆松林6位于1990年度获省商业修脚高级技师,以及吴刚、陈文治、孙夕泉等又带出了侯筱林、杨长敏、陆琴、周业红等新一代修脚大师。陆琴创办了"陆琴脚艺",开设的分店遍及全国,她还创办了陆琴脚艺职业培训学校,招生红红火火。2002年扬州市沐浴协会"健康杯"修脚大赛,陆琴、侯筱林、周业红、王帮龙、陈应鹏、季庆伟荣登金牌奖台。

扬州修脚行业在百废待兴的基础上,从1979年仅剩12名发展到现在的全国修脚业霸主地位,占据了全国八成市场份额,并形成了六大元老流派——以原市政协委员崔同兴为代表的实践经验丰富,修得圆、铲得尽的崔派;以尹锦城为代表的手脚轻快,修得嫩、圆、尽的尹派;以前市人大代表季长富为代表的下刀稳、下手轻为特色的季派;以郭勤为代表的刮脚放血见长,理论实践俱佳的郭派;以王大安为代表的善治鸡眼、肉刺的王派以及以王元鼎为代表的善拿嵌趾的王派。六大流派在继承的基础上,开拓创新,形成了既独立完整又各具特色的技艺体系,扬州修脚刀方兴未艾,前途无量。

附:

陆琴脚艺职业技能培训学校简介

陆琴脚艺职业技能培训学校由特级修脚大师陆琴女士创办,成立于2001年3月,校长陆琴女士是扬州第一代女修脚大师、全国优秀服务员、全国人大代表、江苏省劳模、扬州沐浴协会会长,曾为香港特首董建华、政要陈方安生等知名人士献艺。该培训学校的创办受到政府部门和修脚同行的大力协助,学校所培训的学员技术优良,声誉良好,学员遍布国内外,被广大群众和用人单位衷心认可。学校"理论""实践"教学规范,师资力量雄厚,现陆琴脚艺职业培训学校已成为扬州培训沐浴行业人才的品牌基地。在全国第十届全国人民代表大会第二次会议上,时任国务院总理温家宝对陆琴的创业精神表示赞同和鼓励。

专业设置:

修脚(修治脚病)、刮脚、捏脚、足部护理、中式保健按摩以及各项的相关理论。

师资力量:

姓　　名:陆松林

职　　称:国家级修脚技师

教授课程:修脚理论、职业道德教学

所获荣誉:1996年被广陵区工会评为先进工作者

　　　　　1997年被广陵区工会评为优秀工会积极分子

　　　　　1998年被广陵区工会职工之家评为优秀工会工作者

　　　　　1999年被扬州市总工会评为先进劳调员

姓　　名:王建军

职　　称:国家级修脚技师

教授课程:修脚基本功教学、实践辅导

所获荣誉:2004年获得"聚浪潮"杯修脚大赛第二名

　　　　　2005年获得扬州市"十万职工大练兵、万名职工大比武"修脚技能大赛高级组第一名

　　　　　2005年获得扬州市"五一劳动奖章"

　　　　　2005年获得扬州市"技术能手"

姓　　名:孙长明

职　　称:国家级修脚技师

教授课程:修脚基本功教学、实践辅导

所获荣誉:2005年获得扬州市"十万职工大练兵、万名职工大比武"修脚技能大赛高级组第二名

姓　　名:潘万芳

职　　称：国家级修脚技师

教授课程：足部按摩实践教学

所获荣誉：2005年获得扬州市"十万职工大练兵、万名职工大比武"修脚技能大赛中级组第一名

　　　　　2005年获得扬州市"五一劳动奖章"

　　　　　2005年获得扬州市"技术能手"

姓　　名：俞涛

职　　称：国家高级修脚技师、足部按摩师

教授课程：足部按摩理论及实践教学

所获荣誉：2007扬州市"十万职工大练兵、万名职工大比武"修脚技能大赛中成绩突出，晋升为高级修脚师

　　　　　江苏省扬州商务高等职业学校足保专业第一批专科毕业生

实习就业：

在基本功及理论学习结束后，经考核合格者可安排到实践基地进行技能的全面提高，培训期满后经劳动部门考核合格发放全国通用的资格证书及陆琴脚艺职业培训学校毕业证书或结业证书并推荐就业。

跟踪服务：

对分配就业的学员都备有档案，定期联系。掌握每个人的工作和生活等情况，根据每个人的实际情况调动及重新分配。

江苏旅游职业学院中医理疗专业介绍

江苏旅游职业学院的中医理疗专业是依托于扬州三把刀之一的"修脚刀"而发展起来的特色专业。近年来，学校致力于沐浴文化研究，成立了"江苏省沐浴文化研究中心"，出版了内部教学资料《沐浴文化研究》，在沐浴文化的研究上进行了初步的有益的尝试。我校优秀毕业生陆琴是扬州著名的修脚师。陆琴将自己积累的各种脚病病例和治疗方法从理论上进行总结，由她撰写的《修脚保健技巧》和《修脚技术》两本书已成为修脚专业的专业用书。陆琴还向国家工商总局注册了扬州"陆琴脚艺"服务业商标，"陆琴脚艺"正成为扬州的品牌形象，为越来越多的人所知晓。

江苏旅游职业学院
中医理疗专业实施性人才培养方案

一、招生对象与学制

1. 学制：三年

2. 招生对象：应届初中毕业生

3. 办学层次：中专

二、培养目标

培养与我国社会主义现代化建设要求相适应的，具有较强的综合职业能力，在沐浴休闲中心、康复中心和足疗、足浴企业一线工作的初、中、高级服务人员。

三、知识结构、能力结构及要求

（一）知识结构与要求

1. 掌握本职业所必需的职业知识。

2. 掌握职业环境所必需的卫生与消毒和医学、药学基础知识。

（二）能力结构与要求

1. 具有一定的接待服务与业务沟通能力。

2. 具有一定的人际交往和社会协作能力。

3. 具有胜任修脚服务的能力。

4. 具有胜任擦背服务与浴区管理的能力。

5. 具有胜任足部按摩服务的能力。

6. 具有胜任按摩服务的能力。

7. 具有继续学习和适应职业变化的能力。

8. 具有一定的创新和创业能力。

四、课程设置及教学要求

（一）文化基础课

1. 职业道德与职业指导(36 学时)

本课程是中等职业学校学生必修的一门德育课程，旨在对学生进行职业道德教育与职业指导。其任务是：使学生了解职业、职业素质、职业道德、职业个性、职业选择、职业理想的基本知识与要求，树立正确的职业理想；掌握职业道德基本规范以及职业道德行为养成的途径，陶冶高尚的职业道德情操；形成依法就业、竞争上岗等符合时代要求的观念；学会依据社会发展、职业需求和个人特点进行职业生涯设计的方法；增强提高自身全面素质、自主择业、立业创业的自觉性。

2. 法律基础知识(36 学时)

本课程是中等职业学校学生必修的一门德育课程，旨在对学生进行法律基础知识教育。其任务是：使学生了解宪法、行政法、民法、经济法、刑法、诉讼法中与学生关系密切的有关法律基本知识，初步做到知法、懂法，增强法律意识，树立法制观念，提高辨别是非的能力；指导学生提高对有关法律问题的理解能力，对是与非的分析判断能力，以及依法律己、依法做事、依法维护权益、依法同违法行为作斗争的实践能力，成为具有较高法律素质的公民。

3. 经济与政治基础知识(72学时)

本课程是中等职业学校学生必修的一门德育课程。其任务是:根据马克思主义经济和政治学说的基本观点,以习近平新时代特色社会主义思想为指导,对学生进行经济和政治基础知识的教育。引导学生正确分析常见的社会经济、政治现象,提高他们参与社会经济、政治活动的能力,为在今后的职业活动中,积极投身社会主义经济建设、积极参与社会主义民主政治建设打下基础。

4. 哲学基础知识(54学时)

本课程是中等职业学校学生必修的一门德育课程,旨在对学生进行马克思主义哲学知识及基本观点的教育。其任务是:通过课堂教学和社会实践等多种方式,使学生了解和掌握与社会实践、人生实践和职业实践密切相关的哲学基本知识;引导学生用马克思主义哲学的立场、观点、方法观察和分析最常见的社会生活现象;初步树立正确的世界观、人生观和价值观,为将来从事社会实践打下基础。

5. 语文(252学时)

在初中语文的基础上,进一步加强现代文和文言文阅读训练,提高学生阅读现代文和浅易文言文的能力;加强文学作品阅读教学,培养学生欣赏文学作品的能力;加强写作和口语交际训练,提高学生应用文写作能力和日常口语交际水平。通过课内外的教学活动,使学生进一步巩固和扩展必需的语文基础知识,养成自学和运用语文的良好习惯,接受优秀文化熏陶,形成高尚的审美情趣。

6. 数学(180学时)

在初中数学的基础上,进一步学习数学的基础知识。必学与限定选学内容:集合与逻辑用语、不等式、函数、指数函数与对数函数、任意角的三角函数、数列与数列极限、向量、复数、解析几何、立体几何、排列与组合、概率与统计初步。选学内容:极限与导数、导数的应用、积分及其应用、统计。通过教学,提高学生的数学素养,培养学生的基本运算、基本计算工具使用、空间想象、数形结合、思维和简单实际应用等能力,为学习专业课打下基础。

7. 英语(252学时)

在初中英语的基础上,巩固、扩展学生的基础词汇和基础语法;培养学生听、说、读、写的基本技能和运用英语进行交际的能力;使学生能听懂简单对话和看懂短文,能围绕日常话题进行初步交际,能读懂简单应用文,能模拟套写语篇及简单应用文;提高学生自主学习和继续学习的能力,并为学习专门用途英语打下基础。

8. 化学(72学时)

在初中化学的基础上,进一步学习金属及非金属元素的性质、化学反应及化学方程计算、物质结构、元素周期表、化学反应速率、化学平衡、电解质溶液、烃及烃的衍生物等基础知识,提高学生的化学素养,培养学生的实验操作能力,为学习专业课程打下基础。

9. 计算机应用基础(90学时)

在初中相关课程的基础上,进一步学习计算机的基础知识、常用操作系统的使用、文字处理软件的使用、计算机网络的基本操作和使用,掌握计算机操作的基本技能,具有文字处理能力,数据处理能力,信息获取、整理加工能力、网上交互能力,为今后的学习和工作打下基础。

10. 体育与健康(144学时)

在初中相关课程的基础上,进一步学习体育与卫生保健的基础知识和运动技能,掌握科学锻炼和娱乐休闲的基本方法,养成自觉锻炼的习惯;培养自主锻炼、自我保健、自我评价和自我调控的意识,全面提高身心素质和社会适应能力,为终身锻炼、继续学习与创业立业奠定基础。

(二) 专业基础课

1. 职业知识(36学时)

了解并掌握职业概括,职业的基本要求和工作要求;通过对学生职业道德教育与职业指导,使学生更好地了解职业、职业素质、职业道德、职业个性、职业选择、职业理想的基本知识与要求。了解国家有关服务行业的法律法规及治安管理条例。要遵纪守法,爱岗敬业。了解行业管理,熟悉岗位工作职责;了解行业服务,熟悉服务规程;了解顾客心理,具备良好的心理素质、工作态度和职业习惯;不断提高职业服务意识。

2. 医药知识(36学时)

了解人体医学的基本理论原理,掌握医学的科学理论依据,遵循医学的基本原则和一般规律,为专业的进一步学习打好基础。了解掌握中西医保健的种类及方法,认知健康的概念及卫生与健康对人体的重要意义,了解防病知识和消毒卫生灭菌方法。了解医学的基本原理及职业中常见病非处方药的用药知识,中草药的一般配制方法。

3. 人体解剖知识(36学时)

通过教学,使学生了解人体皮肤的结构、人体骨骼和人体肌肉的分布与作用,掌握常用的穴位,并熟悉其定位及主治,为专业学习打下基础。

4. 公关礼仪(36学时)

通过教学,使学生了解服务过程中的顾客心理、消费心理,学会人际交往沟通技巧,认识礼仪在服务过程中的重要作用。

(三) 专业课

1. 修脚技术(288学时)

了解修脚整足的发展历史,了解脚病产生的病理,了解修脚的科学理论依据;熟悉各种甲病、足病的形态特征;熟悉刀具、器具的有关知识;熟悉修治的理论方法,以提高学生对脚病的识别诊断、脚病的防护与医治的理论分析与研究能力。

通过教学与训练,了解掌握各种刀具的使用及研磨方法、持脚方法、持刀方法和修脚、刮脚、捏脚的操作方法;具有熟练修整趾甲、修治脚病的能力。

2. 按摩技术(144学时)

了解中国传统按摩的发展历史,按摩的原理,按摩的特点;了解并掌握按摩的理论方法,按摩的穴位分布,按摩的方向性,按摩对人体保健的主要功用,按摩的注意事项和按摩介质的特性。通过教学与训练,能熟练运用按摩各种手法;进行全身保健按摩和病理按摩。具备操作程序规范,穴位拿得准确,各部用时精确,力度适宜,手法娴熟;达到舒筋通络,缓解病症功效的服务能力。

3. 足部按摩技术(144学时)

了解足部反射学术的基本原理,足部按摩的特点及功效;熟悉掌握人体各系统、脏器在足部分布的发射区域、对症配穴取穴的能力;熟练足部按摩的各种手法、按摩的强度、按摩操作程序及通过足部按摩诊断病情的能力。

4. 擦背技术(72学时)

了解浴池环境卫生知识;了解并掌握擦背的操作程序,擦背的基本手法和"洁体、健体"的护理方法;通过教学与训练,具有擦背服务技能、简易按摩助浴、洗头服务、调节浴池水温的能力。

(四)毕业实习

中医理疗服务专业是应用性很强的专业,理论与实践相结合是人才培养教育的基本教学原则,因此,教学必须强调实践,突出实践。

本专业实践教学可采用以下形式:

1. 操作演示和训练

根据不同教学内容,可采用在课堂理论教学中辅以操作演示或单独开设操作训练课两种方法。

2. 模拟

模拟是学生动手实践的第一步。沐浴服务技能的教学内容都应安排比较充分的时间让学生模拟。

3. 见习

通过实案观察和了解,使学生获得沐浴服务及其相关工作的感性知识。

4. 实习

实习是培养学生职业技能的主要环节,也是养成职业习惯的重要措施。实习应尽可能安排在管理良好的沐浴中心或保健足疗中心。

时间:第三学年。

地点:对应岗位群的相应企业。

实习要求:学生应该了解企业的规章制度,遵守劳动纪律,掌握安全生产知识,掌握服务规范和服务操作规范。同时,要求学生在岗位上顶岗实习,进行技能综合训练及各类专业服务技术的综合训练。并且,还要求学生学习服务接待礼仪和经营管理实务。实习结束,应对学生的出勤情况、劳动纪律、服务技能、职业道德、礼貌礼仪作出考核鉴定,学生要写出实习小结。实习考核不合格者不能毕业。

五、证书考核

1. 按教育部门或有关部门规定的中等职业学校外语等级考试要求,取得外语能力初级证书。

2. 按教育部门或有关部门规定的中等职业学校计算机等级考试要求,取得计算机能力初级证书。

3. 修脚、足摩、按摩和搓背均取得省市级技术等级证书,其中三张中级证书,一张初级证书。

学生学完课程设置规定的必修课程和按规定自选的选修课程,考核成绩合格,操行分及格,实习成绩合格,取得相应的职业技能等级证书,方可毕业。

按照教改要求,学校可试行学分制,学生在2～5年的时间内学完课程设置规定的必修课程和规定的选修课程,考试成绩合格,取得学分,操行分及格,实习成绩合格,取得相应的职业技能证书,方可毕业。

教学活动时间分配和课程教学时间安排见表1、表2。

表1 教学活动时间分配(供参考)　　　单位:周

周数\项目\学期	文化基础课	理论教学	教学实习(实验实训)	综合实习(毕业实习)	复习考试	入学教育毕业教育	公益劳动和机动	寒暑假	总计
1	18				2	1		4	25
2	12	6			2		1	6	27
3	10	6	2		2		1	4	25
4	2	13	3		2		1	6	27
5	2	13	3		2		1	4	25
6				18	2	1			21
合计	44	38	8	18	12	2	4	24	150

说明:

1. 本表每学期的教学周数包括:课堂教学、实践教学和复习考试,6学期共120周。

2. 实践教学包括教学实习(实验、实训,一般在校内各实训室进行)和综合实习(一般应在专业对口企事业单位相关工作岗位进行)。

3. 入学教育中包括军训,毕业教育中包括毕业设计、撰写毕业论文或实习报告及其评审。

4. 公益劳动和机动包括劳动值勤、社会公益劳动和法定节假日放假时间。公益劳动除校内安排外,亦可利用课余时间在校外适当安排。

5. 本表所列 120 周教学周数不包括自修课程的教学。

6. 各校可根据地区和学校实际情况对本表教学活动时间的安排作适当的调整。

表2　课程教学时间安排(供参考)

课程模块名称	序号	课程名称	学时数	课堂教学 合计	课堂教学 讲授	课堂教学 实习	第一学年 一	第一学年 二	第二学年 三	第二学年 四	第三学年 五	第三学年 六	考核方式 考试	考核方式 考查
文化基础课程模块	1	职业道德与职业指导	2	36	36		2							√
	2	经济与政治基础知识	4	36	36					2				√
	3	语文	8	144	144		4	4					√	
	4	数学	8	144	144		4	4					√	
	5	英语	8	144	144		4	4					√	
	6	体育与健康	6	108	108		2	2					√	
	7	法律基础知识	1	18	18				1					√
		占总学时的38.8%	37	630	630									
通用专业课程模块	8	中医理论	2	36	36		2							√
	9	生理学	2	36	36		2							√
	10	人体解剖知识	2	36	36		2							√
	11	针灸学	2	36	24	12		2						√
	12	礼仪礼节	2	36	36				2					√
		占总学时的8.9%	10	180	168	12								
专门化专业课程模块1	13	修脚理论	2	36	36		2							√
	14	修脚技术	14	252		252	4	4	6					√
	15	足摩	6	108	36	72		2	4					√
	16	按摩	6	108	36	72			6					√
	17	足部反射学	2	36	36		2							√
	18	服务政策与法规	1	18	18			1						√
	19	服务英语口语训练	2	36	36				2					√
	20	疾病常识	2	36	36				2					√
	21	顾客心理学	1	18	18			1						√
		占总学时的45.6%	36	648	252	396								

续表

课程模块名称	序号	课程名称	学时数	课堂教学		第一学年		第二学年		第三学年		考核方式	
				合计	讲授	实习	一	二	三	四	五	六	考试	考查
专门化专业课程模块2	22	理疗概论	4	72	72		2	2					✓	
	23	中医理疗技术	16	288		288	4	6	6				✓	
	24	足部反射学	4	72	24	48		2	2				✓	
	25	体疗学	4	72	72			2	2				✓	
	26	疗养学	4	72	72			2	2				✓	
	27	按摩	6	108	36	72					6		✓	
	28	西洋理疗技术	6	108	36	72					6		✓	
	29	社会工作基础	2	36	36		2							✓
	30	社会学知识	1	18	18			1						✓
	31	服务政策与法规	1	18	18			1						✓
	32	手部反射学	2	36	36				2					✓
	33	服务英语口语训练	2	36	36				2					✓
	34	耳部反射学	2	36	36				2					✓
	35	顾客心理学	1	18	18			1						✓
	36	中草药护肤技术	2	36	36				2					✓
		占总学时的55.8%	57	1 026	546	480								
选修课程模块1	37	演讲与口才	2	36	36		2							✓
	38	市场营销	2	36	36			2						✓
	39	商业基础	2	36	36				2					✓
		占总学时的6.7%	6	108	108									
选修课程模块2	40	演讲与口才	2	36	36		2							✓
	41	市场营销	2	36	36			2						✓
	42	营养学	2	36	36				2					✓
		占总学时的5.8%	6	108	108									
		总计(模块1)	90	1 620	1 158	462	30	30	30					
		总计(模块2)	110	1 836	1 344	492	30	30	30					

三、理发刀的人才培养

中国美容美发产业实际上已经形成包括美容、美发、化妆品、美容器械、教育培训、专业媒体、专业会展和市场营销八大领域的综合服务流通产业,已形成了良好的行业发展前景和发展空间。产业的终端是美容和美发服务业,它是各种物化手段的人性化体现,统称为人物形象设计,它是整个行业的火车头和晴雨表。

人物形象设计专业是职业院校为顺应时代发展而兴起的一个专业,开设时间并不长,但却为形象设计行业培养了大量的一线服务和基层管理人员。随着我国经济的稳步增长,居民收入的逐年增加,爱美人士越来越多,为形象设计行业的发展带来了机遇,尤其是一线工作人员和基层管理人员的需求达到一定高峰。同时,消费者对从业人员的技能素养和能力素质的需求也越来越高。这就需要职业院校认真调研市场需求,不断改变现有人才培养模式,培养适应行业岗位要求,能为顾客提供规范化、个性化服务的高素质专业服务人员。

近年来,扬州籍的美发美容师又汲取了新的文学、艺术,甚至现代科学的素养。他们除了钻研中西美学理念,广泛地涉猎美学、皮肤学、骨骼学、经济学、心理学、考古学、化学知识;还引经据典,著书立说,正式出版了《理发技术》《理发与造型》《推拿按摩》《张学明理发技艺》《名师谈美发》《形象设计艺术》等专著,发表过《夏季正确的洗发及护发》等文章。他们被聘为兼职讲师,为扬州理发刀的薪火相传贡献力量。这其中最突出的要数江苏旅游职业学院和扬州生活科技学校。集群式的人才培养为扬州理发刀输送了大量的专业人才,实在居功至伟。

江苏旅游职业学院隶属于江苏省教育厅,建校已有六十年的历史,享有扬州三把刀人才摇篮的美誉,已成为同行业特色教育的经典学校。学校美容美发专业拥有一支高素质的师资队伍,专业理论、专业工艺操作均有高级讲师、高级技师、技师主讲演示指导;教学基础条件完备,拥有多功能、多媒体先进的教学设备设施,学校专业的实习基地遍布全省各地市,并形成了网络化管理。近几年,学校专业建设突飞猛进,紧贴市场。学校与企业联袂举办了扬州市大中型美发美容产品、技艺演示活动、社会公益活动和国内、省内大型的专业竞赛活动,硕果累累。1999 年,学校组队参加了江苏省第一届美容美发大赛,并荣获新娘化妆单项金奖。2001 年组队参加了江苏省第二届美容美发大赛,并荣获艺术美甲单项金奖。同年 8 月入选江苏美容美发代表团参加了第七届中国国际美容美发大赛,并荣获银奖。现在学校已培养了 500 多名学生、学员,足迹遍布国内外,并在行业中挑起重任,从而实现了传统技艺的理论化与正规化,保证了这支后备大军的专业素质和文化素质。

扬州生活科技学校是以培养生活科技管理和生活技术人才为目的的省部级全日制重点中等专业学校。他们以市场需求为导向,以培养高素质人才为中心,以服务就业为目的,继烹饪专业之后,又开办了美容美发专业,以发扬"一把刀"特色技艺。该校拥有一批技艺高超、励奋敬业的专业教师,并聘多名高级技师任教,开设了素描、美学基础、化妆品化学、皮肤护理、人体解剖、英语、美发(容)造型、技能、色彩、形体等课程;实习室配备了皮肤检测仪、奥桑蒸汽仪、超声波治疗机、文眉机、减肥机、红外线灯等先进设备。学校特别注重将学生的素质教育放在首位，注重培养学生的实际动手能力，强化技能训练，培养学生的前瞻性，随时掌握市场信息，以适应就业需要。多年来，该校毕业生就业率达100%，供不应求，在激烈的就业竞争中，始终立于不败之地。

受到文学、艺术、科学滋润的扬州美发美容，便少了庸俗、多了品位，少了脂粉、多了底蕴，终于突破了消费作坊的窠臼，实现了人才培养从店堂到学堂的转变，为扬州理发刀的长盛不衰奠定了坚实的人才基础。

附：

江苏旅游职业学院人物形象设计专业介绍

江苏旅游职业学院的人物形象设计专业是依托于扬州三把刀之一的"剃头刀"而发展起来的专业，具有浓郁的地方传统文化特色，在行业和企业中具有较高的知名度和美誉度。依托于扬州三把刀的传统技艺的人物形象设计专业创办于二十世纪九十年代。我校率先在全省把传统的以师带徒、父子相传的美发技艺从店堂引进职业教育的课堂，开设了三年制人物形象设计专业，经过十几年的建设，人物形象设计专业不断做大做强，取得了一系列成绩，先后通过江苏省示范专业评估，江苏省课改实验点验收，扬州三把刀实训基地评估。在此基础上，2006年我校开办人物形象设计五年制高职专业。通过全校师生的共同努力，人物形象设计专业"满足企业的今天，引导行业企业的明天"，成为自己的办学特色。人物形象设计专业现有专任专业教师12人，其中有高级职称的教师4人，中级职称的教师3人；有10名教师取得相应的职业资格，其中"双师型"教师7人、研究生6人，本科及以上比例为100%。

十几年来，从人物形象设计专业毕业的学生有1 000多名。目前，我校是省市美容美发协会团体会员单位和会长单位、"江苏省职业技术教育人物形象设计专业教学研究中心"、中国妇联"春蕾实用技术培训基地"、国家发改委扬州三把刀技能培训基地、中共中央直属机关和中共中央组织部"服务人才培养基地"、江苏省"紧缺性人才培养基地"。

江苏旅游职业学院下大力气抓专业建设，在改善实训室条件方面做了很多努力，现阶段有专业实训室共5间，其中美发室1间，美容室1间，化妆室1间，保健按摩室1间，美容美体室1间，工位100多个，为学生的动手操作提供了必要条件。学校也一直在积极努力地寻找合作企业，先后与上海麻花纤体、上海张玉珊修生堂、南京王春美容连锁、扬州天姿美容美发会所、扬州大三美容美发连锁等具有相当实力和规模的各大美容美发企业相合作。自2010年起，学校美容人物形象设计专业又与韩国东釜山大学签订了长期的实习协议，美容人物形象设计专业的学生可以每年到韩国进行为期2个月的专业实习和生活体验。这一举措，是江苏旅游职业学院乃至江苏省各职业院校合作办学的新理念的体现，更是江苏省职业教育领域的一个里程碑。

江苏旅游职业学院

人物形象设计专业人才培养方案

一、专业名称

人物形象设计

二、招生对象

初中毕业。

三、学制与学历

五年制,专科。

四、就业面向

(一)主要就业岗位

1. 专业美容美发保健机构的高级技术人员(高级美容美发师、高级美体师、高级按摩师、美甲师、化妆师等)

2. 专业保健美容美发机构的店长

3. 国内外化妆品和保健品的营销或管理人员

4. 国际、国内院校或相关机构的专业教师

5. 特殊人群或个人的养生与形象设计顾问

6. 专业杂志、报刊、电台、电视台的专栏记者、编辑

7. 自办个人形象工作室、美容美发院或连锁店

8. 专业线协理员、咨询员、接待员

(二)其他就业岗位

1. 群体或个人的养生与形象设计顾问

2. 杂志、报刊、电台、电视台的专栏记者、编辑

3. 职业岗位及典型工作任务(或岗位职责任务)

职业岗位	典型工作任务(或岗位职责任务)	预计平均获得的时间
高级技术人员	高级美容师	5年
	高级美发师	
	高级美体师	
	高级按摩师	
	高级化妆师	
	高级美甲师	

续表

职业岗位	典型工作任务（或岗位职责任务）	预计平均获得的时间
专业机构的管理人员	高层管理	7年
	一般管理	
	财务管理	
相关机构专业教师	培训教师	7年
	专职教师	
个人养生与形象设计顾问	养生顾问	7年
	形象设计顾问	
杂志、电台专栏编辑、记者	杂志专栏编辑	8年
	电台记者	
自办美容院等	自办或连锁美容美发店	5年
	化妆品公司	
	形象设计工作室	
专业咨询员、接待员	专业咨询员	5年
	专业接待员	
化妆品的开发、生产和营销	化妆品的开发	5年
	化妆品的生产	
	化妆品的营销	

五、培养目标与规格

1. 培养目标

面向美容美发行业，培养拥护党的基本路线，德、智、体、美、劳等方面全面发展，身心健康，具有与本专业相适应的文化水平、专业技能，并具备一定的审美意识，适应生产、建设、管理、服务第一线需要的美容美发高素质技能型专门人才。

2. 培养规格

（1）专业知识与技能

① 会熟练操作和运用各种常见的美容美发专业设备。

② 能从事人物形象设计专业操作，并能针对不同人群进行合理形象设计搭配。

③ 能收集、处理本专业相关信息。

④ 能借助工具书阅读与工作相关的英文资料，并能进行简单的英语交流。

⑤ 能运用所学知识进行改革和创新，能在自己的专业领域有所创新。

⑥ 具有自主学习，适应职业变化的能力。

(2) 职业能力

① 掌握不同化妆品的品质、特点、成分及用途。

② 掌握人物形象设计专业各领域操作要点。

③ 了解现代人物形象设计专业仪器的原理、性能及操作步骤。

④ 具备一定的创业知识。

(3) 综合素质

① 具备良好的政治思想素质、道德品质和法律意识。

② 具备人文和科学素养,形成稳固的专业思想和良好的生活态度。

③ 具备吃苦耐劳、积极进取、敬业爱岗的工作态度。

④ 具备勤于思考、善于动手、勇于创新的精神。

⑤ 具备良好的人际交往能力、团队合作精神和服务意识。

⑥ 能够严格遵守安全操作规范。

3. 职业证书

必须取得下列职业资格证书之一:

证书类别	职业证书名称	等级	颁证机构
基础证书	计算机 NIT	1级 B	全国教育考试中心
	英语 PETS	一级	全国教育考试中心
	书法等级	4级	江苏省书法等级考试中心
专业技能证书	美发师	中、高	劳动和社会保障部
	美容师	中、高	劳动和社会保障部
拓展证书	化妆师	中	劳动和社会保障部
	美甲师	中	劳动和社会保障部

六、人才培养模式和课程体系

1. 人才培养模式描述

开展市场调研,滚动修订人才培养方案。人才培养方案有相关行业企业专家参与,社会调研和方案论证充分,严格审批程序。人才培养方案思路清晰,职业分析与教学分析全面深入,突出了职业素质和职业能力培养主线,围绕职业素养这一中心,形成了理论、实践与专业素养相结合的课程体系,教学进程安排科学合理,体现了五年一贯制高职教育的特色,重视教学方法、手段和考核改革,突出学生主体地位,重视因才导学。完善实践教学体系,全面推进素质教育。将实施实践教学与生产过程相结合,与职业资格证书和技能考核鉴定相结合,保证实训时间,建立与理论教学体系相辅相成的实践教学体系。以主题教学模式为抓手,融合项目模块化教学,培养高技能、高素质型具有创新能力的现代服务业人才。

2. 课程体系设计

围绕高端技能型专门人才培养目标,综合考虑学生基本素质、职业能力培养与可持续发展,参照职业岗位任职要求,引入行业企业技术标准,紧贴美容美发行业最新发展,人物形象设计专业以项目课程为抓手,构建以行业认知、入门常识、专业基本功、专业技能操作、职业发展规划为主要结构的课程体系。具体如下:

① 突出专业课程的职业性、实践性和开放性。注重与企业合作,按照"职业岗位→岗位需求能力→确立教学项目"的项目导向式的运行机制来组织教学。

② 学以致用,以"用"促学,边"用"边学,突出"教、学、做"一体化的教育理念。

③ 学生是学习主体,鼓励学生职业能力发展,加强创新能力和意识培养的理念。在设计中,既要考虑学生职业技能的训练,又要关注综合职业素质的养成,为学生的可持续发展奠定良好的基础。

七、专业核心课程简介

1. 中医美容基础

通过教学使学生掌握三方面内容:一是中医学理论基础;二是传统美学理论基础;三是中医美容方法,主要包括七大法:药物、食膳、针灸、推拿、气功、音乐及心理等。

2. 中医美容实用技术

通过学习与实训,使学生了解医学美学与美容医学基础知识,医学审美与心理美容咨询技术;熟悉药物美容技术基础及临床应用技术;重点了解光动力学与光化学美容技术、低温冷冻与激光美容技术、高频电与超声波美容技术、X线与放射性核素美容技术、推拿和针灸美容技术、美容文饰技术与美容化妆技术;重点掌握皮肤美容外科技术及美容医学相关诊疗技术和方法。

3. 美发与造型

通过本课讲解有关美发基础知识和技能(洗、护、修剪、吹风、梳理、刮脸、烫发、染发、漂发、假发梳理、束发造型、头部按摩等),使学生掌握实践操作技术,强化技能训练,形成解决实际问题和增强适应职业变化的能力。使学生获得省、市技术等级考核的美发高级职业技能鉴定合格证书。

4. 美容与造型

通过教学与训练,使学生了解人体生理常识,掌握问题皮肤的特征、成因及美容的皮肤护理技术。熟悉现代美容护理的各项专业技术,锻炼学生分析皮肤能力和解决美容护理操作中较复杂的技术问题。

5. 化妆与造型

通过教学和训练,基本掌握化妆造型设计的技能,运用所学素描、色彩的知识根据不同的脸型进行塑造面容造型设计。使学生获得省、市技术等级考核的化妆高级职业技能鉴定合格证书。

6. 美甲设计

通过教学和训练,使学生掌握各种新美甲设备、器具的性能、使用方法。在通晓美甲技能的基础上,能根据不同特征和要求,设计、制作出不同的美甲效果。

7. 美体技术

通过教学与训练,熟悉美体的基础理论知识,各类化妆技术及修饰美容技能的各项专业技能,并具备一定的综合操作能力,掌握美体设计的专业技术。使学生获得省、市技术等级考核的美容高级职业技能鉴定合格证书。

8. 服饰与造型

通过对本课程的学习,使学生了解服饰与造型设计的理论知识,培养审美能力,提高专业素养,进而成为一名优秀的造型设计师。

八、综合实践教学环节介绍

1. 综合实习是学生在行业工作现场进行的综合技能实习,是校内教育教学活动的延续和深化,集中在第十学期进行。

综合实习要在有经验的师傅和专业教师指导下进行。根据实习计划的安排,参与企业服务与管理、产品销售、服务核算、产品导师服务、商务洽谈、企划等业务环节的学习,熟练掌握业务技能,提高从业从岗的实际能力。同时,加强职业道德修养,为就业准入打下良好的基础。

毕业综合实习学分根据综合实习内容及各业务环节的表现,通过工作实际能力的综合评估,确定具体分值。

2. 毕业设计是教学计划规定的综合性实践教学环节。

毕业设计的目的:对学生掌握知识的深度及广度、运用理论结合实际去处理问题的能力、实验能力、外语水平、计算机运用水平、书面及口头表达能力进行训练和考核;提高学生对工作认真负责、一丝不苟,对事物能潜心考察、勇于开拓、勇于实践的基本素质;使学生达到专业素质培养目标的要求,有利于学生发挥独立见解和创新精神。毕业设计强调设计的独创性和实用性。要求具备清晰的设计思路,具体的设计方案和步骤,准确的设计参数和计算分析,同时也要求逻辑性强,条理清楚,语言精练。毕业设计既是对学校所学知识的全面总结和综合应用,又为今后走向社会的实际操作应用铸就了一个良好的开端。

课程结构	序号	课程名称	学分	教学时数			各学期课程教学按周学时安排										考核形式	
				总学时数	理论教学	实践教学	一		二		三		四		五		考试	考查
							1	2	3	4	5	6	7	8	9	10		
公共基础课程	1	政治	18	324	324		2	2	2	2	2	2	2	2			✓	
	2	体育与健康	16	216	16	200	2	2	2	2	2	2	2	2				✓
	3	数学	20	360	360		4	4	4	4	2	2					✓	
	4	语文	20	360	360		4	4	4	4	2	2					✓	
	5	英语	20	360	360		4	4	4	4	2	2					✓	
	6	计算机应用	4	144	36		2	2									✓	
	7	普通话	2	36	36		2											✓
	8	文学欣赏	1	18	18			1										✓
		小计	101	1 818	1 510	200												
专业技能课程	9	经络与穴位	4	72	72		2	2										✓
	10	化妆品化学	4	72	54	18	2	2									✓	
	11	人体营养学	2	72	54	18	2											✓
	12	素描	6	108	18	90			3	3								✓
	13	色彩	6	108	18	90					3	3						✓
	14	形体	2	36	36									2				✓
	15	服务礼仪	2	36	36									2				✓
	16	化妆品推销	2	36	36									2				✓
	17	形象设计软件应用	2	36	6	30								2				✓
	18	中医美容基础	2	72	72			2										✓
	19	中医美容实用技术	16	216	216						3	4	4	4	2		✓	
	20	美发与造型	21	666	36	630			3	3	3	3	3	3			✓	
	21	美容与造型	12	324	18	306			3	3	3	3					✓	
	22	化妆与造型	21	378	18	360			3	3							✓	
	23	美甲设计	16	270	12	258					3	3	3	4	4		✓	
	24	美体技术	12	342	36	306							4	4	4		✓	
	25	服饰与造型	12	162	18	144							2	4	4		✓	
		小计	142	3 006	756	2 250	28	28	28	28	28	28	28	28				

续表

课程结构	序号	课程名称	学分	教学时数			各学期课程教学按周学时安排										考核形式	
				总学时数	理论教学	实践教学	一		二		三		四		五		考试	考查
							1	2	3	4	5	6	7	8	9	10		
选修课程	限选课程	26	美学原理	2	36	36						2						√
		27	音乐欣赏	2	36	36				2								√
		28	摄影技术	2	36	26	10							2			√	
			小计	6	108	98	10											
	任选课程	29	文艺作品欣赏	2	36	36								2				√
		30	职业健康与安全	2	36	36									2			√
			小计	4	72	72												
证书培训考核		31	美容中级	4						4								
		32	美容高级	4										4				
		33	美发中级	4							4							
		34	美发高级	4										4				
			小计	16														
毕业设计(毕业论文)				3	54		54									2周		
毕业实习				18	324		324									17周		
合计				290	5 382	2 508	2 838	29	28	28	28	26	26	25	27	26		

九、专业办学基本条件和教学建议

1. 专业教学团队

专业师生比1∶25以上,专任专业教师为人物形象设计相关专业毕业,具有人物形象设计相关专业理论和实践操作能力的教师组成。企业任教人员占专任专业教师10%,需在人物形象设计行业有10年以上的实际工作经验,具有高级技师专业技术职称,主要负责企业实训课程的教授。

专业带头人需要相关专业高级职称或高级技师,从事人物形象设计专业教学、生产实践15年以上,在行业具有一定影响力。

公共基础课任课教师应为政治、语文、数学、英语等专业毕业,具有本科以上学历,熟知教学的相关流程。

2. 教学设施

人物形象设计专业拥有专门人物实训基地,生均建筑面积3平方米,生均设备值5 000元以上;有完备的实训专门教室满足人物形象设计专业学生校内实习并有与企业合作的仿真生产实训室,包括美发实训室、美容实训室、美体实训室、化妆实训室、美甲实训室、服饰造型实训室、按摩实训室、形体室等。校外有10家两年以上合作协议的实训基地。具备人物形象设计专业信息教学条件。

3. 教材及图书、数字化(网络)资料等学习资源

① 生均专业图书3本以上。

② 核心课程的数字化教学资源平台：每月上传更新课程教案、ppt、课例、教学资源、课程案例视频等。

4. 教学方法、手段与教学组织形式建议

课程总体采取学生主体、教师主导的"主题式教学"模式，采用任务驱动、模拟情境、项目式等教法，根据学生特点，激发学生学习兴趣。

5. 教学评价、考核建议

① 建立以学生发展为本的多元评价途径和方法：主张对学生的评价，既有横向评价，又有着眼于学生发展的纵向评价；评价的内容既看学习的内容，又要看学习的态度、学习的方法、学习的效果；同时教师们要把对学生的评价渗入到课堂教学之中，注重对学生情感、态度和价值观的培养，对学生在课堂上的表现，教师及时地给予鼓励。课堂上，不仅要有教师对学生的评价，还组织学生开展相互间的评价。

② 积极推行双(多)证书管理制度，将校企合作的实践性教学安排与职业资格证书考核有机结合，鼓励学生在取得大专毕业证书的同时，取得与专业相关的职业资格证书，鼓励学生经培训并通过社会化考核取得与提升职业能力相关的其他技术等级证书。

6. 教学管理

建立完整的教学质量监控体系，并切实开展教学听课、评课等活动。坚持每年开展社会人才需求调研、毕业生跟踪调查和新生素质调查，信息分析系统全面深入。

注重学生的学习情感、学习能力、创新精神的培养。课堂教学要由只关注结果、忽视过程转向要关注学生的学习过程以及后续学习的铺垫。教学要求由过去过多强调共性转向关注学生的个性差异和个性化发展，提倡以学生发展为本的多元评价途径和方法。

十、继续专业学习深造建议

本专业毕业生可在毕业时选择专升本和专转本途径升学，可选择高等本科院校的艺术类专业进行深造；或者选择与国外相关学校接轨。

十一、说明

(一)证书积极推行双(多)证书管理制度，将实践性教学安排与职业资格证书考核有机结合，鼓励学生在取得专科毕业证书的同时，取得与专业相关的职业资格证书。本专业学生在毕业时须获得以下证书：

1. 高级美发师(美容师)

在第四年参加高级美发师(美容师)考核，且修完专业必修课、专业实践课有资格参加

"高级美发师(美容师)"职业资格证书的考核。

2. 中级化妆师

在修完化妆专业必修课、专业实践课和完成集中社会实习环节后有资格参加"中级化妆师"职业资格证书的考核。

3. 中级美甲师

在修完美甲专业必修课、专业实践课和完成集中社会实习环节后有资格参加"中级美甲师"职业资格证书的考核。

(二)本专业应具备的实训室条件

至少应具备美发实训室、美容实训室、化妆实训室、美甲实训室等。

第二节 订立标准

标准是国民经济和社会发展的重要技术支撑,当今世界,标准化水平已成为各个国家和地区核心竞争力的基本要素,大到一个国家,小到一个企业,要在激烈的国际竞争中立于不败之地,必须走标准化发展之路。《国家中长期科学和技术发展规划纲要(2006—2020年)》明确把实施技术标准战略作为我国科技发展的两大战略之一。标准的本质是统一,它的任务是规范,是对重复性事物和概念的统一规定。无论是对内规范还是对外竞争,都需要制定统一的标准。扬州三把刀从发展到壮大,制定服务规范和技术标准是必经之路,也是一种更深层次、更高水平上的文化重塑。标准是市场竞争的制高点,标准决定着市场控制权,得标准者得天下。

一、厨刀标准

中式烹调师国家职业标准

1. 职业概况

1.1 职业名称

中式烹调师

1.2 职业定义

根据成菜要求,合理选择原料,运用刀工、配菜、调味、熟制、装盘等技法制作中式菜肴的人员。

1.3 职业等级

本职业共设五个等级,分别为:初级(国家职业资格五级)、中级(国家职业资格四级)、高级(国家职业资格三级)、技师(国家职业资格二级)、高级技师(国家职业资格一级)。

1.4 职业环境

室内,常温。

1.5　职业能力特征

手指、手臂灵活,色、味、嗅等感官灵敏,形体感强。

1.6　基本文化程度

初中毕业。

1.7　培训要求

1.7.1　培训期限

全日制职业学校教育,根据其培养目标和教学计划确定。晋级培训期限:初级不少于200标准学时;中级不少于160标准学时;高级不少于120标准学时;技师不少于80标准学时;高级技师不少于50标准学时。

1.7.2　培训教师

培训初级、中级人员的教师应具有本职业高级及以上职业资格证书;培训高级人员和技师的教师应具有相关专业中级及以上专业技术职务任职资格或本职业技师及以上职业资格证书;培训高级技师的教师应具有本职业高级技师职业资格证书2年以上或相关专业高级专业技术职务任职资格。

1.7.3　培训场地设备

满足教学需要的标准教室;操作间设备、设施齐全,布局合理,燃料、冷藏、冷冻等设备符合国家安全、卫生标准。

1.8　鉴定要求

1.8.1　适用对象

从事或准备从事本职业的人员。

1.8.2　申报条件

——初级(具备以下条件之一者)

(1)经本职业初级正规培训达规定标准学时数,并取得结业证书。

(2)在本职业连续见习工作2年以上。

(3)本职业学徒期满。

——中级(具备以下条件之一者)

(1)取得本职业初级职业资格证书后,连续从事本职业工作3年以上,经本职业中级正规培训达规定标准学时数,并取得结业证书。

(2)取得本职业初级职业资格证书后,连续从事本职业工作5年以上。

(3)连续从事本职业工作7年以上。

(4)取得经劳动保障行政部门审核认定的、以中级技能为培养目标的中等以上职业学校本职业(专业)毕业证书。

——高级(具备以下条件之一者)

(1) 取得本职业中级职业资格证书后,连续从事本职业工作4年以上,经本职业高级正规培训达规定标准学时数,并取得结业证书。

(2) 取得本职业中级职业资格证书后,连续从事本职业工作7年以上。

(3) 取得本职业中级职业资格证书的大专以上本专业或相关专业毕业生,连续从事本职业工作2年以上。

(4) 取得高级技工学校或经劳动保障行政部门审核认定的、以高级技能为培养目标的高等职业学校本职业(专业)毕业证书。

——技师(具备以下条件之一者)

(1) 取得本职业高级职业资格证书后,连续从事本职业工作5年以上,经本职业技师正规培训达规定标准学时数,并取得结业证书。

(2) 取得本职业高级职业资格证书后,连续从事本职业工作8年以上。

(3) 取得本职业高级职业资格证书的高级技工学校毕业生,连续从事本职业工作满2年。

——高级技师(具备以下条件之一者)

(1) 取得本职业技师职业资格证书后,连续从事本职业工作3年以上,经本职业高级技师正规职业培训达规定标准学时数,并取得结业证书。

(2) 取得本职业技师职业资格证书后,连续从事本职业工作5年以上。

1.8.3 鉴定方式

分为理论知识考试和技能操作考核。理论知识考试采用闭卷笔试方式,技能操作考核采用现场实际操作方式。理论知识考试和技能操作考核均实行百分制,成绩皆达60分及以上者为合格。技师、高级技师还须进行综合评审。

1.8.4 考评人员与考生配比

理论知识考试考评人员与考生配比为1∶20;技能操作考核每10名考生配备1名考评员,成品鉴定配备3~5名考评员进行菜品鉴定、打分,综合评审委员不少于5人。

1.8.5 鉴定时间

理论知识考试为120 min;技能操作考核:初级为90 min,中级为120 min,高级为150 min,技师、高级技师为180 min;综合评审时间不少于30 min。

1.8.6 鉴定场所设备

理论知识考试在标准教室进行;技能操作考核场所要求炊事用具齐全,卫生、安全符合国家规定标准,符合鉴定要求。

2. 基本要求

2.1 职业道德

2.1.1 职业道德基本知识

2.1.2 职业守则

(1) 忠于职守,爱岗敬业。

(2) 讲究质量,注重信誉。

(3) 遵纪守法,讲究公德。

(4) 尊师爱徒,团结协作。

(5) 积极进取,开拓创新。

2.2 基础知识

2.2.1 烹饪原料基本知识

(1) 原料的分类。

(2) 原料的特性。

(3) 原料的选择。

2.2.2 饮食营养知识

(1) 人体必需的营养素和热能。

(2) 各类烹饪原料的营养。

(3) 营养平衡和科学膳食。

(4) 中国膳食宝塔。

2.2.3 餐饮食品卫生知识

(1) 食品污染。

(2) 食品的腐败变质。

(3) 食物中毒。

(4) 各类烹饪原料的卫生。

(5) 烹饪工艺卫生。

(6) 食品卫生要求。

(7) 食品卫生法规及卫生管理制度。

2.2.4 餐饮业成本核算知识

(1) 餐饮业的成本概念。

(2) 出料率的基本知识。

(3) 净料成本的计算。

(4) 调味品成本的计算。

(5) 成品成本的计算。

(6) 宴会成本的计算。

2.2.5 安全生产知识

(1) 厨房安全操作知识。

(2) 安全用电知识。

(3) 防火防爆安全知识。

(4) 手动工具与机械设备的安全使用知识。

3. 工作要求

3.1 初级

职业功能	工作内容	技能要求	相关知识
一、原料初加工	(一) 鲜活原料初加工	1. 能对蔬菜类原料进行清洗整理 2. 能对家禽类原料进行开膛、清洗整理 3. 能对有鳞鱼类原料进行清洗整理	1. 蔬菜类原料加工方法及技术要求 2. 家禽类原料加工方法及技术要求 3. 有鳞鱼类原料加工方法及技术要求
	(二) 加工性原料初加工	1. 能对腌腊制品进行清理加工 2. 能对干制植物性原料进行水发加工 3. 能对原料进行冷冻和解冻处理	1. 腌腊制品加工方法及技术要求 2. 水发加工的概念及种类 3. 干制植物性原料的水发方法及技术要求 4. 原料冻结方法和解冻
二、原料分档与切割	(一) 原料部位分割	能根据鸡、鸭等家禽类原料的部位特点,进行分割取料	1. 分割取料的要求和方法 2. 鸡、鸭等家禽原料肌肉及骨骼分布 3. 家禽类原料各部位名称及品质特点
	(二) 原料切割成形	能根据菜品要求将动植物原料切割成片、丝、丁、条、块、段等形状	1. 刀具的种类及使用保养方法 2. 刀法中的直刀法、平刀法、斜刀法的使用方法 3. 片、丝、丁、条、块、段的切割规格及技术要求
三、原料调配与预制加工	(一) 菜肴组配	1. 能根据菜肴规格准确配制主、配料数量 2. 能完成单一主料冷菜的拼摆及成形 3. 根据菜肴品种合理选用餐具	1. 菜肴组配的概念和形式 2. 热菜配制的规格要求 3. 冷菜装盘的方法及技术要求 4. 餐具选用原则
	(二) 着衣处理	1. 能对原料进行拍粉、粘皮处理 2. 能调制水粉糊、全蛋糊、水粉浆、全蛋浆	1. 淀粉的种类、特性及使用方法 2. 拍粉、粘皮的种类及技术要求 3. 制糊、调浆的方法及技术要求
	(三) 调味处理	1. 能对动物性原料进行腌制调味处理 2. 能调制咸鲜味、酸甜味、咸甜味、咸香味等味型	1. 调味的目的与作用 2. 调味的程序和时机 3. 腌制调味的方法与技术要求 4. 味型的概念及种类 5. 咸鲜味、酸甜味、咸甜味、咸香味等味型的调味方法及技术要求

续表

职业功能	工作内容	技能要求	相关知识
四、菜肴制作	（一）热菜烹制	1. 能对原料进行水焯预熟处理 2. 能运用6种烹调方法（煎、炒、炸、煮、蒸、氽）制作地方风味菜肴	1. 加热设备的功能和特点 2. 加热的目的和作用 3. 水焯预熟处理的方法与技术要求 4. 翻勺的种类及技术要求 5. 烹调方法的分类与特征 6. 烹调方法煎、炒、炸、煮、蒸、氽的概念及技术要求
	（二）冷菜制作	能制作冷制冷食菜肴	1. 冷制冷食菜肴加工要求 2. 冷制冷食菜肴制作方法

3.2 中级

职业功能	工作内容	技能要求	相关知识
一、原料初加工	（一）鲜活原料的初加工	1. 能对家畜类的头、蹄、尾部及内脏原料进行清洗整理 2. 能根据菜肴要求，对无鳞鱼类原料进行宰杀、开膛加工	1. 家畜类原料清理加工技术要求 2. 无鳞鱼类的宰杀、开膛加工的技术要求
	（二）加工性原料的初加工	1. 能对动物性干料进行油发加工 2. 能对粮食制品进行预制加工	1. 加工性原料的分类 2. 油发加工的概念及原理 3. 动物性干制原料的油发方法及技术要求 4. 粮食制品的种类及加工方法
二、原料分档与切割	（一）原料部位分割	1. 能根据猪、牛、羊肉等原料的部位特点，进行分割取料 2. 能根据鱼类原料的品种及部位特点，进行分割取料	1. 猪、牛、羊肌肉及骨骼分布 2. 不同品种鱼的肌肉及骨骼分布 3. 同种鱼鱼体不同部位的肌肉特点
	（二）原料切割成形	1. 能根据菜品要求对动物性原料进行花刀处理 2. 能根据菜品要求对植物性原料进行花刀处理	1. 花刀分类及剞刀的方法 2. 花刀成形的种类及应用范围
三、原料调配与预制加工	（一）菜肴组配	1. 能根据菜肴质地、色彩、形态要求，进行主、配料的搭配组合 2. 能运用排、扣、复、贴等手法组配花色菜肴 3. 能完成5种以上原料的冷菜拼摆	1. 菜肴质地、色彩、形态的组配要求 2. 花色菜肴的组配手法 3. 几何图案冷菜的拼摆原则及方法
	（二）着衣处理	能调制致嫩浆、全蛋浆、酱料浆、蛋清糊、蛋黄糊、蛋泡糊、脆皮糊、酥糊、蜂巢糊	1. 着衣处理的作用 2. 蜂巢糊、脆皮糊、蛋泡糊的原理及技术要求

续表

职业功能	工作内容	技能要求	相关知识
三、原料调配与预制加工	（三）调味、调色处理	1. 能调制酱香味、奶香味、家常味、香辣味、麻辣味等味型 2. 能运用调料对原料进行调色处理	1. 调味的基本方法 2. 酱香味、奶香味、家常味、香辣味、麻辣味等味型的调配方法和技术要求 3. 调料调色的方法
	（四）制汤	能制作基础汤（毛汤）	汤的种类及技术要求
四、菜肴制作	（一）热菜烹制	1. 能对原料进行走油、走红预熟处理 2. 能运用6种烹调方法（烤、熘、爆、烩、烧、焖）烹制地方风味菜肴	1. 油、汽导热预熟处理的方法及要求 2. 火候的概念及传热介质的导热特征 3. 烤、熘、爆、烩、烧、焖等烹调方法的概念及技术要求
	（二）冷菜烹制	能制作热制冷食菜肴	1. 热制冷食菜肴的制作要求 2. 热制冷食菜肴的制作方法

3.3 高级

职业功能	工作内容	技能要求	相关知识
一、原料初加工	（一）鲜活原料的初加工	1. 能对贝类、爬行类、软体类原料进行宰杀、清洗整理 2. 能对虾蟹类原料进行宰杀、清洗整理 3. 能对菌类、藻类进行清洗整理	1. 贝类、爬行类、软体类原料的加工方法及技术要求 2. 虾蟹类原料的加工方法及技术要求 3. 菌类、藻类原料的加工方法及技术要求
	（二）加工性原料的初加工	1. 能对中式火腿进行清理和分档加工 2. 能对干制鱿鱼、墨鱼进行碱水涨发	1. 碱水涨发加工的概念及原理 2. 中式火腿的分档方法 3. 动物性干制原料的碱发方法及技术要求
二、原料分档与切割	（一）原料部位分割	能对整鸡、整鸭、整鱼等原料进行整料脱骨处理	整料脱骨的方法及要求
	（二）茸泥原料加工	能运用动植物性原料制作各种茸泥	各种茸泥的制作要领
三、原料调配与预制加工	（一）菜肴组配	1. 能运用包、卷、扎、叠、瓤、穿、塑等手法组配花色菜肴 2. 能完成象形冷菜拼摆	1. 包、卷、扎、叠、瓤、穿、塑等手法的技术要求 2. 花色冷菜的拼摆原则及方法
	（二）调味、调色、调质处理	1. 能运用天然色素对菜肴进行调色处理 2. 能调制茶香味、果香味、醋椒味、鱼香味等味型 3. 能对菜肴进行增稠处理	1. 味觉的基本概念 2. 勾芡的目的、方法及技术要求 3. 食用色素的种类及使用原则 4. 茶香味、果香味、醋椒味、鱼香味等味型的调配方法及技术要求

续表

职业功能	工作内容	技能要求	相关知识
三、原料调配与预制加工	(三)制汤、制冻、制蓉胶	1. 能制作清汤、奶汤、浓汤 2. 能制作琼脂、鱼胶、皮冻类菜肴 3. 能制作鱼、虾、鸡类蓉胶菜品	1. 制汤的基本原理及注意事项 2. 冻胶的分类及制作要领 3. 蓉胶制品的特点、种类及技术要求
四、菜肴制作	(一)热菜烹制	能运用10种烹调方法(拔丝、蜜汁、扒、煨、炖、贴、塌、熏、糟、焗)烹制特色菜肴	1. 宴会热菜的构成及组配原则 2. 拔丝、蜜汁、扒、煨、炖、贴、塌、熏、糟、焗等烹调方法及技术要求
	(二)冷菜烹制	能运用挂霜、琉璃、熏、糟等方法制作特色冷菜	挂霜、琉璃、熏、糟等烹调方法的技术要求

3.4 技师

职业功能	工作内容	技能要求	相关知识
一、原料鉴别与加工	(一)原料鉴别	能对鲍鱼、海参、鱼肚、鱼皮、鱼骨、蹄筋、蛤士蟆油、鱼翅、燕窝等原料的品质进行鉴别	1. 高档干制原料的种类及特征 2. 高档干制原料的品质鉴别方法
	(二)原料加工	能对鲍鱼、海参、鱼肚、鱼皮、鱼骨、蹄筋、蛤士蟆油、鱼翅、燕窝等进行涨发加工	高档干制原料的涨发方法及技术要求
二、菜肴装饰与美化	(一)餐盘装饰	1. 能合理选用餐盘装饰原料 2. 能运用各种装饰原料对餐盘进行合理装饰	1. 餐盘装饰的概念、特点及应用原则 2. 餐盘装饰的构图方法
	(二)食品雕刻	1. 能根据食雕作品要求选用食雕刀法 2. 能进行不同题材作品的食品雕刻	1. 食品雕刻的概念、特点及分类 2. 食品雕刻作品的保鲜保藏方法
三、菜单设计	(一)零点菜单设计	1. 能根据企业定位、经营特点和企业综合资源设计零点菜单 2. 能根据零点特点,对冷、热菜及面点等进行组合设计	1. 零点及零点菜单的概念 2. 零点菜单的结构及作用 3. 零点菜单设计的原则及方法
	(二)宴会菜单设计	1. 能根据不同主题设计宴会菜单 2. 能根据宴会规格,对冷菜、热菜、点心等进行合理搭配 3. 能根据季节、风俗习惯、服务对象设计整套宴会菜点	1. 宴会的概念、类型及发展 2. 宴会菜单的结构及作用 3. 宴会菜单设计的原则和方法
四、菜点制作	(一)菜肴制作	能运用各种烹饪原料、方法,制作国内主要菜系的特色菜肴	中国主要菜系的风味特色
	(二)点心制作	能制作宴会点心	点心在宴会中的作用及制作要求

续表

职业功能	工作内容	技能要求	相关知识
五、厨房管理	（一）成本管理	1. 能提出厨房产品成本控制的措施 2. 能填写厨房成本核算报表 3. 能制定控制成本的方案	1. 厨房产品成本构成要素 2. 厨房生产流程中的成本控制方法 3. 成本报表与控制方法
	（二）生产管理	1. 能对厨房生产各阶段的运转制订明确的管理细则 2. 能制订出标准食谱 3. 能根据厨房生产各阶段的要求控制好厨房出品秩序	1. 厨房生产各阶段的管理要求 2. 标准食谱的制订与管理
	（三）销售管理	1. 能提出协调厨房与前厅之间关系的措施 2. 能制订厨房产品的促销办法 3. 能制订出菜点创新的生产与管理措施	1. 厨房与前厅之间营销协作的要求 2. 厨房产品促销活动的办法 3. 菜点创新的方法
六、培训与指导	（一）培训	能根据培训教材和教案对初级、中级、高级中式烹调师进行培训	1. 培训计划的编制方法 2. 培训教案的编写要求
	（二）指导	能对初级、中级、高级中式烹调师进行刀工、烹调技法、调味等技术指导	

3.5 高级技师

职业功能	工作内容	技能要求	相关知识
一、营养配餐	（一）一般人群营养配餐	1. 能设计以一菜营养平衡为目标的菜肴 2. 能设计以套餐、宴席营养平衡为目标的食谱 3. 能设计以一日三餐营养平衡为目标的食谱	1. 三大产能营养素分配比 2. 一日三餐的热能分配比 3. 烹饪原料的营养功用 4. 食物营养成分知识
	（二）特殊人群营养配餐	1. 能对不同环境下的作业人员进行营养配餐 2. 能对特殊人群进行营养配餐	1. 不同环境下作业人员营养配餐的原则 2. 特殊人群营养配餐的原则 3. 药食兼用食品知识
二、宴会主理	（一）宴会菜点生产的组织实施	能根据宴会菜点生产需要编制实施方案	1. 宴会菜点生产的特点及生产过程 2. 宴会菜点生产实施方案的编制方法
	（二）宴会菜点生产服务的组织实施	能根据宴会任务需要编制宴会服务实施方案	1. 宴会服务的特点及作用 2. 宴会服务实施方案的编制方法

续表

职业功能	工作内容	技能要求	相关知识
三、菜点制作	(一)创新菜的制作与开发	1. 能运用国内外的新技法创制新菜肴 2. 能运用国内外的新原料、新调味创制新菜肴	1. 创新的概念 2. 创新的方法和途径
	(二)菜点展示	1. 能设计主题性展台 2. 能对展示菜点进行美化装饰	1. 主题性展台的特点及作用 2. 展示菜点的造型及装饰方法
四、厨房管理	(一)厨房整体布局	1. 能分析影响厨房布局的因素 2. 能进行中餐厨房布局设计	1. 中餐厨房类型 2. 中餐厨房布局知识
	(二)人员组织分工	1. 能合理分配厨房各岗位人员 2. 能对各岗位人员进行合理分工和排班	1. 厨房组织结构设置要求 2. 厨房人员配备及管理方法 3. 厨师长的岗位职责
	(三)菜点质量管理	1. 能制定菜肴质量评价标准并执行解决质量问题的方案 2. 能对菜点质量进行针对性控制	1. 影响菜点质量的因素 2. 菜点质量管理方法
五、培训与指导	(一)培训	1. 能编写培训讲义 2. 能对技师以下的中式烹调师进行培训 3. 能运用多媒体课件进行业务培训	1. 培训讲义的编写方法 2. 多媒体课件制作和使用的方法
	(二)指导	能对技师以下的中式烹调师进行技能指导	专业技能指导方法

4. 比重表

4.1 理论知识

项目		初级(%)	中级(%)	高级(%)	技师(%)	高级技师(%)
基本要求	职业道德	5	5	5	5	5
	基础知识	15	10	5	5	5
相关知识	原料初加工	20	15	10	—	—
	原料分档与切割	20	15	15	—	—
	原料调配与预制加工	20	25	30	—	—
	菜肴制作	20	30	35	—	—
	原料鉴别与加工	—	—	—	15	—
	菜肴装饰与美化	—	—	—	15	—
	营养配餐	—	—	—	—	20

续表

项目		初级(%)	中级(%)	高级(%)	技师(%)	高级技师(%)
相关知识	宴会主理	—	—	—	—	20
	菜单设计	—	—	—	15	—
	菜点制作	—	—	—	20	20
	厨房管理	—	—	—	20	20
	培训与指导	—	—	—	5	10
合计		100	100	100	100	100

4.2 技能操作

项目		初级(%)	中级(%)	高级(%)	技师(%)	高级技师(%)
技能要求	原料初加工	25	20	10	—	—
	原料分档与切割	25	20	20	—	—
	原料调配与预制加工	20	25	30	—	—
	菜肴制作	30	35	40	—	—
	原料鉴别与加工	—	—	—	15	—
	菜肴装饰与美化	—	—	—	15	—
	营养配餐	—	—	—	—	30
	宴会主理	—	—	—	—	20
	菜单设计	—	—	—	15	—
	菜点制作	—	—	—	40	30
	厨房管理	—	—	—	10	15
	培训与指导	—	—	—	5	5
合计		100	100	100	100	100

中式面点师国家职业标准

1. 职业概况

1.1 职业名称

中式面点师

1.2 职业定义

运用中国传统的或现代的成型技术和成熟方法,对面点的主料和辅料进行加工,制成具有中国风味的面食或小吃的人员。

1.3 职业等级

本职业共设五个等级,分别为:初级(国家职业资格五级)、中级(国家职业资格四级)、高级(国家职业资格三级)、技师(国家职业资格二级)、高级技师(国家职业资格一级)。

1.4 职业环境

室内、常温。

1.5 职业能力特征

手指、手臂灵活,色、味、嗅等感官灵敏,形体感强。

1.6 基本文化程度

初中毕业。

1.7 培训要求

1.7.1 培训期限

全日制职业学校教育,根据其培养目标和教学计划确定。晋级培训期限:初级不少于300标准学时;中级不少于240标准学时;高级不少于180标准学时;技师不少于120标准学时;高级技师不少于80标准学时。

1.7.2 培训教师

培训教师应具备一定的中式面点专业知识、实际操作经验和教学经验,具有良好的语言表达能力和知识传授能力。培训初级人员的教师应具有本职业高级职业资格证书或本专业助理讲师资格;培训中级人员的教师应具有本职业高级以上职业资格证书或本专业助理讲师以上资格;培训高级人员的教师应具有本职业技师职业资格证书或本专业讲师以上资格;技师和高级技师的培训教师应具有本职业高级技师职业资格证书并具有本专业讲师以上资格。

1.7.3 培训场地设备

有可容纳20名以上学员的标准教室,有必要的教学设备及供学员练习的设备、设施,室内卫生及光线、通风条件良好,符合国家安全、卫生标准。

1.8 鉴定要求

1.8.1 适用对象

从事或准备从事本职业的人员。

1.8.2 申报条件

——初级(具备下列条件之一者)

(1)经本职业初级正规培训达规定标准学时数,并取得毕(结)业证书。

(2)在本职业连续见习工作2年以上。

(3)本职业学徒期满。

——中级(具备下列条件之一者)

(1)取得本职业初级职业资格证书后,连续从事本职业工作3年以上,经本职业中级正规培训达规定标准学时数,并取得毕(结)业证书。

（2）取得本职业初级职业资格证书后,连续从事本职业工作5年以上。

（3）取得经劳动和社会保障行政部门审核认定的,以中级技能为培养目标的中等以上职业学校本职业毕业证书。

——高级(具备下列条件之一者)

（1）取得本职业中级职业资格证书后,连续从事本职业工作4年以上,经本职业高级正规培训达规定标准学时数,并取得毕(结)业证书。

（2）取得本职业中级职业资格证书后,连续从事本职业工作7年以上。

（3）取得高级技工学校或经劳动和社会保障行政部门审核认可,以高级技能为培养目标的高等职业学校本职业毕业证书。

（4）取得本职业中级职业资格证书的大专以上毕业生,连续从事本职业工作2年以上。

——技师(具备下列条件之一者)

（1）取得本职业高级职业资格证书后,连续从事本职业工作5年以上,经本职业技师正规培训达规定标准学时数,并取得毕(结)业证书。

（2）取得本职业高级职业资格证书后,连续从事本职业工作8年以上。

（3）高级技工学校本专业毕业生取得本职业高级职业资格证书后,连续从事本职业工作2年以上。

——高级技师(具备下列条件之一者)

（1）取得本职业技师职业资格证书后,连续从事本职业工作3年以上,经本职业高级技师正规培训达规定学时数,并取得毕(结)业证书。

（2）取得本职业技师职业资格证书后,连续从事本职业工作5年以上。

1.8.3 鉴定方式

分为理论知识考试和技能操作考核。理论知识考试采用笔试方式,技能操作考核采用现场实际操作方式进行,成绩均实行百分制,两项皆达60分及以上者为合格。技师、高级技师还须进行综合评审。

1.8.4 考评人员与考生配比

理论知识考评员与考生的配比为1∶15,技能操作考核考评员与考生的配比为1∶5。

1.8.5 鉴定时间

理论知识考试为90 min。技能操作考核初级为120 min,中级为150 min,高级为180 min,技师、高级技师为210 min。

1.8.6 鉴定场所设备

理论知识考试在标准教室进行。技能操作考场要求有不小于40 m^2 的面点操作间,配有相应的燃料、水、电源,并有4个以上灶眼和相应的大小蒸锅、分层调温烤箱、炸锅、烙铛,有小型压面机、打蛋机,有大木案板、各种擀面杖、称量衡器,有2个以上冰箱,有良好的照明、通风设备,有防火安全设备。

2. 基本要求

2.1 职业道德

2.1.1 职业道德基本知识

2.1.2 职业守则

(1) 忠于职守,爱岗敬业。

(2) 讲究质量,注重信誉。

(3) 尊师爱徒,团结协作。

(4) 积极进取,开拓创新。

(5) 遵纪守法,讲究公德。

2.2 基础知识

2.2.1 饮食卫生知识

(1) 食品污染。

(2) 食物中毒。

(3) 各类烹饪原料的卫生。

(4) 烹饪工艺卫生。

(5) 饮食卫生要求。

(6) 食品卫生法规及卫生管理制度。

2.2.2 饮食营养知识

(1) 人体必需的营养素和能量。

(2) 各类烹饪原料的营养。

(3) 营养平衡和科学膳食。

(4) 中国宝塔形食物结构。

2.2.3 饮食成本核算知识

(1) 饮食业的成本概念。

(2) 出材率的基本知识。

(3) 净料成本的计算。

(4) 成品成本的计算。

2.2.4 安全生产知识

(1) 厨房安全操作知识。

(2) 安全用电知识。

(3) 防火防爆安全知识。

（4）手动工具与机械设备的安全使用知识。

3. 工作要求

3.1 初级

职业功能	工作内容	技能要求	相关知识
一、操作前的准备	（一）操作间的整理	能清理工作台、地面、带手布	环境卫生知识
	（二）个人的仪表仪容	能保持工作服、围裙、帽子等个人卫生	个人卫生知识
	（三）工具、设备准备	能使用、保养常用工具、设备	面点机械、设备常识
	（四）原料准备	1. 能够正确识别面点主要原料 2. 能够正确识别常用杂粮	1. 面点原料知识 2. 面点制作基本技术动作知识
二、制馅	（一）准备制馅原料	能用摘洗、去皮、去核、去杂质等方法进行原料的初加工	原料初加工知识
	（二）调制馅心	能制作常见的咸馅	常见咸馅制作工艺
三、调制面坯	（一）调制水调面坯	1. 能调制水调面坯 2. 能根据水调面坯特性制作一般品种	1. 水调面坯的基本知识 2. 水调面坯工艺注意事项
	（二）调制化学膨松面坯	1. 能用发酵粉调制膨松主坯 2. 能用矾、碱、盐调制膨松主坯	1. 化学膨松面坯基本知识 2. 化学膨松面坯工艺及注意事项
	（三）调制杂粮面坯	1. 能用玉米面等杂粮制作常见的面食品 2. 能用高粱、小米、莜麦等杂粮制作面食品	1. 玉米面食品制作工艺及注意事项 2. 高粱、小米、莜麦食品制作工艺及注意事项
四、成型	（一）搓	能运用搓的方法搓条及搓型	搓的要点及要求
	（二）切	能运用切的方法成型	切的要点及要求
	（三）卷	能运用单卷法和双卷法成型	卷的要点及要求
	（四）包	能运用包的方法成型	包的要点及要求
	（五）擀	能使用单手杖、双手杖和走槌成型	擀的要点及要求
	（六）模具成型	能用印模、盒模成型	印模操作要点及要求
五、熟制	（一）烤	能合理选择炉温烤制食品	烤的基本方法及要求
	（二）煮	能用煮的工艺方法煮制食品	煮的基本方法及要求
	（三）烙	能用烙的工艺方法烙制食品	烙的基本方法及要求
六、装饰	码盘	1. 能将制品摆放整齐 2. 能用几何图形法合理装盘	1. 装盘的基本方法和注意事项 2. 几何构图的基本方法和注意事项

3.2 中级

职业功能	工作内容	技能要求	相关知识
一、操作前的准备	选择原料	1. 能根据工作内容正确选用制馅原料 2. 能根据工作内容正确选用辅助原料 3. 能根据工作内容正确选用调味原料	面点原料知识
二、制馅	（一）制馅原料的加工	能运用正确的加工方法制馅	常用面点原料的加工、使用方法
	（二）调制馅心	能制作常见的甜馅	常见甜馅制作工艺
三、调制面坯	（一）调制生化膨松面坯	1. 能用面肥或酵母调制发酵面团，能兑碱 2. 能制作生化膨松面坯无馅类点心制品	1. 生化膨松面坯工艺方法 2. 生化膨松面坯工艺注意事项
	（二）调制层酥面坯	1. 能正确调制水油面、干油酥 2. 能用大包酥的开酥方法制暗酥类点心	1. 层酥面坯分类 2. 层酥面坯工艺方法
	（三）调制物理膨松面坯	能用适量的原料、正确的方法，调制蛋糕面坯	物理膨胀面坯工艺及注意事项
	（四）调制米及米粉面坯	1. 能用大米制作面食品 2. 能用米粉制作面食品	1. 饭皮制作工艺 2. 米粉面坯工艺
	（五）调制杂粮面坯	1. 能用薯类制作点心 2. 能用豆类制作点心	1. 薯类面坯工艺及注意事项 2. 豆类面坯工艺及注意事项
四、成型	（一）叠	能用叠的方法成型	叠制的要求及操作要点
	（二）摊	掌握半成品及成品的摊制方法	摊制的要求及操作要点
	（三）按	能用按的方法成型	按的要求及操作要点
	（四）剪	能用剪的方法成型	剪的要求及操作要点
	（五）滚、沾	能用滚、沾的方法成型	滚、沾的要求及操作要点
	（六）拧	能用拧的方法成型	拧的要求及操作要点
	（七）捏	能用捏的方法成型	捏的要求及操作要点
	（八）镶嵌	能合理利用原料的色泽、口味镶嵌	烹饪美学知识
五、熟制	（一）蒸	能用蒸的方法熟制，做到不沾屉、不互相黏连、不掉底	蒸的基本方法及要求
	（二）烤	能用烤的方法熟制，并达到成品的一般质感要求	1. 烤的温度 2. 烤制注意事项
	（三）烙	能用水烙的方法烙制	1. 烙制工艺分类 2. 烙制注意事项

续表

职业功能	工作内容	技能要求	相关知识
六、装饰	装盘	1. 能将制品整理、摆放整齐、美观 2. 能用沾、撒、挤、拼摆等简单方法点缀装饰制品	1. 沾、撒、挤、拼摆等一般装饰法的基本内容和注意事项 2. 色彩基础知识

3.3 高级

职业功能	工作内容	技能要求	相关知识
一、操作前的准备	（一）原料的选择与保管	能正确选择和保管原料，减少浪费	原料知识
	（二）原料的合理使用	能采用正确方法使用原料，减少营养损失	营养知识
	（三）计算面点价格	能计算面点价格	成本核算知识
二、制馅	（一）调制馅心	1. 能根据所做点心品种配备合适的馅心	
	（二）馅心的质量鉴定	2. 能正确鉴定馅心的色泽、口味、质感	
三、调制面坯	（一）调制生化膨松面坯	1. 能制作生化膨松面坯有馅类点心制品 2. 能在不同外因条件下，制作生化膨松面坯	1. 生化膨松面坯的基本原理 2. 影响生化膨胀面坯的诸因素
	（二）调制层酥面坯	1. 能运用小包酥的开酥方法制作明酥类点心 2. 能制作掌酥类点心	1. 层酥面坯的基本原理 2. 明酥、掌酥工艺及注意事项
	（三）澄粉面坯	能制作澄粉类点心	澄粉面坯工艺及注意事项
	（四）果蔬面坯	能制作果蔬类点心	果蔬面坯工艺及注意事项
	（五）鱼虾面坯	能制作鱼虾类点心	鱼虾面坯工艺及注意事项
四、成型	（一）抻	能溜面，掌握出条工艺	抻的操作方法及工艺要求
	（二）削	能用削的方法成型	削的操作方法及工艺要求
	（三）拨	能用拨的方法成型	拨的操作方法及工艺要求
	（四）钳花	能运用各种钳花工具钳花	钳花的操作方法及工艺要求
	（五）挤	能用挤、拉、带、收的挤注技巧成型	挤注的操作方法及工艺要求
五、熟制	（一）炸	能采用热油炸的方法炸制食品	炸的操作方法及工艺要求
	（二）煎	能采用油煎和水油煎的方法煎制食品	煎的操作方法及工艺要求
	（三）复合成熟	1. 能运用两种以上复合的熟制方法使制品成熟 2. 能评估面点制品成熟质量	1. 复合成熟方法 2. 成熟方法在不同制品中的运用

续表

职业功能	工作内容	技能要求	相关知识
六、装饰	盘饰	1. 能用挤、捏、搓、撒等方法做简单的盘饰 2. 能用简单的裱花方法装饰蛋糕	1. 常用的装饰方法和注意事项 2. 装饰蛋糕的工艺方法和注意事项
七、膳食营养	合理制作	能够对不同原料进行合理的面点制作加工	1. 加工中营养素损失的原因 2. 加工中保护营养素的措施

3.4 技师

职业功能	工作内容	技能要求	相关知识
一、操作前的准备	（一）确定工作内容	能根据服务对象的民族特点及要求确定点心品种	1. 我国各民族饮食文化习俗 2. 面点常识
	（二）准备原料	1. 能根据点心品种的特点及原料的性质配备原料 2. 能根据宴会性质配备点心	
	（三）计算售价	能计算点心的售价	3. 成本核算知识
二、成型	成型	根据成型要求，合理选用主料原料和熟制方法	1. 原料知识 2. 熟制知识
三、熟制	熟制	能根据制品的色、香、味、质，选用不同的熟制方法	1. 熟制的基本原理 2. 食品色、香、味形成的基本原理
四、装饰	制作盘饰	1. 能综合运用本地区和其他地区的成型手法成型 2. 能依据制品的主题要求装饰制品 3. 能用澄面做装饰物	1. 食品造型与布局的一般知识 2. 装饰工艺常识
五、技术与指导	指导工作	1. 能够在技术上指导初级、中级、高级面点师工作 2. 能够撰写简单教案，并讲授专业基础知识和技能知识 3. 能撰写面点工艺方面的论文	1. 面点制作工艺原理 2. 教学教法常识 3. 教案的编写方法 4. 论文写作知识
六、厨房管理	生产管理	1. 能合理安排工作岗位 2. 能管理好各种物品	厨房管理知识
七、膳食营养	营养配餐	能够为不同客人设计营养膳食	营养知识

3.5 高级技师

职业功能	工作内容	技能要求	相关知识
一、成型	成型	能根据成型要求，选用辅料原料和熟制方法	1. 原料知识 2. 熟制知识

续表

职业功能	工作内容	技能要求	相关知识
二、熟制	熟制	懂得原料中的化学成分在食品中的变化	主要化学成分在食品加工中的变化
三、装饰	制作盘饰	能做立体装饰物	装饰工艺知识
四、培训与指导	（一）知识讲授	1. 能够制定各级面点师知识、技能培训大纲及实施计划 2. 能根据教学大纲和计划进行培训 3. 能编写各等级的考卷和评定标准	教育学、心理学一般知识
	（二）操作指导演示		
五、厨房管理	（一）技术管理	1. 能制订生产计划 2. 能科学配置各工种的技术力量，并给予技术指导	1. 现代管理基本知识 2. 成本管理与控制基本知识
	（二）质量管理	能全面管理食品制作的质量	
	（三）成本管理与控制	能全面管理与控制食品成本	
六、膳食营养	营养配餐	1. 能科学配置宴席点心 2. 能根据不同客人配备不同膳食	营养知识
七、技术创新	研究、创新	1. 能结合本地区的实际情况，使用新原料、新工艺 2. 能撰写面点方面较高水平的论文和书籍 3. 能与本行业其他专家进行技术交流 4. 能借助工具书阅读古代面点的一般文献资料 5. 能利用新老原料进行工艺创新	论文和书籍的撰写方法

4. 比重表

4.1 理论知识

	项目	初级（%）	中级（%）	高级（%）	技师（%）	高级技师（%）
基本要求	职业道德	5	5	5	5	5
	基本知识	35	35	35	20	20
相关知识	操作前的准备	卫生知识	5	—	—	—	—
		面点机械设备知识	5	—	—	—	—
		面点基本操作知识	5	—	—	—	—
		东西方饮食文化习俗知识	—	—	—	2	3
		中式面点风味特色分类	—	—	—	3	—

续表

项　　目			初级(%)	中级(%)	高级(%)	技师(%)	高级技师(%)
相关知识	辅助原料的准备	面点原料知识	10	10	10	10	10
		馅心工艺	5	5	5	—	—
	调制面坯	面坯原理	—	—	—	2	—
		水调面坯	5	—	—	2	—
		生化膨松面坯	—	5	5	—	—
		化学膨松面坯	5	—	—	2	—
		物理膨松面坯	—	7	—	2	—
		层酥面坯工艺	—	5	7	—	—
		米粉面坯工艺	—	8	—	2	—
		其他面坯	5	5	8	—	—
	成型	成型方法	5	5	5	—	—
		影响面点成型的一般因素	—	—	5	—	—
		原料对造型与色彩的影响	—	—	—	5	—
		熟制方法对造型与色彩的影响	—	—	—	—	7
相关知识	熟制	成熟方法	5	5	5	—	—
		成熟的基本原理	—	—	—	5	—
		面点色、香、味形成的基本原理	—	—	—	5	—
		主要化学成分在热加工中的作用	—	—	—	—	10
	装饰	烹饪美术知识	5	5	5	5	5
	培训与指导	教育教学基本知识	—	—	—	5	5
		心理学基本知识	—	—	—	—	5
	厨房管理	厨房管理知识	—	—	—	5	10
		宴席知识	—	—	—	5	—
	膳食营养	合理烹饪	—	—	5	—	—
		营养配餐	—	—	—	10	—
		特殊人群的营养	—	—	—	—	10
	技术创新	论文撰写一般要求	—	—	—	5	5
		书籍撰写一般要求	—	—	—	—	5
合　计			100	100	100	100	100

4.2 技能操作

项 目		初级(%)	中级(%)	高级(%)	技师(%)	高级技师(%)
技能要求	操作前的准备	环境卫生	10	10	10	5	5
		个人卫生	10	10	5	5	5
		面点工具、设备的使用	5	5	5	5	5
	辅助原料的准备	面点原料的选择、运用	5	10	10	10	10
技能要求	制馅	馅心制作	20	20	15	15	10
	调制面坯	调制面坯	20	20	15	15	10
	成型	成型方法	15	10	10	10	5
	熟制	成熟方法	15	15	10	5	5
		热能的合理运用	—	—	5	10	10
	装饰	色彩	—	—	—	10	5
		造型、布局	—	—	5	15	10
	创新	—	—	—	—	20	—
合 计			100	100	100	120	80

厨师职业道德规范

做一位好的厨师,不仅要有高超的技术,更要有良好的职业道德,亦即厨德。厨德体现在具体的工作中,工作守则则是厨法的重要保证,能起到监督提醒作用。因为厨房的工作守则,是保证厨房工作顺利进行的基础。因此,每一位在厨房工作的人,必须遵守自己的职业守则。在没有学习烹饪之前,也必须学好"厨师职业道德"。

一、基本职业素养

1. 良好的思想品德,作风正派,有较强的事业心和责任感。

2. 热爱本职工作,坚守工作岗位,严格遵守操作规程,确保菜肴质量。

3. 有良好的心理素质,有宾客至上的职业道德观,能正确对待客人的投诉,一切让宾客满意。

4. 注意节约,杜绝消费,不私吃私拿集体的物品和食品。

5. 热爱集体,诚恳待人,心胸开阔,助人为乐,要树立自尊、自重、自强的自豪感。

6. 掌握食品卫生知识,搞好厨房的卫生,严格执行生产安全,了解消防知识。

7. 讲究礼貌,工作时间内不吸烟,有良好的卫生习惯,树立员工对仪表仪容的认识。

8. 站立姿势要端正,遇有主管部门或客人检查,参观厨房,表示欢迎,不可端坐无礼。

9. 工作时,不准与楼面工作人员随便嬉戏、闲聊、打闹。但是,要与楼面工作人员互相支持、帮助,在工作中要做到协调、配合、互相尊重、团结一致,完成本店的工作任务。

二、厨房卫生安全

1. 厨房卫生实行厨师长负责制,厨师长对各卫生区域进行划分,落实到各小组,各组对所属卫生区域负责。

2. 个人卫生

个人卫生要求每个人必须勤洗手、勤剪指甲、勤洗澡、勤换工装等,具体规范如下:

①头发梳理整齐,勤理发,勤洗澡、洗发。头发前不过眉,侧不过耳,后不过领。女员工不得留披肩发。保证精神焕发。

②上班必须穿工装,戴工帽、口罩,且工装干净平整。注意头发不得外露,口罩应戴在鼻子上面至嘴巴下面之间,后进入洗手消毒间,在镜子前检查自己穿戴是否规范。

③指甲修剪整齐,保持干净,不准留长指甲、涂指甲油、戴耳环、戒指、项链等首饰。

④养成良好习惯,不乱扔垃圾,不随地吐痰。

⑤员工必须每年参加体检和食品卫生安全知识的培训。

3. 环境卫生

①保持地面无油腻、无水迹、无卫生死角、无杂物。

②保持瓷砖清洁光亮。

③下班前应将炉灶、配菜台、工作台等清理干净。

④厨房、封口机、冰箱、冷库等设备损坏应及时报修。

⑤定期组织开展灭鼠、苍蝇、蚊、蟑虫等工作,杜绝卫生安全隐患。

⑥厨房必须做好每周的大扫除。

4. 冰箱冷库卫生

①每日检查冰箱内食品储放状况,杜绝生熟混放,严禁叠放,鱼类、肉类、蔬菜类相对分开,减少串味,必要时应用保鲜膜。

②冻库定期除霜,分类摆放整齐,并做好每日不定时对冻库温度登记,保证食品在规定温度范围内储放。

5. 食品安全

①不得加入使用对人体有害的物品。

②未经卫生防疫站检验或检验不合格的肉类及其制品严禁使用。

③严禁使用包装不洁、破损或运输过程中污染了物品和超过保质期的物品。

④禁止加工、使用无商标、产地、生产日期等假冒伪劣产品。

⑤干货、炒货、海货、粉丝、调味品、袋装品、加工的成品和半成品要妥善储藏,不得随意散放。

⑥荤、素菜的洗涤必须在指定的洗池内完成,禁止荤、素水池的混用。

6. 餐具卫生

①切配器具要生熟分开,避免交叉污染,加工器械必须保持干净。

②成品装盘的餐具不得有大缺口、打破边。凡是有水迹、油迹、灰迹不得装盘。

③不锈钢器具必须保持本色,不洁餐具必须立即重洗。

7. 切配卫生

①菜刀、厨具等各种用具使用前、后都必须洗净、擦干定期消毒,以防生锈和细菌滋生。

②不锈钢工作台内外必须保持整洁、光亮。

③必须按照操作程序严格操作,以免意外事件发生。

④遇有下水道不通或溢水及时报修。

⑤对直接入口的成品食物必须专人制作,禁止随意用手接触成品食物、试吃应使用碗筷。

8. 炉灶卫生

①做好饮具及设备卫生,随时清除灶台、灶壁卫生,灶台保持不锈钢本色,不得有油渍,随时保持清洁。

②锅具必须保持干净清洁,摆放整齐。

③炉灶瓷砖必须清洁、无油腻、炉灶排风烟机要定期清洗,不得有油污。

④各种调味罐、瓶必须做好清洁卫生并加上盖子。

9. 检查

下班必须清理完毕一切卫生,关闭炉灶、煤气总阀。

附：

江苏旅游职业学院
烹调工艺与营养专业核心课程标准(部分)

《烹饪营养学》课程标准

一、课程性质与任务

本课程是烹调工艺与营养专业的一门专业核心课程。其任务是:学习基础营养基础知识,能按照不同工种、不同年龄、不同健康状况等不同人群,利用营养原理、方法设计并制作营养菜点、套餐与筵席;本课程从营养配餐的理论开始论述,紧密联系实际应用,使学生运用烹饪理论、技能与营养理论相结合,学会并且能在实际工作中加以熟练应用。

二、课时

48课时。

三、学分

3学分。

四、课程目标

通过学习,使学生了解膳食调查的意义,了解常见烹饪原料中所含的营养素,熟悉营养配餐准备和制作的工艺流程;掌握膳食调查和评价、营养食谱的设计和制定方法;能够针对不同人群营养状况进行营养食谱和筵席设计,对不同人群进行营养管理。

1. 知识目标

掌握烹饪营养学基础知识。

掌握膳食调查问卷、人群营养状况评估表的设计与运用。

熟悉筵席菜单设计流程。

掌握营养食谱制定方法。

2. 能力培养目标

(1) 能根据不同人群制定、实施营养配餐计划。

(2) 能够规范操作使用营养状况评估器械及烹饪器具。

(3) 能够对常见菜点进行营养分析评价,对不同人群进行营养管理并设计制作相应营养餐。

3. 职业情感目标

(1) 充分认识烹饪营养知识的重要性,具有高度的现代健康饮食意识。

(2) 具有创新思维的能力,能够改进生产技术和设计的能力。

五、课程内容及要求

序号	课程模块	课程内容及要求	考核要点	参考课时
1	营养基础知识	1. 掌握糖类、脂类、蛋白质、维生素、无机盐、水六大营养素的种类、性质、生理功用及食物来源 2. 掌握六大营养素之间的关系 3. 掌握热量计算方法 4. 了解食物的消化与吸收	1. 能讲解营养学基础理论知识 2. 能讲解营养素缺乏的案例 3. 讨论、讲解各种营养素对人体的作用 4. 能对常见菜品进行热量计算	12
2	合理烹饪与平衡膳食	1. 了解合理烹饪、平衡膳食的目的及意义 2. 理解合理烹饪与平衡膳食的概念 3. 掌握合理烹调与加工的目的与方法 4. 了解几种人群的膳食特点 5. 了解不同国家的膳食营养结构特点	1. 学生实践操作,从感官上了解食品在烹调中的变化 2. 小组讨论、查阅资料讲解特定人群膳食特点和营养改善方案	10
3	营养配餐基本原理与食谱编制	1. 配餐原理、食谱的概述、营养成分计算法及应用、食品交换份法及应用 2. 掌握食谱编制的方法、熟悉食谱编制的原则、了解平衡膳食的设计原则	1. 能根据不同菜品进行营养素计算 2. 能根据命题要求编制营养食谱	10

续表

序号	课程模块	课程内容及要求	考核要点	参考课时
4	菜点设计的营养价值评价	1. 掌握食品营养价值评价的内容；了解营养菜点的设计原则与方法；掌握菜点营养成分标示 2. 熟悉食品营养质量评价的内容；了解烹饪原料的合理搭配与选择	能根据不同菜品制作营养标示	10
5	高钙、铁、锌营养菜点的设计与制作	1. 我国膳食结构缺乏钙、铁、锌的原因 2. 合理烹饪促进其吸收和利用 3. 掌握高钙、铁、锌营养菜点的设计方法和营养成分标示；熟悉常见的富钙、铁、锌食物；了解影响其吸收利用的因素 4. 掌握高钙、铁、锌营养菜点的设计与制作方法	查阅资料、进行高钙、铁、锌营养菜点的设计	10
6	富含维生素菜点的设计与制作	1. 我国膳食结构缺乏维生素的原因；提高膳食维生素吸收的方法 2. 掌握富含维生素营养菜点的设计方法和营养成分标示；熟悉常见的富维生素食物；了解影响富维生素吸收利用的因素 3. 掌握富含维生素菜点的设计与制作方法	查阅资料、进行富含维生素菜点的设计	10
7	宴席设计的营养原则与方法	1. 不同宴席菜点的食物组成、能量及营养素含量的比较；宴席的营养设计原则及营养评价 2. 掌握宴席的营养设计原则及营养分析；熟悉宴席的能量及营养素组成特点 3. 掌握宴席营养设计的方法	查阅资料、进行宴席营养组配的设计	10

六、教学实施

（一）教学策略

1. 作为一门烹调工艺与营养专业化方向的重要课程，本课程在教学过程中可采用主题教学模式、任务驱动型项目导向模式组织教学。通过具体、真实的任务讲解，提高学生的综合应用能力。教师在实作课程教学活动中，要全程巡视学生操作过程，可将学生组成项目学习与训练小组，分工协作，相互帮助，关注学生训练的每一个环节，以便纠正学生在膳食设计过程中出现的各种偏差。

2. 教学模式科学设计与创新。根据高职学生特点，理论教学中灵活运用多种教学手段和教学方法，通过配备多媒体设备的现代营养配餐与评价实训室，理实一体化。使用基于主题式教学、工作案例教学、体验式教学、学生自主学习、任务教学、情景模拟、讨论、调研、任务驱动教学等教学法，使学生在仿真的工作情景中掌握必备的知识、技能，培养学生的职业意识，提高职业素质，激发学生学习兴趣，培养学生的创新能力，教学质量得到有效提高。

3. 在教学实施中，本门课要特别注重理论联系实际，突出行动导向的教学特色；注重与教学相关的多媒体课件等现代信息技术的收集和开发，并充分利用这些教学资源辅助教学，加强学生的综合能力培养。

（二）教材编写

1. 必须依据本课程标准编写教材，体现"以就业为导向，以能力为本位、以应用为目的"原则。

2. 教材应充分体现任务引领、实践导向的课程设计思想，教材中的活动设计要具有可操作性。教材内容符合岗位要求，将本专业新思想、新工艺、新设备编入教材，使教材内容贴近行业的发展和实际需要，符合现代餐饮发展趋势。

3. 教材编写应以学生为本，积极利用电子书籍、电子期刊、数字图书馆、各大网站等网络资源，使教育内容从一体化向多元化转变，使学生知识能力的拓展成为可能。

4. 教材内容符合岗位需要，将烹饪专业最新的发展趋势编入教材，使教材内容贴近烹饪行业的发展和实际需要。

（三）资源开发与利用

应创设形象生动的教学情境，按照高职学生的认知规律，结合教材，采用现代化教学手段，制作和收集与教学内容相配套的多媒体课件、挂图等，提供教学需求的课程资源，为教师教学与学生学习提供全面的支持。

七、考核与评价

1. 倡导评价主体多元化，坚持学生自评、互评和教师评价相结合。考核与评价要坚持总结性评价和过程性评价相结合、定量评价和定性评价相结合的原则。

2. 突出过程性评价，结合学生日常表现、课堂提问、活动参与、课后作业、模块考核等环节，给予学生客观评价，树立学生学习专业的信心。

3. 强调总结性评价，结合案例分析、成果展示、技能大赛、期中期末测试等手段，考核学生的营养配餐能力。

《食品艺术与冷菜制作》课程标准

一、课程性质与任务

本课程是烹调工艺与营养专业的一门专业方向课程。其任务是：传授中餐烹调专业所必需的冷菜、冷拼、食品艺术造型基本知识及基本技艺，使学生能胜任烹饪专业冷菜制作和食品造型技术的职业能力，为学生继续学习和适应餐饮业发展需要奠定专业理论基础，提高专业技能水平。

二、课时

36课时。

三、学分

2学分。

四、课程目标

使学生具备餐饮行业高素质劳动者所必需的冷菜、冷拼与食品造型技术的理论知识和基本技能,掌握宴会冷菜、冷拼制作技艺及食品艺术造型技法,初步具备中餐冷菜制作和食品艺术造型的职业能力,为进一步学习相关专业知识打下基础。

1. 知识教学目标

(1) 了解冷菜、冷拼与食品艺术造型的形成和发展。

(2) 理解冷菜、冷拼与食品艺术造型的地位和作用。

(3) 掌握冷菜、冷拼与食品艺术造型制作的基本技法。

2. 能力培养目标

(1) 具备制作冷菜、冷拼与食品艺术造型的基本方法和技能。

(2) 能熟练制作花色拼盘和常见果蔬雕刻、果盘、围边点缀、大型组合雕等食品艺术造型。

(3) 能根据市场需求、宴席的要求,不断更新品种。

3. 职业情感目标

(1) 热爱专业,具有良好的职业道德和职业习惯。

(2) 不断继承和发展冷菜、冷拼与食品艺术造型技艺。

(3) 树立勤学苦练技艺的意识。

五、课程内容及要求

序号	课程模块	课程内容及要求	考核要点	参考课时
1	绪论	了解冷菜与食品艺术造型的形成与发展 明确冷菜与食品艺术造型的地位与作用 掌握冷菜与食品艺术造型的特点与分类	小组讨论、讲解冷菜与食品艺术造型的特点与分类	6
2	冷菜制作基础知识	1. 冷菜的切与配 (1) 掌握冷菜切配的各种刀法 (2) 能按菜肴制作要求将原料加工成各种形状 2. 冷菜的拼摆 (1) 能运用各种方法拼摆冷菜(一般冷拼、什锦冷拼、花色拼盘) (2) 掌握各种原料的保鲜方法	1. 冷菜制作的刀工和配菜训练 2. 经刀工后的原料进行拼摆手法、步骤的训练	12
3	冷菜的烹制	1. 制作冷制凉吃类菜肴 (1) 能制作冷制凉吃类菜肴 (2) 掌握拌、炝、腌等烹制方法的要领与特点 2. 制作热制凉吃类菜肴 (1) 能制作热制凉吃类菜肴 (2) 掌握酱、卤、炸、熏、冻等烹制方法的要领与特点	1. 制作拌、炝、腌等冷菜品种 2. 制作酱、卤、炸、熏、冻等冷菜品种	12

续表

序号	课程模块	课程内容及要求	考核要点	参考课时
4	菜肴的盘饰与果盘的制作	1. 了解菜肴盘饰的意义、地位和作用 2. 掌握菜肴盘饰的原料及卫生要求 3. 掌握菜肴盘饰的制作方法 4. 了解水果拼盘制作的各项准备 (1) 掌握各种水果名称及特点 (2) 懂得各种水果的搭配 5. 掌握制作水果拼盘的方法 (1) 各种水果拼盘的切摆 (2) 会使用水果拼盘工具	1. 根据不同菜肴进行盘饰制作 2. 根据不同季节制作水果拼盘	12
5	果蔬雕刻	1. 果蔬雕刻的各项准备 (1) 会选择各种雕刻原料 (2) 掌握雕刻工具的使用 2. 果蔬雕刻的种类 (1) 了解果蔬雕刻的种类与刀法 (2) 掌握果蔬雕刻的基本方法 3. 果蔬雕刻的步骤和要领 (1) 掌握(月季花、牡丹花、菊花等)小型雕刻 (2) 掌握象形(龙、腾龙、凤凰、孔雀等)和瓜盅、瓜灯雕刻 4. 会对作品进行保管 5. 掌握果蔬雕刻作品的应用	能根据不同主题制作简单果蔬雕刻作品	12
6	食品艺术造型技术	1. 食品艺术造型分类 2. 冰雕造型技术 3. 面塑造型技术 4. 黄油造型技术 5. 巧克力造型技术 6. 糖艺造型技术 7. 酱汁绘画装饰技术 8. 大型食艺组合技术	根据命题要求制作简单食品艺术造型作品	18

六、教学实施

(一)教学策略

1. 作为一门中餐烹调专业方向的重要课程,本课程的教学应按学生的认知特点,采用循序渐进的教学方法,通过示范教学、模仿教学和实习操作等多种形式组织教学,强化实际操作训练,使学生更好地练习冷菜的制作和食品艺术造型的技法,培养学生的基本功;应加强对学生实际职业能力的培养,强化案例教学或项目教学,以引领或激发学生的专业兴趣,使学生在案例分析或项目活动中了解冷菜制作和食品艺术造型基本制作过程;应以学生为主,注重"教"与"学"的互动,通过典型案例,提出要求或做出示范,组织学生进行活动,拓展学生的思维想象与动手能力。

2. 教学模式科学设计与创新。根据高职学生特点,理论教学中灵活运用多种教学手段和教学方法,通过配备多媒体设备的实训室,理实一体化。使用基于主题式教学、工作案例教学、体验式教学、学生自主学习、任务教学、情景模拟、讨论、调研、任务驱动教学等教学法,使学生在仿真的工作情景中掌握必备的知识、技能,培养学生的职业意识,提高职业素质。

3. 在教学实施中,本门课要特别注重理论联系实际,突出行动导向的教学特色;注重与教学相关的多媒体课件等现代信息技术的收集和开发,并充分利用这些教学资源辅助教学,加强学生的冷菜制作和食品艺术造型能力培养。

(二) 教材编写

1. 必须依据本课程标准编写教材,体现"以就业为导向,以能力为本位、以应用为目的"原则。

2. 教材应充分体现任务引领、实践导向的课程设计思想,教材中的活动设计要具有可操作性。教材内容符合岗位要求,将本专业新思想、新工艺、新设备编入教材,使教材内容贴近行业的发展和实际需要,符合现代餐饮发展趋势。

3. 教材编写应以学生为本,积极利用电子书籍、电子期刊、数字图书馆、各大网站等网络资源,使教育内容从一体化向多元化转变,使学生知识能力的拓展成为可能。

(三) 资源开发与利用

1. 搭建多维、动态、自主的精品课程训练平台,充分发挥学生的主动性、积极性和创造性,同时联合各学校开发多媒体课件,努力实现跨校多媒体资源的共享。

2. 注重仿真软件的开发利用,如"模拟实习""日常测试""模块考试"等,让学生在网络实习平台中,积极自主地完成本课程的学习任务,为提高学生学习中餐面点专业理论知识和技能创造有效条件。

3. 创设形象生动的教学情境,按照高职学生的认知规律,结合教材,采用现代化教学手段,提供教学需求的课程资源,为教师教学与学生学习提供全面的支持。

七、考核与评价

1. 倡导评价主体多元化,坚持学生自评、互评和教师评价相结合;学校评价与企业、家长评价相结合、考核与评价要坚持总结性评价和过程性评价相结合、定量评价和定性评价相结合的原则。

2. 突出过程性评价,结合学生日常表现、课堂提问、活动参与、课后作业、模块考核等环节,给予学生客观评价,树立学生学习专业的信心。

3. 强调总结性评价,结合案例分析、成果展示、技能大赛、期中期末测试等手段,考核学生的冷菜制作和食品艺术造型能力。

《中餐面点综合实训》课程标准

一、课程性质与任务

本课程是烹调工艺与营养专业的一门专业方向课程。其任务是：使学生在掌握中餐面点专业理论知识的基础上提高专业技能的综合实践课程，使学生能承担餐饮业中餐面点相应的岗位要求，具备各岗位应有的职业能力，达到中式面点师四级考核标准。

二、课时

48课时。

三、学分

3学分。

四、课程目标

通过任务引领型的项目活动，使学生了解中餐面点制作的工艺流程，全面掌握中式面点制作前的准备、调制馅心、调制面团、制皮上馅、成型、成熟、装盘等操作技能，能够胜任中式面点制作等各岗位的工作，为岗位工作必须具备的职业能力奠定基础，并能达到中式面点师四级考核标准。

1. 知识教学目标

(1) 了解我国面点制作的特点。

(2) 了解和熟悉我国面点的风味流派及代表性品种。

(3) 掌握合理搭配宴席面点的基本知识。

2. 能力培养目标

(1) 熟练掌握各类面团的调制方法。

(2) 熟练掌握各类馅心的调制方法。

(3) 掌握中式面点常用的成型手法。

(4) 掌握面点制作的各种成熟方法。

(5) 能根据市场的需求、季节的变化合理组配宴席面点，具备面点品种制作与更新的能力。

3. 职业情感目标

(1) 诚实守信，树立良好的职业道德观。

(2) 积极进取，应用新技术、新方法、新观念，具备解决问题的能力。

(3) 培养学生善于沟通和共同合作的职业品质，为职业能力的发展奠定基础。

五、课程内容及要求

序号	课程模块	课程内容及要求	考核要点	参考课时
1	水调面团品种训练	1. 水调面团的调制训练调制 (1) 冷水面团 (2) 温水面团 (3) 热水面团 2. 咸鲜口味馅心的调制 (1) 鲜肉馅 (2) 菜肉馅 (3) 虾肉馅 (4) 素馅 (5) 三丁馅 3. 品种制作 水饺、蒸饺、烧卖、馄饨等品种制作 4. 质量标准 注重色泽、形态、口味、火候及质感等质量要求	能独立制作水饺、蒸饺、烧卖、馄饨等品种,并达到质量标准	36
2	膨松面团品种训练	1. 膨松面团的调制 (1) 酵母膨松法面团 (2) 化学膨松法面团 (3) 物理膨松法面团 2. 甜味馅心的调制 (1) 豆沙馅心 (2) 枣泥馅心 (3) 五仁馅心 (4) 莲蓉馅心 (5) 水晶馅心 3. 品种制作 馒头、花卷、银丝卷、提摺包、秋叶包、桃酥、月饼、蛋糕、油条、核桃酥等品种 4. 质量标准 注重色泽、形态、口味、火候及质感等质量要求	能独立制作馒头、花卷、银丝卷、提摺包、秋叶包、桃酥等品种,并达到质量标准	36
3	油酥面团品种训练	1. 油酥面团的调制训练 油酥面团的调制和擀制手法 2. 品种制作 玉兰酥、酥盒、眉毛酥、海棠酥、佛手酥、菊花酥、荷花酥等品种 3. 质量标准 注重色泽、形态、口味、火候及质感等质量要求	能独立制作玉兰酥、酥盒、眉毛酥、海棠酥、佛手酥等品种,并达到质量标准	36

续表

序号	课程模块	课程内容及要求	考核要点	参考课时
4	米粉面团品种训练	1. 米粉面团的调制 训练米粉面团的调制方法 2. 品种制作 米饭、炒饭、八宝饭、粥类、糕类、元宵、麻团、船点等品种 3. 质量标准 注重色泽、形态、口味、火候及质感等质量要求	能独立制作元宵、麻团、船点等品种,并达到质量标准	36
5	其他类面团品种训练	1. 其他类面团的调制训练 (1) 调制澄粉面团 (2) 调制果蔬面团 (3) 调制杂粮面团 2. 品种制作 虾饺、翡翠面、南瓜饼、奶油蛋糕等品种 3. 质量标准 注重色泽、形态、口味、火候及质感等质量要求	能独立制作虾饺、翡翠面、南瓜饼、奶油蛋糕等品种,并达到质量标准	36
6	装饰设计	1. 宴席面点的简单装饰 2. 用水果、船点、澄面花、面塑等原料进行围边、点缀装饰	能独立制作象形船点、面塑围边等品种,并达到质量标准	36
7	宴席点心设计与制作	1. 根据不同宴席主题设计相关点心品种,对质感、口味等属性合理组配 2. 根据设计制作宴席点心	小组合作进行宴席点心设计与制作	36

六、教学实施

(一)教学策略

1. 作为一门中餐面点专业方向的重要课程,本课程的教学应按学生的认知特点,采用循序渐进的教学方法,通过示范教学、模仿教学和实习操作等多种形式组织教学,强化实际操作训练,使学生更好地练习中餐点制作的技法,培养学生的综合职业能力;应加强对学生实际职业能力的培养,以任务引领或激发学生的专业兴趣,使学生在项目活动中了解中餐面点制作基本过程;应以学生为主,注重"教"与"学"的互动,提出要求或做出示范,组织学生进行活动,拓展学生的思维想象与动手能力。

2. 教学模式科学设计与创新。根据高职学生特点,理论教学中灵活运用多种教学手段和教学方法,通过配备多媒体设备的实训室,理实一体化。使用基于主题式教学、工作案例教学、体验式教学、学生自主学习、任务教学、情景模拟、讨论、调研、任务驱动教学等教学法,使学生在仿真的工作情景中掌握必备的知识、技能,培养学生的职业意识,提高职业素质。

3. 在教学实施中,本门课要特别注重理论联系实际,突出行动导向的教学特色;注重与教学相关的多媒体课件等现代信息技术的收集和开发,并充分利用这些教学资源辅助教学,加强学生的中餐面点制作综合能力培养。

(二)教材编写

1. 必须依据本课程标准编写教材,体现"以就业为导向,以能力为本位、以应用为目的"原则。

2. 教材应充分体现任务引领、实践导向的课程设计思想,教材中的活动设计要具有可操作性。教材内容符合岗位要求,将本专业新思想、新工艺、新设备编入教材,使教材内容贴近行业的发展和实际需要,符合现代餐饮发展趋势。

3. 教材编写应以学生为本,积极利用电子书籍、电子期刊、数字图书馆、各大网站等网络资源,使教育内容从一体化向多元化转变,使学生知识能力的拓展成为可能。

(三)资源开发与利用

1. 搭建多维、动态、自主的精品课程训练平台,充分发挥学生的主动性、积极性和创造性,同时联合各学校开发多媒体课件,努力实现跨校多媒体资源的共享。

2. 注重仿真软件的开发利用,如"模拟实习""日常测试""模块考试"等,让学生在网络实习平台中,积极自主地完成本课程的学习任务,为提高学生学习中餐面点专业理论知识和技能创造有效条件。

3. 创设形象生动的教学情境,按照高职学生的认知规律,结合教材,采用现代化教学手段,提供教学需求的课程资源,为教师教学与学生学习提供全面的支持。

七、考核与评价

1. 倡导评价主体多元化,坚持学生自评、互评和教师评价相结合;学校评价与企业、家长评价相结合。考核与评价要坚持总结性评价和过程性评价相结合、定量评价和定性评价相结合的原则。

2. 突出过程性评价,结合学生日常表现、课堂提问、活动参与、课后作业、模块考核等环节,给予学生客观评价,树立学生学习专业的信心。

3. 强调总结性评价,结合案例分析、成果展示、技能大赛、期中期末测试等手段,考核学生的中餐面点制作综合能力。

《西餐西点技术》课程标准

一、课程性质与任务

本课程是烹调工艺与营养专业的一门专业方向课程。其任务是:使学生具备调制馅心、调制主坯、成型、成熟、装饰等西点制作的基本职业能力,培养学生从事中西点制作相关工作的专业理论知识与技能,完善中餐面点专业学生专业技能领域。

二、课时

64 课时。

三、学分

4 学分。

四、课程目标

使学生具备饮食业所必需的中西餐面点制作的基础知识和基本技能,熟练掌握西式面点制作工艺流程和操作技能,培养学生从事中西点制作相关工作的专业理论知识与技能,完善中西餐面点专业学生专业技能领域。

1. 知识教学目标

(1) 了解西式面点常用设备、工具的使用和保养。

(2) 掌握不同品种西式面点,掌握面包、蛋糕、挞、饼干、泡芙、布丁、冷冻甜品等知识。

(3) 了解西式面点流行、创新的代表性品种的制作过程。

2. 职业能力目标

(1) 了解西式面点常用设备、工具的使用和保养。

(2) 能熟练鉴别、保管和使用西式面点的原料。

(3) 能掌握面包、蛋糕、挞、饼干、泡芙、布丁、冷冻甜品等品种的操作方法和成熟方法。

(4) 掌握西点的艺术装饰和装盘。

3. 职业情感目标

(1) 树立良好的职业道德观念,具有创新能力和继续学习的兴趣。

(2) 初步具备应用新技术、新方法解决实际问题的能力。

(3) 具有良好的沟通能力、协调能力和团结合作能力。

五、课程内容及要求

序号	课程模块	课程内容及要求	考核要点	参考课时
1	西点制作基础知识	1. 熟悉西点常用设备和工具的使用与保养 2. 掌握西点原料中基本原料、辅助原料、添加原料的有关知识	能讲解西点的设备和环境及制作西点常用的原料	6
2	西点操作及成熟方法	1. 掌握和、搓、搓、擀包、挤、搅打、捏、卷、抹、淋、折叠、拉、转、割等西点成型的基本方法 2. 熟练掌握西点烘烤、煎、炸、焖、烙、蒸、煮等成熟方法	能讲解西点操作及成熟方法	6
3	面包制作工艺	1. 了解面包的分类 2. 了解面包发酵、醒发和烘制的原理 3. 掌握面包制作的工艺流程与制作关键 4. 掌握面包面团成形方法	能独立制作面包类西点品种	12

续表

序号	课程模块	课程内容及要求	考核要点	参考课时
4	蛋糕制作工艺	1. 了解蛋糕的分类及性质 2. 掌握蛋糕的膨松原理 3. 掌握蛋糕的搅拌与成型的操作技法 4. 熟练掌握蛋糕的烘烤方法 5. 了解蛋糕的表面装饰手法	能独立制作蛋糕类西点品种	12
5	挞类、排类制作工艺	1. 原料和配方 2. 重油面团膨松起酥的原理 3. 轻油面团的分类和搅拌 4. 水果挞、蛋挞、椰挞、葡式蛋挞的制作 5. 奶油草莓排、豆沙起酥排、网状水果排的制作	能独立制作挞、排类西点品种	12
6	饼干、曲奇的制作工艺	1. 饼干的分类与特征 2. 饼干的原料选择 3. 核桃切饼、椰丝切饼、杂粮饼的制作 4. 曲奇类的制作	能独立制作饼干、曲奇类西点品种	12
7	奶油裱花的制作工艺	1. 裱花装饰 (1) 掌握装饰与食用的关系 (2) 能够运用烹饪美学知识进行装饰 (3) 能够根据品种及数量选用盛器 (4) 掌握各种裱花技巧 (5) 能独立制作裱花蛋糕 2. 能进行简单装饰	能独立制作奶油裱花类西点品种	12

六、教学实施

(一)教学策略

1. 作为一门中餐面点专业方向的重要课程,本课程的教学应按学生的认知特点,采用循序渐进的教学方法,通过示范教学、模仿教学和实习操作等多种形式组织教学,强化实际操作训练,使学生更好地练习中西餐面点制作的技法,培养学生的基本功;应加强对学生实际职业能力的培养,以任务引领或激发学生的专业兴趣,使学生在项目活动中了解中餐面点制作基本过程;应以学生为主,注重"教"与"学"的互动,提出要求或做出示范,组织学生进行活动,拓展学生的思维想象与动手能力。

2. 教学模式科学设计与创新。根据高职学生特点,理论教学中灵活运用多种教学手段和教学方法,通过配备多媒体设备的实训室,理实一体化。使用基于主题式教学、工作案例教学、体验式教学、学生自主学习、任务教学、情景模拟、讨论、调研、任务驱动教学等教学法,使学生在仿真的工作情景中掌握必备的知识、技能,培养学生的职业意识,提高职业素质。

3. 在教学实施中,本门课要特别注重理论联系实际,突出行动导向的教学特色;注重与教学相关的多媒体课件等现代信息技术的收集和开发,并充分利用这些教学资源辅助教学,加强学生的中西餐面点制作能力培养。

（二）教材编写

1. 必须依据本课程标准编写教材，体现"以就业为导向，以能力为本位、以应用为目的"原则。

2. 教材应充分体现任务引领、实践导向的课程设计思想，教材中的活动设计要具有可操作性。教材内容符合岗位要求，将本专业新思想、新工艺、新设备编入教材，使教材内容贴近行业的发展和实际需要，符合现代餐饮发展趋势。

3. 教材编写应以学生为本，积极利用电子书籍、电子期刊、数字图书馆、各大网站等网络资源，使教育内容从一体化向多元化转变，使学生知识能力的拓展成为可能。

（三）资源开发与利用

1. 搭建多维、动态、自主的精品课程训练平台，充分发挥学生的主动性、积极性和创造性，同时联合各学校开发多媒体课件，努力实现跨校多媒体资源的共享。

2. 注重仿真软件的开发利用，如"模拟实习""日常测试""模块考试"等，让学生在网络实习平台中，积极自主地完成本课程的学习任务，为提高学生学习烹调专业理论知识和技能创造有效条件。

3. 应创设形象生动的教学情境，按照高职学生的认知规律，结合教材，采用现代化教学手段，提供教学需求的课程资源，为教师教学与学生学习提供全面的支持。

七、考核与评价

1. 倡导评价主体多元化，坚持学生自评、互评和教师评价相结合；学校评价与企业、家长评价相结合。考核与评价要坚持总结性评价和过程性评价相结合、定量评价和定性评价相结合的原则。

2. 突出过程性评价，结合学生日常表现、课堂提问、活动参与、课后作业、模块考核等环节，给予学生客观评价，树立学生学习专业的信心。

3. 强调总结性评价，结合案例分析、成果展示、技能大赛、期中期末测试等手段，考核学生的中西餐面点制作能力。

八、其他说明

1. 西餐面点课程是根据行业调研，企业岗位实际需求而设计。餐饮企业中面点房为综合性生产部门，要求面点房从业人员具备制作中餐面点品种和西餐面点品种的综合能力。

2. 本课程根据行业岗位需求，讲授常用西餐面点品种制作方法和成品质量控制等相关知识，培养学生西餐面点实践操作能力，是一门理实一体化的课程。

3. 中餐面点专业学生掌握基础西餐面点制作技术，旨在完善中餐面点专业学生专业技能领域。

《食疗保健学》课程标准

一、课程性质与任务

本课程是烹调工艺与营养专业的一门专业方向课程。其任务是：使学生了解食疗保健基础知识，对中国传统饮食保健知识有系统认识，紧密联系餐饮业工作的实际情况，把握市场脉搏，全面掌握食疗保健的基础理论、基本知识和基本技能，做到学以致用，融会贯通。

二、课时

48课时。

三、学分

3学分。

四、课程目标

使学生具备餐饮行业饮食保健所需的基础知识和基本技能，了解人体的系统组成及各系统的功能，掌握饮食调补的基本原则、食物的合理搭配，了解烹饪原料的物性、归属等知识，了解四季及区域的饮食宜忌和养生食谱，为学生进一步学习相关专业知识和应用打下基础。

1. 知识目标

学生在全面了解食疗保健概念特点的基础上，通过学习，系统了解各种具有保健作用的食物属性，掌握其性能及应用原则，从而会将食疗保健知识应用于烹饪实践，以完善人们的饮食、增进人体健康。

2. 能力目标

（1）通过本课程的学习，能掌握食疗保健的基本理论，懂得烹饪原料的性能、分类、配伍关系以及实际应用。

（2）具备利用烹饪原料的合理搭配维护人体健康的能力。

（3）能根据不同体质人群烹调相应养生膳食。

3. 职业情感目标

（1）充分认识食疗保健的重要性，具备相应的基础知识。

（2）在传统食疗保健知识基础上具有创新思维的能力，具有适应现代饮食结构和需求的能力。

五、课程内容及要求

序号	课程模块	课程内容及要求	考核要点	参考课时
1	食疗保健总论	1. 传统食疗保健概述 2. 掌握烹饪原料的食疗属性；烹饪原料的五味、升降浮沉、归经相关基础知识 3. 掌握烹饪原料的配伍、禁忌与人体健康的关系等	小组讨论讲解传统食疗保健相关知识点，明确饮食与养生保健的关系	10

续表

序号	课程模块	课程内容及要求	考核要点	参考课时
2	补养类食物	1. 补气类食物；补血类食物；补阴类食物等 2. 补养类食物选用原则；各种补养类食物的食法及宜忌，各种补养类食物的应用	查阅资料，讲解补养类食物应用实例	10
3	消食类食物	1. 消食类食物 2. 消食类食物的作用食性、养生、食疗	查阅资料，讲解消食类食物应用实例	10
4	祛湿类食物	1. 利水渗湿类食物；芳香化湿类食物；祛风湿类食物 2. 祛湿类食物的作用、食疗及应用	查阅资料，讲解祛湿类食物应用实例	10
5	清热类食物	1. 清热类食物 2. 清热类食物的作用、食疗及应用	查阅资料，讲解清热类食物应用实例	10
6	化痰止咳平喘类食物	1. 化痰类食物；止咳平喘类食物 2. 化痰止咳平喘类食物的作用、食疗及应用	查阅资料，讲解化痰止咳类食物应用实例	10
7	四时、区域养生膳食	1. 春季、夏季、秋季、冬季的药膳生原则和常用食物；北方和南方的药膳养生原则和常用食物 2. 四季及区域的饮食宜忌及食谱	查阅资料，讲解四时、区域养生膳食应用实例	12

六、教学实施

（一）教学策略

1. 作为一门营养配餐专业方向的重要课程，本课程的教学应按学生的认知特点，采用循序渐进的教学方法，通过示范教学，模仿教学等多种形式组织教学，使学生更好地掌握食疗保健相关知识；应加强对学生实际职业能力的培养，以任务引领或激发学生的专业兴趣，使学生在项目活动中了解食疗保健的基本理念；应以学生为主，注重"教"与"学"的互动，提出要求或做出示范，组织学生进行活动，拓展学生的思维想象与动手能力。

2. 教学模式科学设计与创新。根据高职学生特点，理论教学中灵活运用多种教学手段和教学方法，通过配备多媒体设备的实训室，理实一体化。使用基于主题式教学、工作案例教学、体验式教学、学生自主学习、任务教学、情景模拟、讨论、调研、任务驱动教学等教学法，使学生在仿真的工作情景中掌握必备的知识、技能，培养学生的职业意识，提高职业素质。

3. 在教学实施中，本门课要特别注重理论联系实际，突出行动导向的教学特色；注重与教学相关的多媒体课件等现代信息技术的收集和开发，并充分利用这些教学资源辅助教学，加强学生的营养配餐能力培养。

（二）教材编写

1. 必须依据本课程标准编写教材，体现"以就业为导向，以能力为本位、以应用为目的"

原则。

2. 教材应充分体现任务引领、实践导向的课程设计思想,教材中的活动设计要具有可操作性。教材内容符合岗位要求,将本专业新思想、新工艺、新设备编入教材,使教材内容贴近行业的发展和实际需要,符合现代餐饮发展趋势。

3. 教材编写应以学生为本,积极利用电子书籍、电子期刊、数字图书馆、各大网站等网络资源,使教育内容从一体化向多元化转变,使学生知识能力的拓展成为可能。

(三)资源开发与利用

1. 搭建多维、动态、自主的精品课程训练平台,充分发挥学生的主动性、积极性和创造性,同时联合各学校开发多媒体课件,努力实现跨校多媒体资源的共享。

2. 注重仿真软件的开发利用,如"日常测试""模块考试"等,让学生在网络实习平台中,积极自主地完成本课程的学习任务,为提高学生学习营养配餐专业理论知识和技能创造有效条件。

3. 应创设形象生动的教学情境,按照高职学生的认知规律,结合教材,采用现代化教学手段,提供教学需求的课程资源,为教师教学与学生学习提供全面的支持。

七、考核与评价

1. 倡导评价主体多元化,坚持学生自评、互评和教师评价相结合;学校评价与企业、家长评价相结合。考核与评价要坚持总结性评价和过程性评价相结合、定量评价和定性评价相结合的原则。

2. 突出过程性评价,结合学生日常表现、课堂提问、活动参与、课后作业、模块考核等环节,给予学生客观评价,树立学生学习专业的信心。

3. 强调总结性评价,结合案例分析、成果展示、期中期末测试等手段,考核学生的营养配餐能力。

《营养配餐与制作》课程标准

一、课程性质与任务

本课程是烹调工艺与营养专业的一门专业方向课程。其任务是:在学习基础营养等基础知识上,按照不同工种、不同年龄、不同健康状况等特定人群,利用营养原理、方法设计并制作营养菜点、套餐;从营养配餐的理论开始论述,紧密联系实际应用,使学生运用烹饪理论、技能与营养理论相结合,对现有的膳食结构进行评价并提出可行的改善措施,促进人群健康。

二、课时

48课时。

三、学分

3学分。

四、课程目标

通过学习,使学生掌握营养配餐准备和制作的工艺流程,掌握膳食调查和评价、营养食谱的设计和制定方法,能够针对不同人群营养状况进行营养食谱设计,能够对常见菜点进行营养分析评价,对不同人群进行营养管理。

1. 知识目标

掌握营养食谱制定方法。

掌握膳食调查问卷、人群营养状况评估表的设计与运用。

掌握营养标签的制作流程。

2. 能力培养目标

(1) 根据不同人群制定、实施营养配餐计划。

(2) 能够规范操作使用营养状况评估器械及烹饪器具。

(3) 能够根据不同人群制作营养配餐。

3. 职业情感目标

(1) 充分认识食品安全的重要性,具有高度的法律意识。

(2) 具有创新思维的能力,能够改进生产技术和设计实施新配方的能力。

五、课程内容及要求

序号	课程模块	课程内容及要求	考核要点	参考课时
1	营养配餐食谱设计与编制	1. 营养配餐食谱设计与编制原则 2. 营养配餐食谱设计与编制方法	小组讨论、讲解营养配餐食谱设计与编制基础知识	6
2	菜点的营养价值评价和营养标签制作	1. 菜点营养成分计算方法 2. 菜点的营养价值评价和营养标签制作	分组实训,能根据不同菜点计算、制作相应营养标签	6
3	膳食质量调查及评估	1. 膳食营养质量评价的意义;膳食营养质量评价的调查内容;膳食营养质量评价的依据 2. 掌握膳食质量的评价内容;熟悉膳食调查的方法	分组调研,撰写不同人群膳食质量调查报告	12
4	儿童营养配餐设计与制作	1. 掌握儿童营养结构特点和配餐原则 2. 根据儿童营养结构特点和配餐原则设计并制作相应营养餐	分组实训,能根据儿童营养结构特点和配餐原则设计并制作三款营养餐	12
5	青年人群营养配餐设计与制作	1. 掌握青年人群营养结构特点和配餐原则 2. 根据青年人群营养结构特点和配餐原则设计并制作相应营养餐	分组实训,能根据青年人群营养结构特点和配餐原则设计并制作三款营养餐	12

续表

序号	课程模块	课程内容及要求	考核要点	参考课时
6	中年人群营养配餐设计与制作	1. 掌握中年人群营养结构特点和配餐原则 2. 根据中年人群营养结构特点和配餐原则设计并制作相应营养餐	分组实训,能根据中年人群营养结构特点和配餐原则设计并制作三款营养餐	12
7	老年人群营养配餐设计与制作	1. 掌握老年人群营养结构特点和配餐原则 2. 根据老年人群营养结构特点和配餐原则设计并制作相应营养餐	分组实训,能根据老年人群营养结构特点和配餐原则设计并制作三款营养餐	12

六、教学实施

(一)教学策略

1. 作为一门营养配餐专业方向的重要课程,本课程的教学应按学生的认知特点,采用循序渐进的教学方法,通过示范教学、模仿教学和实习操作等多种形式组织教学,强化实际操作训练,使学生更好地练习营养配餐的方法;应加强对学生实际职业能力的培养,以任务引领或激发学生的专业兴趣,使学生在项目活动中了解营养配餐基础知识和基本技能;应以学生为主,注重"教"与"学"的互动,提出要求或做出示范,组织学生进行活动,拓展学生的思维想象与动手能力。

2. 教学模式科学设计与创新。根据高职学生特点,理论教学中灵活运用多种教学手段和教学方法,通过配备多媒体设备的实训室,理实一体化。使用基于主题式教学、工作案例教学、体验式教学、学生自主学习、任务教学、情景模拟、讨论、调研、任务驱动教学等教学法,使学生在仿真的工作情景中掌握必备的知识、技能,培养学生的职业意识,提高职业素质。

3. 在教学实施中,本门课要特别注重理论联系实际,突出行动导向的教学特色;注重与教学相关的多媒体课件等现代信息技术的收集和开发,并充分利用这些教学资源辅助教学,加强学生的营养配餐能力培养。

(二)教材编写

1. 必须依据本课程标准编写教材体现"以就业为导向、以能力为本位、以应用为目的"原则。

2. 教材应充分体现任务引领、实践导向的课程设计思想,教材中的活动设计要具有可操作性。教材内容符合岗位要求,将本专业新思想、新工艺、新设备编入教材,使教材内容贴近行业的发展和实际需要,符合现代餐饮发展趋势。

3. 教材编写应以学生为本,积极利用电子书籍、电子期刊、数字图书馆、各大网站等网络资源,使教育内容从一体化向多元化转变,使学生知识能力的拓展成为可能。

(三)资源开发与利用

1. 搭建多维、动态、自主的精品课程训练平台,充分发挥学生的主动性、积极性和创造性,同时联合各学校开发多媒体课件,努力实现跨校多媒体资源的共享。

2. 注重仿真软件的开发利用,如"模拟实习""日常测试""模块考试"等,让学生在网络实习平台中,积极自主地完成本课程的学习任务,为提高学生学习营养配餐专业理论知识和技能创造有效条件。

3. 创设形象生动的教学情境,按照高职学生的认知规律,结合教材,采用现代化教学手段,提供教学需求的课程资源,为教师教学与学生学习提供全面的支持。

七、考核与评价

1. 倡导评价主体多元化,坚持学生自评、互评和教师评价相结合;学校评价与企业、家长评价相结合。考核与评价要坚持总结性评价和过程性评价相结合、定量评价和定性评价相结合的原则。

2. 突出过程性评价,结合学生日常表现、课堂提问、活动参与、课后作业、模块考核等环节,给予学生客观评价,树立学生学习专业的信心。

3. 强调总结性评价,结合案例分析、成果展示、期中期末测试等手段,考核学生的营养配餐能力。

《现代餐饮管理》课程标准

一、课程性质与任务

本课程是烹调工艺与营养专业的一门专业核心课程。其任务是:学习有关现代餐饮经营管理的基础理论,培养学生树立科学、系统的现代餐饮经营管理理念,培养学生运用现代餐饮管理知识为今后工作和自主创业打下基础。

二、课时

32课时。

三、学分

2学分。

四、课程目标

使学生掌握现代餐饮经营管理的基础知识,掌握餐饮管理的基本方法、程序及餐饮质量管理,熟练掌握餐饮成本核算,了解中央厨房运作与管理相关知识,了解适应市场经济的餐饮运作方式。

1. 知识教学目标

(1) 理解现代餐饮经营管理的基础理论知识。

(2) 掌握现代餐饮经营管理的基本方法、程序及质量管理。

(3) 了解适应市场经济的餐饮运作方式。

2. 能力培养目标

(1) 能通过成本控制,进行餐饮企业生产环节管理。

(2) 会运用现代餐饮经营管理方法、程序进行餐饮企业管理。

3. 职业情感目标

(1) 树立"顾客为本""信誉为本""服务为本"的经营理念。

(2) 具有现代餐饮经营管理的科学态度。

(3) 做到诚实守信,具有良好的职业道德和创新意识。

五、课程内容及要求

序号	课程模块	课程内容及要求	考核要点	参考课时
1	现代餐饮经营管理基础知识	1. 现代餐饮经营管理的含义和内容 2. 现代餐饮经营管理的发展趋势	1. 学生到星级酒店观摩,了解现代餐饮经营的概况 2. 能讲解现代餐饮经营管理的含义和内容	12
2	厨政管理	1. 厨务管理基础知识 2. 厨务组织机构及人员配置 3. 厨房的设计与布局 4. 厨务设备及用具管理	1. 参观酒店厨房,了解厨房的设备与厨务厨政的管理 2. 分组进行厨房设计	10
3	餐饮产品的全面质量管理	1. 餐饮产品质量的基础知识 2. 餐饮产品的生产质量管理 3. 安全与卫生管理	分组讨论、讲解餐饮产品质量管理	10
4	餐饮成本控制与核算	1. 餐饮成本控制基础知识 2. 主配料的净料成本核算 (1) 净料率计算 ①掌握净料和净料率的概念 ②能计算净料率,并能使用净料率计算原料的重量和净料的单位成本 ③熟悉常用原料的净料率 (2) 主配料的净料成本计算 ①能对主配料的净料单位成本进行计算 ②能对主配料中的生料、半制成品和熟食品的不同形式选用不同的成本核算方法 ③能理解成本系数 3. 调味成本核算 (1) 调味品的成本估算 (2) 调味成本的计算 4. 菜点产品销售价格的核算 (1) 菜点产品成本计算 (2) 菜点产品销售价格计算 5. 宴席菜肴的配置与成本核算 (1) 配置宴席菜肴 (2) 计算宴席菜肴的成本	1. 能通过对毛料加工得到净料来掌握净料和净料率 2. 能利用净料率来计算净料的重量和净料的单位成本 3. 能运用内扣毛利率和外加毛利率法计算成本 4. 准确估算瓶装酒、酱油、盐、味精、糖消耗量 5. 分组合作,计算出一份菜肴成本或售价 6. 根据所提供的菜单计算宴席菜肴的成本 7. 用案例计算餐厅综合毛利率	10

续表

序号	课程模块	课程内容及要求	考核要点	参考课时
5	餐饮销售管理	1. 了解餐饮产品的销售和价格定制 2. 了解营业场所的销售策略 3. 了解餐饮销售控制 4. 了解企业常用的促销方法	分组讨论、查阅资料讲解餐饮销售的基础知识	10
6	餐饮服务管理	1. 了解餐饮服务的方式 2. 熟悉餐饮服务质量的控制	分组讨论、查阅资料讲解餐饮服务管理的基础知识	10
7	中央厨房运转与管理	1. 了解中央厨房分类与发展相关知识 2. 掌握中央厨房运转方式和流程控制相关知识 3. 了解中央厨房管理相关知识	分组讨论、查阅资料讲解中央厨房运转与管理相关知识	10

六、教学实施

（一）教学策略

1. 以实际工作任务为引领，以餐饮管理环节为主线设计，按照学生的认知特点，掌握和应用现代餐饮管理所具备的理论基础知识。

2. 通过情境展现、仿真、模拟等活动来组织教学，让学生掌握现代餐饮经营管理基础知识，培养简单餐饮成本核算的能力，具备生产成本控制和管理的意识。

3. 注重职业情境的创设，以小组合作学习、模拟练习等形式，让学生在学习中夯实基础，提高适应岗位的职业能力。

（二）教材编写

1. 依据本课程标准编写，科学、合理安排各部分内容。

2. 教材应充分体现任务引领、实践导向的设计思想，设计模块化实践的教学活动。

3. 利用网络资源，使教育内容贴近餐饮经营管理的运作模式，教材中的内容设计具有可操作性。

（三）资源开发与利用

应创设形象生动的教学情境，按照高职学生的认知规律，结合教材，采用现代化教学手段，制作和收集与教学内容相配套的多媒体课件、挂图等，提供教学需求的课程资源，为教师教学与学生学习提供全面的支持。

七、考核与评价

1. 倡导评价主体多元化，坚持学生自评、互评和教师评价相结合。考核与评价要坚持总结性评价和过程性评价相结合、定量评价和定性评价相结合的原则。

2. 突出过程性评价，结合学生日常表现、课堂提问、活动参与、课后作业、模块考核等环节，给予学生客观评价，树立学生学习专业的信心。

3. 强调总结性评价,结合案例分析、成果展示、期中期末测试等手段,考核学生的现代餐饮业管理能力。

二、修脚刀标准

修脚师国家职业标准

1. 职业概况

1.1 职业名称

修脚师

1.2 职业定义

运用器械、刀具、手法等对脚患进行修治的人员。

1.3 职业等级

本职业共设五个等级,分别为:初级(国家职业资格五级)、中级(国家职业资格四级)、高级(国家职业资格三级)、技师(国家职业资格二级)、高级技师(国际职业资格一级)。

1.4 职业环境

室内,常温。

1.5 职业能力特征

手指灵活,手臂有力,手腕翻转自如、动作协调性强。

1.6 基本文化程度

初中毕业。

1.7 培训要求

1.7.1 培训期限

全日制职业学校教育,根据其培养目标和教学计划确定。晋级培训期限:初级不少于200标准学时;中级不少于160标准学时;高级不少于120标准学时;技师不少于80标准学时;高级技师不少于50标准学时。

1.7.2 培训教师

培训初级、中级的教师应具有本职业高级及以上职业资格证书或相关专业中级及以上专业技术职务任职资格;培训高级的教师应具有本职业技师职业资格证书或相关专业中级及以上专业技术职务任职资格;培训技师的教师应具有本职业技师职业资格证书3年以上或相关专业高级专业技术职务任职资格。

1.7.3 培训场地设备

理论培训场地应具有可容纳20名以上学员的标准教室,并配备投影仪、电视机及播放设备。实际操作培训场所应具有可容纳20名以上学员的实操室,并配备实操床、凳、灯具、器械、工作服及相关设备。

1.8 鉴定要求

1.8.1 适用对象

从事或准备从事本职业的人员。

1.8.2 申报条件

——初级(具备以下条件之一者)

(1) 经本职业初级正规培训达规定标准学时数,并取得结业证书。

(2) 在本职业连续见习工作2年以上。

(3) 本职业学徒期满。

——中级(具备以下条件之一者)

(1) 取得本职业初级职业资格证书后,连续从事本职业工作3年以上,经本职业中级正规培训达规定标准学时数,并取得结业证书。

(2) 取得本职业初级职业资格证书后,连续从事本职业工作5年以上。

(3) 连续从事本职业工作7年以上。

——高级(具备以下条件之一者)

(1) 取得本职业中级职业资格证书后,连续从事本职业工作4年以上,经本职业高级正规培训达规定标准学时数,并取得结业证书。

(2) 取得本职业中级职业资格证书后,连续从事本职业工作6年以上。

(3) 取得本职业中级职业资格证书的大专以上本专业或相关专业毕业生,连续从事本职业工作2年以上。

(4) 取得高级技工学校或经劳动保障行政部门审核认定的、以高级技能为培养目标的高等职业学校本职业(专业)毕业证书。

——技师(具备以下条件之一者)

(1) 取得本职业高级职业资格证书后,连续从事本职业工作5年以上,经本职业技师正规培训达规定标准学时数,并取得结业证书。

(2) 取得本职业高级职业资格证书后,连续从事本职业工作7年以上。

(3) 取得本职业高级职业资格证书的高级技工学校本职业(专业)毕业生,连续从事本职业工作满2年。

——高级技师(具备以下条件之一者)

(1) 取得本职业技师资格证书后,连续从事本职业工作3年以上,经本职业高级技师正规培训达规定标准学时数,并取得结业证书。

(2) 取得本职业技师职业资格证书后,连续从事本职工作5年以上。

1.8.3 鉴定方式

分为理论知识考试和技能操作考核。理论知识考试采用闭卷笔试方式,技能操作考核采用现场实际操作方式。理论知识考试和技能操作考核均实行百分制,成绩皆达60分以上者为合格。技师还须进行综合评审。

1.8.4 考评人员与考生配比

理论知识考试考评人员与考生配比为1∶20,每个标准教室不少于2名考评人员;技能操作考核考评员与考生配比为1∶7,且不少于3名考评员;综合评审委员不少于5人。

1.8.5 鉴定时间

理论知识考试为90分钟,技能操作考核时间不少于30分钟,综合评审时间不少于20分钟。

1.8.6 鉴定场所设备

理论知识考试在标准教室进行。技能操作考核在具备实操床、凳、灯具、器械及相关设备的实操室进行。

2. 基本要求

2.1 职业道德

2.1.1 职业道德基本知识

2.1.2 职业守则

(1) 礼貌待客,语言文明。

(2) 遵纪守法,爱岗敬业。

(3) 努力钻研,精益求精。

(4) 尊师好学,发扬国术。

2.2 基础知识

2.2.1 修脚技术发展与修脚工具的演变

2.2.2 足部解剖知识

(1) 足部的骨骼结构

(2) 足部的肌肉构成

(3) 足部的神经组成

(4) 足部的血管组成

(5) 足部的经络组成

(6) 足部皮肤的构成及特点

(7) 趾甲的构成

2.2.3 常用修脚器械知识

(1) 修脚刀具的名称、种类和用途

(2) 常用修脚用品的名称及使用方法

2.2.4　常见脚部不适应分类

(1) 垫类

(2) 趾甲类

(3) 疔类

(4) 瘊类

(5) 脚气类

(6) 脚胆类

2.2.5　相关法律、法规知识

(1)《中华人民共和国劳动法》相关知识

(2)《中华人民共和国合同法》相关知识

3. 工作要求

本标准对初级、中级、高级、技师、高级技师的技能要求依次递进,高级别涵盖低级别的要求。

3.1　初级

职业功能	工作内容	技能要求	相关知识
一、接待	(一) 班前准备	1. 能对室内环境进行清洁 2. 能对修脚工具进行码放 3. 能对修脚辅助用品进行摆放 4. 能对刀具进行研磨	1. 清洁剂的使用方法 2. 修脚辅助用品的名称 3. 磨刀的操作方法
	(二) 接待客人	1. 能向客人介绍修脚程序 2. 能引领顾客就位 3. 能填写服务项目结算清单	1. 普通话基础常识 2. 礼貌礼仪常识
二、脚部不适判断	(一) 垫类脚部不适判断	1. 能用视、摸的方法判断表皮浅层掌垫的大小 2. 能用视、摸的方法判断偏趾垫的大小和部位	1. 掌垫的形成知识 2. 偏趾垫的形成知识 3. 灰指甲的形成原因 4. 常用掌垫、偏趾垫的判断手法
	(二) 趾甲类脚部不适判断	1. 能判断趾甲是否需要修整或修治 2. 能根据趾甲的颜色和薄厚判断灰指甲的程度	
三、脚部不适修治	(一) 垫类脚部不适修整	1. 能用正刀片的方法修治表皮浅层掌垫 2. 能用正刀片、抹刀片的方法修治偏趾垫	1. 持脚法操作要点 2. 持正刀的手法 3. 持锛刀的手法 4. 持修刀的手法 5. 片刀法的操作要点 6. 断刀法的操作要点 7. 劈刀法的操作要点 8. 去除毛茬的操作要点 9. 锛刀法的操作要点 10. 捏刀法的操作要点 11. 拔刀法的操作要点
	(二) 趾甲类脚部不适修整	1. 能用锛刀、断刀和劈刀的方法修治灰指甲 2. 能去除毛茬	

3.2 中级

职业功能	工作内容	技能要求	相关知识
一、脚部不适判断	（一）垫类脚部不适判断	1. 能用触、摸的方法判断月牙垫的深浅和程度 2. 能用触、摸的方法判断对趾垫位置和大小程度 3. 能用触、摸的方法判断盖趾垫的大小 4. 能用触、摸的方法判断后跟垫的大小和深浅	1. 月牙垫形成的原因 2. 对趾垫形成的原因 3. 脚部感染的常见现象 4. 脚部神经系统的知识 5. 捏刀法 6. 脚部不适症的常用检查手法 7. 脚气形成的原因
	（二）甲类脚部不适判断	1. 能用视、触的方法判断蒜皮灰指甲、萎缩性灰指甲和前端性灰指甲 2. 能用视、触的方法判断浅表型肉包甲、浅表型甲包肉	
	（三）疗类脚部不适判断	1. 能用触、摸的方法判断干疗的位置和深浅 2. 能用触、摸的方法判断偏趾疗的位置和深浅 3. 能用触、摸的方法判断盖趾疗的位置和深浅 4. 能用触、摸的方法判断顶趾位置和深浅	
	（四）脚气类脚部不适判断	1. 能用视的方法判断水泡型脚气的程度 2. 能根据皮肤的软硬度，用视、触方法判断角化型脚气程度	
二、脚部不适修治	（一）垫类脚部不适修治	1. 能采用片刀，用正刀片、反刀片的方法修治月牙垫和后跟垫 2. 能采用修刀、条刀，用起、撕的方法修治对趾垫和盖趾垫。	1. 挑刀法的操作方法 2. 挖刀操作方法 3. 刮刀操作方法 4. 放血的操作方法 5. 切开的操作方法 6. 撕的操作方法
	（二）甲类脚部不适修治	1. 能采用修刀、条刀，用劈、断、挖的方法修治蒜皮灰指甲、萎缩性灰指甲和前端性灰指甲 2. 能采用修刀、条刀，用劈、断、挖的方法修治浅表型肉包甲、浅表型甲包肉	
	（三）疗类脚部不适修治	1. 能采用片刀、条刀，用正刀片、挖的方法修治干疗和顶趾疗 2. 能采用片刀、修刀、条刀，用正刀片、起的方法修治偏趾疗、盖趾疗	
	（四）脚气类脚部不适修治	1. 能用刮刀，用翻腕刮的方法修治水泡型脚气 2. 能采用刮刀，用刮、起的方法修治角化型脚气	
三、消毒	（一）刀具的消毒	1. 能用浸泡的方法对刀具进行消毒 2. 能用紫外线照射的方法对刀具进行消毒 3. 能用高温高压蒸煮的方法对刀具进行消毒	1. 消毒锅的使用知识 2. 紫外线灯的使用知识 3. 消毒柜的使用知识 4. 敷料的制作方法
	（二）敷料的消毒	1. 能用高温对敷料消毒 2. 能用放射对敷料消毒	

3.3 高级

职业功能	工作内容	技能要求	相关知识
一、脚部不适判断	（一）垫类脚部不适判断	1. 能根据皮肤的起屑层次，用触摸的方法判断蒜皮垫的薄厚 2. 能用触、摸的方法判断垫核深浅和软硬程度 3. 能用触、摸的方法判断拇关节外侧垫薄厚 4. 能用触、摸的方法判断轮垫部位和深浅	1. 疔形成的原因 2. 常见脚部不适症传染的途径 3. 瘊形成的原因
	（二）甲类脚部不适判断	1. 能根据甲的形状判断出牛角甲 2. 能根据甲的形状判断出瘊头甲 3. 能根据甲的形状，用触、摸的方法判断出嵌甲 4. 能根据甲的形状，用触摸的方法判断出瓦垄甲 5. 能根据甲的形状判断出鹰嘴甲	
	（三）疔类脚部不适判断	1. 能根据疔的生长部位，用触摸的方法判断出蛇头疔、脖领疔 2. 能用触、摸的方法，根据疔的软硬程度判断出肉疔	
	（四）脚气类脚部不适判断	1. 能根据皮肤的脱屑程度，判断出鳞屑型脚气 2. 能根据皮肤红肿、脱屑及异味的程度，判断出糜烂型脚气	
	（五）瘊类脚部不适判断	1. 能用视、触的方法判断出刺激瘊和开花瘊 2. 能根据部位和皮肤突起的软硬程度，用视的方法判断出扁平瘊 3. 能根据皮肤突起的颜色和软硬程度，判断出粉瘊	
二、脚部不适修治	（一）垫类脚部不适修治	1. 能采用片刀，用正片刀、反片刀、抹刀片的方法修治蒜皮垫和轮垫 2. 能采用片刀、条刀，用正刀片、起、挖的方法修治垫核 3. 能采用片刀，用正片刀的方法修治拇关节外侧垫	1. 综合刀法的使用知识 2. 起刀的方法 3. 甲沟炎的形成因素 4. 晕刀的应急处理方法 5. 止血的应急处理方法
	（二）甲类脚部不适修治	1. 能采用锛刀、修刀、条刀，用锛、断、劈的方法修治牛角甲、瘊头甲、鹰嘴甲和瓦垄甲 2. 能采用修刀、条刀，用劈、断、拔、挖的方法修治嵌甲	
	（三）疔类脚部不适修治	1. 能采用修刀、条刀，用挖的方法修治蛇头疔、脖领疔 2. 能采用片刀、条刀，用正刀片、挖的方法修治肉疔	
	（四）脚气类脚部不适修治	1. 能采用刮刀，用刮的方法修治鳞屑型脚气 2. 能采用刮刀，用刮的方法修治糜烂型脚气	
	（五）瘊类脚部不适修治	1. 能采用条刀、修刀，用挖、拔的方法结合按揉修治刺瘊、开花瘊 2. 能采用条刀、修刀，用挖、拔的方法修治扁平瘊和粉瘊	
	（六）意外事故处理	1. 能在修治过程中进行顾客晕刀处理 2. 能在修治过程中进行意外出血的处理	
三、捏脚	（一）确定脚气及处理方法	1. 能根据顾客的脚部状况确定脚气的类型 2. 能根据脚气类型确定捏脚的手法	捏脚的常用手法及注意事项
	（二）捏脚护理	1. 能梳理脚趾，对脚部气血进行疏通 2. 能用毛巾缠脚趾，对脚部排湿 3. 能揉搓脚趾，对脚部进行排湿、放松	

3.4 技师

职业功能	工作内容	技能要求	相关知识
一、咨询	（一）疑难脚部不适咨询	1. 能解答垫黄等疑难脚部不适产生的原因 2. 能根据修治后的效果提出护养建议	1. 足部的生理、病理知识 2. 档案管理知识
	（二）脚部不适档案管理	1. 能为顾客建立健康档案 2. 能填写修治记录	
二、脚部不适判断	（一）垫类脚部不适判断	1. 能用视、触、摸的方法判断隔血，垫炎大小和部位 2. 能用视、触、摸的方法判断垫黄大小和深浅	1. 隔血形成的原因 2. 垫炎形成的原因 3. 垫黄形成的原因
	（二）甲类脚部不适判断	1. 能根据甲的形状判断出翻头甲 2. 能根据甲的形状判断出螺丝甲 3. 能根据甲的形状判断出深度型甲包肉	
	（三）疔类脚部不适判断	1. 能用触、摸的方法判断出嵌甲疔的位置 2. 能根据皮肤的颜色和顾客的疼痛程度，用视、触、摸的方法判断出血腺疔位置和大小	
	（四）瘊类脚部不适判断	1. 能根据皮肤突出的颜色和软硬程度判断出肉瘊的位置和大小 2. 能根据皮肤上瘊数量和分布面积判断出多发性瘊位置和数量 3. 能用视的方法判断甲周围瘊、甲下瘊位置和大小	
三、脚部不适修治	（一）垫类脚部不适修治	1. 能采用修刀、条刀，用电刺放血的方法修治垫炎 2. 能采用片刀、条刀，用正刀片、挖的方法修治垫黄	1. 揉瘊的手法 2. 修治后的消毒处理方法
	（二）甲类脚部不适修治	1. 能采用锛刀、修刀，用锛、断的方法修治翻头甲、螺丝甲 2. 能采用锛刀、修刀、条刀，用锛、断、劈、挖的方法修治深度型甲肉包	
	（三）疔类脚部不适修治	能采用条刀、修刀，用拔、挖的方法修治嵌甲疔	
	（四）瘊类脚部不适修治	1. 能采用条刀、修刀，用分、挖的方法修治肉瘊、多发性瘊 2. 用揉、搓、抠的手法修整扁平瘊、刺瘊、开花瘊	
四、培训与管理	（一）培训	1. 能编写培训计划及教案 2. 能对初级、中级、高级修脚师进行实际操作指导	1. 职业培训特点 2. 技术总结的撰写方法
	（二）管理	1. 能提出企业岗位设置及人员配置建议 2. 能撰写技术总结	

3.5 高级技师

职业功能	工作内容	技能要求	相关知识
一、脚部不适判断	（一）垫类脚部不适判断	1. 能用问、视、摸的方法判断先天性垫的位置和大小 2. 能用视、摸的方法判断牛筋垫的位置和大小 3. 能用视、摸的方法判断瘢痕垫的位置和大小	1. 先天性垫形成的原因 2. 牛筋垫、瘢痕形成的原因 3. 脚胆形成的原因
	（二）脚胆类脚部不适判断	1. 能根据皮肤软硬程度，用触、摸的方法判断出粉胆的位置和大小 2. 能根据皮肤软硬度，用触、摸的方法判断出皮样胆的位置和大小 3. 能根据皮肤软硬程度，用触、摸的方法判断出胶状胆的位置和大小	
二、脚部不适修治	（一）垫类脚部不适修治	1. 能用片刀，用正、反片刀的方法修治先天性垫 2. 能用修刀、片刀，用正、反片刀的方法修治牛筋垫、瘢痕垫	1. 剥离的操作方法 2. 分术的操作方法
	（二）脚胆类不适修治	1. 能采用修刀、条刀，用剥离的方法修治粉胆 2. 能采用修刀、条刀，用分、拔的方法修治皮样胆 3. 能采用修刀、条刀，用挖的方法修治胶状胆	
三、培训与管理	（一）培训	1. 能对初级、中级、高级修脚师及修脚技师进行实际操作指导 2. 能撰写培训讲义	1. 实习教学方法 2. 培训讲义的编写方法 3. 成本核算方法
	（二）管理	1. 能对整个修脚操作服务进行流程控制 2. 能根据修脚操作项目进行成本核算	

4. 比重表

4.1 理论知识

	项 目	初级(%)	中级(%)	高级(%)	技师(%)	高级技师(%)
基本要求	职业道德	5	5	5	5	5
	基础知识	30	20	10	10	5
相关知识	接待	10	—	—	—	—
	脚部不适判断	20	25	20	25	30
	脚部不适修治	35	40	40	45	45
	消毒	—	10	—	—	—
	捏脚	—	—	25	—	—
	咨询	—	—	—	5	—
	培训与管理	—	—	—	10	15
	合计	100	100	100	100	100

4.2 操作技能

	项 目	初级(%)	中级(%)	高级(%)	技师(%)	高级技师(%)
技能要求	接待	10	—	—	—	—
	脚部不适判断	30	30	25	35	35
	脚部不适修治	60	55	50	50	50
	消毒	—	15	—	—	—
	捏脚	—	—	25	—	—
	咨询	—	—	—	5	—
	培训与管理	—	—	—	10	15
	合计	100	100	100	100	100

足浴保健经营技术规范

1. 范围

本标准规定了足浴保健经营技术规范的术语和定义、专业要求、安全要求、经营管理要求和从业人员岗位技能要求。

本标准适用于单独开设或设在其他场所内的提供足浴保健的营业场所。

2. 规范性引用文件

下列文件中的条款通过本标准的引用而成为本标准的条款。凡是注日期的引用文件，其随后所有的修改（但不包括勘误的内容）或修订版均不适用于本标准；凡是不注日期的引用文件，其最新版本适用于本标准。

《生活饮用水卫生标准》GB 5749

《公共浴室卫生标准》GB 9665

《国家标准室内空气质量标准》GB 18883

《公共娱乐场所消防安全管理规定》公安部第 39 号令〔1999〕

《公共场所集中空调通风系统卫生管理办法》卫监督发〔2006〕53 号

《公共场所卫生管理条例》国发〔1987〕24 号

3. 术语和定义

下列术语和定义适用于本标准。

3.1 足浴保健

以中国传统的保健养生阴阳整体学说和神经体液调控学说为理论基础，结合现代的生物全息理论，通过热水或中药制剂等递质泡脚后，再由专业的足部按摩师施用一定的力度及有规律的手法对人体进行保健按摩，其中以人体膝关节以下为主，兼及其他相关部位为辅，形成的"保健与心理—生理—社会—自然"相适应的整体调节模式。

3.2 足浴保健店

提供整洁、卫生的营业场所,运用专业的技术、方法和专业用品为消费者提供足浴保健等服务的场所。

4. 专业条件

4.1 营业服务场所

4.1.1 足浴保健场所的面积应不小于200m^2,席位配置不少于20个;社区服务性质的足浴保健店的面积应不小于50m^2,每个席位服务区域不少于4m^2。

4.1.2 建筑物外立面保持完好、整洁、美观。行业标志明显规范,店招、店牌等服务标志按规定设置,完好整洁。

4.1.3 房屋结构安全,墙体和楼板防水性能强,墙体牢固,室内采光,通风良好,地面平整防滑,墙壁保温。

4.1.4 各功能区应布局合理,相互间的设置比例适当。

4.1.5 足浴保健区域、房间等休息场所应当空气流通,无异味,空气主要卫生指标符合GB 9665和GB 18883,使用集中通风空调系统的应符合《公共场所集中空调通风系统卫生管理办法》的规定,有调温设备。

4.1.6 污水排放和处理、锅炉燃烧排气、噪声以及图标等相关内容应符合政府相关管理部门的基本要求。

4.2 营业服务设施

4.2.1 经营服务设施,包括泡脚用的木桶、瓷盆、浴足器皿、保健按摩沙发、护脚巾、垫脚巾、按摩使用的消毒设施、按摩工具、修脚用具、茶具、毛巾、拖鞋、足浴保健用液等齐全完备,应当符合卫生标准;服务场所的沙发、茶几、搁脚凳牢固安全。

4.2.2 有与足浴保健区域相适应的男女卫生间、操作间、洗涤消毒操作室。

4.2.3 房间的装修设施符合有关职能部门的规定。

4.2.4 职工生活区应与经营场所分开。

4.3 服务卫生要求

三、理发刀标准

美发师国家职业标准

1. 职业概况

1.1 职业名称

美发师

1.2 职业定义

根据顾客的头形、脸形、发质和要求,为其设计、修剪、制作发型的人员。

1.3 职业等级

本职业共设五个等级,分别为:初级(国家职业资格五级)、中级(国家职业资格四级)、高级(国家职业资格三级)、技师(国家职业资格二级)、高级技师(国家职业资格一级)。

1.4 职业环境

室内、常温。

1.5 职业能力特征

有一定的语言能力、计算能力,有一定的空间感、形体感,手指灵活,手眼动作协调,有一定的颜色辨别能力。

1.6 基本文化程度

初中毕业

1.7 培训要求

1.7.1 培训期限

全日制职业学校教育,根据其培养目标和教学计划确定。晋级培训期限:初级不少于200标准学时;中级不少于160标准学时;高级不少于120标准学时;技师不少于80标准学时;高级技师不少于50标准学时。

1.7.2 培训教师

培训初级、中级人员的教师必须具有本职业高级以上的职业资格证书;培训高级或技师的教师必须具有相关专业讲师以上教师资格或本职业高级技师职业资格证书;高级技师的培训教师必须具有相关专业高级讲师(副教授)以上专业技术资格或其他相应职业资格证书。

1.7.3 培训场地设备

具备相应教学场地及实际操作设备、用具(不少于10套美发台椅)。

1.8 鉴定要求

1.8.1 适用对象

从事或准备从事本职业的人员。

1.8.2 申报条件

——初级(具备以下条件之一者)

(1) 经本职业初级正规培训达规定标准学时数,并取得毕(结)业证书。

(2) 在本职业连续见习工作2年以上。

(3) 本职业学徒期满。

——中级(具备以下条件之一者)

(1) 取得本职业初级职业资格证书后,连续从事本职业工作3年以上,经本职业中级正规培训达规定标准学时数,并取得毕(结)业证书。

(2) 取得本职业初级职业资格证书后,连续从事本职业工作5年以上。

(3) 连续从事本职业工作6年以上。

(4) 取得经劳动和社会保障行政部门审核认定的,以中级技能为培养目标的中等以上职业学校本职业毕业证书。

——高级(具备以下条件之一者)

(1) 取得本职业中级职业资格证书后,连续从事本职业工作4年以上,经本职业高级正规培训达规定标准学时数,并取得毕(结)业证书。

(2) 取得本职业中级职业资格证书后,连续从事本职业工作7年以上。

(3) 取得高级技工学校或经劳动和社会保障行政部门审核认定的,以高级技能为培养目标的高等职业学校本职业毕业证书。

(4) 取得本职业中级职业资格证书的大专以上本专业或相关专业毕业生,连续从事本职业工作2年以上。

——技师(具备以下条件之一者)

(1) 取得本职业高级职业资格证书后,连续从事本职业工作5年以上,经本职业技师正规培训达规定标准学时数,并取得毕(结)业证书。

(2) 取得本职业高级职业资格证书后,连续从事本职业工作8年以上。

——高级技师(具备以下条件之一者)

(1) 取得本职业技师职业资格证书后,连续从事本职业工作3年以上,经本职业高级技师正规培训达规定标准学时数,并取得毕(结)业证书。

(2) 取得本职业技师职业资格证书后,连续从事本职业工作5年以上。

1.8.3　鉴定方式

分为理论知识考试和技能操作考核。理论知识采用笔试方式,技能操作考核采用现场实际操作方式,并分项目进行,由考评小组成员分项打分。两项考试(考核)均采用百分制,皆达到60分及以上为合格。技师和高级技师鉴定还须进行综合评审。

1.8.4　考评人员与考生配比

理论知识考试考评员与考生配比为1∶20(每个教室配2名考评员);技能操作考核由5~7名考评员组成考评小组。

1.8.5　鉴定时间

各等级的理论知识考试时间90分钟,各等级的技能操作考核时间不少于90分钟。

1.8.6　鉴定场所设备

相应的教室及操作设备(不少于10套美发台椅及相应工具、设备)。

2. 基本要求

2.1 职业道德

2.1.1 职业道德基本知识

2.1.2 职业守则

(1) 遵纪守法,忠于职守,敬业爱岗。

(2) 工作认真负责,自觉履行职责。

(3) 文明礼貌,热情待客,全心全意为消费者服务。

(4) 努力学习,刻苦钻研,精益求精。

(5) 遵守操作规程,爱护仪器设备。

2.2 基础知识

2.2.1 美发发展简史

2.2.2 服务业务技术管理知识

(1) 美发服务接待的程序和方法。

(2) 美发岗位责任、服务规范要求及各项规章制度、服务质量标准和技术管理制度。

(3) 公共关系基本知识。

2.2.3 美发行业卫生知识

(1) 店容店貌,室内、外环境卫生知识及室内绿(美)化要求。

(2) 个人卫生符合要求,仪表端庄,着装规范。

(3) 美发工具、用品消毒知识。

2.2.4 人体生理知识

(1) 人体生理知识。

(2) 毛发生理知识。

(3) 头发的生理现象与常见病。

(4) 头发日常保养与护理。

2.2.5 脸形、头形及身材知识

(1) 脸形的分类及特征。

(2) 头形及身材的分类和特征。

(3) 发型结构知识(发式分类、发式基本结构、发型构成要素)。

2.2.6 按摩基本知识

(1) 按摩对人体的一般保健作用。

(2) 按摩用具、用品的使用方法。

(3) 人体主要部位名称及体表标志。

(4) 人体主要穴位的名称、准确位置和保健作用。

2.2.7 美发工具、用品及电器设备知识

(1) 美发工具、用品的种类、性能和用途。

(2) 美发电器、仪器设备知识。

(3) 美发工具及电器、仪器维护保养基本知识。

2.2.8 美发化学用品知识

(1) 洗发液、护发液、固发剂、焗油膏等用品的主要种类及其作用。

(2) 烫发剂、漂发剂、染发剂的性能和作用。

(3) 鉴别美发化学用品质量的常识。

2.2.9 色彩知识

(1) 色彩构成的原理。

(2) 色彩的功能。

(3) 调配色彩的一般规律。

(4) 色调的选择。

2.2.10 美发素描基本知识

(1) 素描基本要领。

(2) 素描线的种类及原理。

(3) 素描的表现手法。

(4) 明度调子的基本规律。

(5) 静物、写生和人物绘画知识。

2.2.11 发型美学的基本概念

3. 工作要求

本标准对初级、中级、高级和技师、高级技师的技能要求依次递进,高级别包括低级别的要求。

3.1 初级

职业功能	工作内容	技能要求	相关知识
一、服务接待与解答咨询	(一) 服务接待	1. 明确本岗位工作职责,坚守岗位,站姿正确,仪表端庄大方 2. 能用普通话、礼貌用语接待宾客,主动热情、耐心周到、微笑服务	1. 礼仪接待服务知识和礼貌用语 2. 服务项目名称、规范服务程序知识 3. 美发服务价格 4. 美发各项目操作质量标准 5. 美发一般技术知识 6. 常用的外语接待用语与专业术语
	(二) 解答咨询	1. 能介绍美发服务项目和收费标准,提供一般美发咨询服务 2. 涉外服务要掌握一种外语的常用专业术语和简单接待用语	

续表

职业功能	工作内容	技能要求	相关知识
二、洗发	（一）坐洗发或仰洗发	1. 能根据不同发质选用相应洗发液，烫发、染发、焗油时，能选用单一香波 2. 能运用一般洗发方法，进行坐洗、仰洗，做到泡沫打起充足，不滴流，冲洗干净、发丝松散 3. 洗发手法运用得当，轻重适宜 4. 毛巾包裹松紧适宜，不滴水，不脱落	1. 发质分类 2. 常用洗发液的选择 3. 用水润湿头发的原理和作用 4. 洗发操作程序和洗发质量标准要求及注意事项
	（二）头部按摩	能进行10～20 min头部按摩，取穴正确，轻重适宜	头部按摩的作用，头部主要穴位及按摩手法
三、发型制作	（一）修剪	1. 会使用主要的修剪工具：剪刀、电推、剃刀、削刀、锯齿剪及各类梳子 2. 能修剪一般男女发式	1. 头发生长基本流向 2. 头发软硬、曲直状况 3. 修剪工具的名称、作用 4. 修剪的方法和基本程序
	（二）烫发	1. 烫前洗净，防止污垢影响药水渗透，洗头时不能抓破头皮，以免药液刺激皮肤 2. 选杠得当，粗细搭配均匀；发束均匀，角度合理；卷杠50～60支，排列整齐、紧凑，顺序合理；发丝平整、光亮、有力 3. 能够按顺序均匀施放药液，不流不漏 4. 能够控制施放药液后停留的时间 5. 按部位试卷，位置准确 6. 定型剂施放充分 7. 烫后冲洗彻底 8. 烫发效果达到根部带弧，梢部带卷，富有弹性	1. 烫发药水的一般性能 2. 烫发原理 3. 烫发工具的作用 4. 烫发的一般操作程序和注意事项 5. 卷杠要领
	（三）吹风流理造型	1. 能根据不同造型和发质要求，正确选择吹风机及辅助工具 2. 吹风机与刷、梳配合比较协调 3. 能基本控制吹风机的温度、风力、送风时间和角度，使发丝通顺、边缘伏贴，发型轮廓比较完整	1. 不同吹风工具的性能和使用方法 2. 吹风梳理的操作程序和基本方法
	（四）盘（束）发造型	能进行简单的盘（束）发造型	盘（束）发的种类及基本技法
四、剃须修面	（一）消毒	能对剃须修面工具和用具进行消毒	剃须修面工具、用具及消毒方法
	（二）剃须修面	能够按操作程序使用正反手基本刀法剃须修面，手腕灵活，剃刀与手配合协调	1. 剃须修面用品常识 2. 剃刀的基本使用方法和剃须修面程序 3. 基本的皮肤绷紧方法

续表

职业功能	工作内容	技能要求	相关知识
五、漂、染发与焗油	（一）白发染黑发	1. 根据顾客染发前的发质状况，正确配置染发剂与双氧乳比例 2. 正确涂抹，并确定停放时间，达到白发染黑发的要求 3. 基本掌握染发后头发的冲洗方法及技巧	1. 白发染黑发用的基本染膏的名称 2. 染发相关工具的名称 3. 染膏与双氧乳的配比 4. 染发程序和注意事项
	（二）营养焗油	能够进行营养焗油	1. 焗油机的使用方法 2. 焗油膏的种类及性能 3. 营养焗油的操作程序、方法和注意事项

3.2 中级

职业功能	工作内容	技能要求	相关知识
一、服务接待与解答咨询	（一）服务接待	1. 能够按服务程序和规范，主动、热情、耐心、周到、有礼貌地接待宾客 2. 能够为顾客介绍常用洗、护、烫、染、漂、焗、固发等化学用品的主要品牌、性能、效果，并能鉴别美发用品的质量 3. 根据不同脸形、头形、体形、年龄因素与各种发型的配合关系，能够帮助顾客选择满意的发型	1. 语言艺术知识 2. 公共关系基本知识 3. 常用美发用品质量鉴别 4. 烫发、漂发、染发与发质、发型的关系 5. 常用护发方法 6. 发型与主体的配合
	（二）解答咨询	能够根据毛发的主要种类、发质特点，为顾客解答烫发、漂发、染发技术咨询和一般护发方法咨询	
二、洗发	（一）坐洗发或仰洗发	1. 能够鉴别健康头发和受损头发，选择相应洗发液和护发用品，并能根据烫、漂、染发后头发损伤程度，采取护发、养发措施 2. 洗发时，不同手法交叉使用，手指灵活，舒适止痒	1. 辨别发质的基本方法 2. 根据不同头发选用相应洗发液的方法 3. 头发护理 4. 洗发止痒方法
	（二）头部、肩部按摩	能进行10~20 min头部、肩部按摩，取穴准确，手法适当	头部、肩部穴位及按摩技巧

续表

职业功能	工作内容	技能要求	相关知识
三、发型制作	（一）修剪	1. 能够熟练使用并简单维护、保养修剪工具 2. 能够修剪男女曲发、直发发式，内、外层次发式，三茬发式等，发式的轮廓线、色调和层次均匀	1. 不同发式修剪的程序及技法 2. 一般发型设计的基本常识
	（二）烫发	1. 根据发型式样要求，选择不同卷杠 2. 根据顾客发质，推荐使用烫发液 3. 卷法操作熟练，动作规范，姿势正确，发片宽度不超过卷杠长度，厚度不超过卷杠直径，发梢卷进，不扭斜 4. 卷杠粗细搭配合理，松紧适宜，结构紧凑，排列整齐，发丝清晰，光亮平整 5. 能根据试拆卷发判断卷发效果，对未达要求的，能采取补救措施 6. 冲洗彻底，施放中和剂，停放时间控制合理 7. 能进行烫发后护发	1. 各种烫发药水的性能 2. 发质与药水的性能 3. 烫发中经常出现的问题及解决办法 4. 烫后护理
	（三）吹风造型	能够进行中、长、短发式造型，梳刷与吹风机配合协调，发丝通顺，线条流畅，纹理清晰，发型自然美观，符合时代潮流	1. 吹风机操作的原理和技巧 2. 固发用品性质和使用特点 3. 梳理造型工具的性能与使用技巧
	（四）盘（束）发造型	能进行束、盘、编、梳等盘（束）发造型	束、编、盘发的技巧及饰品搭配技巧
四、剃须修面	（一）剃须修面	1. 能运用多种刀法，进行修面、剃须 2. 正确运用剃刀与皮肤接触的角度，修剃时不伤皮肤，不出血，不翻茬 3. 手腕轻巧灵活，落刀轻，运刀稳，并能用张、拉、捏等绷紧皮肤方法	1. 多种刀法的运用技巧 2. 络腮胡的剃修方法
	（二）磨剃刀	会磨剃刀	剃刀保养的基本方法
五、漂、染发与焗油	（一）染发	1. 根据顾客发质和要求，正确选择染发剂，进行自然黑染发、基本色彩染发 2. 正确选用染膏与双氧乳比例，调配染发剂 3. 染发后染色无明显色差，色正亮丽 4. 染发后头皮不留明显染痕	1. 识别自然色系的知识 2. 染膏基本化学知识及物理知识 3. 染发剂的种类 4. 色彩染发的基本方法 5. 染发后头发的护理方法
	（二）焗油	维护保养焗油机	1. 头发性质与焗油的关系 2. 焗油机的构造与维护保养方法

3.3 高级

职业功能	工作内容	技能要求	相关知识
一、服务接待与解答咨询	（一）服务接待	1. 对顾客提出的服务态度、技术质量、美发用品质量、价格与环境、个人卫生等问题能予以满意解决 2. 能妥善解决在美发服务过程中出现的技术问题	1. 公共关系基本知识及礼仪接待知识 2. 美发流行趋势及最新时尚信息 3. 毛发的化学及物理知识及生理现象、病理现象 4. 美发服务常见技术问题及处理方法 5. 主要国家、地区民俗及宗教信仰知识
	（二）解答咨询	1. 能为顾客提供最新发型潮流信息和最新美发用品信息 2. 能够分析诊断顾客有问题的毛发，并解答护理方法咨询 3. 能为顾客解答主要国家或地区有关民俗、宗教与发型知识	
二、洗发	（一）坐洗发或仰洗发	1. 能够用干洗的方法清洁、护发 2. 能判断洗发后头发光泽不佳的原因，并进行处理	1. 不同部位洗发轻重知识 2. 干洗的原理及方法 3. 洗发效果不佳的原因及处理
三、设计	（一）发型设计	能根据顾客不同条件和特征，为其设计美观大方实用的发型	1. 发型设计的基本要求 2. 发型设计的程序
	（二）发型绘画	能画点、线、面及各种几何图形和发型轮廓及三停五眼定位	1. 素描基本要领 2. 点、线、面的表现手法 3. 脸形轮廓及五官定位方法
	（三）化妆	能配合发型，进行一般生活化妆	1. 化妆基本常识 2. 生活化妆的程序方法
四、发型制作	（一）修剪	1. 能熟练运用各种层次组合技法进行发式修剪 2. 修剪出的发式的几何形状轮廓明显，层次衔接自然，厚薄、色调均匀 3. 能发现修剪工作的技术问题，并能进行修整	1. 各种层次组合修剪技术 2. 提拉角度与修剪层次变化的关系 3. 修剪技术问题的解决方法
	（二）烫发	1. 能根据不同发型要求，科学地选择操作方法，不同部位的卷杠角度与构思一致 2. 卷杠熟练规范，排列艺术，符合发型设计要求 3. 能提出改进操作工艺、工具的建议，并有所创新 4. 能够掌握卷发的新型工具和工艺	1. 各种卷杠的操作程序和方法 2. 解决烫发技术问题的方法 3. 烫发新工艺、新技术信息
	（三）发型造型	1. 能够正确使用新型美发工具 2. 手能够与吹风机合理配合，进行徒手造型 3. 会多种生活盘（束）发 4. 会中、长、短、波浪发型造型，发丝流畅、光泽，弹性稳定、饱满自然 5. 能够吹、梳假发造型	1. 发型塑造技巧和要领 2. 不同器具、手法与发型变化的关系 3. 假发的种类、造型及护理

续表

职业功能	工作内容	技能要求	相关知识
五、剃须修面	（一）剃须修面	1. 根据不同部位正确选用刀法 2. 能修剪特殊胡须	1. 不同部位修面选用的刀法 2. 特殊胡须的修剪方法 3. 胡须的修饰
	（二）按摩	1. 会面部按摩 2. 会经络按摩	1. 面部穴位及按摩程序、方法 2. 经络按摩知识
六、漂、染发	（一）漂发	1. 正确进行发色与发质分析，确定基色与目标色 2. 正确进行双氧乳与漂粉配比，褪色剂与温水配比适当，正确掌握漂色涂抹时间与停放时间，使漂色均匀 3. 能够进行挑染、线染、层染等 4. 能够操作染发仪器，控制停放时间及温度，提高染发效果 5. 正确分析漂、染发后发质受损状况，帮助顾客选择适当的护发用品 6. 维护保养设备	1. 头发色彩的差异及变化 2. 漂发方法 3. 挑染、线染、层染等技法 4. 漂、染发后头发护理的方法 5. 染发仪器的性能及电器设备维护的基本常识
	（二）染发		
七、培训指导	培训指导	能够对初、中级美发师进行技术传授与指导	

3.4 技师

职业功能	工作内容	技能要求	相关知识
一、设计	（一）发型设计	能设计符合时代潮流的男女各式发型，富于变化、创意	发型美学知识
	（二）发型绘画	1. 会临摹发型素描 2. 会画发型分解图	1. 静物（石膏头像）及人像绘画知识 2. 素描"三大调"、"五大面"及三维空间运用知识
	（三）化妆	能与发型配合，进行生活化妆	发型与化妆的关系
	（四）形象设计	能根据顾客不同条件和特征，对其发型、妆面、服饰进行设计，使之搭配协调	整体形象设计知识
二、发型制作	（一）修剪	1. 能修剪不同风格、具有个性、美感的发式 2. 曲、直发式通过修剪成型 3. 能够运用剪口（刀口）角度变化进行修剪	1. 剪口（刀口）角度变化与发式关系 2. 饰发品的制作与选配 3. 不同场合发型造型手法与特点
	（二）造型	1. 能够塑造男女各类发型 2. 能够用堆砌、填充、梳理、编织、交叉、环绕等束发方法，制作婚礼、宴会、舞会等特殊场合发型造型 3. 假发与真发巧妙配合	

续表

职业功能	工作内容	技能要求	相关知识
三、漂、染发	(一)选择染发剂	根据发型设计要求及基色度,正确选择染发剂,使发色符合设计要求	色彩学常识
	(二)漂、染发	1. 能将多种染发技巧结合,使发型产生变化,突出个性及时尚感,达到设计要求及渲染目的 2. 出现疑难问题,能够正确分析原因,采取正确补救方法,利用特殊的褪色、补色、染色等技巧,达到预期效果	1. 漂、染发的区别 2. 颜色的调整 3. 褪色、补色的方法
四、培训指导	(一)制定培训大纲 (二)实施培训	能够制定美发师职业培训大纲并实施培训	教育学与心理学基本知识
五、经营管理	(一)进行分工	能合理安排美发师的工作	1. 经营成本、费用、利润的核算和财、物管理基本知识 2. 定额管理和组织与分工管理基本知识
	(二)进行协调管理	能与相关部门进行配合	

3.5 高级技师

职业功能	工作内容	技能要求	相关知识
一、设计	(一)发型设计	能设计和创新流行发系,并及时推广与发布;设计的发型富有个性特征、独特风格和艺术性	1. 创意发型设计知识 2. 现代发型特点与风格
	(二)发型绘画	1. 能根据设计要求画出发型图样 2. 会使用计算机进行发型绘画	1. 静物写生、三维立体素描知识和素描技法 2. 计算机发型绘画基本知识
	(三)化妆	会化年龄妆和性别妆	年龄化妆和性别化妆常识
	(四)整体形象设计	能根据顾客不同条件、特征和生活、职业、社会活动等不同需求,设计符合不同场合、不同风格、突出个性的整体形象	1. 整体形象设计知识 2. 民俗常识
二、发型制作	(一)造型	1. 修剪的发型具有明显的风格、可代表一个地区、一个阶段的发式修剪水平 2. 能够进行一发多变	1. 线条形态变化对发式风格的影响 2. 世界主要地区、各阶段的发型修剪顶尖技术及发展
	(二)创新	具有创新性,能对修剪工艺技法、工具进行创新	
三、漂、染发	漂、染色流行趋势预测	能够预测并制作出今后流行色	色彩学知识

续表

职业功能	工作内容	技能要求	相关知识
四、指导与培训	(一) 实施培训	1. 能够总结技术经验，理论联系实际，进行职业技能培训 2. 能制订培训计划和教学方案，组织并实施教学	1. 论文写作的基本常识 2. 培训教学方案制定方法
	(二) 推广创新	能不断引进、推广应用新知识、新工艺、新技术	
五、经营管理	(一) 技术管理	能够分析市场动态，指导本企业美发技术和经营工作	1. 美发企业技术管理知识及市场营销知识 2. 美发企业装潢与布置
	(二) 经营管理		

4. 比重表

4.1 理论知识

项 目			初级(%)	中级(%)	高级(%)	技师(%)	高级技师(%)
基本要求		职业道德	6	4	4	4	4
		基础知识	10	8	6	6	6
相关知识	服务接待与解答咨询	服务接待	5	6	4	—	—
		解答咨询	10	8	6	—	—
	洗发	坐洗发或仰洗发	6	6	—	—	—
		按摩	5	6	—	—	—
	设计	发型设计	—	—	6	15	20
		发型绘画	—	—	4	8	12
		化妆	—	—	4	6	8
		形象设计	—	—	—	10	12
	发型制作	修剪	20	20	15	33	28
		烫发	8	8	6		
		吹风造型	14	14	17		
		盘(束)发造型	4	6			
		剃须、修面	8	10	12	—	—
		漂、染发与焗油	4	4	6	10	6
		培训指导	—	—	4	4	2
		经营管理	—	—	—	4	2
合 计			100	100	100	100	100

4.2 技能操作

项目			初级(%)	中级(%)	高级(%)	技师(%)	高级技师(%)
工作要求	洗发	操作姿态	10	10	10	—	—
		坐洗发或仰洗发	10	10	6	—	—
		按摩	6	6	—	—	—
	设计	发型设计	—	—	8	20	—
		发型绘画	—	—	6	10	12
		化妆	—	—	4	6	6
		形象设计	—	—	—	12	20
	发型制作	修剪	20	20	20	14	20
		烫发	12	12	6		
		吹风造型	20	20	16		
		盘(束)发造型	6	6			
	剃须修面		10	10	14		
	漂、染发与焗油		6	6	6	10	10
	培训指导		—	—	4	4	2
	经营管理		—	—	—	4	2
合计			100	108	82	106	68

美发师的职业道德

一、职业道德的概念

一个社会有多种职业,就相应的有多种职业道德。职业道德是人们在履行本职工作时,从思想到行动所应循环的准则,也是每个行业对社会所应尽的道德责任和义务。而我们的美发职业道德是指美发从业人员在美发经营活动中,从思想观念到工作行为所必须遵循的美发服务的道德规范和服务要求。因为,全心全意为顾客服务就是职业道德的核心内容。

二、美发职业道德规范内容

1. 热爱本职,认真负责

作为一名美发师,应热爱自己的本职工作,要诚实有信,爱岗敬业,守职尽责,要有注重效率的服务意识。对自己所从事的专业要充满信心,对工作要认真负责,刻苦钻研技术,认真学习美发知识的技能,不断提高理论水平和实际操作能力,树立全心全意为顾客服务的思想,以美学为指导,不断创新,努力做到使顾客满意,争做一名合格的美发师。

2. 积极主动、热情服务

美发工作是直接面对面的为顾客服务的,是技术与服务相结合的综合性服务工作。因

此,工作一定要做到"四个要":

(1) 要主动待客,即主动打招呼,主动征求意见,主动送客。

(2) 要热情服务,要把顾客当作衣食父母去热情接待,使顾客有"宾至如归"的感觉,服务态度要和蔼可亲,树立顾客至上的思想。

(3) 要耐心待客,耐心操作、耐心解答、耐心解决服务中所遇到的各种问题。

(4) 要沟通感情,要与顾客做朋友,全方位、细致周到的满足顾客的要求,做到一视同仁。

3. 举止文明,谦虚谨慎

美发师的任务是美化人们的生活,要想"美化"好别人,首先要注重自己的言行举止,每时每刻的检点自己的行为,宽容待人,严于律己,树立良好的自我形象。

对待顾客要谦虚有礼,主动、热情、周到、耐心为顾客服务,同时要注意谦虚谨慎,同行之间要善于吸取他人的经验、专长,切不可贬低、打击他人,更不能不择手段做损人利己的事。

三、美发师的职业道德的特点

1. 以人为本,以劳务服务于顾客。
2. 以等价交换的原则服务于顾客。
3. 向顾客提供优质服务是美发业职业道德的核心。

四、美发师的仪表、仪态

1. 着装要整齐,整洁。
2. 言容要大方,微笑是最好的语言。
3. 仪表姿态和风度要得体。

五、美发服务接待的程序和方法

1. 迎客。
2. 美发操作。
3. 送客。

六、行业卫生知识

1. 美发厅的环境卫生。
2. 美发师的个人卫生"五勤":勤剪头、勤洗手、勤洗澡、勤洗衣服、勤剪指甲。
3. 在美发过后各种工具要消毒避免细菌的传播。

美容师国家职业标准

1. 职业概况

1.1 职业名称

美容师

1.2 职业定义

用护理、修饰的方法,从事美化容貌与形体的人员。

1.3　职业等级

本职业共设五个等级,分别为初级(国家职业资格五级)、中级(国家职业资格四级)、高级(国家职业资格三级)、技师(国家职业资格二级)、高级技师(国家职业资格一级)。

1.4　职业环境

室内、常温。

1.5　职业能力特征

有良好的形体感、手指、手臂灵活,动作协调,颜色辨别力强,具有一定的观察、判断、表达及沟通能力。

1.6　基本文化程度

初中毕业

1.7　培训要求

1.7.1　培训期限

全日制职业学校教育,根据其培养目标和教学计划确定。晋级培训期限:初级不少于420标准学时;中级不少于360标准学时;高级不少于300标准学时;技师不少于120标准学时;高级技师不少于120标准学时。

1.7.2　培训教师

培训初级、中级人员的教师应具有本职业高级及以上职业资格证书或相关专业中级及以上专业技术职务任职资格;培训高级人员的教师应具有本职业技师及以上职业资格证书或相关专业高级专业技术职务任职资格;培训技师、高级技师的教师应具有本职业高级技师职业资格证书3年以上或相关专业高级专业技术职务任职资格。

1.7.3　培训场地设备

标准教室及能满足20人以上同时进行美容专业实际技能操作的设施。

1.8　鉴定要求

1.8.1　适用对象

从事或准备从事本职业的人员。

1.8.2　申报条件

——初级(具备以下条件之一者)

(1)经本职业初级正规培训达规定标准学时数,并取得结业证书。

(2)在本职业连续见习工作2年以上。

——中级(具备以下条件之一者)

(1)取得本职业初级职业资格证书后,连续从事本职业工作2年以上,经本职业中级正规培训达规定标准学时数,并取得结业证书。

(2) 取得本职业初级职业资格证书后,连续从事本职业工作5年以上。

(3) 取得经劳动和社会保障行政部审核认定的、以中级技能为培养目标的中等以上职业技术学校本职业(专业)毕业生。

——高级(具备以下条件之一者)

(1) 取得本职业中级职业资格证书后,连续从事本职业工作4年以上,且经本职业高级正规培训达规定标准学时数,并取得结业证书。

(2) 取得本职业中级职业资格证书后,连续从事本职业工作7年以上。

(3) 具有本职业中级职业资格证书的大专以上本专业或相关专业毕业生,连续从事本职业工作2年以上。

(4) 具有高级技工学校或经劳动和社会保障行政部门审核认定的、以高级技能为培养目标的高等职业学校本职业(专业)毕业生。

——技师(具备以下条件之一者)

(1) 取得本职业高级职业资格证书后,连续从事本职业工作5年以上,经本职业技师正规培训达规定标准学时数,并取得结业证书。

(2) 取得本职业高级职业资格证书后,连续从事本职业工作8年以上。

(3) 取得本职业高级职业资格证书的高级技工学校本职业(专业)毕业生和大专以上本专业或相关专业的毕业生,连续从事本职业工作2年以上。

——高级技师(具备以下条件之一者)

(1) 取得本职业技师职业资格证书后,连续从事本职业工作3年以上,经本职业高级技师正规培训达规定标准学时数,并取得结业证书。

(2) 取得本职业技师职业资格证书后,连续从事本职业工作6年以上。

1.8.3 鉴定方式

分为理论知识考试和技能操作考核。理论知识考试采用闭卷笔试方式,技能操作考核采用现场实际操作方式。理论知识考试和技能操作考核均采用百分制,成绩皆达60分及以上者为合格(技能操作考核的每一项也必须达到该项考核满分的60%以上)。技师、高级技师鉴定还须进行综合评审。

1.8.4 考评人员与考生的配比

理论知识考试考评人员与考生配比为1∶20,技能操作考核考评人员与考生配比为1∶5。

1.8.5 鉴定时间

初级、中级理论知识考试时间为90 min,高级、技师、高级技师理论考试时间为120 min,初级、中级、高级技能操作考核时间为120~150 min,技师、高级技师技能操作考核时间不少于120 min。

1.8.6 鉴定场所设备

理论知识考试在标准教室进行,技能操作考核在标准实操教室进行。

2. 基本要求

2.1 职业道德

2.1.1 职业道德基本知识

2.1.2 职业守则

(1) 遵纪守法,爱岗敬业。

(2) 礼貌待客,热忱服务。

(3) 认真负责,团结协作。

(4) 实事求是,诚实守信。

(5) 努力学习,刻苦钻研。

2.2 基础知识

2.2.1 美容的基本概念

(1) 美容的定义及分类。

(2) 美容业的定义。

(3) 美容师的定义。

2.2.2 美容史

(1) 美容的起源。

(2) 世界美容发展简史。

(3) 中国现代美容发展简史。

(4) 现代医学美容简况。

2.2.3 美容师职业形象及素养

(1) 仪表。

(2) 仪态。

2.2.4 美容院卫生

(1) 细菌与病毒知识。

(2) 美容院卫生。

(3) 美容院常用消毒方法。

2.2.5 安全知识

(1) 安全防火常识。

(2) 美容院安全防火注意事项。

2.2.6 人体生理解剖常识

(1) 细胞常识。

(2) 人体基本组织常识。

(3) 人体器官与系统常识。

2.2.7 人体皮肤生理知识

(1) 人体皮肤结构。

(2) 人体皮肤生理功能及动态变化。

(3) 正常皮肤类型。

(4) 常见皮肤问题简介。

2.2.8 美容化妆品基本知识

(1) 化妆品原料基础知识。

(2) 美容院常用化妆品分类、主要成分、特点、作用及使用方法。

(3) 化妆品的安全常识。

2.2.9 相关法律、法规常识

(1) 劳动法相关知识。

(2) 治安法规相关知识。

(3) 消费者权益保护法相关知识。

(4) 卫生法规相关知识。

3. 工作要求

本标准对初级、中级、高级、技师和高级技师的技能要求依次递进,高级别涵盖低级别的要求。

3.1 初级

职业功能	工作内容		技能要求	相关知识
一、接待与咨询	(一) 接待		1. 能使用礼貌用语及得体方式迎送顾客 2. 能按要求引导顾客进入美容护理区	美容院接待程序及基本要求
	(二) 沟通、交流		1. 能为顾客介绍美容院常规服务项目及工作流程 2. 能看懂面部皮肤护理方案	1. 美容院常规服务项目及工作流程主要内容 2. 面部皮肤护理方案简介
二、护理美容	面部护理	准备	1. 能按照护理方案,做好美容仪器、用具、用品准备 2. 做好美容师个人卫生准备 3. 能协助顾客做好接受美容服务的准备工作	1. 面部皮肤护理准备工作的步骤和基本要求 2. 面部皮肤清洁工作的步骤和方法 3. 去角质的方法及步骤 4. 面部皮肤基础护理的程序及要求 5. 美容按摩基本知识及基本手法 6. 面部皮肤护理常用穴位 7. 敷面膜的方法及步骤 9. 喷雾仪、超声波美容仪工作原理、使用方法及使用注意事项
		清洁	1. 能进行卸妆 2. 能对皮肤进行清洁 3. 能去除皮肤表层老化或死亡角质	
		护理	1. 能按照护理方案对面部皮肤进行喷雾 2. 能按照护理方案对面部皮肤进行按摩 3. 能按照护理方案使用超声波美容仪进行导入 4. 能按照护理方案涂用护肤品	

续表

职业功能	工作内容	技能要求	相关知识
三、修饰美容	（一）脱毛	1. 能清洁需脱毛的部位 2. 能选用适宜的脱毛用品、用具 3. 能对眉部、唇周、四肢及腋下部位进行暂时性脱毛 4. 能进行脱毛后的整理工作	1. 人体毛发生理知识 2. 脱毛的原理 3. 暂时性脱毛用品、用具的使用方法 4. 脱毛的程序和要求
	（二）美睫 植假睫毛	1. 能根据顾客眼形选择适宜的假睫毛及相关用品、用具 2. 能清洁眼部皮肤及睫毛 3. 能使用专用胶水粘贴假睫毛 4. 能按要求卸除假睫毛	1. 植睫毛的原理 2. 植睫毛用品、用具的种类及使用方法 3. 植睫毛的方法及基本要求 4. 植睫毛的注意事项
	（二）美睫 烫睫毛	1. 能根据顾客眼形及睫毛长短选择适宜的卷杠及相关用品、用具 2. 能清洁眼部皮肤及睫毛 3. 能按要求烫睫毛 4. 能进行烫睫毛后的整理工作	1. 烫睫毛的原理 2. 烫睫毛的用品、用具的种类及使用方法 3. 烫睫毛的方法及基本要求 4. 烫睫毛的禁忌及注意事项
	（三）化妆	1. 能选用适宜的化妆用品、用具 2. 能按照基础化妆程序及方法完成面部各局部的化妆 3. 能进行日妆造型	1. 基础化妆步骤与要求 2. 化妆用品、用具的种类及使用方法 3. 局部化妆方法及基本要求 4. 日妆造型的步骤及特点

3.2 中级

职业功能	工作内容	技能要求	相关知识
一、接待与咨询	（一）皮肤分析	1. 能询问顾客个人情况、健康状况、护肤习惯及饮食习惯 2. 能用肉眼观察顾客的皮肤状况 3. 能借助专业仪器检测皮肤，分析、判断顾客皮肤类型及常见问题 4. 能按要求填写顾客资料登记表	1. 皮肤分析的步骤 2. 中性、干性、油性、混合性等正常皮肤及6种常见皮肤问题（老化、痤疮、色斑、敏感、毛细血管扩张、日晒伤）的检测与判断方法 3. 皮肤检测类仪器的工作原理、使用方法及使用注意事项 4. 顾客资料登记表制作方法与填写要求
	（二）制定护理方案	1. 能根据皮肤分析结果提出面部皮肤护理方案 2. 能根据护理方案提出具体措施 3. 能根据护理方案确定护理用品、用具	面部皮肤护理方案制定方法及要求

续表

职业功能	工作内容	技能要求	相关知识
二、护理美容	（一）面部护理	1. 能对(老化、痤疮、色斑、敏感、毛细血管扩张、日晒伤)6种常见皮肤问题进行处理 2. 能对眼部、唇部及甲眼部常见问题（黑眼圈、眼袋、鱼尾纹)进行特殊处理 3. 能运用经穴美容按摩手法进行头面部按摩	1. 6种皮肤问题的成因、护理方法及相关化妆品知识 2. 眼部、唇部皮肤特征、主要问题及护理方法 3. 男性皮肤的特点及护理方法 4. 经络和腧穴基本知识 5. 头面部经穴按摩技法基本要求及注意事项 6. 美容仪器相关知识
	（二）身体护理	1. 能对肩、颈部皮肤进行护理 2. 能对手部皮肤进行护理	1. 身体皮肤护理方法及要求 2. 身体皮肤护理常用按摩手法及功效 3. 身体皮肤护理的常用穴位 4. 手部皮肤护理方法及要求
三、修饰美容	（一）美甲	1. 能对指甲进行清洁 2. 能根据指甲外形特点对指甲进行修整 3. 能对指甲进行基础保养 4. 能使用适宜的抛光条件对指甲表面进行抛光 5. 能按要求涂甲油 6. 能运用勾绘、点绘、笔绘、甲油拓印技法进行指甲彩绘	1. 指甲的生理结构及常见指甲问题 2. 指甲修整方法及基本要求 3. 指甲的基础保养程序及基本要求 4. 指甲抛光方法及基本要求 5. 涂甲油的方法及基本要求 6. 指甲彩绘方法及基本要求 7. 美甲设计及用品、用具知识
	（二）化妆	1. 能根据新娘妆的特点确定顾客的新娘妆造型 2. 根据设定的妆面采用不同的工具、色彩和线条，完成新娘妆化妆造型 3. 能根据晚宴妆的特点确定顾客的晚宴妆造型 4. 根据设定的妆面采用不同的工具、色彩和线条,完成晚宴妆化妆造型	1. 新娘妆的特点、造型方法及要求 2. 晚宴妆的特点、造型方法及要求 3. 色彩在化妆造型中的运用 4. 光色与妆色的关系

3.3 高级

职业功能	工作内容	技能要求	相关知识
一、接待与咨询	（一）接待	1. 能通过观察、交谈,判断美容院顾客消费类型 2. 能根据顾客的不同心理需求接待顾客,并推荐适宜的服务项目及护肤品	1. 美容心理学基础知识 2. 美容院顾客消费类型及服务技巧 3. 美容院服务项目及护肤品推荐技巧
	（二）咨询	1. 能解答顾客提出的美容问题 2. 能为顾客提供营养美容方面的建议 3. 能为顾客提供家庭护理指导	1. 美容咨询技巧 2. 营养与美容相关知识 3. 家庭护理指导的主要内容及方法

续表

职业功能	工作内容		技能要求	相关知识
二、护理美容	（一）面部护理	芳香美容	1. 能调配或选用适宜的芳香精油 2. 能按面部芳香护理程序，运用淋巴引流技法进行面部精油按摩及护理	1. 芳香精油的作用原理、使用方法、使用注意事项及鉴别、保存方法 2. 面部芳香护理基本程序、方法及要求 3. 淋巴系统基础知识 4. 淋巴引流技法知识
		刮痧美容	1. 能选用适宜的刮痧美容用品、用具 2. 能按面部刮痧美容护理程序，运用刮痧美容技法对面部进行刮拭及护理	1. 刮痧美容的基本原理及功效 2. 刮痧美容用品、用具 3. 刮痧美容护理基本程序、方法及要求 4. 刮痧美容技法
	（二）身体护理	减肥与塑身	1. 能对身体各主要部位进行测量及分析 2. 能选用适宜的减肥（塑身）用品、用具 3. 能按减肥（塑身）护理基本程序，运用减肥（塑身）按摩技法，使用相关仪器对全身或需减肥部位进行护理	1. 体形的分类 2. 形体美的标准及决定要素 3. 躯干部、腹部生理解剖知识 4. 身体各主要部位的测量及分析方法 5. 肥胖的分类 6. 美容院减肥护理基本程序 7. 美容院减肥按摩手法及常用穴位 8. 热能减肥仪、电子减肥仪、振动减肥仪等仪器的使用方法及使用注意事项 9. 减肥化妆品知识
		美胸	1. 能对胸部进行测量及分析 2. 能选用适宜的美胸用品、用具 3. 能按美胸护理基本程序，运用美胸按摩技法并使用相关仪器对胸部进行护理	1. 乳房生理知识 2. 美容院美胸护理基本程序 3. 微电脑美胸仪使用方法及使用注意事项 4. 美胸按摩技法知识 5. 美胸化妆品知识
		SPA	1. 能根据顾客的身体状况选择适宜的 SPA 护理项目 2. 能按所选 SPA 护理项目程序，使用相关高级设备并运用 SPA 按摩手法进行护理	1. SPA 的特点及功效 2. SPA 护理项目及程序 3. SPA 按摩手法及操作要领 4. SPA 设施、设备知识
三、修饰美容	（一）矫正化妆		1. 能运用化妆矫正技法对面部纵向比例失调的顾客进行修饰 2. 能运用化妆矫正法对面部横向比例失调的顾客进行修饰 3. 能运用化妆矫正技法对眉形、眼形及唇形不协调的顾客进行修饰	1. 面部纵向比例失调的化妆矫正方法 2. 面部横向比例失调的化妆矫正方法 3. 眉形、眼形及唇形的化妆矫正方法
	（二）职业妆化妆造型		1. 能根据不同职业特点确定顾客的化妆造型 2. 根据设定的妆面采用不同的工具、色彩和线条完成职业妆化妆造型	1. 不同职业的化妆造型特点 2. 不同职业的化妆造型方法及操作要领

续表

职业功能	工作内容	技能要求	相关知识
四、培训与指导	指导	能对初级、中级美容师进行技术指导	1. 对初级美容师进行技术指导的要点、方法及注意事项 2. 对中级美容师进行技术指导的要点、方法及注意事项

3.4 技师

职业功能	工作内容	技能要求	相关知识
一、接待与咨询	(一)分析	1. 能运用中医八纲辨证和脏腑、气血津液辨证方法对面部疑难皮肤问题进行判断、分析 2. 能运用中医八纲辨证和脏腑、气血津液辨证方法对肥胖的成因进行分析	1. 面部疑难皮肤问题的分析、检测方法及基本原则 2. 中医阴阳五行学说、藏象学说、气血津液学说基本知识 3. 中医八纲辨证和脏腑、气血津液辨证与美容的关系 4. 中医对面部皮肤问题的认识 5. 中医对肥胖的认识
	(二)制订方案	1. 能根据分析结果,制订面部疑难皮肤问题的处理方案 2. 能根据分析结果,制定减肥(塑身)护理方案	1. 面部疑难皮肤问题处理方案的编制方法 2. 减肥护理方案的编制方法
二、护理美容	(一)面部护理	1. 能运用微晶磨削、果酸等非药物性剥脱法进行面部护理 2. 能运用激光护肤等美容新技术进行面部护理	1. 非药物性剥脱法相关知识 2. 微晶磨削护肤方法、程序及注意事项 3. 果酸护肤方法、程序及注意事项 4. 激光等光学美容技术在面部皮肤护理中的运用
	(二)身体护理	1. 能指导顾客运用运动、饮食等保健方法进行形体美化 2. 能运用经穴美容按摩手法对顾客进行全身按摩 3. 能对身体护理中的疑难问题进行处理	1. 运动、饮食等保健方法在身体护理中的应用及注意事项 2. 全身经穴美容按摩手法及基本要求 3. 身体护理中疑难问题的处理方法
三、修饰美容	(一)人体彩绘	1. 能绘制人体彩绘设计小样稿 2. 能选用人体彩绘技法对顾客身体进行修饰、美化 3. 能运用人体彩绘技法对顾客身体进行修饰、美化	1. 绘制人体彩绘设计小样稿的用品、用具 2. 绘制人体彩绘设计小样稿的方法 3. 人体彩绘用品、用具知识 4. 人体彩绘的基本操作程序及技法
	(二)色彩咨询	1. 能运用色彩测试手段,使用专业用品、用具,确定顾客的色彩季型 2. 能根据测试出的色彩季型为顾客提供日常着装及化妆用色指导	1. 四季色彩理论知识 2. 个人色彩测试的基本程序及方法 3. 色彩测试用品、用具知识 4. 四种季型的特征及用色原则

续表

职业功能	工作内容	技能要求	相关知识
四、培训与指导	（一）培训	能编写美容技术培训计划和大纲	美容技术培训计划和大纲的编写方法及要求
	（二）指导	能对初级、中级、高级美容师进行技术指导	对高级美容师进行技术指导的要点、方法及注意事项
五、经营管理	（一）开业计划	能拟订和实施美容院开业计划	1. 管理基本知识 2. 美容院开业基本程序及方法
	（二）劳动人事管理	1. 能进行劳动定额定员管理 2. 能拟订和实施员工业绩考核方案	1. 制定劳动定额的基本要求及方法 2. 定员编制的要求及方法 3. 美容工作人员业绩考核方法
	（三）物料用品管理	1. 能根据美容工作需要，提出美容物料用品的选购建议 2. 能制定物料用品管理制度	1. 美容物料用品选购的基本原则 2. 美容物料用品管理的方法
	（四）成本费用管理	1. 能计算美容院经营成本费用 2. 能进行美容院经营盈亏平衡分析 3. 能提出降低成本费用方面的建议	1. 成本费用管理的基本要求 2. 盈亏平衡分析法 3. 降低成本费用的基本途径

3.5 高级技师

职业功能	工作内容	技能要求	相关知识
一、接待与咨询	（一）制订方案	1. 能根据顾客的皮肤及身体状况制订整体美容调理方案 2. 能根据调理方案确定设施、设备、用品、用具 3. 能根据调理方案确定设施、设备、用品、用具	1. 整体美容的基本概念及主要内容 2. 整体美容调理方案的制订方法及要求 3. 医学美容相关知识 4. 美容美学相关知识
	（二）咨询	能运用心理咨询方法对顾客美容心理问题进行疏导	1. 女性心理特点及常见美容心理问题 2. 常见美容心理咨询方法及基本原则
二、护理美容	（一）面部护理	1. 能对面部护理技术提出改进措施 2. 能对面部护理新技术、新产品、新设备进行理性分析 3. 能每年在国家级美容专业媒体上发表1篇及以上有关面部护理的专业论文	1. 美容护理技术革新成果实例分析 2. 论文的撰写方法及要求 3. 计算机基础知识及应用技术 4. 生物工程美容等护理新技术、新产品知识
	（二）身体护理	1. 能对身体护理技术提出改进措施 2. 能对身体护理新技术、新产品、新设备进行合理性分析 3. 能每年在国家级美容专业媒体上发表1篇及以上有关身体护理的专业论文	

续表

职业功能	工作内容	技能要求	相关知识
三、修饰美容	（一）形象分析	能运用观察、询问、测试等手段，对顾客的体形、脸形、发型、肤色、发色等形象要素进行分析	1. 形象的构成要素 2. 形象指导的基本原则及方法 3. 形象指导的实施步骤 4. 发型与形象相关知识 5. 服饰与形象相关知识
	（二）形象指导	1. 能根据分析结果进行形象定位 2. 能制定形象指导方案 3. 能对顾客进行生活形象指导	
四、培训与指导	（一）培训	1. 能编写培训讲义 2. 能对初级、中级、高级及美容技师进行理论培训	1. 培训讲义的编写方法与要求 2. 美容理论培训的方法与要求
	（二）指导	能对初级、中级、高级及美容技师进行技术指导	对美容技师进行技术指导的要点、方法及注意事项
五、经营管理	（一）促销管理	能拟订和实施美容院促销方案	美容院常用促销方法
	（二）质量管理	能组织实施美容院服务质量管理	1. 美容院服务质量的内容 2. 美容院服务质量的特点 3. 美容院服务质量管理的方法

4. 比重表

4.1 理论知识

项 目		初级(%)	中级(%)	高级(%)	技师(%)	高级技师(%)
基本要求	职业道德	10	5	25	25	25
	基础知识	40	20			
相关知识	接待与咨询	5	15	20	20	25
	护理美容	25	40	40	20	15
	修饰美容	20	20	10	10	15
	培训与指导	—	—	5	5	10
	经营管理	—	—	—	20	10
合计		100	100	100	100	100

4.2 技能操作

项 目		初级(%)	中级(%)	高级(%)	技师(%)	高级技师(%)
技能要求	接待与咨询	5	20	10	15	20
	护理美容	50	50	65	60	50
	修饰美容	45	30	20	20	20
	培训与指导	—	—	5	5	10
	经营管理	—	—	—	—	—
合计		100	100	100	100	100

美容师职业规范

一、美容师职业道德修养规范

要热爱美容,不要权宜之计;要乐于助人,不要袖手旁观;
要兴趣专一,不要朝三暮四;要同情丑者,不要讥笑挖苦;
要讲求科学,不要盲目蛮干;要公平合理,不要看人论价;
要知识渊博,不要学识匮乏;要重义轻利,不要见利忘义;
要技能高超,不要才智平平;要诚恳扎实,不要奸诈虚伪;
要注重效果,不要拜金主义;要极端负责,不要敷衍了事;
要热情待客,不要冷漠无情;要精益求精,不要粗制滥造;
要解放思想,不要闭关自守;要美化仪表,不要丑态百出;
要更新观念,不要因循守旧;要文明礼貌,不要野蛮无礼;
要心品高尚,不要灵魂庸俗;要遵纪守法,不要违法乱纪;
要勤奋刻苦,不要懒惰奢侈;要讲究政治,不要埋头业务;
要遵守公德,不要放荡不羁;要自尊自爱,不要自惭形秽;
要传播知识,不要散播流言;要自知之明,不要自命不凡;
要化解矛盾,不要搬弄是非;要虚心好学,不要骄傲自满;
要卫生健康,不要肮脏多病;要勇攀高峰,不要停止不前。

二、美容师作风规范

1. 良好的作风

以诚相待,善解人意。珍惜名誉,诚实公平。
负责尽职,言而有信。谈吐高雅,声音柔和。
卫生清洁,讲究仪表。按时上班,遵守规章。

2. 不良的作风

工作敷衍,不负责任。言行不一,言辞夸张。
自我夸张,讥笑他人。矫揉造作,姿势不良。
使用粗语,打探隐私。浓妆艳抹,奇妆异服。

三、专业美容师必备条件

1. 要有一双温柔灵活的双手。

2. 对色彩、搭配有透彻的认识。

3. 对人体各部位有深入的了解。

4. 学习巧妙和高雅谈吐。

5. 有独特的风格审美观点。

四、专业美容师的形象条件

1. 有典雅的风度。

2. 有高超的技术。

3. 有端庄的举止。

4. 有文雅的谈吐。

5. 接人待物要彬彬有礼、落落大方。

6. 有丰富的内涵。

五、专业美容师形象设计

1. 仪容设计：发型、妆型、健美、整容外形的化妆、个性的化妆、生命力的化妆。

2. 仪容设计：服饰设计及色彩搭配、内衣、外衣、鞋、帽、首饰、饰品。

3. 仪态设计：

(1) 姿态、举止、谈吐、风度。

(2) 走、坐、蹲、回头、转身。

(3) 待人接物的手势、动作，如握手问候、点头示意、拥抱亲吻、递接名片、接打电话、上下轿车、进出电梯、服务操作。

4. 语言与无声语言的综合运用（如讲话、语调、语速、表情、眼神等）。

5. 内在气质的把握和指挥、修养、礼仪。

六、专业美容师的品德

1. 要遵循国家法律和美容院的规章制度。

2. 对职业要有信心和尽最大努力工作。

3. 乐于学习，健全心智，提高气质。

4. 言行有信，负责尽职，成为良好德行及优良职业行为的表现。

5. 温文有礼，对他人的帮助表示谢意，对别人的缺点要容忍和有同情心，尊重他人感觉及权利，能良好配合同事、顾客及上级的工作。

6. 对所有的顾客友善、礼貌、热情、诚恳、公平，不可厚此薄彼。

7. 学习技巧高雅的职业谈吐，培养悦耳动听的声音，当他人说话时需要注意倾听。

8. 注意外表随时保持最高的卫生标准，使顾客对你产生信心。

七、专业美容师的举止

1. 要避免口臭、体臭，不当着别人做不雅观的动作（如咳嗽）。

2. 不能在顾客面前嚼口香糖。

3. 不能说话大声刺耳。

4. 不能当着顾客面前批评同事的手艺。

5. 不能与顾客谈论自己的私事。

6. 不能斜靠椅背或桌面、在接待中懒散靠沙发。

7. 不能工作时姿势不良、行走时摆动,走路要轻盈。

8. 有顾客时,音响、电视声音不能过大。

9. 不在背后议论别人的长短。

10. 说话不实在,过分批评他人,降低美容从业人员的品格。

11. 说服顾客所购买你推销的产品时,不能批评顾客原来的产品品质不良。

12. 不能探听顾客的隐私。

13. 不能有矫揉造作的态度。

14. 不能使用粗话、暗语、俚语、下流双关语。

15. 不能总是埋怨芝麻小事。

美甲师国家职业标准

1. 职业概况

1.1 职业名称

美甲师

1.2 职业定义

根据顾客的手形、甲形、肤质、服饰色彩及要求,对手足部进行消毒、清洁、护理、保养、修饰设计的人员。

1.3 职业等级

本职业共设五个等级,分别为:初级(国家职业资格五级)、中级(国家职业资格四级)、高级(国家职业资格三级)、技师(国家职业资格二级)、高级技师(国家职业资格一级)。

2. 申报条件

2.1 初级(具备以下条件之一者)

(1) 经本职业初级正规培训达规定标准学时数,并取得毕(结)业证书。

(2) 在本职业连续见习工作2年以上。

2.2 中级(具备以下条件之一者)

(1) 取得本职业初级职业资格证书后,连续从事本职业工作2年以上,经本职业中级正规培训达规定标准学时数,并取得毕(结)业证书。

(2) 取得本职业初级职业资格证书后,连续从事本职业工作3年以上,

(3) 连续从事本职业工作5年以上。

(4) 取得经劳动保障行政部门审核认定的,以中级技能为培养目标的中等以上职业学校本职业毕业证书。

2.3 高级(具备以下条件之一者)

(1) 取得本职业中级职业资格证书后,连续从事本职业工作4年以上,经本职业高级正规培训达规定标准学时数,并取得毕(结)业证书。

(2) 取得本职业中级职业资格证书后,连续从事本职业工作6年以上。

(3) 取得高级技工学校或经劳动保障行政部门审核认定的以高级技能为培养目标的高等职业学校本职业毕业证书。

(4) 取得本职业中级职业资格证书的大专以上本专业或相关专业毕业生,连续从事本职业工作2年以上。

2.4 技师(具备以下条件之一者)

(1) 取得本职业高级职业资格证书后,连续从事本职业工作6年以上,经本职业正规技能培训达规定标准学时,并取得毕(结)业证书。

(2) 取得本职业高级职业资格证书后,连续从事本职业工作8年以上。

2.5 高级技师(具备以下条件之一者)

(1) 取得本职业技师职业资格证书后,连续从事本职业工作3年以上,经本职业正规高级技师培训达规定标准学时数,并取得毕(结)业证书。

(2) 取得本职业技师职业资格证书后,连续从事本职业工作5年以上。

3. 工作要求

本标准对初级、中级、高级、技师和高级技师的技能要求依次递进,高级别涵盖低级别的要求。

3.1 初级

职业功能	工作内容	技能要求	相关知识
一、接待咨询	(一)接待	能够使用文明礼貌用语,向顾客介绍服务项目和收费标准	1. 服务项目名称 2. 规范服务程序
	(二)咨询	能够回答顾客提出的一般性美甲问题	
二、自然指(趾)甲护理	(一)自然指(趾)甲养护	能够按规范程序对自然指(趾)甲进行消毒、清洁、修形、推剪指皮和表面抛光	1. 自然指(趾)甲护理的基本方法与步骤 2. 工具使用及注意事项
	(二)自然指(趾)甲修饰	能够选择、涂抹营养油、指皮软化剂、底油、彩油和亮油	1. 营养油、指皮软化剂、底油、彩油和亮油的选择原则及涂抹技巧 2. 甲油烘干的方法 3. 甲油烘干机的安全使用与维护保养知识

续表

职业功能	工作内容	技能要求	相关知识
三、手足部护理	（一）手部皮肤护理	1. 能够按规定操作程序对手部皮肤进行清洁、消毒 2. 能够按规范手法进行肘关节以下部位的按摩 3. 能够进行手部深层皮肤护理	1. 基础手(足)部护理的规范操作程序及注意事项 2. 手(足)部穴位 3. 手(足)部按摩的方法及要求
	（二）足部皮肤护理	1. 能够按规定操作程序对足部皮肤进行清洁、消毒 2. 能够按规范手法进行膝关节以下部位的按摩 3. 能够去除足趾部的死皮及足茧 4. 能够进行足部深层皮肤护理	1. 深层皮肤护理的方法及注意事项 2. 蜡疗仪和电热手(足)套等工具设备的安全使用及维护保养知识
四、人造指(趾)甲的制作和卸除	（一）制作贴片甲	1. 能够在自然指(趾)甲上用贴片胶粘贴全贴片、半贴片和浅贴片 2. 能够去除贴片的接痕	1. 贴片的种类和用途 2. 贴片胶的使用方法
	（二）卸除贴片甲	能够使用卸甲液安全地卸除贴片甲	卸除贴片甲的规范操作程序和注意事项
五、装饰指(趾)甲	（一）彩妆指(趾)甲	1. 能够使用指甲油勾绘指(趾)甲 2. 能够使用印花、钻石、吊饰等装饰性材料装饰指(趾)甲	1. 色彩及构图的基本原理 2. 勾绘的规范操作程序和注意事项 3. 装饰材料的使用方法及注意事项
	（二）手绘指(趾)甲	能够手绘线条、点及简单的花卉图案	1. 手绘的分类 2. 多功能甲油绘画笔的使用方法 3. 法式修甲的方法

3.2 中级

职业功能	工作内容	技能要求	相关知识
一、接待咨询	（一）接待	1. 能够通过观察，了解不同顾客的心理需求 2. 能够介绍各类服务项目的特点	1. 服务心理学的相关知识 2. 不同场合的美甲需求特点
	（二）咨询	1. 能够提出美甲服务建议 2. 能够向顾客介绍美甲后的维护保养常识	
二、自然指（趾）甲养护	自然指（趾）甲养护	能够对失调性指(趾)甲进行针对性护理	失调性指甲的表象、成因及护理方法
三、手足部护理	（一）手部皮肤护理	1. 能够对手部进行美白护理 2. 能够对干裂手进行特殊护理	1. 常用美白产品的性能及效果 2. 干裂手(足)的形成原因 3. 干裂手护理机的使用方法 4. 皮肤水分测试仪的使用方法及维护保养知识 5. 足浴设备的使用方法
	（二）足部皮肤护理	1. 能够对足部进行美白护理 2. 能够对干裂足进行特殊护理	

第五章 扬州三把刀文化的发展

续表

职业功能	工作内容	技能要求	相关知识
四、人造指(趾)甲的制作和卸除	(一)制作水晶指(趾)甲	1. 能够借助各种贴片制作水晶指甲 2. 能够制作单色水晶指(趾)甲 3. 能够制作基础法式水晶指(趾)甲 4. 能够修补各种水晶指(趾)甲 5. 能够卸除各种水晶指(趾)甲	1. 各种水晶指(趾)甲的制作原理、程序及方法 2. 水晶指(趾)甲的修补和卸除方法 3. 指甲托板的类型及操作要领 4. 水晶指甲的造型要求 5. 水晶指甲材料的特性及使用要求 6. 水晶笔的使用、清洁及保养方法 7. 消毒干燥黏合剂的安全使用方法 8. 修补和卸除各种水晶指(趾)甲的方法
	(二)制作凝胶指甲	1. 能够使用不同的填充物,利用凝胶和催化剂制作丝绸甲、凝胶甲、玻璃纤维甲和纸甲 2. 能够修补和卸除各种凝胶指甲	1. 丝绸甲、凝胶甲、玻璃纤维甲和纸甲的制作、修补和卸除方法 2. 丝绸甲、凝胶甲、玻璃纤维甲和纸甲材料的特性、使用和储存方法
五、装饰指(趾)甲	手绘指(趾)甲	能够绘制规定题材的图案	1. 手绘毛笔的使用方法 2. 丙烯颜料的性能及使用方法 3. 色彩的构成 4. 手绘的技巧

3.3 高级

职业功能	工作内容	技能要求	相关知识
一、接待咨询	(一)接待	能够使用常用英语接待外宾	1. 美甲常用的英语专业术语 2. 英语的日常接待用语 3. 美甲在整体形象设计中的作用
	(二)咨询	1. 能够解答顾客提出的各种美甲的问题 2. 能够为顾客拟定美甲服务方案	
二、人造指(趾)甲的制作和卸除	(一)制作水晶指(趾)甲	1. 能够制作主视C型弧度达到120°以上,俯视微笑线光滑、清晰、两端等高的法式水晶指甲 2. 能够使用电动打磨机修补水晶指(趾)甲	1. 法式水晶指甲的大赛造型要求 2. 电动打磨机的使用及维护保养
	(二)问题指甲的处理	1. 能够修复残甲 2. 能够再接断甲 3. 能够矫正畸形甲 4. 能够处理和美化灰指甲 5. 能够对霉变指(趾)甲进行消毒及处理	1. 灰指甲的成因及处理方法 2. 霉变指(趾)甲的成因及处理方法
	(三)光疗树脂指甲的制作	能够制作、卸除、修补和再植光疗树脂指甲	1. 光疗树脂的化学成分、性能及固化原理 2. 光疗灯的使用和维护保养知识

续表

职业功能	工作内容	技能要求	相关知识
三、装饰指(趾)甲	(一)创意型手绘	能够设计和制作符合主题内容的手绘指(趾)甲	1. 手绘艺术设计构思来源 2. 色彩的心理效应 3. 喷绘机的使用及维护保养知识 4. 美甲设计与造型的关系 5. 水晶指甲的雕塑
	(二)喷绘	能够使用喷绘设备及模板制作层次分明的喷绘指(趾)甲	
	(三)内雕	能够在水晶指(趾)甲内进行雕塑造型	
	(四)外雕	能够在指(趾)甲表面进行雕塑造型	

3.4 技师

职业功能	工作内容	技能要求	相关知识
一、装饰指(趾)甲	(一)观赏型三维艺术指(趾)甲	1. 能够运用不同材料进行三维造型 2. 能够结合人体彩绘、梦幻妆、服饰造型等舞台表现方法来进行观赏型三维艺术指(趾)甲造型	1. 舞台艺术造型的基本知识 2. 美学和化妆的基本知识
	(二)美甲艺术设计	1. 能够设计个性化平面指(趾)甲图案 2. 能够设计个性化立体指(趾)甲造型	
二、培训与指导	(一)操作指导	能够对初级、中级、高级美甲师进行操作指导	培训教学的基本方法
	(二)理论培训	能够讲授本专业基础理论知识	
三、质量管理	(一)解决工艺问题	能够分析美甲制作过程中的工艺问题,并提出解决的具体方案	工艺问题的成因及解决方法
	(二)技术总结	能够写出技术总结	技术总结的撰写方法

3.5 高级技师

职业功能	工作内容	技能要求	相关知识
一、装饰指(趾)甲	(一)制作复合型指甲	能够运用手绘、喷绘、内雕、外雕四种技法制作复合型的艺术造型指甲	1. 复合型指甲制作的方法 2. 国内外美甲流行趋势 3. 美甲专业软件的使用方法 4. 计算机平面制图方法
	(二)网络设计	能够运用美甲专业设计软件,进行美甲造型的艺术设计	
二、培训与指导	操作指导	1. 能够对技师及以下的人员进行培训和指导 2. 能够编写美甲师培训讲义	讲义的编写要求及方法
三、技术创新与质量管理	(一)技术创新	1. 能够组织美甲新工艺的研发 2. 应用美甲新技术,并提出和实施推广方案	组织管理的方法
	(二)质量管理	能够全面分析美甲质量问题产生的原因,并提出具体的解决方案	质量分析的方法

美甲师的职业道德及行为规范、艺施的礼仪规范

一、美甲师的职业道德及行为规范

1. 道德是一种社会意识形态,强调是与非的观念。职业道德指从事一定职业的人在工作或劳动过程中,所应遵循的与其特定的职业活动相适应的道德原则和规范的总和。

2. 美甲师要树立"干一行、爱一行、专一行"的思想。

(1) 认清自我价值,热爱本职工作。美甲融合了文化及艺术的精华,具有很强的生命力及延展性。作为一名美甲师,不能只把从事美甲行业当成是谋生的手段,而应理解为对美的推广和艺术文化的升华,其工作才会更加展示个性而富有创造力。

(2) 业精于勤,勤奋努力、刻苦钻研,不断学习和吸取新的知识和技术。美甲师要学会博各家所长,而集于一身,勇于推陈出新,不断创造进取,成为行业标兵。

(3) 持之以恒,贵在坚持。美甲行业是一片待开发的处女地。美甲师应该具有远大的理想和抱负,不断学习,更新技术,提高综合素质。

遵纪守法	敬业爱岗	礼貌待客	热忱服务	认真负责
团结协作	诚信公平	实事求是	努力学习	刻苦钻研

"一天可以产生暴发户,十年难以造就贵族",切不能将美甲师的职业道德片面理解为机械的规定。动作可以模仿,品质和素养则需要从思想修养、文化素质、技能素质、心理素质等各方面综合培养,才能塑造出美甲师的形象。

二、美甲师的礼仪规范

1. 礼仪

包括礼貌、礼节、仪表、仪式。"礼"以一定的社会道德观念和风俗习惯为基础,大家共同遵守的行为准则。"仪"则是指人们的容貌举止、神态服饰和按照礼节进行的仪式。

(1) 讲究仪表:包括举止、仪容、服饰、风度等。美甲师的仪表应该端庄大方、温文尔雅、不矫揉造作、不轻浮放肆、不卑不亢、文质彬彬、服饰整洁、行为端正。

(2) 讲究卫生:讲究卫生是社会公德、礼貌修养的基础内容。注意个人卫生是对他人的尊重,也是自身修养的体现,营造良好的交际环境和生活环境是公民的义务。美甲师应成为讲究卫生的楷模,用自身良好的卫生习惯来营造美甲店的优美环境。

(3) 和气待人:"和气生财",只有心平气和,才能善待客人。一个有修养的美甲师会把客人放在重要位置,使其宾至如归,尤其对老幼顾客要热情接待,根据他们的要求给予特别服务。

(4) 尊时守信:美甲师在服务中应该恪守"信誉"二字。与客人预约,要提前做好准备,迎接客人,失约或失信是对他人的最大的不尊重,也是对自身人格的轻蔑。

(5) 遵守秩序:"没有规矩不成方圆",每一个美甲店都应该有自己的良好秩序。美甲师应该维护净、静、亲、馨的良好秩序和氛围,工作有条不紊,不能我行我素。顾客在你的指导下,也会自觉维护秩序,在良好的氛围中达到最佳的服务效果。

2. 美甲师的礼仪规范

(1) 站姿:表情自然、双目平视、闭嘴、颈部挺直、微收下颌、挺胸、直腰、收腹、臀部肌肉上提、两臂自然下垂、双肩放松稍向后,女子双腿并拢。

(2) 坐姿:上体保持站立时的姿势,双膝靠拢,两腿不分开或稍分开。

(3) 走姿:身体挺直,不可左右晃动、摆动、歪脖、斜肩,步伐轻稳灵活。

(4) 服饰要符合职业特点:可以配胸针、领花、发卡、手链,不宜戴过分坠重及夸张饰物,化妆应清雅、发型简洁。

(5) 美甲师的语言规范:

①语音、语调:悦耳的声音、文雅的言辞技巧的谈话会使顾客产生亲切感和信任感。文字不能表达的友善情感,需要悦耳的声音配合,悦耳流利的语言配合语调可以展现其个性和心理状况,可以辨别出情感,单调的声音既枯燥又索然无味。美甲师的语音应该柔和、悦耳、亲切、热情、真挚、友善、柔顺,展示出善解人意的情感。

②说话的主题与原则:了解顾客的心理,探其所需、供其所求,选择最佳的谈话主题。美甲师应博览群书,具有丰富的知识和内涵。

③谈话原则:

a. 主动打开话题,少说多听、不争论,始终保持愉快的心情。

b. 不谈私事,谈理想。

c. 不背后议论人,不评论同事手艺。

d. 做客户的心理咨询师,主雅客来勤,鼓励客人多谈自己,耐心倾听,给予理性建议。

(6) 谈话技巧:

①目不斜视。与顾客谈话时,应两眼平视对方,面带微笑,切不可东张西望,顾客会因为一些小动作,认为你没有诚意或在撒谎,重视对方是亲切的表现。"目不斜视"并不是"目不转睛",否则顾客会十分紧张而不自然。

②心理暗示。在美甲服务过程中,美甲师应该诱导顾客全身放松,处于休息状态,使她得到最舒适完美的服务。美甲师的语调应该低沉,应该和蔼亲切地告诉顾客"全身心的放松,睡眠状况的美甲服务效果最好"。

③赞美:给顾客好心情,赞美是敲开顾客心扉最直接的钥匙。"见人减岁,逢物加价",虚荣心是人类的共性,要让顾客高兴而来满意而去。不能批评顾客,与之发生争执。

(7) 男孩不留长发、不留长指甲、不穿奇装异服,头发干净、没有异味,不讲脏话、不吸烟、不喝酒,品德好。

(8) 女孩要化淡妆,在现场操作时要把头发束起来,不戴过长的耳环,不戴过长的项链,不能戴戒指,穿皮鞋,不能穿拖鞋。

(9) 口腔内不能有异味(葱、蒜、口臭),现场操作时必须戴口罩。

（10）所有员工必须遵守店内规章制度，遵守纪律，要有整理自己生活的能力，在宿舍早睡早起，注意卫生，共同维护大家的居住环境。

3. 应该避免非职业举止

（1）议论顾客、同事、领导的个人隐私。

（2）工作台上杂乱无章，摆放食品、饰物等非专业用品。

（3）工作时间大声喧哗、言语粗俗、口嚼食物或吸烟。

（4）工作闲暇时串岗、睡觉、无精打采。

（5）选择自己喜欢的音乐、电视大声播放。

（6）与顾客、同事、领导发生分歧时，大声指责，影响企业形象。

三、美甲师的服务规范

"顾客是上帝"是我们的服务准则，没有顾客，我们的经营将失去意义。

1. 接听电话

（1）接听电话时应声音悦耳、轻柔可亲，事先准备好记录本和笔，不要让对方久等，顾客会因为你的热情、周到、细致的解答而上门服务。例如：您好，××美甲中心，很高兴为您服务。

（2）先致以亲切的问候，再通报自己的单位和简称还有职务，表示愿意为对方服务。例如：您好，××美甲中心，我是××，十分愿意为您提供咨询服务。

（3）对于咨询的内容，尽量给予清新的回答。如果问题过多，可以请顾客来访问或问清对方地址、邮编，将详细资料寄过去。

（4）留下对方姓名、电话、地址和邮编，并感谢对方来电话咨询。例如：谢谢您来电话，欢迎您来参观。

2. 接待顾客

（1）顾客进来时，无论是咨询还是服务，都应该微笑服务接待。因为没有人会对一张毫无表情、面色暗淡的面容产生兴趣。微笑首先是给人好感的一个信号，顾客会认为你是友好的，会欣然接受你的服务。

（2）顾客致以问候时要用尊称，不要直接称呼，同时做自我介绍。例如：您好，××小姐，很高兴为您服务，我叫××。

（3）顾客进来时，如果自己正忙着，也应该先致以问候或微笑，请别的美甲师给予接待。

（4）注意自己的形象和仪表，尤其是你的"双手"将为顾客提供活广告的作用。一个连自己手都修饰不好的美甲师，怎样去为别人服务呢！

（5）基础礼貌用语。例如：

您好！欢迎光临××（店名）！

是的，好的！

请稍等，马上来！

对不起,让您久等了!

谢谢您!

再见!欢迎下次光临××(店名)!

3. 咨询服务

(1) 请客人参观美甲系列展品,并做介绍,引导顾客消费。

(2) 正确的回答和介绍服务项目,在服务过程中介绍美甲护手常识,为顾客推荐适宜的服务项目,顾客会认为你是专家,很自然的接受所需要的服务。

附:

江苏旅游职业学院
人物形象设计专业核心课程标准(部分)

《发型设计》课程标准

一、课程名称

发型设计

二、适用对象

三年制注册入学。

三、课程性质

本课程是高等职业学校人物形象设计专业的一门主干专业课程。它的任务是:教给学生美发的基本知识,训练学生相关的基本技能,为提高学生的职业素质,学习相关专业知识与技能,增强其适应职业变化的能力打下基础。

四、参考课时

144课时。

五、总学分

8学分。

六、课程目标

本课程的教学目标是:使学生掌握美发基本知识和技能,具有美发的基本概念和较强的动手能力、包括对发型的设计以及创作。教学过程中注重职业道德教育,培养学生良好的道德情操和高雅的艺术审美品位。

(一) 知识教学目标

1. 了解头发的基本构造、分类以及与人体的关系。

2. 了解发型的选择和造型创意。

3. 掌握发型的造型要素,理解发型的审美艺术。

4. 了解美发简史与流行趋势。

（二）能力培养目标

1. 能正确识别各种发质、发病情况。

2. 掌握洗、剪、吹、烫、盘发、漂染、发型设计等美发操作技能,并取得高级职业技能鉴定合格证书。

3. 能根据不同人物、不同情况选择发型,并能规范操作。

4. 能初步做出新颖、时尚的发型。

（三）思想教育目标

1. 具有一定的艺术审美能力。

2. 具有热爱科学、勤恳扎实的学风和创新意识、创业立业精神。

3. 具有良好的职业道德。

七、设计思路

本课程教学内容采用模块结构,包括基础模块、实践模块和选做模块。基础模块和实践模块是必须完成的教学内容,选做模块可根据实际需要利用机动学时灵活处理。本课程建议课时数为853学时,教学时间安排见学时分配建议。

八、内容纲要

项目课程	项目一　毛发生理知识		
参考学时	8学时		
教学目标			
知识目标	能力目标		素质目标
了解毛发的生理知识以及皮肤骨骼的知识。了解头发的基本构造、分类以及与人体的关系。	作为一名合格的美发师,除了必须掌握美发技能以外,还要掌握一定的生理知识。		掌握所学到的知识为顾客提供优质的服务。
相关知识			
1. 毛发的分类	2. 骨骼皮肤的种类		3. 肌肉的名称
操作训练			
任务一	骨骼与肌肉		
任务二	皮肤		
任务三	头发的生理知识		
考核评价			
理论	占40%(课堂表现＋课后作业)		
实践	占60%(实践考试＋社会调查)		
知识拓展			
皮肤的分类			

项目课程	项目二　洗发、按摩和修剪		
参考学时	200 学时		
教学目标			
知识目标	能力目标		素质目标
这是美发操作中的重要环节,可以帮助顾客创造美感并且有利于身心健康,也对发型的创造起着重要的作用。了解发型的选择和造型创意。	学会洗发、按摩和修剪的基础步骤。能根据不同人物、不同情况选择发型,并能规范操作、初步做出新颖、时尚的发型。		通过学习达到专业的职业素养。
相关知识			
1. 按摩的穴位　　2. 各种穴位的治疗方法　　3. 修剪的注意事项			
操作训练			
任务一	洗发		
任务二	头部按摩		
任务三	基本剪法		
任务四	基本层次修剪		
任务五	推剪技巧		
任务六	推剪与造型		
考核评价			
理论	占 40%(课堂表现+课后作业)		
实践	占 60%(实践考试+社会调查)		
知识拓展			
1. 修剪的种类　　2. 修剪的不同技法			

项目课程	项目三　烫发与造型		
参考学时	210 学时		
教学目标			
知识目标	能力目标		素质目标
烫发是通过物理和化学作用使头发卷曲变形,烫发的种类很多,使学生了解掌握不同的烫发种类。	作为一名专业的美容师应该学会烫发以及烫发的方法,了解烫后效果。		通过学习达到美发师的基本操作能力。
相关知识			
1. 烫发的几种不同方法　　2. 烫发的效果如何配合脸型			
操作训练			
任务一	烫发的基本知识		
任务二	烫发前的准备及烫发程序		

续表

项目课程	项目三　烫发与造型
任务三	烫发的技巧
任务四	烫发的几种不同方法
任务五	使用不同的工具进行烫发
考核评价	
理论	占40%（课堂表现＋课后作业）
实践	占60%（实践考试＋社会调查）
知识拓展	
1. 烫发的几种不同方法和种类　　2. 烫发如何配合脸型	

项目课程	项目四　漂染技术
参考学时	250学时
教学目标	

知识目标	能力目标	素质目标
漂、染是两种不同的改变头发颜色的方法，漂发是将头发的自然色素减少、染发是将人工色素作用与头发上。	作为一名专业的美容师应该学会漂染头发的方法和漂染的效果并掌握有关颜色的知识。	通过学习达到美发师的基本操作能力。

相关知识	
色素对头发的影响	
操作训练	
任务一	色彩的基本知识
任务二	漂发的知识
任务三	染发的知识
任务四	漂染的操作方法
考核评价	
理论	占40%（课堂表现＋课后作业）
实践	占60%（实践考试＋社会调查）
知识拓展	
1. 漂染的作用以及对人的影响　　2. 不同的发型适合不同的脸型	

项目课程	项目五　盘发设计		
参考学时	104 学时		
教学目标			
知识目标	能力目标		素质目标
盘发造型是美发技艺中具有传统性的特殊技术。在创作理念、设计技巧乃至用途上都有很大的特点。	作为一名专业的美发师应该学会盘发设计以及整体的造型,可以给顾客设计出喜欢、合适的盘发造型。		通过学习达到美发师的基本操作能力。
相关知识			
盘发的操作过程			
操作训练			
任务一	盘发的分类及其特点		
任务二	盘发的表现形式		
任务三	盘发的基本技法及其组合运用		
任务四	长、短发的盘发操作		
考核评价			
理论	占 40%(课堂表现+课后作业)		
实践	占 60%(实践考试+社会调查)		
知识拓展			
1. 盘发的适应人群　　2. 盘发与饰品的配合			

九、技能考核要求

学生在校期间需通过高级发型师的考核。考核方法采用理论与实践操作相结合,以基础发型为主体,要求能做到造型、颜色、纹理皆备。

十、实施建议

1. 教学建议

本课程教学应在实训室或专业教室中进行,采取边讲边练、精讲多练的教学方法。要注意推广使用有关的多媒体教学课件。

2. 教材编写建议

(1) 教材编写要以马克思主义为指导,坚持面向现代化、面向世界、面向未来;贯彻国家课程改革的精神。

(2) 教材编写应以科学的教育理论为指导,充分体现时代特点和现代意识,要重视继承和弘扬中华民族优秀文化,理解和尊重多元文化,要有助于增强学生的民族自尊心和爱国主义情感,有助于树立正确的世界观、人生观和价值观。

(3) 教材要适应学生身心发展的特点,符合美发与造型能力形成和发展的规律,要有助于培养学生的实践能力和创新精神,有助于形成学生良好的个性和健全的人格。

(4) 教材应突出美发与造型课程的特点,要便于指导学生自学。内容的确定和教学方法的选择,都要有利于学生自主、合作与探究的学习,掌握自学的方法,养成自学的习惯,不断提高独立学习和探究的能力。

(5) 教材选文要具有时代性和典范性,富于文化内涵,文质兼美,丰富多彩,难易适度,能激发学生的学习兴趣,开阔学生的眼界。

(6) 教材的体例和呈现方式应灵活多样,避免模式化。要注意设计体验性活动和研究性学习专题,有助于学生创造性地学习。

(7) 教材应有开放性,在合理安排课程计划和课程内容的基础上,给地方、学校和教师留有开发和选择的空间,也要给学生留出选择和拓展的余地,以满足不同学生学习和发展的需要。

(8) 教材要重视现代信息技术的运用。

十一、教学条件

本课程教学应在实训室或专业教室中进行,采取边讲边练、精讲多练的教学方法。要注意推广使用有关的多媒体教学课件。

实训室(价值)	设备名称
美发实习室	飞碟焗油机
	壁挂式烘发机
	内加热烫发机
	壁挂陶瓷烫发机
	雅龙陶瓷弯形洗头床
	阿里斯顿热水器
	雅龙217B双面镜台

十二、学习评价

(1) 评价的根本目的是为了促进学生对于发型设计能力的全面提高。

课程评价要突出整体性和综合性,从知识和能力、过程和方法、态度和价值观几方面进行全面考察。

(2) 评价应以课程目标为基准,面向全体学生。

课程目标是评价的基准;评价要有利于鼓励学生对课程的自主选择,促进每个学生的健康发展,要根据学生的个体差异和个性化要求,采用生动活泼、灵活多样的评价方法。

(3) 评价要充分发挥诊断、激励和发展的功能。

课程评价具有检查、诊断、反馈、激励和发展等多种功能,正确的评价能真实地了解学生的学习状况和学习过程,准确地判断学生的学业水平与发展需求。评价的各种功能都不能忽视,但首先应充分发挥其诊断、激励和发展的功能,不应片面地强调评价的甄别和选拔功能。美发与造型课程评价重在激发学生实际动手操作能力以及对专业理论知识的进一步理解,并有利于教师发现学生学习上的优势和劣势,在此基础上提出有针对性的发展建议,同时反思自己的教学行为,不断调整和完善教学过程,促进自身的发展。

(4) 提倡评价主体多元化。

"评价主体多元化"是当前评价改革的重要理念和方向。美发与造型课程评价一方面要尊重学生的主体地位,指导学生开展自我评价和促进反思;另一方面要鼓励同伴、家长等参与到评价之中,使评价成为学校、教师、学生、同伴、家长等多个主体共同积极参与的交互活动。

(5) 评价应注意必修课和选修课的联系与区别。

必修课和选修课两种类型,它们的目标既有联系又有区别,共同构成美发与造型课程的总目标。课程评价既要注意两者的相互衔接,更要注意它们的不同特点。必修课的评价应立足于"共同基础",而选修课的评价在注重基础的同时,更多地着眼于差异性和多样性。选修课的评价尤其要突破一味追求刻板划一的传统评价模式,努力探索新的评价方式来促进目标的达成。要注意各类选修课本身的特点和要求,因课制宜地制订评价方案,密切联系社会实践活动,使评价更富实效。

(6) 评价应根据不同的情况综合采用不同的方式。

课程评价有多种方式,每一种方式都有其优势和局限,都有适用的条件和范围。学生发展的不同侧面有不同特点和表现形式,对评价也有不同的要求。如书面的考试较适合于评价认知水平,观察活动较适合于评价学生的兴趣特长,成长记录能较全面地评价学生的情感态度和实践能力等。再如,探究能力的形成,具有重过程、重体验的特点,所以评价学生的探究能力不能简单地以活动结果作为主要依据,而应将学生自主探究的过程与结果统一起来,以学生在自主探究中的表现,如态度、创意、责任心、意志力、合作精神、参与程度和交往能力等方面,作为评价的重点。要努力探寻适合于不同目的的评价手段和方法,提高评价效率。

《化妆与造型》课程标准

一、课程名称

化妆与造型

二、适用对象

三年制注册入学。

三、课程性质

本课程是高等职业学校人物形象设计专业的一门主干专业课程。它的任务是:教给学生有关化妆的基本知识,训练学生的相应职业技能,提高其职业素质,增强其适应职业变化的能力,为学生继续深造打下一定的基础。

四、参考课时

72课时。

五、总学分

4学分。

六、课程目标

本课程的教学目标是:使学生掌握化妆的基本知识和基本技能,初步形成解决实际问题的能力,为学习专业知识和职业技能打下基础,培养学生的辩证思维能力和良好的职业道德。

(一)知识教学目标

1. 了解化妆中的基本概念和基本分析法。
2. 了解化妆中专业化妆品的性质、种类及用途。
3. 了解化妆的艺术特色。

(二)能力培养目标

1. 能正确运用各种化妆材料和工具。
2. 熟练掌握本色化妆技巧。
3. 掌握矫正化妆技巧。
4. 初步掌握特征化妆技巧。
5. 初步掌握年龄变化的化妆技巧。
6. 具有初级化妆设计能力。

(三)思想教育目标

1. 具有热爱科学、实事求是的学风。
2. 具有良好的职业道德和创新意识、创业立业精神。

七、设计思路

本课程教学内容采用模块结构,包括基础模块、实践模块和选学模块。基础模块和实践模块是必须完成的教学内容,选学模块由学校根据实际需要选择使用,可利用机动学时安排。本课程的建议课时数为216学时,教学时间安排见学时分配建议。

八、内容纲要

项目课程	项目一　化妆	
参考学时	100学时	
教学目标		
知识目标	能力目标	素质目标
了解基础化妆的内容、在掌握基础化妆的前提下进入较深入的造型化妆阶段。能正确运用各种化妆材料和工具。了解化妆中的基本概念和基本分析法。了解化妆的艺术特色。	要求效果突出,既是专业化妆的基本内容之一,又可以在创作中独立使用。熟练掌握本色化妆技巧、掌握矫正化妆技巧。	通过学习达到化妆的能力,培养学生的动手能力。
相关知识		
1. 化妆品的分类　　2. 化妆用品的使用方法　　3. 化妆用品的注意事项		
操作训练		
任务一	骷髅妆画法	
任务二	肌肉妆画法	
任务三	胖瘦造型的画法	
任务四	老年妆画法	
任务五	外国妆画法	
考核评价		
理论	占40%(课堂表现＋课后作业)	
实践	占60%(实践考试＋社会调查)	
知识拓展		
1. 化妆的分类　　2. 化妆的不同技法		

项目课程	项目二　性格化妆	
参考学时	90学时	
教学目标		
知识目标	能力目标	素质目标
了解基础化妆的内容,在掌握基础化妆的前提下进入较深入的造型化妆阶段。了解化妆中专业化妆品的性质、种类及用途。	要求效果突出,既是专业化妆的基本内容之一,又可以在性格化妆创作中独立使用。初步掌握特征化妆技巧。	通过学习达到性格化妆化妆的能力,培养学生的动手能力。
相关知识		
1. 化妆品的分类　　2. 化妆用品的使用方法　　3. 化妆用品的注意事项		

续表

项目课程	项目二 性格化妆
操作训练	
任务一	阴险狡诈造型
任务二	淳朴造型
任务三	时尚前卫造型
任务四	毛发制作
考核评价	
理论	占40%(课堂表现+课后作业)
实践	占60%(实践考试+社会调查)
知识拓展	
	1. 化妆的分类　　2. 化妆的不同技法

项目课程	项目三 特技化妆	
参考学时	26学时	
教学目标		
知识目标	能力目标	素质目标
了解基础化妆的内容、在掌握基础化妆的前提下进入较深入的造型化妆阶段。	要求效果突出,既是专业化妆的基本内容之一,又可以在特技化妆创作中独立使用。初步掌握年龄变化的化妆技巧。	通过学习达到特技化妆化妆的能力,培养学生的动手能力。
相关知识		
1. 化妆品的分类　　2. 化妆用品的使用方法　　3. 化妆用品的注意事项		
操作训练		
任务一	恐怖造型	
任务二	动物造型	
任务三	气氛造型	
考核评价		
理论	占40%(课堂表现+课后作业)	
实践	占60%(实践考试+社会调查)	
知识拓展		
1. 化妆的分类　　2. 化妆的不同技法		

九、技能考核要求

学生在校期间需通过中级化妆师、高级化妆师的考核。考核方法采用理论与实践操作相结合,以基础妆面为主体。

十、实施建议

1. 教学建议

课堂教学尽可能采用现代教学手段,以增强学生的感性认识,启迪学生的形象思维。注意国内外化妆艺术的最新发展动向,适时引入教学与课程之中。不断改革考核手段与方法,可通过课堂提问、练习、平时测验及考试等途径综合评价学生成绩,对学习和应用上有创新和创意的学生应特别给予鼓励。

2. 教材编写建议

（1）教材编写要以马克思主义为指导,坚持面向现代化、面向世界、面向未来；贯彻国家课程改革的精神。

（2）教材编写应以科学的教育理论为指导,充分体现时代特点和现代意识,要重视继承和弘扬中华民族优秀文化,理解和尊重多元文化,要有助于增强学生的民族自尊心和爱国主义情感,有助于树立正确的世界观、人生观和价值观。

（3）教材要适应学生身心发展的特点,符合课程能力形成和发展的规律,要有助于培养学生的实践能力和创新精神,有助于形成学生良好的个性和健全的人格。

（4）教材应突出化妆课程的特点,要便于指导学生自学。内容的确定和教学方法的选择,都要有利于学生自主、合作与探究的学习,掌握自学的方法,养成自学的习惯,不断提高独立学习和探究的能力。

（5）教材选文要具有时代性和典范性,富于文化内涵,文质兼美,丰富多彩,难易适度,能激发学生的学习兴趣,开阔学生的眼界。

（6）教材的体例和呈现方式应灵活多样,避免模式化。要注意设计体验性活动和研究性学习专题,有助于学生创造性地学习。

（7）教材应有开放性,在合理安排课程计划和课程内容的基础上,给地方、学校和教师留有开发和选择的空间,也要给学生留出选择和拓展的余地,以满足不同学生学习和发展的需要。

（8）教材要重视现代信息技术的运用。

十一、教学条件

课堂教学尽可能采用现代教学手段,以增强学生的感性认识,启迪学生的形象思维。注意国内外化妆艺术的最新发展动向,适时引入教学与课程之中。不断改革考核手段与方法,可通过课堂提问、练习、平时测验及考试等途径综合评价学生成绩,对学习和应用上有创新和创意的学生应特别给予鼓励。

	化妆品陈列柜
化妆实训室	化妆镜台
	化妆用具

十二、学习评价

(1) 评价的根本目的是为了促进学生对于化妆与造型能力的全面提高。

课程评价要突出整体性和综合性,从知识和能力、过程和方法、态度和价值观几方面进行全面考察。

(2) 评价应以课程目标为基准,面向全体学生。

课程目标是评价的基准,评价要有利于鼓励学生对课程的自主选择,促进每个学生的健康发展,要根据学生的个体差异和个性化要求,采用生动活泼、灵活多样的评价方法。

(3) 评价要充分发挥诊断、激励和发展的功能。

课程评价具有检查、诊断、反馈、激励和发展等多种功能,正确的评价能真实地了解学生的学习状况和学习过程,准确地判断学生的学业水平与发展需求。评价的各种功能都不能忽视,但首先应充分发挥其诊断、激励和发展的功能,不应片面地强调评价的甄别和选拔功能。化妆课程评价重在激发学生动手操作能力以及对特殊妆面的处理能力;并有利于教师发现学生学习上的优势,在此基础上提出有针对性的发展建议,同时反思自己的教学行为,不断调整和完善教学过程,促进自身的发展。

(4) 提倡评价主体多元化。

"评价主体多元化"是当前评价改革的重要理念和方向。化妆课程评价一方面要尊重学生的主体地位,指导学生开展自我评价和促进反思;另一方面要鼓励同伴、家长等参与到评价之中,使评价成为学校、教师、学生、同伴、家长等多个主体共同积极参与的交互活动。

(5) 评价应注意必修课和选修课的联系与区别。

必修课和选修课两种类型,它们的目标既有联系又有区别,共同构成化妆课程的总目标。课程评价既要注意两者的相互衔接,更要注意它们的不同特点。必修课的评价应立足于"共同基础",而选修课的评价在注重基础的同时,更多地着眼于差异性和多样性。选修课的评价尤其要突破一味追求刻板划一的传统评价模式,努力探索新的评价方式来促进目标的达成。要注意各类选修课本身的特点和要求,因课制宜地制订评价方案,密切联系社会实践活动,使评价更富实效。

(6) 评价应根据不同的情况综合采用不同的方式。

课程评价有多种方式,每一种方式都有其优势和局限,都有适用的条件和范围。学生发展的不同侧面有不同特点和表现形式,对评价也有不同的要求。如书面的考试较适合于评价认知水平,观察活动较适合于评价学生的兴趣特长,成长记录能较全面地评价学生的情感态度和实践能力等。再如,探究能力的形成,具有重过程、重体验的特点,所以评价学生的探究能力不能简单地以活动结果作为主要依据,而应将学生自主探究的过程与结果统一起来,以学生在自主探究中的表现,如态度、创意、责任心、意志力、合作精神、参与程度和交往能力等方面,作为评价的重点。要努力探寻适合于不同目的的评价手段和方法,提高评价效率。

《服饰设计》课程标准

一、课程名称

服饰设计

二、适用对象

三年制注册入学。

三、课程性质

本课程是高等职业学校三年人物形象设计专业的一门主干专业课程。它的任务是：讲授有关服饰的基本理论、基础知识，加深学生对形象设计的重要环节——服饰造型与设计的认识，训练学生的基本技能，为提高其自身修养和审美能力，进行整体形象设计打下必要的基础。

四、参考课时

200 课时。

五、总学分

10 学分。

六、课程目标

本课程的教学目标是：使学生了解服饰造型的基础知识，初步形成整体造型观念，掌握基本的服饰搭配技巧，初步具备解决实际问题的能力，培养学生对本职工作的兴趣和热情，形成良好的职业道德。

（一）知识教学目标

1. 掌握服装设计的基本原理和方法。

2. 了解服装色彩与视觉生理、心理的关系。

3. 了解服装色彩的对比、调和及配色原理。

4. 了解中外历代服饰流行趋势的演变和发展。

5. 初步了解服装心理学的基本知识。

（二）能力培养目标

1. 掌握服装效果图的基本技法。

2. 掌握服装造型设计的基本方法。

（三）思想教育目标

1. 具有良好的职业道德。

2. 具有实事求是的学风。

3. 具有创新意识、创业立业精神。

七、设计思路

本课程教学内容采用模块结构,包括基础模块、实践模块和选学模块。基础模块和实践模块是必须完成的教学内容,选学模块供学校根据需要选用,可利用机动学时自主安排。

八、内容纲要

项目课程	项目一 服装的色彩		
参考学时	80 学时		
教学目标			
知识目标	能力目标		素质目标
服装是由造型、色彩和材质三要素构成的,它们具有使用意义,更有审美意义。使学生充分了解掌握服装的色彩搭配和搭配美感,了解服装色彩的对比、调和及配色原理,了解服装色彩与视觉生理、心理的关系。	作为一名专业的设计师,不但应该对服装的式样有研究,更应该对色彩有研究。		通过学习达到设计师的基本操作能力。
相关知识			
服装的不同色彩的定义			
操作训练			
任务一	服装色彩的搭配		
任务二	服装色彩的设计灵感		
任务三	服装色彩的设计方法		
任务四	服装色彩与形象设计		
考核评价			
理论	占 40%(课堂表现+课后作业)		
实践	占 60%(实践考试+社会调查)		
知识拓展			
色彩的搭配以及不同人的色彩需要			

项目课程	项目二 服装专题设计		
参考学时	60 学时		
教学目标			
知识目标	能力目标		素质目标
初步了解服装心理学的基本知识。了解各种职业服装的设计在生活中有不用的专题,它们可以满足不同层次的人对服装的需要,并使学生学会服装搭配的特点和方法。	作为一名专业的设计师,应该可以制作适合不同人群的服装,从而达到不同人群对衣着的需求。掌握服装造型设计的基本方法。		通过学习达到设计师的基本操作能力。

续表

项目课程	项目二　服装专题设计	
	相关知识	
	职业服装的设计知识	
	操作训练	
任务一	职业服装设计	
任务二	礼服设计	
任务三	休闲服设计	
任务四	表演与定制服装的设计	
任务五	服饰风格的设计	
	考核评价	
理论	占40%（课堂表现＋课后作业）	
实践	占60%（实践考试＋社会调查）	
	知识拓展	
	1. 专题服装的种类　　2. 服装的各种适合人群	

项目课程	项目三　服饰图案与服饰搭配	
参考学时	60学时	
	教学目标	
知识目标	能力目标	素质目标
服饰搭配是除了衣服以外的饰品的搭配以及饰品和衣服的搭配程度，包括首饰、腰包、鞋帽等。了解服装色彩的对比、调和及配色原理。	作为一名专业的设计师，应该将顾客的衣着和饰品搭配好，可以达到更完美的目的。掌握服装效果图的基本技法。	通过学习达到设计师的基本操作能力。
	相关知识	
	服饰的搭配和服装的图案的变化	
	操作训练	
任务一	服饰图案	
任务二	服饰手工艺	
任务三	编结工艺	
任务四	饰花的设计和制作	
任务五	服饰搭配设计	
	考核评价	
理论	占40%（课堂表现＋课后作业）	

续表

项目课程	项目三　服饰图案与服饰搭配
实践	占60%（实践考试＋社会调查）
知识拓展	
1. 不同颜色的衣服的服饰搭配　　2. 服装图案的制作方法和作用	

九、实施建议

本课程教学应在实训室或专业教室中进行，边讲边练，精讲多练。

评价学生成绩应以学生平时练习情况、回答问题、试卷等多方面进行。

十、教学条件

课堂教学应采用教具、实物、幻灯、图片资料、多媒体等现代教学手段，以增强学生的感性认识，启发学生的创作思维。

注意改革考核手段与方法，可通过课堂提问、学生作业、平时测验、实践及考试等综合评估学生成绩。对学生学习和实践中的创意与创新应给予特别奖励。

十一、学习评价

（1）评价的根本目的是为了促进学生对于服务设计与服饰搭配能力的全面提高。

课程评价要突出整体性和综合性，从知识和能力、过程和方法、态度和价值观几方面进行全面考察。

（2）评价应以课程目标为基准，面向全体学生。

课程目标是评价的基准，评价要有利于鼓励学生对课程的自主选择，促进每个学生的健康发展，要根据学生的个体差异和个性化要求，采用生动活泼、灵活多样的评价方法。

（3）评价要充分发挥诊断、激励和发展的功能。

课程评价具有检查、诊断、反馈、激励和发展等多种功能，正确的评价能真实地了解学生的学习状况和学习过程，准确地判断学生的学业水平与发展需求。评价的各种功能都不能忽视，但首先应充分发挥其诊断、激励和发展的功能，不应片面地强调评价的甄别和选拔功能。服饰与造型课程评价重在激发学生提高对服装的理解力以及设计能力；并有利于教师发现学生学习上的优势，在此基础上提出有针对性的发展建议，同时反思自己的教学行为，不断调整和完善教学过程，促进自身的发展。

（4）提倡评价主体多元化。

"评价主体多元化"是当前评价改革的重要理念和方向。服饰与造型课程评价一方面要尊重学生的主体地位，指导学生开展自我评价和促进反思；另一方面要鼓励同伴、家长等参与到评价之中，使评价成为学校、教师、学生、同伴、家长等多个主体共同积极参与的交互活动。

（5）评价应注意必修课和选修课的联系与区别。

必修课和选修课两种类型，它们的目标既有联系又有区别，共同构成服饰与造型课程的总目标。课程评价既要注意两者的相互衔接，更要注意它们的不同特点。必修课的评价应立足于"共同基础"，而选修课的评价在注重基础的同时，更多地着眼于差异性和多样性。选修课的评价尤其要突破一味追求刻板划一的传统评价模式，努力探索新的评价方式来促进目标的达成。要注意各类选修课本身的特点和要求，因课制宜地制订评价方案，密切联系社会实践活动，使评价更富实效。

（6）评价应根据不同的情况综合采用不同的方式。

课程评价有多种方式，每一种方式都有其优势和局限，都有适用的条件和范围。学生发展的不同侧面有不同特点和表现形式，对评价也有不同的要求。如书面的考试较适合于评价认知水平，观察活动较适合于评价学生的兴趣特长，成长记录能较全面地评价学生的情感态度和实践能力等。再如，探究能力的形成，具有重过程、重体验的特点，所以评价学生的探究能力不能简单地以活动结果作为主要依据，而应将学生自主探究的过程与结果统一起来，以学生在自主探究中的表现，如态度、创意、责任心、意志力、合作精神、参与程度和交往能力等方面，作为评价的重点。要努力探寻适合于不同目的的评价手段和方法，提高评价效率。

《服饰搭配》课程标准

一、课程名称

服饰搭配

二、适用对象

三年制注册入学。

三、课程性质

本课程是高等职业学校三年高职人物形象设计专业的一门主干专业课程。其任务是使学生获取服装的基础理论知识；掌握常见的服装类别及风格；正确地运用所学的服装搭配技巧进行自身形象的完善，提高学生的审美能力；为把学生培养成为高素质的劳动者和初中级专门人才奠定基础。

四、参考课时

72课时。

五、总学分

4学分。

六、课程目标

通过本课程学习和训练，学生能了解服装的基础理论知识，掌握常见的服装类别及风格，正确地运用所学的服装搭配技巧进行自身形象的完善，提高学生的审美能力。

（一）知识教学目标

1. 了解和掌握服装礼仪的基础理论。

2. 掌握常见的服装类别及风格。

3. 掌握服装搭配的不同技巧。

(二)能力培养目标

1. 纠正部分学生错误的审美观念。

2. 提高学生的审美能力。

(三)思想教育目标

1. 正确地运用所学的服装搭配技巧进行自身形象的完善。

2. 开拓学生的知识面,丰富学生视野。

七、设计思路

1. 以专题形式开展教学,不同的专题针对不同的服装搭配的知识点,注重培养学生对服装礼仪的认识,加强学生审美观念的培养。

2. 教学效果评价采取过程评价与结果评价的方式,通过理论与实践相结合,重点评价学生的职业能力。

八、内容纲要

课程内容		具体学习任务		课时分配(课时)
1	服装基础知识	1.1	服装的基本概念	4	共8课时
		1.2	服装的基本原则	4	
2	服装分类与风格	2.1	服装的分类	4	共12课时
		2.2	服装的不同风格	8	
3	身形与服装搭配	3.1	脸、肩、臂、颈、臀部与服装的搭配	8	共14课时
		3.2	身形与服装的搭配	6	
4	不同服装的搭配技巧	4.1	鞋子、女包的搭配	6	共38课时
		4.2	内衣类服装的搭配	4	
		4.3	上衣类、裤类、裙类的搭配	6	
		4.4	特别服装类的搭配	6	
		4.5	配饰类服装的搭配	6	
		4.6	服装色彩的搭配	6	
5	知识拓展		世界服装品牌	4	
总课时					72

九、实施建议

本课程教学应在实训室或专业教室中进行,边讲边练,精讲多练。

评价学生成绩应以学生平时练习情况、回答问题、试卷等多方面进行。

十、教学条件

课堂教学应采用教具、实物、幻灯、图片资料、多媒体等现代教学手段,以增强学生的感性认识,启发学生的创作思维。

注意改革考核手段与方法,可通过课堂提问、学生作业、平时测验、实践及考试等综合评估学生成绩。对学生学习和实践中的创意与创新应给予特别奖励。

十一、学习评价

(1) 评价的根本目的是为了促进学生对于服饰搭配能力的全面提高。

课程评价要突出整体性和综合性,从知识和能力、过程和方法、态度和价值观几方面进行全面考察。

(2) 评价应以课程目标为基准,面向全体学生。

课程目标是评价的基准,评价要有利于鼓励学生对课程的自主选择,促进每个学生的健康发展,要根据学生的个体差异和个性化要求,采用生动活泼、灵活多样的评价方法。

(3) 评价要充分发挥诊断、激励和发展的功能。

课程评价具有检查、诊断、反馈、激励和发展等多种功能,正确的评价能真实地了解学生的学习状况和学习过程,准确地判断学生的学业水平与发展需求。评价的各种功能都不能忽视,但首先应充分发挥其诊断、激励和发展的功能,不应片面地强调评价的甄别和选拔功能。服饰与造型课程评价重在激发学生提高对服装的理解力以及设计能力;并有利于教师发现学生学习上的优势,在此基础上提出有针对性的发展建议,同时反思自己的教学行为,不断调整和完善教学过程,促进自身的发展。

(4) 提倡评价主体多元化。

"评价主体多元化"是当前评价改革的重要理念和方向。服饰与造型课程评价一方面要尊重学生的主体地位,指导学生开展自我评价和促进反思;另一方面要鼓励同伴、家长等参与到评价之中,使评价成为学校、教师、学生、同伴、家长等多个主体共同积极参与的交互活动。

(5) 评价应注意必修课和选修课的联系与区别。

必修课和选修课两种类型,它们的目标既有联系又有区别,共同构成服饰与造型课程的总目标。课程评价既要注意两者的相互衔接,更要注意它们的不同特点。必修课的评价应立足于"共同基础",而选修课的评价在注重基础的同时,更多地着眼于差异性和多样性。选修课的评价尤其要突破一味追求刻板划一的传统评价模式,努力探索新的评价方式来促进目标的达成。要注意各类选修课本身的特点和要求,因课制宜地制订评价方案,密切联系社会实践活动,使评价更富实效。

(6) 评价应根据不同的情况综合采用不同的方式。

课程评价有多种方式,每一种方式都有其优势和局限,都有适用的条件和范围。学生发展的不同侧面有不同特点和表现形式,对评价也有不同的要求。如书面的考试较适合于评价认知水平,观察活动较适合于评价学生的兴趣特长,成长记录能较全面地评价学生的情感态度和实践能力等。再如,探究能力的形成,具有重过程、重体验的特点,所以评价学生的探究能力不能简单地以活动结果作为主要依据,而应将学生自主探究的过程与结果统一起来,以学生在自主探究中的表现,如态度、创意、责任心、意志力、合作精神、参与程度和交往能力等方面,作为评价的重点。要努力探寻适合于不同目的的评价手段和方法,提高评价效率。

《皮肤护理》课程标准

一、课程名称

皮肤护理

二、适用对象

三年制注册入学。

三、课程性质

本课程是高等职业学校人物形象设计专业的一门主干专业课程。它的任务是:教给学生有关美容造型技术的基础知识,完成其基本技能的训练,为提高学生的职业素质、增强适应职业变化的能力和继续深造打下良好的基础。

四、参考课时

108 课时。

五、总学分

6 学分。

六、课程目标

本课程的教学目标是:使学生掌握美容与造型的基础知识和基本技能,初步形成解决实际问题的能力,加强职业道德教育,培养学生吃苦耐劳、爱岗敬业的思想和品德。

(一)知识教学目标

1. 了解美学基础知识,掌握美容造型的概念与要素。

2. 了解人体生理基础知识,掌握护理技术的原理与方法。

3. 了解各种美容机械的原理、结构与特性。

4. 掌握修饰美容的操作原理与方法。

5. 掌握常用美容仪器的使用与保养。

6. 掌握美容卫生常识,熟悉基本消毒方式。

(二)能力培养目标

1. 能正确使用各类美容工具、仪器,并能简单处理操作中的常见故障。

2. 掌握皮肤护理、美容化妆、形象设计的程序和方法。

3. 能应用所学知识与技能进行设计与创新。

4. 具有较强的观测与动手能力。

5. 取得相应的省市级职业技能等级合格证书（高级证书）。

（三）思想教育目标

1. 专业教学中注意渗透对学生的职业道德教育、爱岗敬业教育。

2. 培养热爱科学、实事求是的学风和创新意识、创业立业精神。

七、设计思路

本课程教学内容采用模块结构，包括基础模块、实践模块和选做模块。基础模块和实践模块是必须完成的教学内容，选做模块可利用机动学时自主安排。本课程建议课时数为578学时，教学时间安排见学时分配建议。

八、内容纲要

项目课程	项目一 美容生理常识	
参考学时	102学时	
教学目标		
知识目标	能力目标	素质目标
皮肤护理是健美容颜的重要环节，为了满足顾客的要求，使顾客的皮肤获得最佳的护理效果。了解美学基础知识，掌握美容造型的概念与要素。了解各种美容机械的原理、结构与特性。	作为一名专业的美容师，应该了解人体的皮肤、骨骼、肌肉、经络、穴位等方面的知识，这样对顾客皮肤护理过程中，才能进行针对性护理。能应用所学知识与技能进行设计与创新。	通过学习达到美容师的基本操作能力。
相关知识		
人体皮肤、骨骼、肌肉、经络、穴位等方面的知识		
操作训练		
任务一	中外美容发展史	
任务二	皮肤的基本类型与鉴别方法	
任务三	骨骼与肌肉	
任务四	经络与穴位	
任务五	皮肤的解剖	
考核评价		
理论	占40%（课堂表现+课后作业）	
实践	占60%（实践考试+社会调查）	

续表

知识拓展	
1. 生理知识的运用	2. 各部分肌肉的作用

项目课程	项目二　皮肤护理	
参考学时	250 学时	
教学目标			
知识目标	能力目标	素质目标
皮肤护理是健美容颜的重要环节,为了满足顾客的要求,使顾客的皮肤获得最佳的护理效果。了解人体生理基础知识,掌握护理技术的原理与方法。掌握修饰美容的操作原理与方法。	作为一名专业的美容师,皮肤护理的保养尤为重要。能正确使用各类美容工具、仪器,并能简单处理操作中的常见故障,掌握了解皮肤护理的程序和方法。	通过学习达到美容师的基本操作能力。
相关知识		
美容护理的不同方法和操作要领		
操作训练		
任务一	面部皮肤护理的一般程序	
任务二	不同类型的面部皮肤护理	
任务三	问题性皮肤的护理	
任务四	手臂和肩部的皮肤护理	
任务五	面部的按摩和保养	
考核评价		
理论	占 40%(课堂表现+课后作业)	
实践	占 60%(实践考试+社会调查)	
知识拓展		
各种皮肤护理的鉴别		

项目课程	项目三　修饰美容技术	
参考学时	156 学时	
教学目标			
知识目标	能力目标	素质目标
皮肤护理是健美容颜的重要环节,为了满足顾客的要求,使顾客的皮肤获得最佳的护理效果。	作为一名专业的美容师,应该了解人体的皮肤、骨骼、肌肉、经络、穴位等方面的知识,这样对顾客皮肤护理过程中,才能进行针对地护理。具有较强的观测与动手能力。	通过学习达到美容师的基本操作能力。

续表

	相关知识	
	人体皮肤、骨骼、肌肉、经络、穴位等方面的知识。	
	操作训练	
任务一	减肥	
任务二	健胸	
任务三	脱毛	
任务四	电眼睫毛	
任务五	穿耳孔	
任务六	美甲	
任务七	文饰美容	
	考核评价	
理论	占40%（课堂表现＋课后作业）	
实践	占60%（实践考试＋社会调查）	
	知识拓展	
	修饰美容的用途、注意点以及适用人群	

项目课程	项目四　化妆基础知识	
参考学时	70学时	
	教学目标	
知识目标	能力目标	素质目标
化妆要求有一定的美容知识以及艺术创作能力，只有这样才能创作出既符合个人特性又能赶上时尚潮流的妆面。	操作者要深刻理解关于化妆的基础知识，了解常用的化妆品、化妆用具、脸部比例关系以及色彩搭配知识。	通过学习达到化妆师的基本操作能力。
	相关知识	
	了解化妆的基础知识以及不同的化妆技法。	
	操作训练	
任务一	面部各部位名称以及五官比例	
任务二	常用修饰类化妆品及应用	
任务三	常用化妆用具的应用	
任务四	化妆色彩的基础知识	
	考核评价	
理论	占40%（课堂表现＋课后作业）	

续表

实践	占60%(实践考试＋社会调查)
知识拓展	
1. 化妆的知识应用　　2. 各种不同脸型的修饰化妆	

九、技能考核要求

学生在校期间需通过高级美容师的考核。考核方法采用理论与实践操作相结合,以面部护理为主体。

十、实施建议

1. 教学建议

本课程教学应在实训室或专业教室中进行,边讲边练,精讲多练。

评价学生成绩应以学生平时练习情况、回答问题、试卷等多方面进行。

2. 教材编写建议

(1) 教材编写要以马克思主义为指导,坚持面向现代化、面向世界、面向未来;贯彻国家课程改革的精神。

(2) 教材编写应以科学的教育理论为指导,充分体现时代特点和现代意识,要重视继承和弘扬中华民族优秀文化,理解和尊重多元文化,要有助于增强学生的民族自尊心和爱国主义情感,有助于树立正确的世界观、人生观和价值观。

(3) 教材要适应高中学生身心发展的特点,符合美容与造型能力形成和发展的规律,要有助于培养学生的实践能力和创新精神,有助于形成学生良好的个性和健全的人格。

(4) 教材应突出美容与造型课程的特点,要便于指导学生自学。内容的确定和教学方法的选择,都要有利于学生自主、合作与探究的学习,掌握自学的方法,养成自学的习惯,不断提高独立学习和探究的能力。

(5) 教材选文要具有时代性和典范性,富于文化内涵,文质兼美,丰富多彩,难易适度,能激发学生的学习兴趣,开阔学生的眼界。

(6) 教材的体例和呈现方式应灵活多样,避免模式化。要注意设计体验性活动和研究性学习专题,有助于学生创造性地学习。

(7) 教材应有开放性,在合理安排课程计划和课程内容的基础上,给地方、学校和教师留有开发和选择的空间,也要给学生留出选择和拓展的余地,以满足不同学生学习和发展的需要。

(8) 教材要重视现代信息技术的运用。

十一、教学条件

本课程教学应在实训室或专业教室中进行,边讲边练,精讲多练。

评价学生成绩应以学生平时练习情况、回答问题、试卷等多方面进行。

实训室	设备
美容实习室	美容床
	光子嫩肤仪
	蒸喷仪
	螨虫测试仪
	保湿毛巾消毒柜
	综合美容仪
	美体瘦身仪
	高级全方位推脂仪

十二、学习评价

（1）评价的根本目的是为了促进学生对于美容造型能力的全面提高。

课程评价要突出整体性和综合性，从知识和能力、过程和方法、态度和价值观几方面进行全面考察。

（2）评价应以课程目标为基准，面向全体学生。

课程目标是评价的基准，评价要有利于鼓励学生对课程的自主选择，促进每个学生的健康发展，要根据学生的个体差异和个性化要求，采用生动活泼、灵活多样的评价方法。

（3）评价要充分发挥诊断、激励和发展的功能。

课程评价具有检查、诊断、反馈、激励和发展等多种功能，正确的评价能真实地了解学生的学习状况和学习过程，准确地判断学生的学业水平与发展需求。评价的各种功能都不能忽视，但首先应充分发挥其诊断、激励和发展的功能，不应片面地强调评价的甄别和选拔功能。美容与造型课程评价重在激发学生对美容理论及实践的全面理解能力；并有利于教师发现学生学习上的优势，在此基础上提出有针对性的发展建议，同时反思自己的教学行为，不断调整和完善教学过程，促进自身的发展。

（4）提倡评价主体多元化。

"评价主体多元化"是当前评价改革的重要理念和方向。美容与造型课程评价一方面要尊重学生的主体地位，指导学生开展自我评价和促进反思；另一方面要鼓励同伴、家长等参与到评价之中，使评价成为学校、教师、学生、同伴、家长等多个主体共同积极参与的交互活动。

（5）评价应注意必修课和选修课的联系与区别。

必修课和选修课两种类型，它们的目标既有联系又有区别，共同构成美容与造型课程的总目标。课程评价既要注意两者的相互衔接，更要注意它们的不同特点。必修课的评价应立足于"共同基础"，而选修课的评价在注重基础的同时，更多地着眼于差异性和多样性。选修课的评价尤其要突破一味追求刻板划一的传统评价模式,努力探索新的评价方式来促进目标的达成。要注意各类选修课本身的特点和要求,因课制宜地制订评价方案,密切联系社会实践活动,使评价更富实效。

(6) 评价应根据不同的情况综合采用不同的方式。

课程评价有多种方式,每一种方式都有其优势和局限,都有适用的条件和范围。学生发展的不同侧面有不同特点和表现形式,对评价也有不同的要求。如书面的考试较适合于评价认知水平,观察活动较适合于评价学生的兴趣特长,成长记录能较全面地评价学生的情感态度和实践能力等。再如,探究能力的形成,具有重过程、重体验的特点,所以评价学生的探究能力不能简单地以活动结果作为主要依据,而应将学生自主探究的过程与结果统一起来,以学生在自主探究中的表现,如态度、创意、责任心、意志力、合作精神、参与程度和交往能力等方面,作为评价的重点。要努力探寻适合于不同目的的评价手段和方法,提高评价效率。

《美体技术》课程标准

一、课程名称

美体技术

二、适用对象

三年制注册入学。

三、课程性质

本课程是高等职业学校人物形象设计专业的一门主干专业课程。它的任务是:教给学生有关美体造型技术的基础知识,完成其基本技能的训练,为提高学生的职业素质,增强适应职业变化的能力和继续深造打下良好的基础。

四、参考课时

72课时。

五、总学分

4学分。

六、课程目标

本课程的教学目标是:使学生掌握美体的基础知识和基本技能,初步形成解决实际问题的能力,加强职业道德教育,培养学生吃苦耐劳、爱岗敬业的思想和品德。

(一)知识教学目标

1. 了解美学基础知识,掌握美体造型的概念与要素。

2. 了解人体生理基础知识,掌握护理技术的原理与方法。

3. 了解各种美体机械的原理、结构与特性。

4. 掌握修饰美体的操作原理与方法。

5. 掌握常用美体仪器的使用与保养。

6. 掌握美体卫生常识,熟悉基本消毒方式。

(二)能力培养目标

1. 能正确使用各类美体工具、仪器,并能简单处理操作中的常见故障。

2. 掌握美体的程序和方法。

3. 能应用所学知识与技能进行设计与创新。

4. 具有较强的观测与动手能力。

5. 取得相应的省市级职业技能等级合格证书(高级证书)。

(三)思想教育目标

1. 专业教学中注意渗透对学生的职业道德教育、爱岗敬业教育。

2. 培养热爱科学、实事求是的学风和创新意识、创业立业精神。

七、设计思路

本课程教学内容采用模块结构,包括基础模块、实践模块和选做模块。基础模块和实践模块是必须完成的教学内容,选做模块可利用机动学时自主安排。本课程建议课时数为72学时,教学时间安排见学时分配建议。

八、内容纲要

项目课程	项目一　美体生理常识		
参考学时	36学时		
教学目标			
知识目标	能力目标		素质目标
了解美学基础知识,掌握美体造型的概念与要素。了解各种美体机械的原理、结构与特性。	作为一名专业的美体师,应该了解人体的皮肤、骨骼、肌肉、经络、穴位等方面的知识,这样对顾客美体中,才能进行针对地护理。能应用所学知识与技能进行设计与创新。		通过学习达到美体师的基本操作能力。
相关知识			
人体皮肤、骨骼、肌肉、经络、穴位等方面的知识			
操作训练			
任务一	中外美体发展史		
任务二	皮肤的基本类型与鉴别方法		
任务三	骨骼与肌肉		
任务四	经络与穴位		

续表

任务五	皮肤的解剖
考核评价	
理论	占40%（课堂表现＋课后作业）
实践	占60%（实践考试＋社会调查）
知识拓展	
1. 生理知识的运用	2. 各部分肌肉的作用

项目课程	项目二　美体技术	
参考学时	36学时	
教学目标		
知识目标	能力目标	素质目标
了解现代人体美标准,掌握正确的美体、健康评价标准,掌握运用徒手和器械练习达到各种健身美体目标的方法并具备一定运动水平。在面对顾客时,能根据顾客身体现状,提供良好美体塑形建议,能设计塑形计划和目标并带领顾客达到目标。	作为一名专业的美体师,应该了解人体的皮肤、骨骼、肌肉、经络、穴位等方面的知识,这样对顾客美体过程中,才能进行针对的护理。具有较强的观测与动手能力。	通过学习达到美体师的基本操作能力。
相关知识		
人体皮肤、骨骼、肌肉、经络、穴位等方面的知识。		
操作训练		
任务一	减肥	
任务二	丰胸	
任务三	刮痧	
任务四	淋巴排毒	
考核评价		
理论	占40%（课堂表现＋课后作业）	
实践	占60%（实践考试＋社会调查）	
知识拓展		
美体的用途、注意点以及适用人群		

九、技能考核要求

学生在校期间需通过高级美容师的考核。考核方法采用理论与实践操作相结合。

十、实施建议

1. 教学建议

本课程教学应在实训室或专业教室中进行,边讲边练,精讲多练。

评价学生成绩应以学生平时练习情况、回答问题、试卷等多方面进行。

2. 教材编写建议

（1）教材编写要以马克思主义为指导，坚持面向现代化、面向世界、面向未来；贯彻国家课程改革的精神。

（2）教材编写应以科学的教育理论为指导，充分体现时代特点和现代意识，要重视继承和弘扬中华民族优秀文化，理解和尊重多元文化，要有助于增强学生的民族自尊心和爱国主义情感，有助于树立正确的世界观、人生观和价值观。

（3）教材要适应高中学生身心发展的特点，符合美体能力形成和发展的规律，要有助于培养学生的实践能力和创新精神，有助于形成学生良好的个性和健全的人格。

（4）教材应突出美体课程的特点，要便于指导学生自学。内容的确定和教学方法的选择，都要有利于学生自主、合作与探究的学习，掌握自学的方法，养成自学的习惯，不断提高独立学习和探究的能力。

（5）教材选文要具有时代性和典范性，富于文化内涵，文质兼美，丰富多彩，难易适度，能激发学生的学习兴趣，开阔学生的眼界。

（6）教材的体例和呈现方式应灵活多样，避免模式化。要注意设计体验性活动和研究性学习专题，有助于学生创造性地学习。

（7）教材应有开放性，在合理安排课程计划和课程内容的基础上，给地方、学校和教师留有开发和选择的空间，也要给学生留出选择和拓展的余地，以满足不同学生学习和发展的需要。

（8）教材要重视现代信息技术的运用。

十一、教学条件

本课程教学应在实训室或专业教室中进行，边讲边练，精讲多练。

评价学生成绩应以学生平时练习情况、回答问题、试卷等多方面进行。

实训室	设备
美体实习室	美体床
	光子嫩肤仪
	蒸喷仪
	保湿毛巾消毒柜
	综合美体仪
	美体瘦身仪
	高级全方位推脂仪

十二、学习评价

（1）评价的根本目的是为了促进学生对于美体技术能力的全面提高。

课程评价要突出整体性和综合性,从知识和能力、过程和方法、态度和价值观几方面进行全面考察。

(2) 评价应以课程目标为基准,面向全体学生。

课程目标是评价的基准,评价要有利于鼓励学生对课程的自主选择,促进每个学生的健康发展,要根据学生的个体差异和个性化要求,采用生动活泼、灵活多样的评价方法。

(3) 评价要充分发挥诊断、激励和发展的功能。

课程评价具有检查、诊断、反馈、激励和发展等多种功能,正确的评价能真实地了解学生的学习状况和学习过程,准确地判断学生的学业水平与发展需求。评价的各种功能都不能忽视,但首先应充分发挥其诊断、激励和发展的功能,不应片面地强调评价的甄别和选拔功能。美体课程评价重在激发学生对美体理论及实践的全面理解能力;并有利于教师发现学生学习上的优势,在此基础上提出有针对性的发展建议,同时反思自己的教学行为,不断调整和完善教学过程,促进自身的发展。

(4) 提倡评价主体多元化。

"评价主体多元化"是当前评价改革的重要理念和方向。美体课程评价一方面要尊重学生的主体地位,指导学生开展自我评价和促进反思;另一方面要鼓励同伴、家长等参与到评价之中,使评价成为学校、教师、学生、同伴、家长等多个主体共同积极参与的交互活动。

(5) 评价应注意必修课和选修课的联系与区别。

必修课和选修课两种类型,它们的目标既有联系又有区别,共同构成美体课程的总目标。课程评价既要注意两者的相互衔接,更要注意它们的不同特点。必修课的评价应立足于"共同基础",而选修课的评价在注重基础的同时,更多地着眼于差异性和多样性。选修课的评价尤其要突破一味追求刻板划一的传统评价模式,努力探索新的评价方式来促进目标的达成。要注意各类选修课本身的特点和要求,因课制宜地制订评价方案,密切联系社会实践活动,使评价更富实效。

(6) 评价应根据不同的情况综合采用不同的方式。

课程评价有多种方式,每一种方式都有其优势和局限,都有适用的条件和范围。学生发展的不同侧面有不同特点和表现形式,对评价也有不同的要求。如书面的考试较适合于评价认知水平,观察活动较适合于评价学生的兴趣特长,成长记录能较全面地评价学生的情感态度和实践能力等。再如,探究能力的形成,具有重过程、重体验的特点,所以评价学生的探究能力不能简单地以活动结果作为主要依据,而应将学生自主探究的过程与结果统一起来,以学生在自主探究中的表现,如态度、创意、责任心、意志力、合作精神、参与程度和交往能力等方面,作为评价的重点。要努力探寻适合于不同目的的评价手段和方法,提高评价效率。

《美甲技术》课程标准

一、课程名称
美甲技术

二、适用对象
三年制注册入学。

三、课程性质
本课程是三年制人物形象设计专业的一门专业化方向课程,是为从事美甲岗位工作而设置的一门必修课,其功能使学生掌握各种美甲的操作程序和操作要求,使学生具备美甲专业岗位的基本职业能力。

四、参考课时
150 课时。

五、总学分
4 学分。

六、课程目标
通过本课程教学,使学生较系统地掌握美甲服务技能和相关理论知识,掌握与顾客沟通和处理顾客异议的技巧,同时培养学生诚实、善于沟通和合作的品质,在此基础上形成以下职业能力:

掌握指甲结构、外形特征及护理、修饰方法

能与顾客进行沟通(对手部进行个案分析,为顾客设计指甲)

能进行指甲修剪操作

能进行手部按摩操作

能进行贴甲片操作

能进行指甲打磨操作

能进行涂甲油操作

会手部保养和服务工作

能进行制作平面彩绘与装饰操作

能进行制作立体彩绘与装饰操作

能进行制作水晶甲操作

能进行制作立体雕花甲操作

能进行手部护理操作

能进行制作光疗凝胶甲操作

七、设计思路
本课程以"中级美甲师职业标准与职业能力"为依据设置。其总体设计思路是,打破原有的以知识内容为主线的传统的课程模式,转变为以能力为主线的课程模式。

课程结构以美甲项目的服务为线索进行设计,包括顾客咨询、手足护理、卸甲、指甲的修剪、贴甲片、指甲彩绘、制作水晶甲、制作立体雕花甲等学习项目,让学生通过完成这些服务项目的操作,掌握美甲岗位基本的理论知识和职业能力。课程内容的选取紧紧围绕完成工作任务的需要循序渐进,同时融合了中级美甲师的职业标准对知识、技能和态度的要求。

每个活动项目都以美甲服务为载体,以工作任务为中心整合相关的理论和实践,实现做学一体化,并通过校内的实训,情景模拟,模型操作,案例分析等多种形式组织教学,采取工学结合培养模式,给学生提供丰富的实践机会,强化实际操作训练,更好地掌握美甲的各种技巧。

八、课程内容和要求

序号	工作任务	课程内容及教学要求	活动设计	参考学时
1	顾客咨询	1. 掌握指甲的生理结构与功能 2. 能与顾客进行沟通 3. 能进行手部的个案分析 4. 能进行指甲设计	活动一:接待顾客 现场模拟,完成顾客接待 活动二:分析手部 利用多媒体或挂图的图示进行手部个案教学 活动三:指甲设计 通过多媒体和课堂实操进行指甲设计教学	4
2	卸甲	1. 能卸甲油 2. 能卸甲片	活动:卸甲 现场示范和实操练习	4
3	修剪指甲	1. 会各种形状的指甲修剪 2. 会问题性指甲的修剪 3. 会甲皮的修剪	活动一:修甲 现场示范和实操练习各种形状的指甲修剪 活动二:问题指甲修剪 利用多媒体演示问题指甲的修剪 活动三:修甲皮 现场演示和实操练习甲皮的修剪	4
4	手部按摩	1. 掌握手部主要的穴位、按摩手法及按摩步骤 2. 会手指、掌部、小臂、手肘部按摩	活动:按摩手部 现场演示和实操练习,评议	4
5	贴甲片	1. 会美式半贴甲片的操作 2. 会全贴甲片的操作	活动:贴甲片 利用假手,进行贴甲片的示范演示和实操练习	4
6	打磨指甲	1. 会选择打磨工具 2. 能正确运用打磨手法 3. 能控制打磨力度 4. 能指甲表面抛光	活动:打磨指甲 利用假手和指甲贴片,进行指甲打磨手法和技巧的示范演示和实操练习	8
7	涂甲油	1. 掌握涂甲操作程序和操作要求 2. 会涂底油 3. 会涂彩油 4. 会涂亮油	活动:涂甲油 利用假手和指甲贴片进行涂彩油的技巧示范演示和实操练习	2

续表

序号	工作任务	课程内容及教学要求	活动设计	参考学时
8	保养工作	1. 掌握常用的护手产品的类型及特点 2. 能选择适当的护手产品	活动:手部保养 1. 利用多媒体,演示各种护手产品的功能和使用方法 2. 实操练习	4
9	服务工作	1. 能帮助顾客整理仪容 2. 能引领顾客离场	活动:顾客结束服务 通过情景设定,演示服务工作	1
10	结束工作	1. 能进行产品的收纳整理 2. 能清理工作台 3. 会仪器的还原收纳工作	活动:结束整理工作 设定情景,进行结束工作的演示和演习	1
11	指甲彩绘	1. 能分析手型和甲型 2. 能根据手型设计图案 3. 会勾画线条、基础图形 4. 会使用装饰甲环及亮片 5. 会排笔彩绘 6. 会排笔彩绘 7. 会圆笔彩绘	活动一:设计图案 在图画纸上进行彩绘指甲的线条、图案绘制技巧练习 活动二:指甲彩绘 利用假手和指甲贴片进行指甲彩绘和装饰甲环及亮片使用的实操练习 活动三:欣赏各种指甲彩绘 利用多媒体设备,欣赏各种不同手型和甲型的指甲彩绘	30
12	制作水晶甲	1. 会控制甲液与水晶粉的比例 2. 会涂抹调配后的水晶粉 3. 会水晶甲假体的打磨 4. 会纸托的灵活操作 5. 会进行国际法式水晶的标准操作 6. 会单色或多色的水晶延长甲的设计和操作 7. 利用水晶材质进行饰品的制作	活动:水晶甲制作和设计 利用假手和真手进行水晶甲的制作示范演示和实操练习	24
13	制作雕花甲	1. 掌握雕花的基本方法 2. 掌握几种常见花型的雕法 3. 会进行最后修饰	活动:雕花甲制作和设计 先利用假手进行甲的雕花制作,之后在真甲上实操练习	24
14	制作光疗凝胶甲	1. 区别光疗凝胶甲和水晶甲的优缺点 2. 掌握光疗凝胶延长甲的操作 3. 熟练光疗凝胶的基础上色 4. 利用光疗凝胶的各种材质进行指甲的图案、造型的设计和操作	活动:光疗凝胶甲制作和设计 先利用假手进行甲的雕花制作,然后在真指甲上进行实操练习	30

续表

其他	机动	2
	考核评价	4
总课时		150

九、实施建议

1. 教材编写

（1）必须依据本课程标准编写教材，教材应充分体现任务引领、实践导向的课程设计思想。

（2）应将本专业职业活动分解成若干典型的工作项目，按完成工作项目的需要和岗位操作规程，结合职业岗位要求组织教材内容。要通过美甲操作，引入必要的理论知识，加强技能的训练，体现理论在实践过程中的应用。

（3）教材应图文并茂，提高学生的学习兴趣，加深学生对素描基础、发型速写、色彩组合等专业美术知识的认知。教材表述必须精炼、准确、科学。

（4）教材内容应体现先进性、通用性、实用性，要将本专业的新技术、新工艺、新设备及时纳入教材，使教材更贴近本专业的发展和实际需要。

（5）教材中活动内容的设计要具体，并具有可操作性。

2. 教学建议

（1）在教学过程中，应立足于加强学生实际操作能力的培养，采用项目教学，以工作任务为引领，提高学生兴趣，激发学生的成就感。

（2）本课程的关键在于开展以美甲服务项目为载体的现场教学，在教学过程中，教师的示范和学生分组操作训练要互动，学生的提问和教师解答、指导有机结合，让学生在"教"与"学"的过程中，掌握美甲服务的技能与技巧。

（3）在教学过程中，要创设工作场景，紧密结合企业的需要，加强操作训练，使学生掌握美甲技术和服务技巧，提高学生的岗位适应能力。

（4）在教学过程中，要运用挂图、多媒体等教学资源辅助教学，帮助学生掌握指甲的生理构造和部分美甲技术。

（5）在教学过程中，要关注本专业领域的新技术、新工艺和新设备的发展趋势，贴近市场。为学生提供生涯发展的空间，努力培养学生的职业能力和创新精神。

（6）教学过程中教师应积极引导学生提升职业素养，提高职业道德。

3. 教学评价

（1）改革传统的学生评价手段和方法，采用阶段评价、目标评价、项目评价、理论与实践一体化的评价模式。

（2）关注评价的多元性，结合课堂练习、学生作业、平时测验、考试情况，综合评定学生成绩。

（3）要注重学生实践中分析问题、解决问题能力的考核，对于学习和应用上有创新的学生应给予特别鼓励，综合评价学生的能力。

4. 课程资源开发与利用

（1）注重实训指导书的开发和利用。

（2）注重挂图、图册、视听光盘、多媒体等常用课程资源和现代化教学资源的开发和利用，这些资源有利于创设形象生动的工作情景，激发学生的兴趣，促进学生对知识的理解和掌握，同时建议加强常用课程资源的开发，建立多媒体课程资源的数据库，努力实现跨学校多媒体资源的共享，以提高课程资源利用率。

（3）积极开发和利用网络课程资源，充分利用诸如电子期刊、数据库、教育网站、电子论坛等网络信息资源，使教学从单一媒体向多种媒体转变；教学活动信息从单向向双向交换转变；学生单独学习向合作学习转变。

（4）充分利用本行业的企业资源，实践工学交替，满足学生的实习实训需要，同时为学生的就业创造机会。

（5）建立本专业的实训中心，使之具备现场教学，试训操作，模拟职业技能考核的功能，实现教学与实训合一，教学与培训合一，满足学生综合职业能力培养的需要。

第三节　交流与创新

伴随中国经济的高速发展，经济、文化全球化步伐加快，各种文化交流碰撞，竞争不可避免，对扬州三把刀来说，竞争与机遇并存，只有顺应潮流，勇于创新，才能在新的时代别开生面，续写辉煌。

一、是积极响应"一带一路"倡议的需要

第十二届全国人大代表大会第三次会议上，李克强总理在政府工作报告中提出，要把"一带一路"建设与区域开发开放结合起来，加强新亚欧大陆桥、陆海口岸支点建设。江苏正处于长三角一体化、沿海地区发展、苏南现代化建设示范区等战略的深入实施之地，"一带一路"和长江经济带战略又一次在江苏叠加，为江苏加强战略统筹，更好发挥综合效应，提供了新的历史机遇。

1200年前，扬州依托其优越的地理位置和在大唐经济版图中所占的地位，成为海上丝

路的重要起点城市和东方著名港口。扬州作为当时最有影响力的港口城市,是著名陆上丝绸之路和海上丝绸之路的连接点,更是海上陶瓷之路的最早起点。

"一带一路"将会推动旅游业整体水平提高,并加强中国与周边国家的交流和交往,将对中国及周边相关国家旅游产生很大促进作用。而旅游业作为扬州市的基本产业之一,扬州市也一直在积极推动旅游业更上一个新台阶。包括扬州三把刀在内的扬州特色服务业的旅游含金量非常高。如果能借到此次长江经济带的东风,那么扬州旅游经济肯定会进一步发展。

《扬州市国民经济和社会发展第十三个五年规划纲要》明确提出:"大力促进服务业产业联动、集聚提升、空间优化,推动生产性服务业规模化、生活性服务业精细化、文化旅游产业国际化。到2020年,服务业增加值占地区生产总值比重提高到50%,形成'三二一'产业结构,鼓励旅游业和以'三把刀'为代表的传统服务业企业拓展海内外市场"。

《中华人民共和国国民经济和社会发展第十三个五年规划纲要》明确提出,"新产业新业态不断成长,服务业比重进一步提高。""开展加快发展现代服务业行动,扩大服务业对外开放,优化服务业发展环境,推动生产性服务业向专业化和价值链高端延伸、生活性服务业向精细和高品质转变。"国务院《关于加快发展服务业若干意见》及国务院办公厅《关于加快发展服务业若干政策措施的实施意见》,为服务业加快发展奠定了良好政策基础,为"扬州三把刀"发展带来难得的机遇。

二、是延伸"非遗"形态的旅游资源的需要

旅游业是经济、社会和生态效益的客体,依靠旅游资源的强大而发展膨大,有物质的、有形的客观实体,也有许多无形的、非物质的旅游资源,如文学艺术、地方文化等。这些非物质的旅游资源,是在物质基础上产生的,并依附于一定的物质而存在。只有具备"有用性""吸引性""可进入性"等特征的非物质文化遗产才可被称作非物质文化遗产旅游资源。

三、是搭建"双创"学习平台的需要

2014年夏季达沃斯论坛上,李克强总理提出,要在960万平方公里土地上掀起"大众创业""草根创业"的新浪潮,形成"万众创新""人人创新"的新态势。2015年初全国两会上,"大众创业,万众创新"正式写入2015年国家政府工作报告,上升到国家经济发展引擎的高度。职业教育也是创新创业的热土,早在20多年前就在全国率先开始了创业教育的积极探索。

"双创"是基于我国经济进入新常态的发展需求,致力于打造经济发展的新动能,符合我国国情的重大战略,"双创"带来了新变化,创新创业环境得到改善,创业热情高涨,创业主体更加多元化,创业比例明显提升,2015年餐饮小微企业数量达到12.1万,从业人员达到256.8万人,资产总计达到4 000亿元;校园学生自主创业比例明显提升,2013年为2.8%,

2015年达到6.3%。以"扬州三把刀"为依托的从业人员自主创业大幅增加,餐饮企业、美容美发企业以及康复理疗企业创业门槛低,投资小,特别适合从业人员自主创业,备受中小投资者青睐,为接受职业教育的学生提供了展示成果、传承技艺的舞台。

一、厨刀的交流与创新

1. 厨刀的交流

新的世纪,当五湖四海的宾朋像又一轮曲江食潮涌向文化城市扬州之际,扬州烹饪人已经以新的理念、新的做派、新的操作完成了一切备餐实施。古城新区、江边冈上,迎宾馆、西园、京华、新世纪、京江、花园国际、富春、食为天、天香阁、福满楼、金聚德、醉仙居、好莱坞、云飞、千喜桥、德意楼、西湖山庄、石塔、月明轩、春兰、冶春、福德多、得月、舒雅、水晶宫、人民大厦、扬州宾馆、珍园、萃园、六和居、留香居、紫京、蓝天……林立的酒楼、酒店、酒家、酒廊,正从单店经营向连锁化经营转化,从商品经营向品牌经营转化,从粗放经营向集约性经营转化,并且正在扩大,走向国内国际市场创立自己的分店。扬州烹饪人正以淮扬菜为魂,荟萃四海珍奇,烹调八方风味,迎接有朋自远方来、不亦乐乎的每一天。

走出扬州闯天下的烹饪大军,也在风雨飘摇中创下名店片片。上海滩城隍庙附近的老半斋酒楼,20世纪30年代初名"莫有才厨房",接待过100多个国家宾朋的扬州饭店,北京的福泰宫,香港的绿杨邨酒家,美国的熊猫快餐,日本东京三笠会馆"扬州风味秦淮春",巴黎、伦敦、柏林、巴塞罗那的淮扬菜馆……尤其是美籍华人程正昌办的"熊猫集团",在一些国家开设的以淮扬菜为主的中餐馆连锁店,达数百家,该集团在扬州市招聘数十位有大学学历的烹饪人才,去美国闯世界。这些海外扬州美食产业中的中坚,正把淮扬食旗飘扬到四面八方。

把淮扬饮食文化带回本土的第一个外国人是崔致远。他喜欢扬州菜,尤爱蜀冈茶,曾写有《谢新茶状》,极赞扬州茶的色香味。

近年来,扬州与海外饮食文化活动的交流更加广泛,先后有日本、美国、加拿大、新西兰、英国、法国、新加坡、澳大利亚、朝鲜等几十个国家烹饪界的学术团体、专家,到淮扬菜家乡参观学习,进修交流。

新西兰专题制片有限公司到扬州拍摄专题片《淮扬菜系》;美国亚特兰大中国烹饪学校旅行社到扬州听取中国烹饪理论,观摩烹调表演。

随着交流的不断深入,烹饪理论学术交流日趋广泛,扬州大学开设了中国烹饪国际培训班,使美国、加拿大、澳大利亚、东南亚以及日本的进修生得到系统培训。

淮扬厨师和专家还利用国际研讨、出访,把淮扬菜推介海外,如北京"首届中国饮食文化国际研讨会",淮扬菜专家学者撰写的论文,引起了世界美食专家的瞩目。

中国国际《红楼梦》研讨会曾在扬州召开,美国、英国、法国、日本、德国、新加坡、加拿大等国学者和国内红学专家参加会议,扬州红楼饮食文化美名远扬。其后,美国一所烹饪学院院长伍豪曾率国际烹饪交流团来扬,经交流品尝后,惊呼淮扬菜堪与法国菜媲美。

1999年9月,扬州还举行了历时1周的首届国际美食节,以扬州与美国、日本、澳大利亚等国缔结的8对友好城市为主的360余名国际宾朋参加,中外共磋,中西共存,雅俗共赏,盛况空前。

2. 厨刀的创新

创新是民族进步之魂,是引领发展的第一动力。扬州厨刀要想做大做强,创新是必由之路。

兼收并蓄,革故鼎新——技术革新。随着经济全球化脚步的加快,国内国际菜肴之间相互竞争、相互借鉴不可避免,在此背景下,淮扬菜要秉承兼收并蓄的优良传统,"古为今用""洋为中用",将川菜之烹调、粤菜之调味、卤菜之吊汤及西餐之调味奶酪手法等优点融合进淮扬菜,配以淮扬菜固有的精湛刀工,必将使淮扬菜焕发新的活力。同时,为了适应时代要求,还要在菜肴传统技艺上进行革故鼎新,包括改变原料的搭配,改变烹调加工方法,改变菜肴口味,改变装盘造型等。比如淮扬名菜"三套鸭",传统技法要求整料出骨,费时太长,如改用背部去骨,不仅效果相同,还大大缩短了时间。又如淮扬"酥香鸭"的制作,传统方法是挂糊入锅油炸,其缺点是高温易焦,低温多油,如改炸为烤,既容易控制火候又不多油,效果很好。

雅俗共赏,与时俱进——理念更新。因文化与菜肴的有机融合,使淮扬菜有其高雅性的一面,但饮食文化的创新发展,也同其他文化一样,要永葆活力便离不开现实的需求,所以淮扬菜在创新发展的过程中还要保持其通俗性。既要重视传统文化和经典菜式,深入研究、传承再现,又要结合时代特色、流行文化进行菜肴创新,比如针对怀旧情结开设的知青餐厅、70后餐厅、80后餐厅等;针对特定人群开设的奥运主题餐厅、儿童乐园主题餐厅等;针对崇尚自由时尚人群设计的精致餐饮、各客餐饮、自助类餐饮等。此外,随着人们生活水平的提高,饮食观念也发生了根本性的变化,从曾经的追求吃饱到如今的吃好,追求物质享受的同时注重精神的愉悦。伴随这一变化,淮扬菜也要紧跟时代,更新理念,依据现代营养学、医学及绿色养生科学的成果,充分加以运用和创新,走绿色、健康、营养、环保的餐饮之路。比如扬州厨师创办的红楼宴、板桥宴以及卢氏家宴等,既是绿色、健康、营养、环保理念的结晶,也是文化与菜肴高度融合的典范。

规模发展,品牌效应——产业创新。由于洋快餐的冲击和其他菜系发展的迅猛,加之诸多淮扬老店经营管理不善、品牌意识欠缺,导致淮扬菜在现代化的进程中没有形成规模效应。目前,淮扬菜餐饮业态呈现出网点多、规模小、品牌弱的特点,主要以家庭关系和单店经营为支撑,当前应当利用餐饮集聚区划分带来的契机,着力发展淮扬集聚区大众化餐饮,建设淮扬餐饮产业化基地,加快推进淮扬集聚区餐饮工业化,在此基础上,挖掘和扶持百年"老字号",培育一批具有竞争力和号召力的淮扬菜餐饮品牌,实行连锁经营,形成集团优势。

当前形势下,淮扬菜只有利用餐饮行业重新洗牌的契机,以积极的姿态主动出击,全方位、高起点地制定科学的发展战略,未来才能在竞争中赢得一席之地,续写昔日辉煌。

附:扬州何园创意菜单

有凤来仪
——何园壹捌捌叁

古有神鸟,名曰凤凰,其雄为凤,其雌为凰,百鸟之王也。其性高洁,非晨露不饮,非嫩竹不食,非千年梧桐不栖。天老有言:凤之象也,麟前鹿后,蛇头鱼尾,龙文龟背,燕颔鸡喙,五色备举。出于东方君子之国,翱翔四海之外,过昆仑、饮砥柱,濯羽弱水,暮宿风穴,见则天下大安宁。《尚书》赞曰:"箫韶九成,凤皇来仪。"

公元一八八三年,凤从望江来,经武汉、过夏口,迁延回步,浩浩荡荡,止于广陵胜境,何园兴焉。园主芟舠填土造山,凿渠引水,依山筑阁,曲水流觞,"依南窗以寄傲,登东皋以舒啸",清廷重臣从之游,光绪帝师结姻亲,"谈笑有鸿儒,往来无白丁",晚清第一名园成矣。

何家有宴。每宴,必食不厌精,脍不厌细,雅乐助兴,歌舞升平。席间佳肴,多以景名,有片石山房、凤吹牡丹、鹤鹿同春之湖心亭上,常设雅曲,坐中皆停杯投箸,乐以忘食。虽酒过三巡,菜过五味,其山水之胜,绕梁之音久而不绝,回味无穷。

今有嘉宾,毕集群贤,琴筝和鸣,有凤来仪,斯情斯景,何园之盛事也!

到奉香茗:绿阳春

四茶点:珍珠团　　小茶馓　　鸡蛋糕　　玉兰酥

四甘果:开口银杏　蜜饯青梅　香酥蚕豆　挂霜腰果

四调味:宝塔菜　　乳黄瓜　　红腐乳　　渍青椒

片石丹青:何园什景汇

片石山房　　寄啸洞天　　翰墨书香　　月亭题壁　　蝶舞春园

梓海听涛　　锦带衔花　　水心流韵　　怡萱赏月　　玉绣春深

寄啸佳肴:大菜十道

凤吹牡丹　　鸡粥牡丹炸

席间雅韵:昆曲《牡丹亭·惜花赚》

好景艳阳天,万紫千红尽开遍,满雕栏宝砌,云簇霞鲜。

东阁春回　　春笋烧鲴鱼

一帆风顺　　清汤浸辽参

和平年代　　八宝葫芦鸽

福寿双全　　酸汤甲鱼烩

原来姹嫣红开遍,似这般都付与断井颓垣,良辰美景奈何天,赏心乐事谁家院。

鹤鹿同春　　酿一品豆腐

朝飞暮卷,云霞翠轩,雨丝风片,烟波画船,锦屏人忒看的这韶光贱。

河东狮吼　　河蚌狮子头

紫气东来　　紫薯酪桃珀

望江双绝　　春笋焖灵菇

春暖花开　　火腿豆苗汤

烹炒二道

酥肉爆虾球　　芦蒿炒香干

主食一品:扬州炒饭/阳春汤面

何园玉点:荠菜春卷　　三丁包子

时果拼盘:名园佳兴

二、修脚刀的交流与创新

1. 修脚刀的对外交流

修脚是中国的一门民间传统技术,乃中医外治的一个组成部分,它采用中国传统医术和刀法相结合治疗各种脚病,与中医的针灸、按摩并称为中国的"三大国术"。

旧时,"修脚师"社会地位低下。修脚服务的形式,有肩背工具箱穿行于巷陌之间行艺的,有在浴池服务的,有遍布于大街小巷的修脚店,修脚大师还可以应邀上门服务。修脚师凭借一套刀具、一只小凳,对君而坐,须臾之间,足疾患者便能获得一身轻松。

虽然社会地位低下,但修脚技艺与人民群众生活联系极为密切,始终不会消亡。晚清以来许多扬州人远赴上海、日本、东南亚,以修脚谋生,上海许多修脚名师都是扬州人。新中国建立后,修脚师的劳动和技能得到全社会应有的尊重。扬州修脚师还应邀赴日本、比利时等地展示修脚技艺。

此外,扬州修脚这门传统行业在新时期由殿堂进入学堂,地位提升,影响扩大。其中于2001年3月创办的陆琴脚艺职业技能培训学校是典型代表。该校主要有修脚、刮脚、捏脚、足部按摩、保健按摩、脚病修治、刮痧等培训课程,受到政府部门和修脚同行的大力协助,学校所培训的学员技术优良,声誉良好,学员遍布国内外,被广大群众和用人单位衷心认可。学校"理论""实践"教学规范,师资力量雄厚,现已成为扬州培训沐浴行业人才的品牌基地。

古往今来,修脚师对于社会的贡献从未停止。修脚大师周业红、孙才千、陆琴等利用休息日专程服务社会福利院,为孤寡老人义务修脚。

不只有陆琴,还有许许多多的休闲中心,也对修脚行业的发展做出了重大贡献。"龙飞休闲中心"是一家具有扬州沐浴文化特色的专业沐浴休闲场所,而它以独特的服务模式和规范的管理,突出地体现了扬州传统沐浴文化和现代沐浴文明的结合。中央电视台、浙江卫视、江苏电视台、扬州电视台、解放日报等新闻媒体,先后到"龙飞"采访报道。2002年4月,中央电视台大型电视系列片《话说中国州》摄制组不但拍摄了龙飞休闲中心的实景现场,还来到员工家中采撷生动场景。著名节目主持人陈铎先生在摄制过程中现场解说,在对扬州沐浴文化给予很高评价的同时,还细致入微地诠释了它的深刻内涵。其后,他在题词中赞曰:"沐浴休闲身心自在,轻松愉快,OK、OK!""龙飞休闲"商标已在国家工商总局登记注册。服务模式分别被张家港、西安市沐浴企业引进并引起反响。

为了使修脚行业得以在全球乃至全世界发展,2012年7月28日《中国修脚行业技术交流暨护足产品展示大会》开幕并圆满完成各项议程并在会议的后一天组织全国百名修脚业精英,代表中国修脚协会为中国人名解放军三军仪仗队全体官兵进行义务修脚活动。2013年11月中华修脚协会正式成立,修脚从此有了自己行业组织,有了自己的标准,可以更好地为社会服务,为修脚刀行业走向巅峰提供了组织保证。扬州修脚刀正以积极的姿态昂首阔步走向未来。

附:

中华修脚协会简介

中华修脚协会(简称CFTA),是由政府相关部门领导、科研负责人、社团、行业组织、知名企业等数十家单位及个人共同发起,近千位修脚从业者大力支持,于2012年在中国香港正式注册成立的行业协会。中华修脚协会自成立以来得到了国外专家、各地区修脚协会、医院专科大夫及各地名老大师的广泛认可和支持。协会致力于提升行业专业形象,扩大对政府政策制定及立法的影响力,争取维护全体会员的利益。

扬州沐浴协会简介

扬州市沐浴协会成立于2002年4月29日,挂靠单位为扬州市商务局。名誉会长张厚宝,协会会长张泉生,副会长陆琴、杨建忠、苏扬、李明、王忠诚、刘广明、杨福荣,秘书长谢青云,副秘书长陆松林,常务理事董福林、张明、张华。会员100多个(包括外省市会员)。

协会的职能是自律、服务、代表、协调。主要工作是加强行业规范管理,制定科学的服务标准,研究宣传扬州沐浴文化,塑造和维护扬州沐浴业的品牌形象。

几年来,协会成立了扬州市沐浴文化研究会,组织出版了《扬州三把刀》(修脚刀、厨刀、理发刀)丛书,起草制定了《扬州市沐浴行业行规行约》,并作为江苏省地方标准《扬州沐浴行业服务规范》在全省发布实施;2007年协会又参与起草了以《扬州沐浴行业服务规范》为基础的国家商务部行业标准《沐浴业经营技术规范》,这是全国沐浴界第一部规范化的经营技术服务标准。

其次,协会推荐产生了沐浴界的全国人大代表;推荐陆琴申报江苏省非物质文化遗产传承人;筹办了由中国沐浴委员会领导,设在扬州的"中国沐浴人才培训基地",先后组织1 000多名技术工人参加修脚、按摩、足底按摩、擦背等工种的培训和比赛,向外省市输送了许多沐浴管理、技术人才;组织了"扬州师傅"评选活动,得到了市内外沐浴技术人员的高调回应和积极参与,为沐浴技术人才的培养、考核和认定,开辟了全国独步、地方特色鲜明的新途径;"扬州师傅"多次参加了政府举办的扬州"烟花三月"国际经贸旅游节之"扬州三把刀"技艺表演,提高了扬州沐浴在海内外的知名度、美誉度。

2004年沐浴协会被扬州市民政局评为"先进社会团体",并参加2004年民政部在京举办的全国优秀社团成就展;2007年中国商业联合会沐浴专业委员会授予扬州市沐浴协会"2006—2007年度全国沐浴行业协会优秀奖";会长张泉生也荣获"2006东亚(SPA)沐浴行业(中国)年度行业杰出贡献人物"奖最高殊荣。2008年协会又获得扬州市民政局授予的"先进社会团体"称号和中国商业联合会授予的"中国商业服务业改革开放三十周年功勋组织"奖;张泉生会长又获"中国商业服务业改革开放三十周年卓越人物"奖。扬州市沐浴协会的工作赢得了中国沐浴界的高度赞赏。

2. 修脚刀的创新

更新观念——注重健康与享受,沐浴美学的重新审视。在中国,沐浴是卫生与文明的标志,礼仪与精神的双赢。在传统的沐浴美学中,受儒家审美观的影响,以沐为礼,以浴为德,注重精神的洗礼,较少关注人体美学和身体保健。随着时代的发展,民众生活水平的提高,人们的沐浴观念也在发生改变,越来越注重沐浴带给身体的舒适和享受,越来越关注沐浴的保健作用。在此背景下,扬州的沐浴出现了具有康复保健作用的漩涡浴、按摩浴、芬兰浴、牛奶浴、鲜花浴以及中草药浴等。从过去的"浴德"到现在的"澡身",这就是观念的更新。

与时俱进——足底保健的兴起。在过去修脚师是被人鄙薄的下等人,地位不高,难有尊严,浴室修脚工一度成为人们避之唯恐不及的职业。随着医学水平和民众生活水平的提高,脚的重要性逐渐被认识,足底保健行业应运而生。医学证明,脚是气血运行、联络脏腑的中枢,双足密布血管,每平方厘米分布大约620个毛孔,存在与人体各脏腑器官相对应的反射区70多个,当人体某一部位患病或者亚健康时,便会有症状反映在对应的足底反射区上。扬州人据此开发了足浴和足疗两个保健项目:足浴分四时——春天除湿,夏天去暑,秋天润肺,冬天活络。又在浴盆里加食盐、草药、珍珠等,调阴阳,通气血,光润肌肤,养颜留香;足疗即足底按摩,也叫足部反射区保健法。通过按摩,可以刺激足底区域以缓解人体内部紧张状态,调节人体脏腑生理,达到防病保健,不医而愈的效果。足底保健为扬州修脚注入了新鲜血液,而且随着时代的进步,人民生活水平进一步提高,足底保健行业必将进一步发展壮大。

三、理发刀的交流与创新

1. 扬州理发刀的对外交流

旧中国的扬州理发人,凭借自己的勤劳与质朴,钻研和奋斗,经过与粤、浙、湘诸美发流派的竞争,终于在上海滩立住了脚跟,闯出了一片新天地,坐上了上海理发界的霸主金交椅,在黄浦江两岸刮起理发旋风,产生了理发界"四大名旦"——蔡万江、刘瑞卿、黄家宝和张学明。

建国后,扬州理发师对外交流更加活跃,他们的足迹遍布南京、武汉、天津、无锡、广州、杭州等地,并以其高超的技艺常年在北京西郊宾馆和前门饭店为中央领导服务。扬州籍理发师的品德和技艺,得到了领导机关的充分肯定。1959年,他们曾为中共中央八届七中全会的代表做理发服务工作,以后又多次为最高级别的大会代表做理发服务工作,并同党和国家领导人合影,留下了永久的珍藏纪念。

然而他们前进的步伐并没有停止,他们又走出了国门,走向了世界。日本、美国、比利时、刚果、约旦、菲律宾、索马里、缅甸、马来西亚和中国香港特别行政区等美容厅里,都可以听到扬州理发师熟悉的乡音。日本东京费雷母美容化妆师赵明美,原籍邗江蒋王,他所擅长的扬派"上首"功,被日本朋友视为中华文化的至宝;祖籍江都双沟的邓友季在美国纽约已开有美容美发连锁店,生意兴隆;而现任江都美发美容协会会长、国家级高级美容师魏耀辉一家,可以称为扬派理发的"海外兵团",祖父魏年宝早年闯荡香港从事理发;二叔魏震华在香港开设"上海理发公司",半个世纪兴旺不衰;三叔魏永贵在金巴利道从事理发,扬名九龙;哥哥魏跃民则远赴美国纽约,他的"美诗发廊"因其特有的东方文化底蕴及精湛技艺,称雄唐人街。

树立品牌,强化品牌,以品牌促发展,才能在竞争中站稳脚跟,这几乎是扬州美发美容企业的共识,现代的扬州理发人,通过各类媒介推介自己,有的做广告,有的出赞助,有的搞促销,"星桥"美容美发健身中心在塑造品牌形象方面,尤其独到,他们积极投身社会公益,为扬州大学商学院主持人大赛、扬州市电力系统文艺汇演、2001年全国百佳小品赛提供美发美容服务;为扬州市首届全民健身体育节提供赞助;成为扬州市电视台新闻频道和邗江电视台主持人发型化妆形象设计指定单位;2001年,在冶春广场与"酷""天姿""侨友"等联袂举行了扬州市发型化妆演示会。其他如"紫罗兰""方漫凝"等美容美发品牌也为市旅游形象小姐大赛设计助阵。

他们纷纷在自己提供的品牌价值与服务价值的一致性上狠下工夫,钻研技艺,确保质量,在国家及省级美发美容大赛中摘金夺银:"名流世家"1998年曾获全国美发美容协会组织的发型大赛女子剪吹冠军;"紫罗兰"获江苏省金翼杯首届发型化妆大赛男子剪发吹风金、银牌,女子剪发吹风银牌;"侨友"获1997江苏省美容化妆大赛一等奖;"星桥"获江苏省第二届发型化妆大赛晚妆项目最佳优秀创意奖;"玛丽艳娜"获 2000 年中国科学美容杂志世纪婚礼大赛新娘妆银奖;"慧纹"获 2002 年江苏省美发美容化妆大赛金莎杯绣眉金奖;"天姿"在 2000 年江苏省美发美容晚宴化妆设计大赛中,一举夺得亚军……最尝到甜头的是"慧纹",她们从起步便意识到,当代美容业中的品牌重要性超过了以往任何时代,因此,她们把自己的特色经营与打造品牌结合起来,积年耕耘,终铸品牌,被评为中国美发美容行业知名企业,终于创出了自己的"慧纹"品牌,现在已有十多家连锁店。扬州发人又一次走进了大上海,"慧纹"品牌美容店绽放在美丽的浦东。

2. 扬州理发刀的创新

扬州理发刀有悠久的历史,有坚实的文化基础,已经形成非遗文化。当前,扬州三把刀之"理发刀"已经从传统意义上的理发演变为发饰修饰相关的技艺技法,形成了美发与造型、化妆与造型、美甲造型、美容护理四大类,统称为人物形象设计。这是扬州理发刀为顺应时代发展而兴起的一个行业,是扬州理发刀在新时期的创新。新时期扬州理发刀的内容主要有:

(1) 美发与造型

美发与造型下辖洗发、护发与按摩模块、盘发造型模块、修剪吹风模块、烫发设计模块、染发设计模块五大模块。

① 洗发、护发与按摩模块

洗发是美发操作过程中的第一个重要环节。通过洗发不仅可以使头发整洁而富有美感,而且有益于身心健康,对下一环节发式造型也具有重要作用。

按摩一般是指在洗发过程中对头、肩、背部的按摩,而且以头部按摩为主。洗发、护发与按摩操作有一定的连贯性。

② 盘发造型模块

盘发造型是美发技艺中具有传统型的特殊技巧,在创作理念、设计技巧乃至用途上,与以修剪技术等为基础的现代发式有很大区别,盘发具有很高的艺术感染力。美发师利用梳、扭、卷、堆砌、环绕、编制打结等操作技法,将头发盘结成型,再加饰物点缀,创造出典雅、秀丽的发型。

③ 修剪吹风模块

修剪是一种雕刻艺术,正如一位雕刻家把泥土塑造成一件艺术品,美发师对头发的塑造也是同一道理,所不同的是工具和方式改变了。美发师通过划分区域和变换头发的长度来决定结构,与不同的因素结合以获得显著或微妙的发型变化。吹风是在修剪后的二次造型过程,它的目的是将头发做出更多不同的变化,使得发型具有动感和协调美。

④ 烫发设计模块

烫发是通过物理作用和化学反应,使头发卷曲变形。烫发的种类很多,有电烫、蒸汽烫、陶瓷烫、化学烫等。随着时代的进步,科学的发展,烫发工具有了很大的改进,烫发药水也不断地更新换代,烫发的每道工序都与整体的质量紧密连接。因此,美发师要熟悉烫发原理、烫发的操作方法和特点。

⑤染发设计模块

随着科学技术的发展和人们生活水平的提高,人们对美的追求和审美也会有所改变和提高。现代人对发式造型的追求不仅在形态和款式方面,而且在头发的颜色方面也有了新的要求,单一的发色已不能满足他们的需求,为此,人们利用漂发、染发来改变头发的颜色,以增加自己的风采魅力。

漂、染是两种不同的改变头发颜色的技术。漂发是将自然色素减少,而使头发变亮、变浅。染发使将人工色素作用于头发上,从而改变头发颜色。漂染发涉及颜色的调配和漂染技巧,漂染效果的好坏直接影响发型的质量。因此,美发师不仅要熟练地掌握漂染的操作技术,还要具备有关色彩方面的基本知识。

(2) 化妆与造型

化妆与造型包括妆前修饰模块、打粉底模块、眼影技法模块、眼线模块、睫毛修饰模块、眉毛修饰模块、脸型修饰模块、唇部修饰模块八大模块。

①妆前修饰模块

妆前修饰是化妆前必不可少的一部分,包括修眉和妆前肤色修饰。妆前修眉毛是指用修眉刀除去多余的杂毛,并用剪刀修剪眉毛的长度,可以使眉形更清晰,勾画眉毛起来更加方便。妆前肤色修饰是指用各种颜色的妆前乳对皮肤的肤色进行修饰,妆前乳有绿色、黄色、紫色、粉色、橙色、蓝色多种,用来修饰各种不同的肤色,以便于打粉底时更加服帖,肤色也更自然。

②打粉底模块

打粉底是指使用各色的粉底液、霜使肤色达到一种自然、无瑕疵的状态。一般使用湿润柔软的粉扑沾取粉底对面部进行按压,达到厚薄均匀、皮肤无瑕疵的状态。粉底分为自然色、高光色、暗肤色三种。首先使用最贴近肤色的自然色涂抹全脸,然后T区下巴处涂抹高光色,两颊及发际线周围使用暗肤色。涂抹完成后使用定妆粉散粉、蜜粉进行定妆,保持妆面持久度,不易脱妆。

③眼影技法模块

眼影是眼部修饰重要的环节,大致分为三个技法:水平晕染技法、外眼角加重技法、倒钩晕染技法。水平晕染是指用2~3个眼影色对眼眶部位进行水平的晕染,将眼睛放大,适合于日常生活妆。外眼角加重技法是指用2~3个眼影色着重于外眼角的晕染,整个眼影面积类似于水滴状,可以向外扩大眼睛,适合内眼距小的人。倒钩晕染技法是指用深色眼影晕染眼眶边缘,形成一个倒钩状,内部再晕染其他眼影色,这种技法会使眼睛更加深邃,适合于舞台妆以及欧式影视剧。

④眼线模块

眼线是指在睫毛根部用黑色、深棕色进行填充,并作适当的延长。对于各种不同的眼型有不同的眼线描绘方法。内眼距小的人可以在外眼角做适当延长,内眼距大的人可以在内眼角做适当延长,圆眼型可以在眼头眼尾适当加宽,长眼型可以在瞳孔上方适当加宽。

⑤睫毛修饰模块

睫毛是眼睛的最外层,长而翘的睫毛会显得眼睛更大、更有神。对于睫毛修饰一般分为三部分:粘贴假睫毛、夹睫毛、刷睫毛膏。粘贴假睫毛是指用胶水涂抹自然仿真假睫毛根部,并与真睫毛根部相粘合,以达到以假仿真的效果。夹睫毛是指使用睫毛夹物理夹弯睫毛,使睫毛更加翻翘,达到放大眼睛的效果。刷睫毛膏是指使用睫毛膏的黑色膏体,使睫毛变得浓密、纤长。

⑥眉毛修饰模块

眉毛决定着一个人的精气神。一般分为标准眉形、直眉形、弯眉形三种。现在较为流行的是直眉型。不管什么眉形,都有眉头、眉峰、眉尾。眉头一般在内眼角垂直的上方,眉峰在瞳孔的直上方外 3/4 处,眉尾在外眼角与外鼻翼的延长线上。

⑦脸型修饰模块

脸型修饰可以修饰面部线条,使面部更加立体、柔和。可以分为修容和腮红两部分。修容一般选用阴影色和高光色。阴影色主要用在鼻梁两侧至鼻翼,额头发际线周围以及面颊两侧,高光色主要用在额头鼻梁中央和下巴处。腮红一般选用橙红色、粉红色。具体范围用在颧骨最高处或两侧,可以使面部红润、有光泽,使人看上去更加有活力。

⑧唇部修饰模块

唇是女性性感的象征。唇部修饰是指运用唇线笔、唇膏、唇蜜对嘴唇进行修饰。首先使用唇线笔勾勒唇线,使唇形清晰,再选用适合妆面风格或个人喜好的口红对唇线内部进行填充,必要的时候可以涂抹唇蜜,使唇形更加饱满。

(3) 美甲造型

美甲造型下辖手部护理模块、美甲彩绘模块、水晶指甲模块、粉雕技术模块、光疗指甲模块五大模块。

①手部护理模块

手,是人的第二张脸。一双娇嫩柔滑的手等于一张美丽灿烂的笑脸,一双干净娇嫩柔滑的手,一组精致的指甲,是身份、地位的标记,象征着良好的涵养和优雅的气质。此模块包括手部护理、指甲基础护理、指甲油三大部分。

②美甲彩绘模块

一切艺术构思均可以在指甲上得以表现,这在文化艺术领域形成了一个新的门类,即美甲艺术。美甲艺术是一门生命力极强的装饰艺术,而手绘正是这门艺术的主要表现手法,手绘指(趾)甲是美甲师的基本功之一,是美甲服务中最能让顾客感到满足的个性化服务方法,所以,美甲师必须把手绘作为一门重要的课程来学习。

此模块包括小毛笔彩绘和双色排笔彩绘两大内容,从简单形式的甲油勾绘开始,练习色彩简单运用,初步掌握构图的分寸,并熟悉绘画用具和各种美甲装饰材料的使用方法和技巧,从而达到色彩和构图的最佳效果。

③水晶指甲模块

水晶甲是目前多种美甲工艺中最受欢迎的一种,其特点是能从视觉上改变手指形状,给人以修长感,从而弥补手形不美的遗憾。水晶指甲颜色晶莹剔透、粉白自然,可以和各种颜色的服装相匹配,衬托女性高雅气质。完美的指甲暗喻了充裕的时间、随意支配的收入及良好的自我控制,体现与众不同的个性,举手投足间尽显迷人风采。

④粉雕技术模块

粉雕有很强的立体感,摸上去的手感有点像浮雕,此项目属于高级美甲技术范围。此模块重点是粉雕中外雕的基础技能、单色和双色花形,其次是内雕。

⑤光疗指甲模块

光疗甲是一种透过紫外光Ａ线经过光合作用而使光疗凝胶凝固的先进的仿真甲技术,采用纯天然树脂材料,不仅能保护指甲、甲盖功能,更能有效矫正甲型,使指甲更能纤透、动人。此模块包括彩色光疗甲、琉璃甲及甲油胶甲。

(4) 美容与造型

美容与造型下辖美容生理常识模块、化妆品知识模块、面部清洁与按摩手法模块、皮肤护理模块四大模块。

①美容生理常识模块

皮肤护理是健美容颜、养护肌肤的重要环节,其生理常识中的知识点如细胞和基本组织、皮肤的组织结构、皮肤的基本类型与鉴别方法、皮肤的生理功能和动态变化等知识都是作为一名专业的美容师所必备的,同时,此模块中的穴位骨骼知识点则为其他三个板块的学习打下基础。

②化妆品知识模块

美容师需要掌握护肤品正确的使用方法,这就需要从化妆品原料开始了解,进一步掌握护肤品的分类与应用,掌握护肤品的保管与鉴别,因为健康的肌肤离不开品质纯正的护肤佳品,美容师需要准确、熟练地掌握美容用品的特性、分类及应用,这样才能更好地达到护肤的目的。

③面部清洁与按摩手法模块

作为美容师,了解洁肤、按摩的作用,掌握面部清洁与按摩的基本手法和技巧,能有效地为顾客提供护理服务,洁肤是护肤的前提和基础,按摩则是护肤的精华。面部清洁和按摩是重点模块,美容师必须熟练掌握。

④皮肤护理模块

熟悉问题性皮肤的成因,掌握面部皮肤护理的程序以及不同类型皮肤与问题性皮肤的护理方法,能帮助美容师正确地实施皮肤护理程序。另外,除了面部的护理,手部、颈部、肩部皮肤护理的方法也是需要在这个模块中体现的,因为从人体生理学和美学角度看,皮肤是人体最大的感觉器官和最引人注目的审美器官,是视觉审美的第一参照对象,我们在维护和恢复皮肤正常功能、延缓老化等皮肤美容的同时,需要学会辩证地判断皮肤的特征。

新时期的扬州理发刀,正以其深厚的文化底蕴、兼收并蓄的博大胸怀,重新焕发旺盛的生命力,走向全国,走向世界。

参考文献

[1] 曹永森. 扬州特色文化. 苏州:苏州大学出版社,2006
[2] 曹永森. 扬州风俗. 苏州:苏州大学出版社,2011
[3] 江苏省政协文史委员会. 江苏老店. 南京:江苏人民出版社,2006
[4] 江苏省扬州商业学校. 扬州三把刀技艺系列教材丛书. 上海:上海科学技术出版社,2005
[5] 《扬州三把刀》编委会. 扬州三把刀(厨刀、理发刀、修脚刀). 南京:江苏科学技术出版社,2003

后　记

　　经过长期积累和数易其稿，这本书终于付梓了。此书是本人几年来在教学实践和课题研究基础上精心整理而成，将研究的视角聚焦于扬州三把刀背后的文化。在成书的过程中我们对扬州三把刀文化的现状进行了调查，考察了扬州三把刀行业实体店，走访了部分"老字号"，拜访了扬州三把刀行业协会及"三把刀"非物质文化遗产传承人，深入挖掘了扬州三把刀的历史文化、技艺文化、民俗文化，希望借此能够提升一点扬州三把刀的理论高度，丰富扬州三把刀的文化内涵。

　　本书立足于扬州地域文化研究，对扬州三把刀文化的概念作了阐释，并界定了其内涵和外延；对扬州三把刀的物质文化和非物质文化进行了系统分类和详解，既从技艺层面进行总结和概括，更挖掘技艺背后的人文习俗，尤其是对扬州三把刀的工匠精神进行了总结和提炼，创造性地提出了刻苦钻研、精益求精的进取精神，一诺千金的然诺精神，求新求变的创新精神，知足常乐的乐业精神等，既填补了该领域研究的空白，也提升了扬州三把刀行业的审美层次。属于首创。

　　本书对扬州三把刀的传承和发展也提出了一定见解，从非物质文化遗产保护的角度，分析了扬州三把刀文化传承的意义；从人才培养的角度，阐述了扬州三把刀文化传承和发展的关键所在；从交流和创新的角度，论证了扬州三把刀文化发展的建设路径。

　　在研究的过程中，我还得到了许多专家学者的指导，受益良多。这其中有扬州三把刀非遗传承人薛泉生、陆琴、潘继凌三位大师，他们在业界声名显赫，还多次拨冗赐教，并应允担任本书顾问，实乃本人之幸；有市有关领导和地方学者的关心和支持，他们亲赐研究成果供我无偿使用，其胸襟和气度令我敬佩。本书还得到扬州市社科联的大力支持，将本书列为社科重大课题资助出版项目，对我是一种莫大的肯定，将会进一步坚定我的研究之路。一路走来，我从来不是孤独的行者，最要感谢的还是我的单位和同事。江苏旅游职业学院高举扬州三把刀特色专业大旗，第一次大规模将三把刀技艺传承由店堂转入学堂，人才培养由师带徒转为校园传承。学校开设扬州三把刀专业已有六十余年的历史，许多赫赫有名的行业大师在校任教，培养的扬州三把刀学子遍布海内外五十几个国家和地区。正是有了他们一代代的传承和实践，才有我今日在此基础上的总结提炼；正是有了一批批人才培养的硕果，才有我研究的基础和物化成果。

　　囿于水平，书中的错误和不足之处在所难免，敬请读者、方家批评指正。

储德发

二零一九年七月